从秦皇到汉武

② 楚河汉界

风长眼量 著

清华大学出版社
北京

内 容 简 介

本系列作品《从秦皇到汉武》，共分三册。

《秦灭六国》：秦部落受封伯爵，统一关中，称霸西戎。商鞅变法，秦国实行军功爵制。战神白起诞生，长平之战奠定一统趋势。秦始皇灭六国、巡游天下，赵高、李斯沙丘之谋。

《楚河汉界》：陈胜、吴广从起兵到覆灭，巨鹿之战，刘邦入关中，鸿门宴，项羽分封诸侯。彭城之战，荥阳之战，楚汉以鸿沟为界，垓下之战，韩信十面埋伏，项羽乌江自刎。

《大漠西域》：冒顿单于称霸大漠南北，卫青收复河套地区，霍去病收复河西走廊，漠北之战，李广难封。李广利远征大宛，汉朝设西域都护，降呼韩邪单于，杀郅支单于。

本书适合历史、地理、军事爱好者阅读。

图书在版编目 (CIP) 数据

从秦皇到汉武 . 2, 楚河汉界 / 风长眼量著 .

北京 : 清华大学出版社 , 2024. 7. -- ISBN 978-7-302
-66700-1

Ⅰ . K232.09

中国国家版本馆 CIP 数据核字第 2024HG1448 号

责任编辑：刘　洋
封面设计：徐　超
版式设计：方加青
责任校对：王凤芝
责任印制：丛怀宇

出版发行：清华大学出版社
　　　　网　　　址：https://www.tup.com.cn，https://www.wqxuetang.com
　　　　地　　　址：北京清华大学学研大厦 A 座　　　　　　　　邮　　编：100084
　　　　社 总 机：010-83470000　　　　　　　　　　　　　　　邮　　购：010-62786544
　　　　投稿与读者服务：010-62776969，c-service@tup.tsinghua.edu.cn
　　　　质 量 反 馈：010-62772015，zhiliang@tup.tsinghua.edu.cn
印 装 者：小森印刷（北京）有限公司
经　　销：全国新华书店
开　　本：187mm×235mm　　　印　　张：22.25　　　字　　数：493 千字
版　　次：2024 年 9 月第 1 版　　　印　　次：2024 年 9 月第 1 次印刷
定　　价：136.00 元

产品编号：095889-01　　　　　　　　审图号：GS（2024）2139 号

推荐序

    终于盼到风长眼量的新书！多年前捧着他之前出版的《地图里的兴亡》系列书，那种如临其境、酣畅淋漓的记忆一下子都回来了，赶紧煮上一壶茶，品茶读史看图！

    年少读历史书，书上记载的内容有限，再加上文言文的距离感，总觉得是一团散不开的雾。现在想想，大多数史书，都好比是浓缩的茶叶，特别是距离现在 2000 多年的先秦历史，那时候没有纸只有竹简，记录下来的历史更是浓缩中的精华茶叶。

    春秋战国时期的太史，用简牍记录时，如有错讹，即以刀削之，称作"刀笔吏"。刀笔吏随身带着刀和笔，刀笔并用，这是一门技术活，记录下来的历史惜墨如金，都是浓缩之精华。

    风长眼量老师请读者"喝茶"是不一样的，他准备了上好的茶叶，外加一番上等的煮泡功夫，这所谓煮泡功夫就是发挥想象，把丢失的历史合理演绎出来，让读者喝到芳香四溢的茶水，而不是吃茶叶。茶水里面含有小说笔法，文艺渲染，这些都是不可或缺的。

沈钦卿

上海市妇女儿童服务指导中心

前　言

本系列作品《从秦皇到汉武》，分为三册，共计 100 多万字，近 400 幅地图。

系列名	书名	地图数
《从秦皇到汉武》	1《秦灭六国》	121幅
	2《楚河汉界》	122幅
	3《大漠西域》	131幅

《秦灭六国》，分为三大部分。

（一）第一个秦人非子，建立秦部落。烽火戏诸侯，秦人受封伯爵（第三等）。秦国一步步东进，逐渐统一关中，称霸西戎，但受阻春秋霸主晋国。

（二）三家分晋，秦国获得东进良机，无奈魏国才是战国初期霸主。商鞅变法，秦国实行军功爵位制。魏国衰落，秦国崛起，连破楚、赵、魏、韩。

（三）战神白起诞生，伊阙之战、鄢郢之战、华阳之战，战国斩首数屡破纪录，长平之战奠定一统趋势。秦灭六国（韩王安出降，王翦灭赵国、魏国，王贲灭魏国、燕国、齐国），秦始皇巡游天下，赵高、李斯沙丘之谋。

《楚河汉界》，分为四大部分。

（一）陈胜、吴广起兵，楚、齐、赵、魏复国，章邯出函谷关，陈胜、吴广覆灭。

（二）项羽、刘邦起兵，巨鹿之战项羽封神，刘邦先入关中，秦王子婴出降，章邯投降项羽，鸿门宴后项羽分封诸侯，刘邦封汉王。

（三）项羽杀义帝，刘邦灭三秦，彭城之战项羽三万破刘邦五十六万，荥阳之战以鸿沟为界，韩信灭西魏、代、赵、齐，垓下之战韩信十面埋伏，项羽乌江自刎。

（四）刘邦定天下，灭异姓王，代王刘恒称帝。

《大漠西域》，分为四大部分。

（一）匈奴的基本盘在哪？冒顿单于统一北方游牧民族，白登之围刘邦被迫和亲，月氏和乌孙西迁，汉文帝与汉景帝休养生息。

（二）马邑之围汉武帝反击，卫青收复河套地区、大破右贤王，霍去病收复河西走廊，漠北之战，李广难封。

（三）汉武帝征服南越和朝鲜半岛，平西南夷，破东越和闽越，张骞出使西域，李广利远征大宛国。

（四）苏武牧羊，汉朝设西域都护府，与乌孙合击匈奴，降呼韩邪单于，杀郅支单于。

图　例

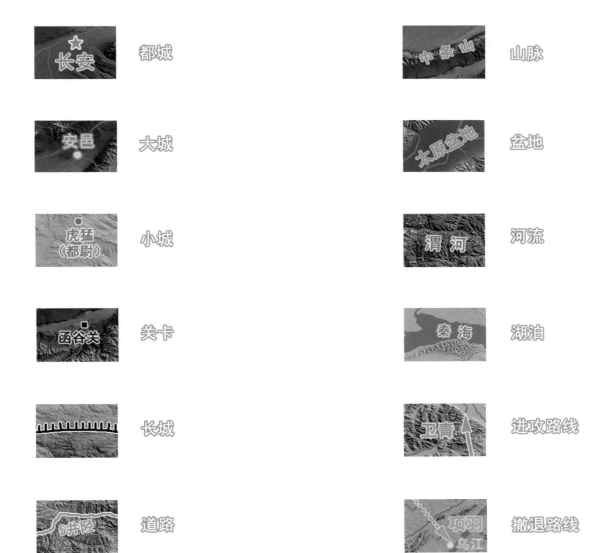

长安　都城

中条山　山脉

安邑　大城

太原盆地　盆地

虎猛（都尉）　小城

渭河　河流

函谷关　关卡

秦海　湖泊

长城　长城

卫青　进攻路线

井陉　道路

项羽　乌江　撤退路线

目　录

第一章 陈胜吴广，从起兵到覆灭

第一节　天下苦秦久矣，群雄并起

● 大泽乡起兵，王侯将相宁有种乎？

公元前 209 年，秦二世胡亥 21 岁，刘邦 47 岁，项羽 23 岁。天下苦秦久矣，秦二世一不减赋税，二不免徭役，三不赦罪犯，四不赈灾民。秦始皇去世仅一年，便有起义军揭竿而起。

秦朝在南北两个方向调动军队 80 万，还要修陵墓、直道、长城等，为此从各地频繁强征士兵和役徒，动用民夫劳役数百万，陈胜、刘邦、英布等都因此起兵。

北方万里长城，30 万大军如果站成一排，平均一里 30 人，14 米左右站一个人。与城邑不同，长城守军主要在关隘、要塞中，不会沿长城站一排，故 30 万人都捉襟见肘。随着战斗减员，以及秦二世抽调 5 万军士协防关中，北方长城一线只有 20 余万秦军，急需从各郡县征调正卒。

按照秦朝兵役制度，男子 22 岁行冠礼，从 23 岁起便成为更卒，每年在当地服兵役 3 天，相当于现在的民兵集训。如果不想参加军训，可出 300 钱请人代替，因此产生了一种职业——专门替人服更卒兵役。秦汉时期游侠高人众多，有些人忽然冒出来成了统兵作战的将军，这和他们常年保持服役状态有关。男子 30 岁之前必须服两年正卒兵役，第一年在郡县本地服役，第二年到京师或边郡服役。当然，如果有能力交纳巨额罚金，就可以免除兵役，那些豪族大阀不惜下血本逃脱服兵役之苦。

秦汉时期，什长及以上才算军官，才有俸禄，伍长和士兵是没有俸禄的。正卒一般都不是军官，如果第一年表现极其优异，可能成为屯长（军职十四品，统兵 50 人）或什长（军职十五品，统兵 10 人），也就有了俸禄。如果第二年立下战功，还可以继续升迁。

对大多数正卒来说，服兵役满两年退役时，大概率仍然是伍长或士兵。这时正卒可以选择继续服役，成为常备军，直到 56 岁退役。有不少人选择留下，可能他们的家乡已经没有亲人，或他们本是鸡鸣狗盗之徒，无颜回去，或想要建功立业，等等。

渔阳郡在燕山南麓，常年遭东胡乌桓部落侵扰，因关中抽调兵力导致北方长城减员，乌桓的活动更加猖獗。按计划，渔阳郡要从各地征调 2000 正卒入伍，北军上将军王离派了两名都尉（军职四品）前去中原接应这 2000 正卒。这 2000 人并非来自同一地方，而是分布在不同郡县，比如陈胜来自南阳郡阳城（今河南方城县），吴广来自陈郡阳夏（今河南太康县）。

两名都尉一个从南阳郡出发，一个从陈郡出发，在泗水郡会合。

公元前 209 年 7 月，队伍走到泗水郡蕲县大泽乡（今安徽宿州市东南），募兵人数达到 900，在去往渔阳的途中还会有 1100 正卒加入。

正卒与服劳役修陵墓、长城的囚徒有本质区别。地方正卒是正在服第一年兵役的军人，由于北军调走 5 万，这批军人需要提前去边郡服役。服劳役多是永久性的，和做奴隶区别不大，死亡概率比正卒大得多，而正卒在边郡服一年兵役就可以回家。

其实在公元前 210 年 10 月，也就是 9 个月前，刘邦就落草为寇了，但他不敢起兵。当时刘邦押送数百囚徒前往骊山服役，刚走到临近的丰县就跑了不少人。刘邦没有起兵，而是解散队伍，带了十几个死忠，在芒砀山间落草为寇。刘邦不起兵，和他手上囚徒的素质有很大关系，这些人和陈胜吴广的正卒的战斗力无法相提并论，刘邦解散队伍是正确的选择。

陈胜是阳城县这批正卒的首领，吴广则是阳夏县正卒的首领，两人都担任屯长。

陈胜是春秋时陈国宗室后人，祖上也发达过，后来家道中落，阶层从宗室到卿到大夫到士。陈胜是士族，也是地方豪族。他从小就有读书的天赋，可以说学富五车。

成年后的陈胜与其他农夫一起下地耕种时曾说："苟富贵，勿相忘。"意思是将来无论谁发达了，都不要忘了曾经的兄弟。农夫们说，我们这个样子，怎么可能发达。陈胜道："嗟乎，燕雀安知鸿鹄之志哉！"你们这群小鸟，怎么知道我这鸿鹄（大鸟）的志向。古代生产力不发达，卿大夫以下都要参加农业活动。

话说陈胜他们一路阴雨连绵，沿途积水，跋涉难行，队伍困在大泽乡，按秦法正卒变囚徒，将面临长久劳役。

屯长吴广平日善于笼络人心，看待兵士如同兄弟，同甘共苦，麾下人人愿听其调遣，其他屯的士卒也敬其三分。

陈胜对吴广说："若孤身逃走，被擒则引颈受戮。不如起兵，事成则共享富贵。纵使事败，也死得有名。"

两位屯长合谋，吴广先夺一都尉长剑杀之，陈胜亦奋力夺剑杀另一都尉，吴广麾下一拥而上，把两都尉的亲兵全杀了。

陈胜、吴广召集 900 正卒，从鱼腹中取出早就准备好的素绸，只见素绸上面有六个朱色字：大楚兴，陈胜王。

身躯雄伟的陈胜器宇轩昂地对正卒们说道："壮士不死则已，死则举大名耳，王侯将相宁有种乎……"

如果将反秦的人群划分一下等级，第一等是各国王室，比如魏咎（魏王假之弟，立为魏王）、赵歇（赵王迁的堂弟，自立为赵王）、韩成（韩王安的侄子，立为韩王）、芈心（楚怀王之孙，立为楚王）等；第二等是卿，多为各国宗室，比如狄县城守田儋（自立为齐王）、三代辅佐五位韩王的张良（因刺杀秦始皇成反秦旗帜）、楚国上柱国项燕之子项梁（封武信君）、项燕之孙项羽（自立为西楚霸王）等；第三等是大夫，比如魏国外黄县令张耳（立为常山王、赵王）、楚国上柱国项燕的视日周文、秦朝番阳县令吴芮（立为衡山王、长沙王）等；第四等是士，比如秦朝屯长陈胜（自立为张楚王）、屯长吴广（自立为假王）、屯长武臣（自立为赵王）、亭长刘邦（汉高祖）、县令史韩广（自立为燕王）；第五等是地方豪族，比如臧荼（立为燕王）、刘邦的大舅子吕泽（封周吕侯）、背叛刘邦的雍齿（封什方侯）等；第六等是普通百姓，比如彭越（立为梁王）；第七等是囚犯，比如从骊山陵墓逃回的英布（立为九江王、淮南王）。

陈胜说"王侯将相宁有种乎",意思是第四等"士"及以下阶层也可以翻身做王侯将相。从以上信息看,秦汉之际,"士"及以下阶层确实改变了原有的格局。

900 正卒将二都尉首级祭旗,设坛结盟。900 人祖右臂,高喊"大楚兴,陈胜王",以扶苏和项燕的名义起兵,斩木为兵,揭竿为旗。陈胜自称将军,吴广自称都尉。

陈胜军是正在服一年兵役的正卒,战斗力不俗,很快拿下大泽乡,攻克泗水郡蕲县。陈胜乘胜整军扩大队伍,并进行初步战略规划。

陈胜的目标是攻占陈城(今河南淮阳),这里是西周和春秋时陈国的都城,后来短暂做过楚国都城,当年项燕的封地项城也在陈城以南不远。淮阳古城如图 1-1 所示,大家可以感受一下陈楚故城的布局风格。

秦朝每县约 10 万人,最大的内史郡有 41 个县,其次就是陈郡和南阳郡,各有 27 个县。

陈城可谓天下反秦的中心,魏王假的弟弟宁陵君魏咎在魏国灭亡时于宁陵(安陵)率军顽强抵抗秦军,大梁沦陷时宁陵城仍在魏咎手上,后不得已他才躲在陈城。魏国信陵君的门客张耳及其义子陈馀参加过大梁保卫战,他俩也一直躲在陈城,始皇悬赏得张耳赏千金,陈馀赏五百金。五世相韩(祖父与父亲作为相国辅佐五位韩王)的张良曾长期隐居陈城,策划刺杀秦始皇。沧海力士在博浪沙误中副车,差点击杀秦始皇,张良成为反秦的一面旗帜。

陈胜麾下大多数人都出生在楚国,不少还是陈郡人。陈城对陈胜这个陈国后人来说也有特殊的意义。

综上,陈胜定下攻占陈城的战略也是水到渠成,但反对的人也不少。

符离(今安徽宿州)的屯长葛婴认为,楚国的都城是寿春,第一目标应该是南下攻占寿春,这样做好处太多了。

葛婴祖上是春秋时的葛国人,与秦赵同祖(嬴姓),葛国后被宋国所灭。葛婴先祖没什么名人,葛婴之后约 400 年有一位后人,他本是布衣,躬耕于南阳,苟全性命于乱世,不求闻达于诸侯,受任于败军之际,奉命于危难之间,为汉室鞠躬尽瘁,死而后已。此人就是诸葛亮。

按照葛婴的想法,越往南打,距离秦人的关中就越远,当然也会更容易。寿春城邑虽毁,楚国宗室大多被迫迁走,但仍有不少宗室后人在附近,其他楚国名门望族更是多如牛毛。如能得到楚国贵族支持,反秦成功的概率更大。只要拿下寿春,扶持一个楚国宗室称王,便会刺激其他五国宗室起来反秦。而寿春距离关中,比赵魏韩的旧都更远,完全可以韬光养晦,逐步收复楚国旧地,最后再与秦军决战。

葛婴的战略,归根结底是要扶立楚国宗室,重建战国七雄的格局。而陈胜的纲领是"王侯将相宁有种乎",陈胜不会扶持任何六国宗室,而是要和眼前这些兄弟一起成为新的王侯将相。葛婴想要恢复战国七雄的格局,陈胜则要开创一个天下共主的新朝代。

两方分歧太大,根本谈不拢,只好分道扬镳,各打各的。两方起兵路线如图 1-2 所示。

陈胜军逆涡河而上攻克铚县,得到当地豪族宋留响应。接着起义军逆涡河而上进入砀郡,

柳湖

东湖

南湖

弦歌湖

图 1-1 淮阳古城

攻克鄤县，接着向西攻克谯县，继续向西进入陈郡，攻克苦县、柘县。起义军一路招募正卒、更卒加入，一个月后抵达陈城（今河南淮阳）时，已有战车六七百乘，骑兵千余名，步兵数万。

100多年后，在亚平宁半岛上，斯巴达克斯也是一路释放角斗士以扩充军队，使得其军力滚雪球般壮大。

7月末，陈胜攻克陈城。陈郡太守和陈县县令都不在任上，郡丞战死。

陈胜自立为王，国号为"楚"（或"张楚"），立吴广为假王，拜蔡赐（陈郡上蔡人）为上柱国。

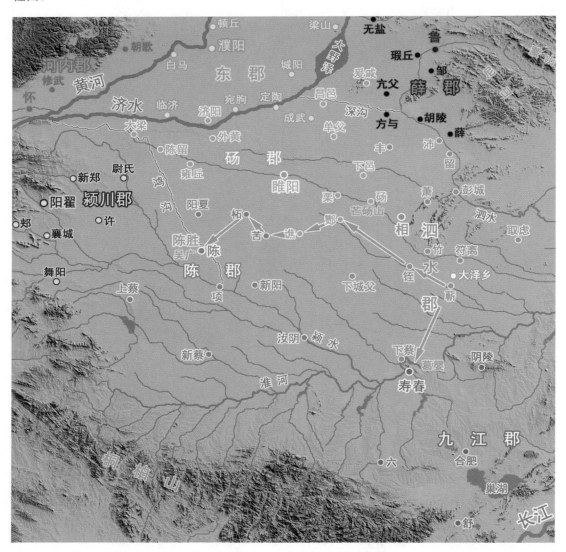

图 1-2　陈胜、吴广与葛婴的起兵路线

葛婴则带着一队人马，一路向南招兵买马、招降纳叛，直扑寿春。楚国都城早被秦军毁掉，但仍是秦朝九江郡首府，不少楚国宗室与旧臣在附近定居。

葛婴顺利拿下楚国旧都寿春（今安徽寿县），按照自己的设想立楚国宗室襄彊为楚王。此时陈胜也刚打下陈城，葛婴不知道陈胜要称张楚王。也就是说，楚王襄彊与张楚王陈胜并称，一个楚国，两个楚王并立，拉开了楚国内讧的序幕。寿县古城距淮河不远，如图1-3所示。

葛婴接下来的目标是以寿春为据点，先把九江郡其余县城拿下，再逐步收复楚国南方郡县，一步步壮大。

楚王襄彊虽然是楚国宗亲，但襄氏在春秋早期就已经从芈姓熊氏分离出来，四五百年了。一般来说，王子王孙才有王位继承权，亲属关系超过三代的称为宗室，更远的称为宗亲。像四五百年这么长时间的，好比说赵氏与秦氏都是嬴姓，若赵武灵王自称秦王，秦人肯定不会认同。

葛婴如此迫不及待地立襄彊为楚王，主要是想迅速提升影响力，招兵买马扩张实力。

蕲县分兵时，陈胜的陈郡帮人多，欺负葛婴这个泗水郡人，强制带走精锐人马和兵器辎重，原本想让葛婴栽个跟头，甚至兵败身亡。葛婴自己争气，加上寿春城墙全部坍塌，城邑也无险可守，这才如愿拿下，但他的兵力经不起风浪。

陈胜发展那么快，葛婴始料未及。张楚王以陈城为中心，八路出兵。

8月，张楚王陈胜不顾葛婴已经拿下寿春，仍然令邓宗率军来攻，不允许楚王襄彊存在。

邓宗是陈郡汝阴（今安徽阜阳）豪族，汝阴位于淮河支流颍水上，顺河流而下，便能抵达寿春。邓宗带着张楚王陈胜的诏令，在汝阴募兵，一个月部众就达到上万人。

葛婴以楚王襄彊的名义在九江郡募兵，应者寥寥。

葛婴在寿春拥立楚王襄彊后，形势对他极为不利：此时赵国、燕国、魏国都在陈胜麾下大将控制下，吴广在攻韩国（三川郡），周文在关中与秦军激战。

邓宗拿下寿春对面的下蔡，与寿春隔河相望。下蔡守军将领是葛婴的心腹，只佯装防御了两天，就开城投降了。邓宗派人渡淮河向葛婴开出条件：只要杀了楚王襄彊，独尊张楚王陈胜，大家仍是兄弟。

葛婴左右两难，若杀了襄彊，自己"立六国宗室，恢复战国七雄的格局"的理念即彻底宣告失败，取而代之的是陈胜"王侯将相宁有种乎"的格局；若不杀襄彊，又自身难保。

襄彊泪流满面哀求葛婴，但一个没有兵权的人，生命无足轻重。葛婴杀了楚王襄彊，向邓宗投降，带着襄彊的首级去陈城向陈胜认错。

● **张楚国八路出兵，席卷六国**

公元前209年7月末，陈胜攻克陈城，称张楚王后，立即调整战略，瓜剖棋布，分八路出兵，如图1-4所示。

第一路，陈郡阳夏人假王吴广率军2万，攻打秦朝三川郡。

淮河

八公山

东淝河

图 1-3　寿县古城

第二路，拜魏国人周市（fú）为将军，率兵3000北上进攻魏国旧地。

第三路，拜陈郡陈县人武臣为将军，以魏国人张耳和陈馀为校尉，楚国人邵骚为护军都尉，率兵3000北上进攻赵国旧地。

第四路，拜泗水郡铚县人宋留为将军，向西南攻入南阳郡。

第五路，拜陈郡陈县人周文为将军，攻韩国旧地，为吴广减轻压力。

第六路，拜陈郡汝阴人邓宗为将军，南攻楚国旧都寿春。

第七路，拜东海郡广陵人召平为将军，攻打东南方向的家乡东海郡广陵。

第八路，拜武平君畔为将军，东攻东海郡。（这一路12月才出发）

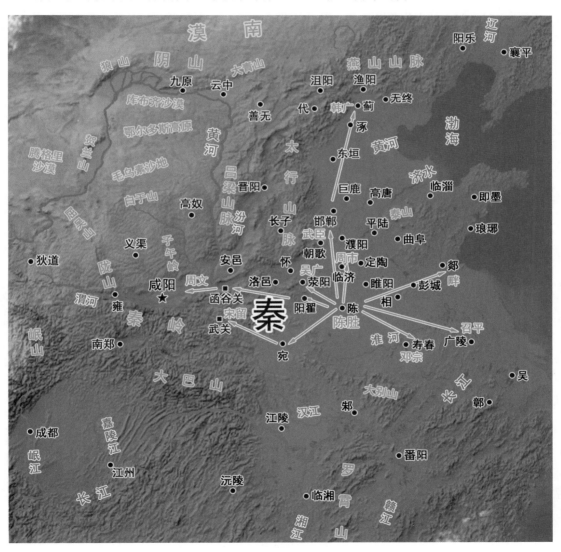

图1-4　陈胜八路出兵

吴广受困荥（xíng）阳

几路大军当中，当属吴广军力最盛。吴广攻打的是秦朝三川郡，以东周洛邑为中心，包括韩国旧都宜阳等地。拿下三川郡，就直面秦国的函谷关，攻破函谷关进入关中的最佳人选自然是张楚军的二号人物假王吴广。退一步说，如果能把秦人堵在函谷关以西，基本也就恢复战国时期的格局了。

三川郡太守，正是左丞相李斯的长子李由。三川郡太守府在洛阳，可李由决不能等着吴广来攻，因为三川东部的荥阳（今郑州西北）具有举足轻重的战略地位。

战国时期荥阳没什么名气，但到了秦汉时期，每逢战争，荥阳都是要害。秦朝修了直道，南北与东西之间的交汇点就在荥阳。从荥阳出发走直道，北抵燕赵，南通荆楚，西达关中，东到齐鲁。

如果荥阳守不住，秦朝大军就无法顺利调动，更别谈粮草输送了。李由将 4 万余兵力重点布防，亲率 2 万人守荥阳，5000 人守敖仓，8000 人留守洛阳，其他城邑各有数百到 2000不等兵力。

吴广攻敖仓这一战打得雷霆万钧，不到 10 天就告捷。但此战似乎耗尽了吴广军的锐气，此后虽然陆续增兵围攻荥阳，3 个月内增兵至 10 余万，但荥阳城仍纹丝不动。吴广的攻击路线如图 1-5 所示。

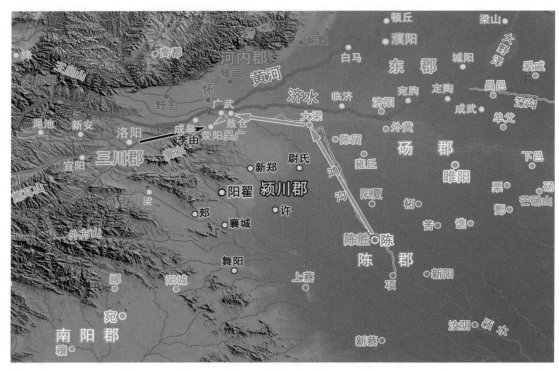

图 1-5　吴广兵困荥阳

周市复魏国

此时，魏国人竟在陈城建立了一个小朝廷。魏王假的异母弟宁陵君魏咎主导，其亲弟魏豹为辅，加上张耳、陈馀、周市等，一套完整的统治机构形成。

秦灭魏前，曾派使臣联络用五百里封地交换宁陵城，遭拒。宁陵君魏咎率军誓死抵抗，在大梁陷落前，宁陵城依然在魏咎手中，后来大势已去，魏咎才逃到陈城躲避。

张耳是大梁人，年少时曾为信陵君门客，曾任魏国外黄县令，后成为大梁守将。

张耳有个亲信叫陈馀，也是大梁人。陈馀年纪比张耳小得多，奉张耳如父兄，张耳也看待陈馀如子弟。

王贲攻破魏国都城大梁时，张耳是大梁的守将之一，已经进入卿这个级别。陈馀作为张耳义子，当时也在军中供职，是大夫级别，也参加了大梁保卫战。大梁城破后，二人开始逃亡生涯，秦始皇专门开价悬赏张耳和陈馀的人头，张耳悬赏千金，陈馀悬赏五百金。

张耳和陈馀避开村镇，逢林便入，在中原兜兜转转数年。直到秦军南下岭南，北击匈奴，中原兵力空虚，二人才找到陈城这个地方定居，改名换姓，担任里监门（守城门的小吏），可谓刎颈之交。

陈胜召集县中父老豪杰来参加会议。有阿谀逢迎之辈请陈胜称王："将军披坚执锐，征伐无道，复立楚国社稷，具有大功，宜为楚王。"

陈胜问张耳、陈馀这两位魏国卿大夫："可为楚王否？"

张耳没说话，陈馀答道："天下苦暴秦久矣，今将军为天下除暴，初至陈城便自称楚王，恐天下人心不附！愿将军暂缓称王，急引兵西向，并遣人立六国宗室之后为王，为将军援兵，由此灭暴秦，据咸阳以令诸侯，则将军再称秦王，霸业可成。"

陈胜没有听从陈馀建议，仍自称张楚王。按照张耳、陈馀的想法，陈胜应该请魏咎继任魏王，以张耳为魏相，陈馀为将军，起兵收复魏国旧地。

然而陈胜有自己的想法，"王侯将相宁有种乎"不是挂在嘴上说说的，若尊魏咎为魏王，各诸侯国很快都会推出自己的王，特别是楚国将会有楚王出现，陈胜不能让这种局面出现。

周市是魏咎的一名亲信，出身是士，与陈胜相似。周氏是西周多个天子的后代，这个时代的周氏人大多有一定地位。

陈胜派人将魏咎和魏豹居所控制起来，因为这两个人身份特殊，既不能杀，也不能重用。若杀了魏王假的这两个弟弟，六国王室恐怕在反秦前先要率军来灭陈胜；但也不能重用，奉为魏王是不可能的，拜将去打魏国旧地也不行，他们一旦打下魏国肯定是要称王的。

至于张耳和陈馀，二人在魏国家喻户晓，影响力太大，也不能去魏国，需留作他用。

接着陈胜拜周市为将军，率兵3000，北上进攻魏国旧地，就这样把魏国的人马拆散了。周市的攻击路线如图1-6所示。

魏咎其实才是率军攻打魏国旧地的最佳人选。魏王假死后，他是魏王的不二人选，毕竟魏国人心所向，而且他只有三十几岁，又有作战经验。纯粹从战争的角度看，陈胜应该拜魏咎为魏王，以张耳为魏相，陈馀和周市为将军，攻打魏国旧地。

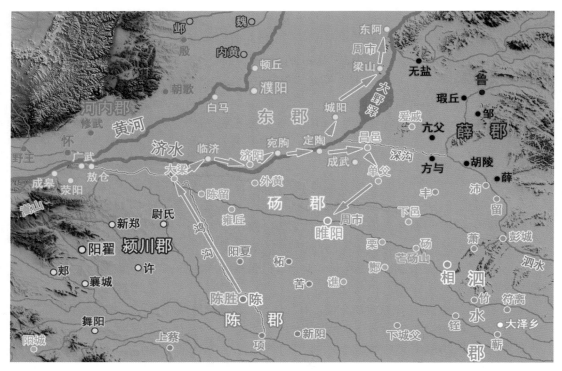

图 1-6　周市复魏国

陈胜把魏咎按在陈城，将张耳和陈馀支到赵国旧地，只派四人中最没影响力的周市攻魏国，是在贯彻"王侯将相宁有种乎"这个纲领。

周市沿鸿沟北上后，魏国百姓箪食壶浆，以迎王师。战国时期魏国国都大梁曾被王贲水淹，后来又毁了城墙，成了一座废城。周市便在济水北岸的临济建都，派人请陈胜把魏咎放回去并立其为魏王。

然而陈胜是铁了心不放魏咎魏豹兄弟，周市则继续扩大战果，沿济水东进，一度攻克多座齐国城邑，打到距离临淄不远的狄县。

周市三次请陈胜释放魏咎并立其为魏王，陈胜三次拒绝。直到 12 月，吴广兵败被杀，陈胜才勉强同意释放了魏咎和魏豹兄弟。

张楚军巅峰时期有百万之众，天下闻张楚令者莫敢不从，天下义军更是唯张楚王令是从。可惜陈胜铁了心压制六国宗室，这也是陈胜军盛极而衰的一个重要原因。

武臣称赵王

赵国方向，张楚王陈胜拜武臣为将军，以张耳和陈馀为左右校尉，邵骚为护军都尉，率 3000 兵北上进攻赵国旧地。武臣的攻击路线如图 1-7 所示。

武臣是商王武丁之后，陈城的豪族。周灭商之后，商朝后裔建立宋国，武氏以宋国都城商丘为中心，主要活动范围大致是淮河与黄河之间，历史上武氏后人中最有名的当数武则天。

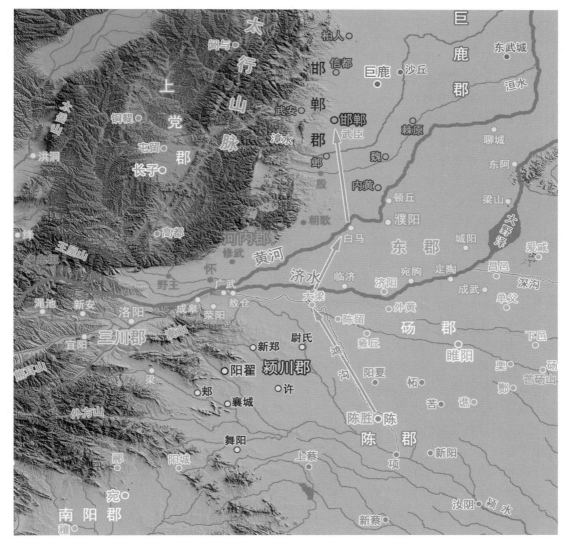

图 1-7　武臣取赵国

为了笼络武臣和武氏，陈胜以武臣为主将起兵。为了削弱武臣兵权，又派张耳和陈馀为校尉，邵骚为护军都尉做监军。

楚国三大氏是昭、屈、景，邵氏是昭氏分支，正如项氏是景氏分支。邵骚是楚国宗亲，监察以上 3 位带兵将校。

赵魏二国都在陈城之北，魏国大梁比较近，从水路走鸿沟就能到，赵国邯郸比较远，要渡过黄河、漳水两条大河。

攻赵与攻魏的两路军队，一开始走的是同一条路，先水陆并进来到秦朝砀郡，周市的军队沿济水攻击大梁、临济一线，武臣则率军北上。

13

武臣军从东郡白马津渡过黄河，进入邯郸郡。

3000兵力实在太少，张耳、陈馀亲往诸县劝谕豪族，晓以利害。秦朝在东方郡县，太守、县令一般都用秦人，因此各城县令必然严防死守。张耳、陈馀说服了一些地方豪族起兵，杀了县令和其他秦人官吏，占据邯郸郡、巨鹿郡10座城邑。

此时武臣麾下有数万人马，自称武信君，实力迅速膨胀。此前各城守军猝不及防，现在大部分城邑守将警戒心大为增强，人员进出城邑都要严查，城外的人马很难夺城，赵国旧地大部分城邑仍在秦人手中。

一日，广阳郡范阳县人蒯彻来到武臣军中，为其献出一策。

蒯彻口齿伶俐，能言善辩，学得战国纵横之术，极想显其才能。他认为范阳县令徐公虽是秦人，但贪生怕死，又贪恋禄位，只需晓以利害便可拿下。

范阳县归属于广阳郡，在燕国境内，靠近赵国。正常来说武臣不会把范阳作为目标，武臣虽然有几万兵，但10个城邑却都是张耳陈馀拿下的，武臣必须尽快建立军功。

于是武臣率军北上来到广阳郡范阳县。蒯彻持侯印入城，对徐公说："秦法严苛，足下任范阳令已十余年，杀人父，孤人子，断人足，黥人首，不可胜数。一旦敌临城下，百姓必乘机报仇，不如降武信君以封侯，岂不美哉？"

徐公不敢投降是怕百姓报复，现在得知武臣愿封他为侯，便一口应允。于是武臣封徐公为侯，赠给他一辆朱轮华毂（gū）驷马之车。赵地各城秦人县令闻此消息，纷纷派人与武臣谈判，凡获承诺不杀且封侯者，均开城投降。武臣不费一箭，不杀一人，竟得30余城，其面积大致等同赵国邯郸郡和巨鹿郡大部分城邑。

张耳、陈馀初期结交赵国豪族，实力盖过武臣，他们怎会甘心屈居武臣之下，只等时机取而代之。谁料凭空出来一个蒯彻，帮武臣迅速完成招安赵地，可见张耳、陈馀的实力还是稍逊一筹。

比起武臣来，陈胜傲慢无礼，故意将他二人从魏国支走，屈居武臣之下的事实，更令张耳、陈馀气愤。于是张耳劝谏武臣："将军以三千兵横扫赵地数十城，非称王不能镇抚。愿将军趁此时机，南面称王，建盖世功业。"

八月，武臣从陈城出兵仅一个月便称孤道寡，自立为赵王，定都邯郸，并拜张耳为右丞相，拜邵骚为左丞相，拜陈馀为大将军。

武臣是张楚国继陈胜、吴广后第三个王，此后"兵强马壮者当为王"的风潮席卷天下，而赵王武臣的战略也从灭秦变成"北定燕、代，南收河内以自广"。

陈胜得知武臣称赵王，勃然大怒，欲将武臣、张耳、邵骚、陈馀等诸人家族尽行处决，再发兵攻赵。

上柱国蔡赐谏道："现在暴秦未灭，若杀武臣等家族，又生一强敌。不如遣使贺之，令其从速引兵攻秦。"

陈胜依言，遣使者祝贺赵王即位，促其发兵入关中，与此同时，仍将武臣等人家族移入宫中软禁起来，并封张耳之子张敖为成都君。算上之前控制的魏咎魏豹兄弟，陈胜的陈都某种程度上是约束麾下将士的人质大本营。

张耳向赵王武臣道:"今张楚王遣使来贺,并促我等攻秦,乃借刀杀人之计。大王据赵自立,切勿发兵,先行招安燕、代,收取河内之地。若能南据大河,北控燕、代,秦、楚都不能制赵。赵国中立于秦、楚之间,乘机观变,可以得志。"

武臣闻言大赞:"善!"依张耳之计,武臣坐镇邯郸,然后派兵三路,分别令张黡(yǎn)领军西击上党郡,李良领军北略恒山郡,韩广领军北攻燕国,独不遣一卒入关中。

韩广称燕王

将军韩广率军征伐燕地,以招安为主。韩广的攻击路线如图1-8所示。

图1-8 韩广定燕国

韩广是战国时期韩国宗亲，他这类韩氏宗亲有数万，与韩国王室几乎沾不上边。韩广本是赵国人，曾任秦朝上谷郡某县令史（官职十五品）。王离不断抽调边郡军队，上谷郡塞外乌桓猖獗，许多小官吏都逃了，韩广也逃回赵国旧地，和母亲团聚。

此时陈胜的部将武臣来到赵国，自立为赵王，韩广投奔武臣，成为座上宾。

韩广对燕国比较了解，出身是士，与陈胜类似，陈胜提出的"王侯将相宁有种乎"主要就是指这类士阶层的人也可以成为王侯将相，因此韩广是领兵北伐的不二人选。

战国时期燕国定都蓟（今北京市），秦灭燕后有6个郡，分别是广阳郡（汉初拆分出涿郡）、上谷郡、渔阳郡、右北平郡、辽西郡、辽东郡，除蓟城所在的广阳郡，其余5个都是人口稀少的边郡。

燕国地方很大，但人口很少。战国后期燕赵大战，燕国屡遭大败，人口一直呈下降趋势。秦朝时乌桓、匈奴连番入侵燕国北方，掳掠人口财货，导致燕国旧地人口进一步减少。陈胜吴广在大泽乡起义前，就是在从南方赶往燕国渔阳郡的路途中。

燕人对韩广军的态度大多是欢迎的。因为燕人最大的敌人是乌桓、匈奴，若韩广能帮助燕人抵御外敌，燕人当然欢迎。因此，燕国郡县望风归服，燕地大定。

有燕人向韩广献策："现在楚、赵皆已有王，燕国地方千里，曾是万乘之国，愿将军自立为王。"

韩广推辞道："吾有老母在赵，今若自立，恐老母为赵王所害。"

燕人道："赵王还要对付暴秦和强楚，根本无力禁我。况楚国虽强，尚不敢害赵王家族，赵王又安敢害将军家族？"

9月，韩广自立为燕王，以臧荼为将军。臧氏是姬姓，鲁孝公之子彄（kōu）封于臧邑，后人以地名为氏。臧荼是燕地豪族，听闻韩广称王，率族众顺势而降，获得重用。

赵王武臣闻之，令左丞相邵骚守邯郸，亲率大军与右丞相张耳、大将军陈馀北上。其第一目标是令韩广屈服，并燕国土地。武臣若控制燕、赵两国，纵深将大为加强，自保绰绰有余。其第二目标就是退而求其次，将控制区从范阳再向北推进，渡过易水，多少占一些便宜。

赵军驻扎在易水南岸，武臣忽想亲入燕地打探情形，于是便更换衣服，扮作商人，随身带了数个侍从，悄悄走出营门，驾小舟进入燕界。

谁料时运不佳，正遇燕兵出来放哨，发现不明身份的一伙人，随即禀报燕将臧荼。

臧荼立即率军包围，他认识武臣，将赵王一行人等抓到营中，故意释放两个侍从回去报信。

张耳、陈馀赶紧派使臣前来谈判。第一轮谈判，臧荼要求赵国让出一半领土，但张耳却只打算用燕王母亲和妻儿换赵王。双方谈崩，臧荼杀赵国使者，留下其随从逃回带话。

张耳、陈馀暗自算计，若臧荼真的杀了赵王武臣，他二人便可趁机吞并武臣的军队，只是武臣麾下这些粗人可能不服。所以他们准备做好铺垫，营造一种奋力营救赵王，对方却撕票的态势。

于是张耳、陈馀继续派人去谈判，每次只是做出一些小让步，土地是一寸都不让。臧荼恼羞成怒，一连杀了十几个使者。

臧荼也是人中豪杰，怎能看不出张耳、陈馀的伎俩，明白他们就是想让自己杀了赵王，然后他们杀了燕王的母亲和妻儿，让燕王与自己反目，这样张耳、陈馀占据赵国就没有后顾之忧了。

恰好此时燕王韩广也听到风声，派人到营中询问是否真的抓到了赵王。臧荼知道不能再和张耳、陈馀演戏，便将赵王放出，并预备车马，命人礼送回去。

赵王武臣回到大营，遵从与臧荼的协议，做个人情，让燕人把燕王家属带了回去。

燕王韩广见老母亲和妻儿安然无恙，对臧荼愈加信任，一概兵事都委托给他。

田儋称齐王

田儋、田荣、田横三兄弟，田儋是堂兄，后二位是亲兄弟，都是临淄西北部狄县的豪族。田儋是狄县城守，相当于县尉（官职九品）。如果在军中，县尉级别介于统兵 200 的军候（军职八品）与统兵 100 的百夫长（军职十品）之间。田儋平日也就是率一两百人守城，级别比统兵 50 的屯长（军职十四品）陈胜和亭长（官职十四品）刘邦高得多。

张楚王陈胜派周市攻击砀郡、东郡，周市在临济建都，一方面派人请陈胜把魏咎放回去做魏王，另一方面四面出击，率军沿济水东进，一路势如破竹，深入齐国境内，兵临狄县城下。

田荣、田横在堂兄田儋麾下任职，三人控制了狄县城头上的兵力。然而狄县的县令是秦人，田氏三人早有反心，见周市的军队杀到附近，便密谋兵变。

田儋这个县尉，是县令以下最大官职，但平日县令也颇有戒备心，尤其在这种非常时期，没有县令的命令，田儋也进不了县府。

于是田儋抓了一个家奴，派人报知县令，说有人通魏军，与族人田都押解此人进县府，请县令发落。田都豹头环眼，体如壮牛，是田儋的得力干将。

县令知道田儋颇受狄县子弟拥护，得知只有两人进县府，亲自来见田儋，被田儋一剑刺死。田儋取得狄县控制权，与项梁取得吴县差不多，田儋杀县令，项梁杀太守。

狄县豪杰百姓都拥护田儋，田儋有兵力数千。

狄县城外，田儋带着县令的人头去会周市。

田儋广额阔面，身材高大，但肤色黝黑，满脸风霜，显然在城守的任上并不轻松，甚至是殚精竭虑、晨兴夜寐。

周市昂首阔步迎了上去，眼神落到田儋脸上，只见田儋双目藏神，风度慑人。

双方寒暄几句，田儋听周市说要把齐地几座城交给自己，忙跪下一条腿，感激道："以后将军有什么事情尽管差遣，我愿肝脑涂地，绝不推辞。"

周市扶起田儋道："将军也是人中之龙，不必多礼。日下秦兵强盛，我等举起反秦大旗，切记要精诚合作，能灭秦最好，不能灭秦也要恢复各国王室。"

周市退兵时，将所占齐国城邑都交给田儋。田儋兵威大振，十月一举拿下临淄，取得齐地三郡，称齐王。田儋的攻击路线如图 1-9 所示。

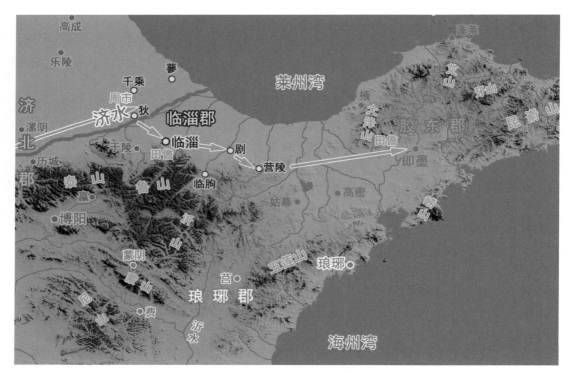

图 1-9　田儋定齐国

秦灭齐后，秦始皇按照齐国固有三都分设济北郡、临淄郡、胶东郡。田儋取得齐地三郡，等于恢复了战国时期的齐国疆域，成为实力强劲的一方诸侯。

战国时期王位继承制度规定，三代以内王子王孙称为王室，可继承王位；四代五代血缘关系比较近，称为宗室，一般不在王位候选继承人之列。秦汉时期的九卿之一宗正一般由王室成员担任，管理宗族内部事务。血缘关系更远的，六代以上的，称为宗亲，比如刘备就是汉室宗亲。

田儋是齐国宗室，和平年代绝对轮不到他继承王位。

与后来项梁所立楚王芈心（楚怀王之孙）、韩王成（韩王安之弟），以及陈胜最后时刻立的魏王咎（魏王假之弟）相比，齐王田儋虽不是齐王的王子王孙，但也算与齐王血缘关系比较近的。

齐王田儋为了报答周市，与赵王武臣一道，派人去临济拥立周市为魏王。当然陈胜、田儋、武臣都是士的级别，在"王侯将相宁有种乎"这个理念上高度一致，三人不谋而合，都不想立魏咎为魏王。然而周市是真的君子，一直不肯称王，五次派人请陈胜将魏咎从陈都放回即魏王位。

周文攻破函谷关

陈胜拜陈郡陈县人周文为将军，攻韩国旧地颍川郡。

周文是春申君门客，熟习兵法。王翦与项燕大战，周文在项燕将军幕府担任视日，负责占卜、研究地形和天气等工作。

颍川郡有两座重要城邑，其中的新郑是韩国灭亡时的都城，阳翟曾短暂做过韩国旧都。

秦始皇灭六国时，韩国是唯一不抵抗就投降的，也是最先被灭的。当时韩王安乘坐素车白马，手奉虎符玉玺，从新郑南门而出。这是韩国历史上的至暗时刻，可谓奇耻大辱。后来多年内，东方各国说起韩国人来就破口大骂，痛恨程度不亚于秦人。陈胜的张楚国从兴到亡，有楚王、赵王、燕王、齐王、魏王，唯独没有韩王，这是偏见最直接的体现。

秦国许诺韩王安侯爵和封地，却将其流放到南郡鄢都（楚国旧地）的一座荒山上，后杀之。同时也许诺了其他公卿大夫各有封赏，不但没有兑现，反而将其田产多数充公，将其家臣门客编入秦军。韩国灭亡 4 年后，韩国贵族们聚集起兵，遭到秦军残酷镇压。

韩国还有一件至宝——反秦旗帜张良。

张良是韩国宗亲，其祖父张开地任韩相先后辅佐韩昭侯、韩宣惠王、韩襄王，其父张平任韩相辅佐韩釐王与韩桓惠王，张家五世相韩。韩国灭亡后，张良招揽仓海力士在博浪沙刺杀秦始皇。当时几个大铁轮如流星闪电穿车厢而入，车内秦始皇的替身被铁轮割开胸前甲胄，胸骨碎裂，腿上被另一个铁轮上的铁刺撕开一道口子。最令人惊骇的是，死者全身皮肤呈墨绿色，明显是铁刺上涂有剧毒，只要刮到便会毙命。此后张良以陈城为中心，辗转于韩、魏、楚故地。

张良既有身份，又有声望，是反秦的一面旗帜。五国谈到张良都赞不绝口，将张良与韩国分开看，这又是一种偏见。

吴广所攻的三川郡有不少地方是韩国旧地，若带上张良，利用其号召力，要顺利得多。可惜陈胜吴广这种士级别的，比六国宗室、卿大夫们，眼光还是要短一些。后来项梁立楚怀王，便立韩成为韩王，以张良辅佐之，到颍川郡开辟新的战线。

周文率军进入颍川郡，一路招降纳叛，军力迅速壮大，连克新郑、阳翟等城邑，半个多月便基本控制颍川，前来投奔的韩人多达十几万。

韩国都城新郑是六国都城中距关中最近的，韩人苦秦久矣。周文可是楚国上柱国项燕麾下的视日，韩人裹粮策马、争先恐后来投奔他。

周文不但轻取韩都新郑，还兵不血刃拿下了颍川郡首府阳翟，然后攻克韩国旧都宜阳。此刻他若沿洛水东进，就能兵临三川郡首府洛阳城下。

秦灭六国，把六国都城的城墙都拆了，但东周洛邑（洛阳）是秦昭襄王时代就归属秦国的，因此得以幸免。从城防来说，在整个东方，洛阳可能是最难攻克的城池。

周文与部下商议下一步的作战部署，正犹豫是否攻打洛阳，吴广的使臣到了。吴广以假王的名义告诉周文，可趁关中空虚一举攻灭秦朝。吴广的本意是面子挂不住，怕周文连洛阳都攻克了，自己堂堂假王，张楚国的二号人物，却困在荥阳毫无建树。

吴广的建议正中周文下怀，本来周文还担心如果不攻打洛阳，吴广会怪罪，这下阴霾散去，周文立即整军备战。

9 月，周文军来到函谷关下，有战车千乘，军力 30 多万，不过大多数是为躲避战火、不至于饿死的老弱病残和妇孺，真正能称得上战士的，只有六七万人。

函谷关 2000 多人马，大部分随三川郡太守李由去守荥阳，小部分去了洛阳。函谷关不属于三川郡，是内史管辖范围，但李由的父亲可是左丞相李斯，做到这件事并不难。周文的攻击路线如图 1-10 所示。

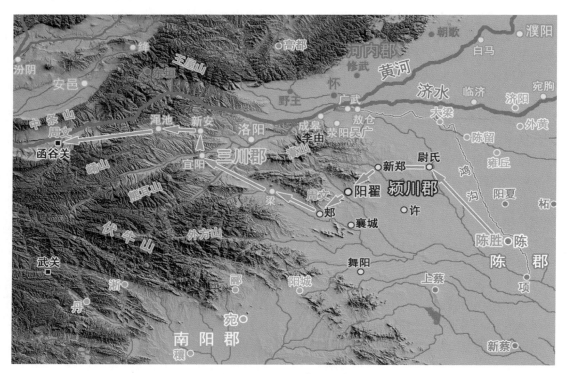

图 1-10　周文攻克函谷关

整个战国时期，只有齐魏韩三国合纵攻秦。齐国名将匡章，魏国名将公孙喜，韩国名将暴鸢，这三位名动天下的将军联手，合三国之力才攻破函谷关。周文连克新安、渑池，轻取函谷关，可载入史册，时也命也。吴广就没这好运气，仍被困在荥阳城下。若是吴广与周文对调位置，周文也未必就能迅速攻克荥阳。

宋留攻南阳

陈胜拜铚县豪族宋留为将，率军西攻南阳。春秋时南阳是申国地盘，后成为楚国的申县。楚国屡次对外用兵，都会调动申息之兵，也就是申县与息县的兵力。

战国时期楚国南阳与秦、韩、魏三国接壤，楚人在伏牛山上修了方城防御韩国，南阳在战国时期一直是楚国第一线，南阳人的战争素养非常高，随便一个县的壮丁集合起来，便能形成一支有战斗力的军队。

宋留与南阳太守齮连番激战，南阳豪族纷纷响应，宋留从不利到占据上风。太守齮麾下除了将领是秦人，士卒几乎都是南阳本地人，大多数人还是倾向于楚文化。

宋留能否拿下南阳郡，与陈胜其他几路人马的战绩是此呼彼应的。宋留原本打算与太守齮慢慢磨，反正张楚军各路都高奏凯歌，时间在宋留一边。

周文拿下函谷关的消息传到宋留耳中，他再无耐心与太守齮耗下去，立即点齐兵马，西向武关进军。既然函谷关兵力空虚，武关难道会有重兵把守？

如果宋留拿下武关，北上进入关中，抢在周文之前拿下咸阳，岂不是也可以效仿武臣等人称秦王？

战国时期秦楚蓝田之战，楚军正是从武关攻入关中，在蓝田与秦军鏖战的。

于是宋留率主力西进，攻击武关，并派偏师在南阳盆地游击，一方面扩充兵力募集粮草，一方面防止太守齮从背后夹击。宋留的攻击路线如图 1-11 所示。

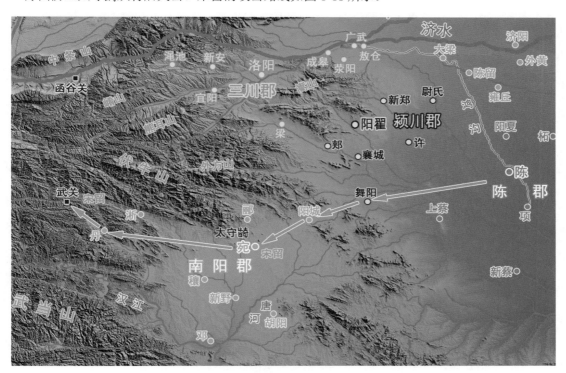

图 1-11　宋留攻南阳

10 月，宋留兵临武关。11 月，宋留闻周文兵败，便放弃武关撤回南阳。12 月，宋留闻吴广死，章邯兵进陈都，也率军退出南阳，去陈城勤王。

结果章邯并没有率主力大军攻击陈城，而是在新蔡严阵以待，等待宋留自投罗网。新蔡一战，宋留中了秦军埋伏，被生擒。

章邯将宋留这条大鱼押送到咸阳，秦二世将其车裂，并悬尸示众。

● **项梁杀太守殷通，起兵会稽郡**

会稽郡的前身是春秋战国时的吴国和越国，吴越两国在春秋末与战国初曾称霸一方。

上古时大禹巡狩会稽山，后来夏朝天子少康之庶子无余封于会稽（在今绍兴一带），为越国始祖。

吴国始祖则来自周朝。关中的周国灭商朝前几十年，周太王想废长立幼，立晚子季历为继承人。一番明争暗斗后，长子泰伯和次子仲雍不得不逃离关中，跨越千山万水来到东南部长江下游。后来季历成了周王，其子周文王继承王位。泰伯和仲雍则在东南建立吴国，等到季历的孙子周武王灭商，便正式册封吴国为周朝诸侯，爵位为子爵（第四等爵位）。爵位偏低，对周武王来说，这一姬姓支脉和自己子嗣是无法相提并论的。

吴国的南面，周王朝又册封夏朝后人建立的越国，爵位也是子爵。用意很明确，既用吴国来挟制越国，又用越国来牵制吴国。吴越两国受封以来，几百年间纷争不断，只是谁也奈何不了对方。吴国北部是长江天险，很难跨越，越国南部则是崇山峻岭，也很难拓展。

春秋晋景公时期，晋国派楚国降将屈巫领兵车30乘，到吴国训练军队，牵制楚国。

屈巫在楚国是申公，整个南阳盆地都是他的封地，但他与楚庄王争夏姬，带着夏姬逃到楚国死敌晋国，晋景公赐邢地为之采邑。

屈巫来了吴国，授之以渔，训练吴军战阵和作战方法。吴国从此开始强大，吴王寿梦拜屈巫的儿子屈狐庸为相，短短几年后，吴国甚至开始与楚国交锋，孙武和伍子胥先后来投。

公元前506年，柏举之战后，吴军攻破楚国都城郢都，来到极盛时期。

公元前494年，夫椒之战，吴王夫差击败越王勾践，越王勾践到吴国做了人质，这才有了卧薪尝胆的故事。吴王夫差忙于北上与晋齐争霸，还与齐国大战，越王勾践发兵偷袭吴都姑苏，杀吴国太子友，经过几次战争，越国灭了吴国。

越国据有吴越两国之地，比吴国鼎盛时还要强大，随后就陷入齐楚联盟持续打击，最终为楚国所灭。

公元前306年，楚国灭越国，越王无彊（qiáng）战败自杀。楚国无法有效控制越国旧地，扶持了一部分越国宗室控制各地，一些不愿臣服的越国宗室率众南迁到浙闽丘陵广袤山区。

秦灭楚后，将吴越核心地区置为会稽郡。秦朝每县约10万人，内史有41个县，陈郡和南阳郡各有27个县，会稽郡和东郡各有26个县。会稽太守还兼管鄣郡与闽中郡，可以说地方广大，人口众多，距关中还远。秦朝会稽郡的范围如图1-12所示。

秦楚大战，楚国上柱国项燕自刎，其长子项渠阵亡，次子项梁被俘，三子项缠年少没有参战，投在张良门下避难。

项燕的亲兵范增虽年过五十，一直寻找和解救项氏后人。范增找到项燕长子项渠之子项羽，保护起来，当时项羽只有8岁，称范增为亚父。

范增又闻项燕次子项梁在关中栎阳蹲大狱，便通过蕲县的狱掾（yuàn）曹咎搭上栎阳狱掾司马欣这条线，救回项梁。司马欣是秦国名将司马错之曾孙，司马梗之孙，名门世家之后，私放项梁这种要犯居然没人敢说三道四。后来十几年，司马欣青云直上，成了上将军蒙恬幕府的将军长史，统筹将军府事务。诸侯灭秦后，项羽立司马欣为塞王，以报答其解救项梁之恩。

项梁从关中囚牢中逃出后，和失散的侄子项羽团聚，一起到会稽郡躲避。范增成为项氏

长江口

汇乘 丹徒

句容 茅山

丹阳

巢湖 溧阳 毗陵

长江 芜湖 阳羡

宣溧山 太湖 娄

鄣 吴 项梁 项羽

郡 乌程 由拳

九华山 鄣 会

黄山 天目山 钱塘 稽

郭公山 钱塘江 余姚 郡

千里岗 龙门山 上虞

怀玉山 会稽山 四明山 鄞

乌伤 大盘山 三台山

仙霞岭 括苍山

瓯江 雁 东海

荡山

杉岭 闽 山

桐宫山 中 郡

三重溪岭 太姥山

东冶

图 1-12 项梁起兵地会稽郡

管家，年近七十，松形鹤骨，器宇不凡，足智多谋，常以吕尚（姜子牙）自居。项梁得知亲弟项缠跟随张良避难，便把项缠接到会稽郡。

会稽郡太守府设在吴县（今江苏苏州），项梁身份特殊，与会稽太守殷通及吴县县令郑昌相熟。郡县名门望族兴土木、婚丧嫁娶，都邀请项梁督办，给主人撑面子。

项梁办事干练，管家范增把一切都打理得井然有序，项氏家将越来越多，项梁以兵法管束从众。

项梁的侄子项籍，字羽，从小随叔父流亡到会稽郡。

项梁令项羽学书和剑，项羽不感兴趣，说学书不过记得姓名，学剑不过敌一二人。项梁教项羽兵法，项羽很感兴趣，常纸上谈兵，揣度古代战场形势，用自己代替败军之将，并以奇兵制胜。项羽厌倦攻城战、对峙战，常规兵法反而未能穷极底蕴。

项羽成年后，生得虎体龙背，身长 8 尺 2 寸，力能举鼎，气可拔山。古来雄主，皆求名剑，项梁得一越王剑，项羽爱不释手，如获至宝。

项梁阴图起事，暗地收养死士 90 人，私铸铜钱，置备兵甲，静待时机。

秦始皇最后一次巡游，来到会稽郡。项梁项羽挤在人群中观看盛大场面。项羽用手指着始皇座驾道："彼可取而代也！"项梁闻之大惊，唯恐旁人听见，发现他养死士锻造兵器，急用手掩住项羽之口，喝道："勿乱说，时机未到！"

会稽郡太守殷通是秦人，他知道项梁是重犯，项缠和项羽也都是秦朝的逃犯，却不敢抓人。项梁是司马欣释放的，要是抓了项梁，后果难测，谁也不想惹上这大麻烦。

现在天下大乱，殷通怕战火波及会稽，欲拥兵自保，便派人去通知项梁，说要背秦起兵，希望项梁前往太守府商议。

项梁知道殷通背秦是假，拥兵自保是真，当然不会就范，就和项羽暗藏越王剑，去太守府议事。

项梁广额阔面，长髯飘胸，宽袍大袖，身材魁梧雄伟，有一股天下任我纵横的气势。项羽虎体龙背，目光灼灼，霸道气息扑面而来。太守府上亲兵两三百人，剑戈如林，不少人为叔侄二人心折，没有严格搜查就放行。

项梁见了殷通，冷冷道："汝与吾不同！吾父乃楚国上柱国，死于秦人之手，誓有不共戴天之仇。汝食秦禄，为会稽郡太守，若兴此叛逆，不忠之臣也！吾杀汝，是杀天下之不忠也。"殷通听得脸如土色。

话音刚落，项羽迅速拔剑，剑过头落，快如惊雷疾电，劲风吹叶。

太守府亲兵围攻过来，项羽在项梁身前左冲右突，剑剑封喉，杀死近百名亲兵，余者再不敢冲进大厅，四散而逃。

随后项梁自任会稽郡太守，以项羽为都尉，并在会稽郡各县征兵，挑选出善骑射者 8000 骑。这 8000 骑江东子弟，称为项家军。项梁既不效忠于陈城的张楚王陈胜，也不效忠于寿春的楚王襄彊。

会稽郡吴城，23 岁的项羽携夫人骑高头大马，迎来百姓仰视夸赞。项羽虎体龙背，气度与自信与生俱来，王霸之气令人望而生畏，不由自主下跪。

项羽坐骑名为乌骓（zhuī），高 6 尺，长 1 丈，真龙驹也。项羽的夫人叫虞姬，兰姿蕙质，真国色也。

● 从丰县到沛县，刘邦的两段婚姻

公元前 256 年，刘邦出生在泗水郡丰县中阳里，后来去邻县沛县担任泗水亭长。丰县和沛县在春秋战国时期属于宋国，紧邻鲁国，算是鲁文化圈。战国中期齐国灭宋，两年后五国伐齐，魏国取得丰县和沛县。今天的丰县和沛县位于江苏徐州北部，是江苏北境，文化习俗与苏南相去甚远，与山东相似。丰县古城如图 1-13 所示，带护城河。

夏朝帝孔甲时期，天降雌雄二龙，刘累学驯龙之术，孔甲嘉其为豢龙氏，封于豕韦（今河南滑县）。刘累是帝尧之后，刘邦的先祖。商朝时刘累后人仍居豕韦，西周时为唐杜氏，春秋时成为晋国几大家族之一的范氏。三家分晋，范氏被赵魏韩瓜分，主要留在魏国。

战国时齐国灭宋并控制了两年，随后五国伐齐，魏国占据宋国旧地，丰县沛县都在魏国领土上。战国后期魏楚连年鏖战，楚国在攻灭鲁国后又取得丰县、沛县，这里是楚国的北境。此时刘累的一位魏国后人反叛，带领楚军攻击魏军，成为楚国的丰公，镇守丰县，此公就是刘邦的祖父。

公是楚国的官名，管辖范围相当于郡或县。楚国没有郡，县大小不一，比如申公管辖的申县，就是秦朝的南阳郡，大小几十座城邑。春秋战国时期，楚国经常调动申息之兵，申县和息县两县就能调动超 10 万兵力，足见此两县之规模。丰公就是丰县县令，丰县在楚国算是中小型县，只有一座城，但这座城不算小，可募集 3000 兵力。楚国的公是一方诸侯，能传给下一代，比秦朝的郡守（太守）和县令权力大得多。

刘邦的父亲刘煓（tuān）是典型的纨绔子弟，平生好酤酒卖余，斗鸡蹴鞠，娶一夫人，生三子一女，中年丧偶再娶年轻姑娘，又生一子。

这时候已经是战国末年，魏楚都到了临近灭亡的最后几年，仍不忘互相攻杀。魏国攻占丰邑，楚国将丰邑夺回，此过程中丰公不知所踪，也就不能传位给刘煓。丰县刘氏从大夫级别降格为士族，仍是当地有名的豪族。

所以刘邦祖上是宋国人，刘邦的父亲历经宋、齐、魏、楚四国，刘邦出生时丰县和沛县刚并入楚国。

刘邦是典型的士大夫家庭，在丰县算是豪族，几兄弟戴冠佩剑，各自结交志同道合者。刘邦的大哥早逝，其余三兄弟都读过书，尤其刘邦之弟刘交好读书，是荀子的徒孙，曾为《诗经》作传注。

刘邦与卢绾（wǎn）同年同月同日生，而且是同县同亭同里人。秦朝 10 户为一里，10 里为一乡，10 乡为一县，10 县为一郡。刘邦与卢绾的缘分，以及相互信任的特质，贯穿生命始终。

刘邦年少时贪酒好色，专好结交豪侠，不肯耕田种地。他是个游侠，作为楚国人，和玉树临风的少年卢绾跑到魏国祭拜信陵君，其间偶遇魏国外黄县令张耳——信陵君曾经的门客。

信陵君陵墓前，刘邦肃穆而立道："想当年信陵君大破秦军，可惜现在魏国没有这样的人了。"

小北海

凤鸣园

图 1-13　丰县古城

卢绾叹道："天下今只有赵国的武安君（李牧）可与秦军一较高下。"

刘邦补充道："昔日信陵君合魏赵楚三国之兵，重挫秦军，追亡逐北。武安君却只有赵国一国之兵，实难抗衡秦军。"

卢绾分析道："秦国占了魏国东郡，断齐、赵之腰，绝楚、魏之脊。今天下一分为二，北方是赵、齐、燕三国，南方是魏、韩、楚三国，六国恐再难有合纵之势。"

这番话正好被身后不远的张耳听到，他对两个少年刮目相看，祭拜完毕便叫住二人。张耳所问山川大河，二人对答如流，且对行军作战颇有兴趣。张耳对二人很有好感，但因战事紧急，只得匆匆结束这一面之交。约30年后，项羽立张耳为常山王，张耳却转投刘邦，被立为赵王，这都是有前因的。

刘邦长兄刘伯早死，刘邦经常带着狐朋狗友去长嫂家蹭饭，时间久了长嫂不免厌烦。一次长嫂故意用勺瓢在锅边刮出声响，暗示刘邦锅里空空如也，这分明是下逐客令。刘邦去灶房见锅中尚有许多羹汤，心中怨长嫂吝啬，从此不再去蹭饭。后来刘邦做了天子，遍封亲戚为王侯，唯独长侄不得封。刘太公出面向刘邦说情，这才将长侄封为羹颉侯。

总的来说，刘邦一家受鲁文化影响较深，作为楚国人，对魏国也有相当的认同。

刘邦成年后贪酒好色、乐善好施、豁达大度，生得隆准龙颜，美须髯，左股上有七十二黑子。

刘邦家里有产有业，但他不喜欢农业生产，农忙时节也不帮忙。刘邦娶老婆很容易，难的是娶门当户对的。在这个特殊背景下，他与外妇曹氏结下露水姻缘，生下长子刘肥。这是在刘邦娶吕雉为妻之前十几年，刘肥是庶出长子。

秦汉婚姻讲究门当户对，男子入赘，与罪犯、恶少年等同，随时会被抓壮丁上战场；女子地位不对等不能做正妻，只能做妾，条件很差的甚至只能做没有名分的通房丫头。古代女人在家由父亲庇护，出嫁从夫，夫死从子。

虽然刘邦也不务正业，但婚姻要门当户对，曹氏连妾都不能算，只能称为外妇，地位比通房丫头还低。

曹氏早故，刘肥年少跟随父亲，食不果腹。刘邦娶吕雉后，刘肥已经是青少年，他对妹妹弟弟还算不错，三人关系很好。

刘邦有四兄弟，卢绾却是独子，由家族操办娶妻生子，看起来比刘邦要正常一些。此时谁能想到，后来他们一个做了大汉天子，一个做了燕王。

刘邦33岁时，秦灭楚，他的国籍变成了秦。此后不久，刘邦从丰县到沛县，谋得一个亭长职位。

秦汉时期地方行政区划分为郡、县、乡、亭、里，秦朝的郡有三四十个，和现在省级行政区的数量相当。依次往下推，则是秦朝的县（今地级）、秦朝的乡（今市县级）、秦朝的亭（今乡镇级）、秦朝的里（今村级）。秦朝的乡比较特殊，负责协调各亭事务，而不是直管各亭。乡级官员如三老、有秩、啬夫、游徼各司其职，且都在县城，级别也不高，称为办事员更合适。从直属管理权来说，秦朝从上往下依次是朝廷—郡—县—亭—里。

亭长又称校长,是秦汉十六品官职中的第十四品,帐下有求盗、发弩、亭佐等吏,管辖人口多的亭长俸禄160石,手下有十几人,管辖人口少的亭长俸禄120石,手下有数人。

泗水亭是个大亭,可能有两三千人,刘邦这个泗水亭长,其公务范围绝不限于泗水亭。秦朝修阿房宫、始皇陵、长城,常年需要上百万劳动力,只能不断从地方征调人手。沛县也一样,几乎每年都需要完成指标,派人押送壮丁去咸阳方向。刘邦年少就爱在外闯荡,是押送工作的不二人选。

在外公干的过程中,刘邦得以结识县府不少官吏,比如萧何(主吏,官职十五品)、夏侯婴(令史,县令属吏的总称,官职十五品)、周苛(卒史,官职十六品)等。他所押送的劳动力中有不少是囚犯和恶少年,刘邦又从中结识了曹参(狱掾,官职十五品)、任敖(狱吏,官职十五品)等人。

当时地方上没有常备军,兵器收送到咸阳,熔之为铜,铸成铜人12个,每个重24万斤,高3丈,立于咸阳宫门之前。因此每次要押送壮丁千人上下,而且很多时候是要带人去抓的,故刘邦手上握有一支准军事力量。比如说,以织帘子和演奏丧乐为生的周勃、以屠狗为业的樊哙,这些人由壮丁摇身一变成了押送壮丁的人,成为刘邦的得力干将。刘邦在沛县,常带着一大帮手下吃五喝六,几乎无人不惧。

刘邦不缺女人,缺的是门当户对的夫人,他的工作虽然威风,却有一定危险性,最主要是背井离乡,一年到头不着家。

吕不韦有个族人吕公,秦灭魏时,携家小从魏国单父逃到楚国沛县,想不到两年后秦国又灭了楚国。单父位于魏楚交界,从单父往东便是楚国丰县,也就是刘邦的出生地,再往东便是沛县。

吕公有三子二女,作为一个外来户,他若要立足,需地头蛇撑腰。吕公对外称与沛县县令交好,此举倒是让他结交到不少小吏,其中关系最密切的莫过于萧何。

公元前221年,秦灭齐,六国皆归秦。吕公乔迁新居,县令(官职五品)没有来,县丞(官职九品)、县尉(官职九品)也没有来,来的多是商贾人士,比吕公更需要靠山的人。

官方的客人有泗水亭长(官职十四品)刘邦、刘邦的好友主吏(官职十五品)萧何,以及官职更低甚至没有俸禄的小吏。

刘邦身高7尺8寸(约180公分),生得广额高鼻,颜貌如龙,须髯甚多,日角斗胸,龟背龙股。吕公识人无数,见刘邦相貌不凡,当机立断,将女儿吕雉许配给刘邦,这一年刘邦35岁,吕雉20岁。

刘邦常带着手下吃五喝六,县城一帮小吏对他唯命是从,吕公一家算是在沛县真正立足,吕雉为刘邦生了一女刘氏(鲁元公主)和一子刘盈。

刘邦公务繁忙,常押解囚徒前往关中,一去少则数月,多则跨年,与吕雉聚少离多。

一次刘邦押送壮丁去关中,途经丰县,卢绾兴高采烈地同行。这些年只要刘邦外出公干,卢绾几乎如影随形,就算刘邦待在沛县,卢绾也常从丰县赶来相聚。

刘邦、卢绾来到咸阳,但见六街三市,车马行人往来如织,高堂重楼栋宇连云,入夜则万家灯火密若繁星,说不尽富丽繁华,真是帝京景象!

恰好秦始皇出行，刘邦、卢绾站立在马车上，远远望见车盖。卢绾比刘邦矮半头，面容俊秀，长发飘逸，40 岁看似只有 20 多岁，面相和善，人中上窄下宽，嘴角上扬，即使严肃时看起来也在微笑，是那种无论男女都爱看的脸型，极具亲和力。

刘邦望着依稀可见的秦皇车盖，长叹道："大丈夫当如此也！"

卢绾在一旁冷言道："皇帝、三公、九卿、太守、县令、军司马、太史令、军侯、县尉、百夫长、小县长、郎中、小县尉、泗水亭长。"卢绾把每个品级的官职或军职选了一个念出来，故意在亭长前面加了泗水二字，讽刺刘邦一个第十四品的官员，连羡慕秦始皇的资格都没有。

刘邦却不以为意，反而内心涌入一股暖流，搭着卢绾的肩膀笑道："我若得了天下，分一半给你。"这是一种语言的艺术，当别人讽刺你，便把他拉入同一阵营。

卢绾果然不再唱反调，笑不露齿道："听说北方战事紧张，匈奴来去无踪。你若真做了皇帝，我愿为燕王，没事抓几个匈奴人给你，看看他们是不是长了翅膀。"说完两人望着秦始皇车盖方向，大笑不止。

公元前 210 年 7 月，49 岁的秦始皇驾崩，46 岁的刘邦心目中"大丈夫当如此"的主角没了。

10 月，刘邦押送数百壮丁前往骊山服役，刚走到邻近的丰县就跑了不少人。秦始皇就像每人头上的一道符，人死后符也没了，"天下苦秦久矣"，民众的反抗情绪爆发出来。刘邦没有办法，索性解散队伍，带了十几个死忠，在芒砀山落草为寇。刘邦逃亡芒砀山的路线如图 1-14 所示。

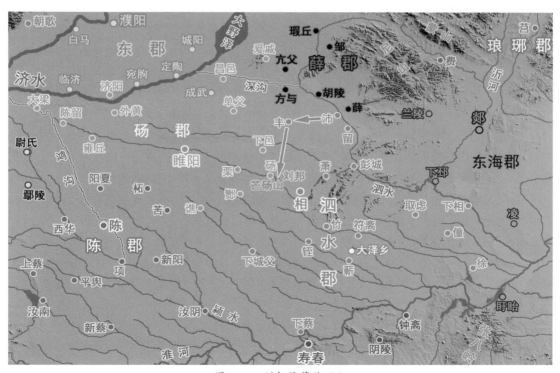

图 1-14 刘邦落草芒砀山

芒砀山不是名山大川，面积约仅 16 平方公里左右，有小山丘 20 余座，最高海拔约 157 米。芒砀山周边也没有什么大山，其北、西、南三面数百里一马平川，东面也要到萧县附近才有山脉。从芒砀山到济水无险可守，古人如此形容砀郡："芒砀山雄峙于前，济水襟带于后。"芒砀山的地形如图 1-15 所示。

图 1-15　芒砀山

芒砀山位于泗水郡与砀郡交界处，属于砀郡。秦朝时各郡县都苦于招募和押送囚徒或戍卒，几乎所有郡县的人手都不足，砀郡不可能派人去抓捕泗水郡的逃犯，泗水郡也无力去砀郡抓人。我国名山大川数不胜数，在刘邦发现并利用芒砀山前，这里确实寂寂无闻。在反秦战争中，刘邦多次利用芒砀山的地形袭击秦军。楚汉战争中，彭城之战刘邦惨败后也是逃往芒砀山方向。刘邦称天子后，将陈胜尸体移葬到芒砀山。汉景帝之弟梁王刘武也葬在芒砀山。可见此处对汉朝的意义。

这个冬天，刘邦躲在芒砀山，不只是身体难熬，心理上更是度日如年，不知道路在何方。难道后半辈子真在芒砀山打家劫舍？刘邦也曾盘算过，像张良那样，做个东躲西藏的侠客，浪迹天涯。但他已有二子一女，很难割舍。

刘邦每次从沛县去关中押送壮丁，途经的第一站就是丰县，卢绾每次都跟随着他。卢绾与刘邦虽是同龄人，家境相似，但卢绾是独子，刘邦好歹有兄弟传宗接代，年轻时不务正业父母倒也没有催婚。卢绾是独子，他有夫人，有子有女，但只要刘邦一个招呼，他就毫不犹豫地抛妻弃子追随左右。这世上还有谁，兄弟感情胜过刘邦和卢绾，即使后来刘关张三兄弟也未必能够如此。

这次卢绾与人进山狩猎，两人错过了，不过刘邦在丰县派人给卢绾留话，让他随后赶来。在芒砀山，刘邦又派人到丰县通知卢绾，自己落草为寇了。

这日百无聊赖，刘邦躺山坡上晒太阳。只见一个步伐矫健的人率众从小土坡下方迎来，玉树临风，正是他一生最好的兄弟卢绾。

如果卢绾不来，史书上或许不会有刘邦。丰县的卢绾来到芒砀山，与刘邦一起落草为寇，沛县的那些兄弟却一个都没来，关系亲疏高下立判。

冬去春来，47 岁的刘邦依然没有方向，此时说反秦简直痴人说梦。远的不说，刘邦的岳父吕太公就不会同意，他家财万贯，绝不会陪刘邦赌上整个家族。而且在沛县，刘邦敬仰的土豪王陵、雍齿都有很大的势力，不可能屈居刘邦之下。县府这边，好友萧何、曹参职位都不高，县令是秦人，但县尉是泗水郡人，能召集到数百号人马。

小扇引微凉，悠悠夏日长。刘邦躲在山里，打打猎物，百无聊赖。这时候泗水郡南部，发生了惊天动地的事情。

● 刘邦起兵，杀泗水郡太守

前面讲到，公元前 209 年 7 月，陈胜和吴广起兵，当月陈胜就在陈城称张楚王，吴广为假王，国号为"张楚"，意为"张大楚国"。

8 月，消息传到沛县和芒砀山，刘邦心中亮起一盏明灯。

陈胜"王侯将相宁有种乎"的理念，以及用一个月时间便建功立业称王的事实，深深刺激了刘邦。陈胜的屯长与刘邦的亭长级别一样，都是十四品，只是屯长俸禄稍高，同级中排位靠前一些。

这个月武臣称赵王，襄彊称楚王，陈胜派出的多路人马四面出击，周市拿下了魏国旧地。沛县掌管军事的县尉亲自押送壮丁去关中，一时半会回不来，沛县的防御处于极度空虚状态。

沛县县令是秦人，他单枪匹马处于楚人当中，内心惶惶不安。于是县令打起了自己的小算盘，想起了刘邦。与王陵、雍齿、吕泽这些土豪不同，刘邦是亭长，是他的下属，县令觉得可以招刘邦回来保护自己。

县令找到在县城任职的刘邦的两个好友萧何、曹参，让他们联系刘邦的连襟樊哙去把刘邦请回来。

但沛县县令很快就骑虎难下，因为樊哙走后，他收到消息，泗水郡太守要途经沛县。

刘邦所在的泗水郡，正是陈胜、吴广起兵之地，受张楚王影响，泗水郡大部分城邑都反了秦朝。

北部沛县南边紧邻的留县，楚国宗亲景驹已经起兵夺了县城。南部各县几乎全部反了，铚县豪族董缲，符离县豪族朱鸡石，取虑县豪族郑布，徐县豪族丁疾等，各召集宗族子弟，往北攻来，在泗水中游活动。

此时陈胜派召平远征东南方的东郡广陵城，途经泗水郡。这可是条大鱼，太守壮率兵阻击，召平自知不是对手，向广陵方向逃跑。

在召平逃跑的方向上，正好有董缫、朱鸡石、郑布、丁疾这几股势力，太守壮未能避开这些反秦军队，精准锁定召平。泗水与淮河下游的反秦势力如图1-16所示。

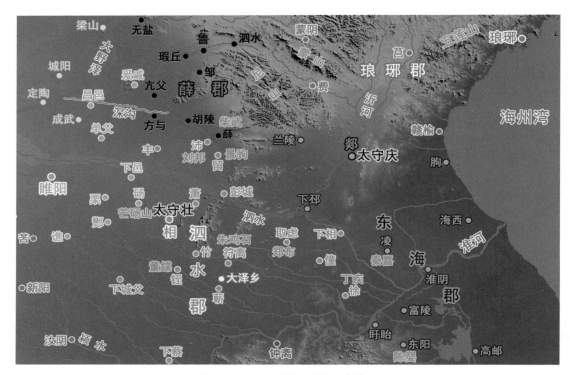

图1-16　泗水与淮河下游反秦势力

泗水郡南部，太守壮领兵9000人，追着数千张楚军往东走。张楚军屡战屡败，人数却不减反增，秦军屡战屡胜，人数却越来越少。太守壮追到靠近东海郡的地方，9000人只剩不足5000人。这支泗水秦军中的秦人很少，大多是楚人，凝聚力自然很差，有人甚至直接阵前投奔张楚军了。

董缫、朱鸡石、郑布、丁疾4人率军跟着召平边打边逃，此时已经来到泗水郡与东郡边界，四大首领聚在一起商议，身边各只有数百亲兵。由于秦军追得太猛，张楚军虽有数千之众，但行军阵形涣散。泗水太守终于觅得良机，发动攻势，切断这四人与召平的联系。

4人慌忙渡泗水去东海郡，跟丢了南走淮河的召平。泗水太守自知再难追击召平军，便将心一横，渡过泗水进入东海郡，向东北方向追到几位首领，杀了上千号人，把4个首领及100多人围在一座小土坡上。

眼看胜利在望，忽然从东海郡南部凌县杀出一支人马，为首的叫秦嘉，这让太守壮猝不及防。经此一战，秦嘉救了董缫、朱鸡石、郑布、丁疾4人，重新整合反秦军队，兵力近2万，秦嘉为统帅。

太守壮兵力已不足 1000 人，人人负伤。只好北上避开锋芒。

秦嘉等五人商议，太守壮估计是要北逃到东海郡首府郯，不如趁机一举拿下郯城，擒杀两名太守。

秦嘉统率近 2 万大军北上，围攻东海郡首府郯城，太守庆孤立无援，只能硬着头皮坚守。

东海太守庆和泗水太守壮一样，虽然官至朝廷三品大员，封疆大吏，但因为出身低微，有名无姓氏。说明秦朝任命的太守大多为秦人，但并非都如李斯之子三川太守李由一样，出自高门大族。

然而，泗水郡太守壮并没有去郯城。他堂堂太守，怎会落魄到去寄人篱下。太守壮北上后，绕到了泗水郡戚县，即沛县东部的邻县，中间隔着泗水。太守壮并不是一味逃回相城，而是组织兵力夺回留县。但戚县是个小县，因为之前连年征召兵员和劳役，几乎没多少兵。太守壮一方面派人通知沛县县令，让他集结军队迎接（当然太守壮不会告诉县令自己兵败的落魄景象），同时又去薛郡的薛县借兵，此时薛郡没有设太守，泗水太守（官职三品）比薛县县令（官职五品）要高两级，这种跨郡调兵因此成为可能。

沛县县令接到书信，得知太守壮正在从戚县方向来，却不知其屡战不利，已经落魄到只有几百残兵的地步。县令满心欢喜，有了太守这个保护伞，还要什么刘邦，更何况刘邦可是秦朝的逃犯啊。

九月，樊哙带路，刘邦和卢绾率 100 多位英雄来到沛县城下，县令关起城门，逮捕萧何、曹参，坐等泗水太守大军到来。

此时张楚军周文部已经攻破函谷关进入关中，项梁在会稽郡起兵，张楚军的韩广在燕国称王。沛县的几大土豪——王陵、雍齿、吕泽、冷耳与刘邦里应外合，击杀沛县县令。今沛县的主要道路如图 1-17 所示。

刘邦比陈胜先出事，却躲在芒砀山长达 11 个月，直到有了陈胜这只出头鸟，才敢起兵。

刘邦、王陵、雍齿、吕泽、冷耳各自收集沛县子弟，用动物鲜血染成的旗帜作为沛县义军的军旗，号为赤旗。刘邦自号沛公（公是楚国的官名，管辖范围相当于县令，沛公就是沛县县令，不过楚国的沛公相当于一方诸侯，能传给下一代，比秦朝的沛县县令权力大得多）。

沛县军事力量非常复杂，分为刘邦军和友军两部分，总兵力 3000 人。

沛公刘邦本是亭长（官职十四品），麾下骨干军官主要有以下这些，我们来看看他们初起兵时的官职和日后封王侯之后的食邑数。

卢绾，任太尉，掌兵事。卢绾相当于刘邦的一个分身，卢绾经常替代刘邦发号施令，军中将领见卢绾如见刘邦，不分彼此。不久后刘邦遇到一生最爱的女人戚夫人，常和戚夫人躲在帐中谈情，其他将领有事都不敢入帐打扰，只能找卢绾商议。如果事态紧急，卢绾便会闯入大帐，终止刘邦的好事。（后封长安侯，食邑约 3 万户，再立为燕王，食邑约 32 万户）

卢绾被立为燕王后，卷入夺嫡之争，与吕后的沛县帮对抗。随着刘邦意外去世，樊哙、周勃轮番大兵压境，卢绾只得远走匈奴，被封为匈奴卢王。汉景帝时期，卢绾之孙卢他之以东胡王的身份率军投降，被封为亚谷侯。

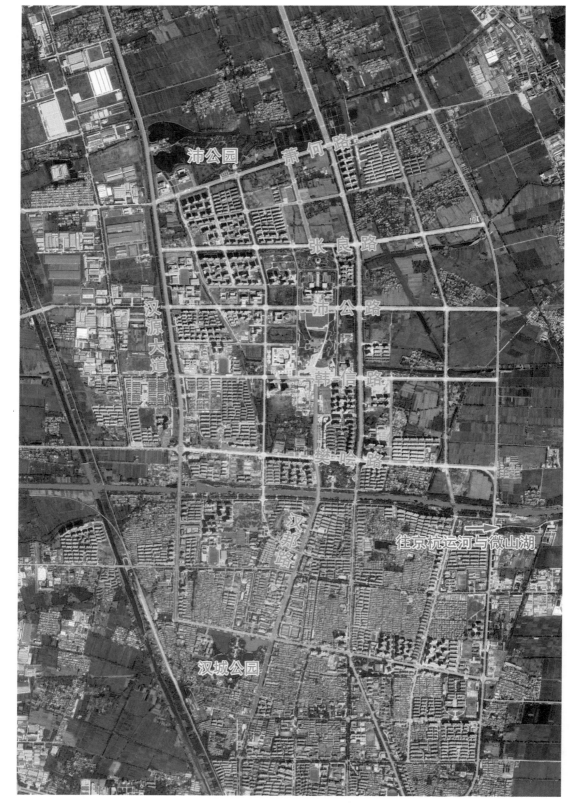

沛公园　　萧　何　路

张　良　路

沛　公　路

汉源大道

韩　信　路

樊　哙　路

刘　邦　路

往京杭运河与微山湖

汉城公园

图 1-17　沛县的主要道路

夏侯婴（令史，官职十五品），任太仆，九卿之一，掌车马，随刘邦从沛公到砀郡长到汉王，夏侯婴一直都是太仆。

夏侯婴早期任厩司御，是县府小吏，连官都不是，负责驾车接送县府宾客。夏侯婴常路过泗水亭，刘邦只要有酒有肉就会招待他。刘邦在沛县人脉不少，常年抓壮丁，仇人也不少。有人告发刘邦曾打伤令史夏侯婴，要以私斗伤人治其罪。或许刘邦与夏侯婴嬉闹时可能误伤了夏侯婴，如果私斗打伤县府官员，刘邦就要去骊山修秦始皇陵，后半辈子做奴隶。夏侯婴作为人证，面对严刑逼供，宁可接受数百笞刑，也坚决说不是刘邦打伤的。（后封汝阴侯，食邑 6900 户）

周昌（卒史，官职十六品），任职志，掌军旗。（后封汾阴侯，食邑 2800 户）

曹参（狱掾，官职十五品），任中涓。（后封平阳侯，食邑 10600 户）

周勃，任中涓。服兵役时担任材官引彊，臂力大，能拉 12 石强弓。（后封绛侯，食邑 8100 户）

孙赤，任中涓，在荥阳之战中投降项羽，后重新投奔刘邦，导致食邑大幅下降。（后封堂阳侯，食邑 800 户）。

召欧，任中涓。（后封广严侯，食邑 2200 户）

审食其，任舍人。本为吕氏门客，负责保护吕雉母子，视若亲人，他与吕雉相处的时间远胜刘邦，后与吕雉双宿双飞。（后封辟阳侯，食邑可能近万户）

樊哙，任舍人，是刘邦的连襟，娶吕雉之妹。（后封舞阳侯，食邑 5000 户）

奚涓，任舍人。（后封鲁侯，食邑 4800 户）

周緤，任舍人。（后封蒯成侯，食邑 3300 户）

周定，任舍人。（后封魏其侯，食邑 1000 户）

朱轸，任舍人。（后封都昌侯，食邑不详）

徐厉，任舍人。（后封松兹侯，食邑不详）

曹无伤，任舍人。击杀泗水郡太守壮，任左司马，前途无量。鸿门宴期间和项羽暗通款曲，被刘邦斩首。

刘邦军队五六百人，卢绾掌兵事，夏侯婴掌车马，周昌掌军旗，有 4 名中涓各领兵 100 人，7 名舍人各领兵 50 人。

刘邦的友军如下：

吕泽，本地豪族，刘邦的大舅子。（后封周吕侯，食邑可能上万户）吕泽去世较早，吕后执政时期，其长子吕台被立为吕王，次子吕产被立为梁王，吕氏家族其他封侯的人也不少。

吕释之，本地豪族，刘邦的二舅子。（后封建成侯，食邑可能数千户）吕后执政时期，其次子吕禄被立为赵王。

萧何（主吏，官职十五品），与吕氏关系密切，一直是刘邦与吕泽之间的桥梁。（后封酂侯，食邑 8000 户）

周苛（卒史，官职十六品），官至御史大夫（三公之一），在荥阳之战中被俘，因辱骂项羽被烹杀。

王陵，本地豪族，一度占据南阳，不愿跟随刘邦入关。（后封安国侯，食邑 5000 户）

雍齿，本地豪族，曾占据丰县背叛刘邦。（后封什方侯，食邑 2500 户）

任敖（狱吏，官职十五品），为刘邦镇守丰县两年。（后封广阿侯，食邑 2200 户）

冷耳，本地豪族。（后封下相侯，食邑 2000 户）

友军是独立成军的，虽尊刘邦为沛公，但互不统属，各有部属。刘邦实际只是沛县共主，友军统帅是小型诸侯。

作为亭长里面的佼佼者，刘邦是沛县这三千反秦势力中官职最高的（秦朝官职），这也是各路友军尊其为沛公的原因之一。这些豪族有钱有势，为何做不了沛公呢？泗水亭长刘邦是官员，阶层是士，虽不比卿、大夫，但社会地位和影响力比王陵、雍齿、吕泽、冷耳还是强了不少。刘邦班子中的夏侯婴、周昌、曹参等人，本来就是沛县官吏，土豪们哪有这等人脉资源？他们麾下一个秦朝官吏都没有，社会地位并不高。

刘邦从沛公到砀郡长到汉王到天子，也是一个不断吸收友军成己军的过程。

陈胜开局就有 900 正卒，一个月内就有步卒上万，3 个月就拥兵数十万。刘邦开局就是沛公，兵力 3000，两年就拿下关中。二人在秦朝的官职品级一样，有过相似的工作经历，率队戍边或押送壮丁，穿行于深山大泽，在这个过程中磨炼砥砺，锻炼出行军作战的能力。

刘邦做了沛公，想以沛县为中心拟定一个发展战略。泗水县在泗水上，因此大家商议，逆泗水而上，攻击胡陵、方与。刘邦的意见是攻击西边的丰县，这里是他的故乡，他和卢绾肯定能招募到不少人手。但这个时候，沛县除了刘邦有军队，王陵、雍齿、吕泽、冷耳等也各有兵马，并不统属刘邦，只是大家一起抱团发展。

初次出征大家都非常谨慎，两座城都没打下来，不过兵员有所增加。此时南边传来一个消息——泗水郡的监御史平，从相城出发，北上抵达丰县。

秦朝一个郡有太守（官职三品）、都尉（军职四品）、县令（官职五品）、监御史（官职七品），监御史相当于汉朝早期的州刺史，可以弹劾比自己官职高的太守、都尉、县令。秦朝每个郡都有监御史，而汉朝的州刺史一人监察多个郡，管辖范围翻了好几倍。

泗水郡的监御史，名字是平，没有姓氏，是出身不高的秦人，秦朝普遍任命秦人为东方各郡要职。

这次没有任何异议，大家英雄所见略同：丰县不能丢，如果丰县丢了，沛县肯定也危险。

丰县之战前，泗水郡监御史其实已经吃了几场败仗，他是逃到丰县的，而不是主动攻击。他的兵力只有不到 300，刘邦等以 5 倍以上兵力击溃之。泗水郡监御史率数十残兵东逃，渡过泗水去了戚县投奔太守壮（太守壮攻击秦嘉等人失败，也逃到了戚县）。

在继续追击监御史前，丰县必须安排人镇守，刘邦提议让太尉卢绾守丰县，遭到几位首领一致反对。刘邦从小在丰县长大，卢绾肯定能在丰县招揽不少兵力，这也是其他豪杰害怕的。如果刘邦一支独大，其他人必然不能心安。

最后大家选了一个折中方案，刘邦、王陵、吕泽、冷耳继续追击，带走丰县子弟数百人以及秦军降卒 100 多人，雍齿留下来镇守丰县，后续招募的兵员全部归他。

刘邦等人东追泗水郡监御史，兵力仍维持在 3000 人以上。监御史目的地是薛郡的薛县，泗水郡太守壮连续兵败后逃到戚县，败兵也是抱团保命。泗水郡太守为何如此狼狈？

短短三四个月时间，泗水郡遭遇张楚军两轮猛攻。第一轮是陈胜、吴广从大泽乡起兵，攻克铚县，进入西北方向的砀郡，而葛婴从蕲县出发，目标是西南方向的九江郡寿春。第二轮是铚人董緤、符离人朱鸡石、取虑人郑布、徐人丁疾在泗水南部起兵，太守壮追击途中反而被围攻战败。

十月，泗水太守壮绕到泗水郡戚县，这是沛县东部的邻县，中间隔着泗水。太守壮本来要去薛郡薛县借兵，不料薛郡土豪柴武起兵杀了县令。太守壮率约800人来到薛县城下，又遭柴武军伏击，折了一半人马，不得不向戚县撤退。

柴武是薛县蒲地人，拿下薛县后，军力有2500人，轻松伏击太守壮，此后人称蒲将军。柴武和秦嘉那帮人不同，没有盲目扩张，而是稳据薛县，见机行事。

刘邦的好运又来了。在薛县以南不远，刘邦率3000多人遇到太守壮败军400余人，大胜。

太守壮逃回戚县，与监御史平合兵，只剩200多人。两人合计，这戚县肯定是守不住了，只能冒险西走，到砀郡去投奔秦军。

刘邦哪能放过这等好机会，率军急追。舍人曹无伤运气好，追到太守壮，一刀杀之，监御史平也死于乱军之中。

曹无伤在鸿门宴时期想讨好项羽，被刘邦杀了。若非三心二意，曹无伤撑到刘邦称帝时，肯定会封侯，食邑可能会在5000户以上。

秦朝鼎盛时有40多个郡，却只有十几个郡守（太守）。一部分郡因为人口不足不设太守，由其他郡太守或本郡大县县令兼管。

项羽和刘邦初起兵时都曾击杀太守，项羽是在太守府剑斩会稽太守殷通，刘邦是在战场杀泗水太守壮，过程不同，效果同等震撼。

当时五世相韩的张良正好从北方南下留县去见景驹，闻刘邦杀泗水太守壮，便乔装来见刘邦。

张良在刘邦称天子后封留侯，食邑1万户。这个食邑，地点就是张良眼下要去投奔的留县。张良在刘邦打天下的过程中，几乎没有战功，他对刘邦的作用概括起来就4个字：提升格局。

张良的祖父和父亲是韩国相国，辅佐5位韩王，张良与仓海力士刺杀秦始皇，成为反秦一面旗帜，人脉和资历无人能及。如果说张良是见多识广、高瞻远瞩，刘邦就是管中窥豹、坐井观天、孤陋寡闻。

残月升上中天，凉风习习，义军仍在清扫战场。

在篝火的映衬下，刘邦和卢绾见到一个面如美玉，目若朗星的青年人，怎么看都不像40岁的人。张良只带两名亲兵走来，但四周不远处人影绰绰，刘邦低声道："还好是友非敌。"

寒暄完毕，张良瞥了一眼卢绾，看破二人关系，便直截了当，给刘邦提了一个提升格局的建议："反秦气势已起，沛公若要建功立业，可投六国宗室门下，否则黄粱一梦，终究成空。"

张良言外之意，只有六国宗室才有可能复国，像陈胜、吴广这类人物，虽然眼下气势很盛，但没有六国宗室贵族支持，终究会败亡。此时章邯还没有出函谷关，张楚王的军队顺风顺水，只有张良一眼看到陈胜必将败亡。

刘邦一时语塞，本以为击杀封疆大吏太守，张良会夸奖自己一番，没想到一开口便让其投奔他人麾下。太尉卢绾打圆场道："我等为楚人，当为楚国效力，还请先生称贤荐能。"

卢绾剖决如流，似令张良另眼相看，张良语气转缓道："景卿（景驹）坐镇留县，与东海凌县人秦嘉合谋，将泗水太守壮步步引到绝地。景卿以为太守壮是瓮中之鳖，差遣秦嘉等人往攻东海郡郯城。现今东海郡凌县人秦嘉、东阳人陈婴，泗水郡铚人董緤、符离人朱鸡石、取虑人郑布、徐县人丁疾，攀龙附凤，景卿所控地方数百里，兵力十余万。"

刘邦和卢绾听得魂惊魄惕（tì），留县在沛县泗水下游不远，没想到此处有一位地方数百里、兵力10余万的强悍人物。而己方击杀太守壮，不过是捡了被景驹猎杀得奄奄一息的猎物，哪天景驹灭了自己，恐怕都不知道为何。

张良的话语如此振聋发聩，刘邦与卢绾怎敢不从。刘邦当即表示，愿整备军马，投在景驹麾下。

刘邦与张良也算一见如故，刘邦的地位远不如张良，便拜张良为厩将。此时刘邦只是一个县令级别的沛公，而将军与太守平级，位在太守之上，刘邦还没有资格拜将，厩将是刘邦给张良的一种尊称。刘邦正式拜将，是在被立为汉王之后。

主吏萧何、卒史周苛、狱吏任敖这3个人，本来各有数十亲信组成的私兵，在张良见刘邦之后，也都交出兵权，成为刘邦己军一分子。萧何、周苛、任敖都是官员，和吕泽等豪族不一样，他们对官场上的事情非常敏感。张良愿意见刘邦，且只见刘邦，这就给了三人风向标。

当地豪族戎赐率100多人来投刘邦，而且是直投刘邦麾下。刘邦很是感动，以戎赐为连敖，相当于参谋，这是刘邦任命的第一个连敖。戎赐麾下的华寄，任舍人，领兵50。

泗水郡丰县、沛县、戚县一带，尽为沛公刘邦所控制。刘邦军团总兵力4000多，己军规模接近1000人。

第二节　秦军反攻，章邯灭陈胜吴广

● 戏水之战，周文战章邯

周文军攻克函谷关后，关中800里[①]平川几乎无险可守。周文军沿渭水南岸的大道急速西进，连克宁秦、郑县，在骊山脚下的戏水遭遇秦军精锐。

　① 注：秦朝1里约等于现在的415.8米。

秦军与张楚军隔戏水对峙，戏水源自骊山，从南往北注入渭水。戏水不是大河，最深也不过齐腰，并不是什么天然防线。但过了戏水，以西就是秦始皇陵，章邯如果让楚军渡过戏水，把秦始皇陵墓挖了，那可是诛九族的大罪。

9月，周文军士气爆棚，西望咸阳，大有一举灭亡大秦帝国之气概。但是，周文很清楚，与15年前项燕破李信时的楚军比，自己这支杂牌军无论哪方面都差得太多。

周文站在望车上，发现对岸严阵以待的秦军，与颍川郡和三川郡的秦军截然不同，战车、骑兵、弩兵、步兵方阵错落，大阵套小阵，阵中有阵，攻守兼备，滴水不漏，这让他想起王翦那支战无不胜的秦军。

周文在两天前就从骑哨口中得知，秦军在戏水以西集结，但蹚过戏水的骑哨没有一个回来的。当时周文就觉得有些古怪，现在完全明白了，秦军早可以越过戏水阻击，甚至可以守住函谷关，但他们一直退到秦始皇陵这个退无可退之地，目的只有一个，那就是在追击的过程中尽量杀敌。

周文倒抽一口凉气，从望车上下来，立即调兵遣将，令后面的民夫立即开挖陷阱，制造拒马，准备掩护大军撤退。同时摆出攻击的姿态，拖延时间。戏水之战形势如图 1-18 所示。

图 1-18　戏水之战

戏水之战，毫无悬念，秦军大破张楚军。幸好周文在戏水东岸列阵，演了一天半的戏，为后方撤军布置陷阱赢得了宝贵时间。15 年前秦楚大战，项燕令楚军在大阵后挖埋着倒刺的陷马深坑，用木板掩盖坑口，撤退时将木板卸了，让王翦的秦军车翻人陷，无法全力追击。周文学以致用，在撤退的路上布满陷阱，前面张楚军溃败，后面的民夫奋力挖坑，随风势烧林放浓烟，这才把损失降到最低。战斗结束后，6万余战士只损失1万，几天后数十万人马悉数退出函谷关。

函谷关上，章邯望着败退的楚军，平心静气，指顾从容，他知道残酷的较量刚刚拉开帷幕。

天下反秦的队伍中，打着张楚王陈胜旗号的军队收复了赵魏燕齐等国，楚国大部分地区也改弦易张。虽然周文军退出了函谷关，但仍然驻扎在曹阳，整体形势还是一片大好。

然而此时的陈城，却发生了内讧。

魏国的周市拒绝做魏王，派人带话，要求陈胜把魏咎送到大梁，让魏咎做魏王。陈胜毫不犹豫地拒绝了。魏咎是魏王假的亲弟弟，如果魏咎做了魏王，其他各国宗室势必纷纷效仿，最后恐怕自己这个张楚王也做不成了。但是周市锲而不舍，连续三次派人到陈城，请陈胜放魏咎回魏国。

陈胜眼看田儋、景驹等六国宗室人马崛起，特别是楚国的景驹和项梁，实力强大，未宣布效忠张楚王。

武臣自称赵王时，陈胜就闷闷不乐，但后来顺水推舟，调整了策略。陈胜的天下架构，大致是张楚王、齐王、魏王、赵王、燕王并立，但反秦时其他诸侯王必须听张楚王号令。至于张楚国内部，决不允许再有第二个楚王出现。

陈胜暴跳如雷，思来想去，决定杀一个人，弹压六国宗室和旧部，这个人就是葛婴。

陈胜在大泽乡就不喜欢葛婴这个人，两人的理念南辕北辙，后来没想到葛婴立襄彊为楚王，差一点颠覆陈胜"王侯将相宁有种乎"的根基。

虽然葛婴杀了襄彊，带着首级来到陈城请罪，陈胜仍想把葛婴当作杀鸡儆猴的那只鸡，以断六国宗室另起炉灶之心。

陈都张楚王宫，葛婴跪在地上负荆请罪，陈胜声色俱厉道："将军何不先报本王，而后立襄彊？"

这番话陈胜问过数次，葛婴都不敢直言，因为他立襄彊为楚王与陈胜自称张楚王前后不过几天，双方互相不知。如果葛婴回答不知道陈胜称王，言外之意陈胜没有资格称王。

陈胜认为，景驹和项梁不向他称臣与葛婴立襄彊有直接关系，因此怒不可遏，抬手向亲卫做出斩首的姿势。

葛婴是大泽乡起兵的元老之一，而且率兵打下寿春，是立功之臣。在不知道陈胜称王的前提下，立襄彊为楚王。后来知道陈胜称张楚王，便杀了襄彊，带着首级到陈城认错。襄彊一死，此事本该告一段落，对陈胜来说不过是疥癣之疾，可忽略不计，然而他却大动干戈，非要杀葛婴，毫无容人之量，此乃错误决策。

楚国的内讧进一步加剧。后来秦嘉立景驹为楚王，项梁杀景驹再立楚怀王，西楚霸王项羽又杀楚怀王，汉王刘邦再杀项羽收尾。秦末汉初这段时间，楚国和楚人一直处于内讧中，这也是历史精彩之处。

陈胜不但杀了葛婴，还杀了几个贫贱之交。

原来陈胜故乡阳城县乡民闻陈胜称张楚王，便想攀鳞附翼。陈胜的好友收拾行李，带着一大帮乡民来陈城投奔。这些人见殿屋高大，帷帐华美，毫不客气地住在王宫内，陈胜每日好酒好肉招待。

陈胜曾对这些贫贱时的好友们说过："苟富贵，勿相忘。"

如今这些人每日无所事事，除喝酒吃肉，便是直呼陈胜小名，谈论陈胜过往不堪回首的趣事，毫不掩饰嫉妒之情。

陈胜自为张楚王以来，远近景仰，听闻贫时好友所言便恼羞成怒，杀了几个说话最多的好友，余者吓得魂飞天外。

陈胜的岳父与大舅子不免兔死狐悲，物伤其类，不敢贸然劝阻。陈胜有了众多后宫佳丽，把二人当作家奴使唤。岳父与大舅子不告而别，阳城乡民尽皆散去，陈胜逐渐众叛亲离。

● 章邯出函谷关，周文自刎，李良杀武臣

这两个月，周文虽然退出函谷关，但军队主力还在，论实力足可把秦人封死在函谷关以内，但是周文的心态变了，他迷惘了，不知道自己为谁而战。

张楚王陈胜拜周文为将，出陈城30里相送，周文铭感五内。可是当陈胜逼迫葛婴杀掉楚王襄彊，继而杀死葛婴，周文的心在颤抖。身为楚将，我们为楚国而战，张楚王却在杀楚国宗室、杀楚将！

项梁在会稽郡自任太守，周文扼腕叹息！故主之子终于举旗反秦，只可惜当下的格局，周文不能再投项梁门下，内心非常痛苦。

项梁既不自称楚王，也不奉陈胜为楚王。陈胜的将军召平已经攻到广陵城下，对岸就是会稽郡，两大势力隔江相望。若项梁渡江，却不奉陈胜为王，那就只剩火并一条路。到时候我（周文）是支持陈胜还是项梁呢？

周文军以楚人为核心，普通兵卒与项氏家族或许没有周文这种渊源，但陈胜逼葛婴杀楚王襄彊这件事令楚人胆寒。我们可以为天下苍生而战，为楚国而战，为楚王而战，但陈胜算什么？就凭一句"王侯将相宁有种乎"，我们就要为你而战？

此消彼长，章邯将周文军逐出关中，这两个月他进行了重大调整。

为了将周文军赶出关中，章邯的5万北军损失约2000。章邯虚张声势，营造咄咄逼人的态势，实则疲惫不堪，兵器也消耗殆尽。

这两个月，章邯向朝廷要人要兵器，还好周文军的确把秦二世、李斯、赵高吓得六神无主，对章邯的奏章大开绿灯。

章邯5万北军剩4.8万，又从上郡调来1.5万，这6.3万北军是精锐。统领这1.5万北军南下的是部将司马栭，王离的心腹。关中、北地、陇西等戎卒7万，地方正卒1万，更卒2万，计10万，这是秦国传统区域的兵力，也就是老秦人。汉中、巴郡、蜀郡正卒1万，更卒2万，计3万。骊山数十万囚徒中挑选出3万身强力壮者。章邯兵力达到22.3万，按战斗力排序，北军6.3万，戎卒7万，地方正卒2万，地方更卒4万，囚徒3万。

除此之外，秦二世、赵高并不放心章邯，拜赵贲为将军，以内史保为副将，率军4万做

监军，不受章邯节制。这 4 万人中，2 万是关中的正卒，2 万是更卒。赵贲是赵高的族人，内史保是赵高的亲信，如今都身负重任。

秦军总兵力合计 26.3 万，其中章邯 22.3 万，赵贲 4 万。

兵器方面，强弓劲弩，戈矛箭镞，准备充足。

冬天来临，下了第一场大雪，大地披上银装，这也是章邯最理想的出关日。

函谷关外这一段黄河在山与山之间，山岭重重，除非攀上高处，否则便看不到大河奔湍的壮观情景。

楚军在沿途做足防御功夫，所有制高点均设有以土石筑成的堡垒。沿途尽是山路，秦军笨重的攻城车和投石机无用武之地。

章邯在关中等了两个月，除了整编训练军队，也在等天气变冷。战国时东方诸侯合纵攻秦，楚国一般撑不到严冬就会撤兵，因为南方人不耐寒，保暖衣物也准备不足，冰天雪地往往冻死者甚众。

由于人口太多，周文数十万民夫大多饥肠辘辘，根本熬不住，早就开始拖家带口往回走，就连编队入伍的军人也有开溜的。偏偏主帅周文心灰意冷，早没有两三个月前的豪情壮志，任由队伍减员。

朝阳升离函谷关，阳光普照下，秦军的兵器甲盔闪烁生辉，点点精芒，漫布函谷关西面狭长河谷平原和山坡。章邯出函谷关前的形势如图 1-19 所示。

图 1-19　章邯出函谷关前形势

上将军少府章邯，率部将章平、司马枂、赵贲、保，护军都尉董翳，都尉姚卬、周类、苏驵等，点齐兵马，出函谷关，如猛虎下山、蛟龙出海，目标是灭张楚国、魏国、赵国、燕国、齐国。（韩国未复国）

张楚军士气低迷，曹阳第一道防线迅速告破，周文烧营东走，沿途以陷阱尖桩遍布道路。秦军不分昼夜轮番攻击突袭，周文退到渑池，势穷力竭，挥剑自刎。

周文兵败的同时，赵国方向也发生了重大变故。

赵王武臣令张黡攻上党郡，李良攻恒山郡。当李良定恒山郡后，武臣没有封李良为恒山王或恒山侯，反而令其翻越太行山，攻打太原郡。

李良心有不满，率军西行至恒山郡石邑，此时王离的北军前锋已抵达恒山郡西部的井陉关。

王离的部将修书一封，假借秦二世诏书之名，称："李郡尉官秩比两千石，备受宠幸。今闻在赵国为将，若能迷途知返，背赵归秦，朕当赦其罪，并有爵赏。"

李良阅毕，知道这诏书十之八九是假的，但井陉关地形险要，自己兵马不足，况且对方打着王离的旗号。

11月初，李良犹豫不决，先派人固守恒山郡，再率数百亲兵去邯郸赵王武臣那里搬救兵。

一路行来，将近邯郸地方，忽见一大队车马风驰而至，中间銮舆车驾，骑兵环绕甚多，俨如王者。

李良以为是赵王，慌忙下马，俯伏道旁迎驾。谁料是赵王之姐出外游宴，喝得酩酊大醉，把李良当小官看待，自己安坐车中，命从人传谕免礼。及至李良立起，赵王姐的车马已电掣而去。

李良面对部下诸将，不觉羞惭满面，横眉怒目，勃然大怒。

有一秦人亲信向李良说道："今天下纷纷举兵叛秦，群雄四起，手握重兵之人便自称王。将军平恒山郡，威武出赵王右，进可自立称王。我等皆关中汉子，退可归秦，何必寄人篱下？且赵王平日轻看将军，今日再为女流轻慢，遭此侮辱。如今唯有发兵赶上，杀死此妇，方可雪耻。"

李良便依言遣兵追杀赵王姐，再返回石邑，率领大军南下，袭击邯郸。赵王武臣得知其姐被李良杀害，还当李良畏罪逃回恒山，便派人去责问。谁料李良骑兵先行，不走大道，而是沿着太行山脉东侧的山间小道走，避开了赵国的骑哨，一举攻到邯郸城下。

当初秦始皇灭六国，六国的都城和大城邑要么拆除城墙，要么降低城墙规格，进一步扑灭六国宗室复国的希望。

此时的邯郸城，早已不是战国赵国时的都城邯郸，城虽大，城墙却已拆得七零八落，城郭都已毁。

武臣执意要重建邯郸，子子孙孙称王。虽有几万民夫日夜赶工，但要恢复到战国时赵国都城的水准，至少要三五年。

李良的骑兵入城，一路如入无人之境。武臣的军队大多在城内外监工，采石伐木修城墙，根本没有像样的防卫。

直至李良军来到赵国王宫断壁残垣前，才遭遇到武臣亲兵抵御。但事起仓猝，亲兵未曾防备，无力抵御，李良遂将赵王武臣杀死，又分兵去杀武臣的亲信大臣。李良灭武臣的形势如图1-20所示。

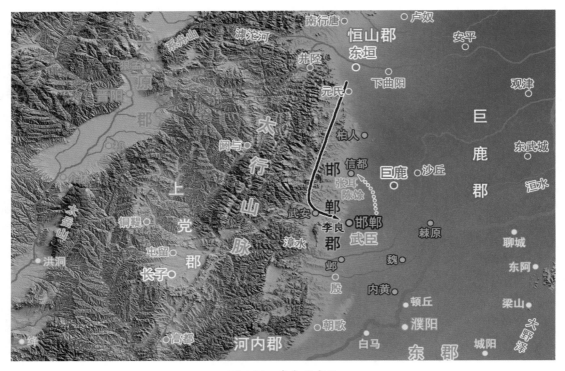

图1-20　李良灭武臣

左丞相邵骚占据邯郸城中一处府邸，有人说是平原君赵胜故居，有人说是最后一任相国郭开故居。邵骚率军占了此处，正亲自指挥民夫重建，被李良军一名士兵击杀。

张耳、陈馀有过16年逃亡生涯，二人耳目众多，消息灵通，行事如履薄冰。张、陈二人没有随武臣居住在邯郸城，平日也是鞍不离马，甲不离身，率军在城外安营扎寨。张耳心细如发，对秦国降将李良等人枭视狼顾，一直派骑哨暗中盯防。

李良率军南下邯郸，右丞相张耳、大将军陈馀第一时间率军远离邯郸城，避免与李良军正面冲突。

张耳在魏国是卿级别，有信陵君门客的光环，再加上秦始皇悬赏人头的加成，让他成了秦朝时的名士。陈馀是大夫级别，情况也差不多。二人从陈城跟随武臣出兵开始，从未看得起过武臣，他们做了赵国相国和大将军，却并未对武臣感恩戴德，双方是一种彼此利用的关系。

张耳、陈馀早有打算，在退往巨鹿郡信都的途中，便找到赵国王室赵歇，准备时机成熟立其为赵王。

长平之战时期的赵孝成王有3个嫡子，嫡长子夭折，嫡次子封春平君，拜相国，立为太子。

长平之战邯郸之战后，吕不韦的爱将蒙骜攻打赵国，赵孝成王只好将太子春平君送到秦国为质。

赵孝成王驾崩时，秦国不肯放人，嫡三子赵偃即位，是为赵悼襄王。后来吕不韦忽然释放赵国春平君归国，企图引发赵国内乱。春平君与赵悼襄王勠力同心，一起撑起赵国危局。赵悼襄王英年早逝后，春平君与名媛出身的太后同宿共寝。

赵悼襄王有二子，长子是代王赵嘉，次子是邯郸名媛所生的赵王迁。春平君也有几个儿子，其中一个就是赵歇。赵王迁与赵歇是同辈人，祖父都是赵孝成王，若非命运捉弄，假如春平君不去秦国为质，战国末任赵王可能就是赵歇。

张耳、陈馀兵力近 2 万，摆下大阵阻击李良的追兵，并在巨鹿拥立赵歇为王。赵王歇仍拜张耳为相国，陈馀为将军，把军政大权交给这对义父义子。

李良兵力有限，且赵人不服，唯恐后方有变，便回师邯郸。

此时云中一带匈奴大举入侵，甚至越过黄河进入上郡。王离因此没有进入井陉关，而是返回上郡，驱逐匈奴去了。

张耳、陈馀又一次死里逃生。李良等不到王离军，便派人将赵王武臣首级送到南边章邯营中，愿献出邯郸作投名状。

入夜，秦军渑池大营，章邯中军大帐，熊熊燃烧的牛油火炬将帐内照得宛如白昼。

部将章平、司马枂、赵贲、保，护军都尉董翳，都尉姚卬、周类、苏驵等，把章邯和一张石台围在中间，情绪激昂，传阅李良的竹简，石台一侧立着赵王武臣的首级。

石台中间摆着一张羊皮地图，上面有 5 个木头人，背部分别写着陈、假、赵、齐、燕，代表陈王陈胜、假王吴广、赵王武臣、齐王、燕王韩广。陈胜自称张楚王或楚王，但在秦人看来，陈胜以陈城为中心，用的多是陈郡人，因此称他为陈王，而不是张楚王或楚王。

章邯举起如鹰爪般的大手，拿起邯郸位置写着"赵"字的木头小人，用两个指头捏了下人头。

● 吴广死于自己人刀下

随着章邯破周文，李良杀武臣，荥阳城下吴广面临的形势极度恶化。可以想象，章邯随时可能攻击荥阳的吴广军，王离也随时可能渡黄河攻击敖仓。吴广由围攻荥阳变成被反包围，攻守之势易也。

吴广心急如焚，这日令人装了满满三大车金银珠宝、绸缎绢帛，亲自掀开战车上的毡布，对一个百人小队的百夫长和两名屯长道："等攻下荥阳，这三车财宝赏给你们。"

众人眼前顿时一亮，103 人盯着那些金银绢帛，目光贪婪而急迫。

吴广又道："你们百人队做先登，立即攻城。"

百夫长和屯长的脸色立刻就变了，躬身行礼，不敢应答。这明显是送死，就是一人一车财宝也没命消受啊。

将军田臧以为自己听错了，吴广军最多时上万人同时发动都攻不下来，这 100 人能顶什么用？他赶忙躬身抱拳，补充道："大王，我带 3000 劲卒跟随杀上去。"

吴广挥手打断，对百夫长说道："就 100 人，你去不去？"百夫长不敢答话，只有 100 人确实是送死。

吴广冲着身后将军李归挥手："号令不遵者，斩。"

李归指挥几个铁卫一拥而上，把百夫长摁倒在地，五花大绑。那个百夫长惊骇至极，连声告饶。

吴广怒火中烧，老子叫你杀人，你竟敢阳奉阴违，当着老子的面绑人，他举起手中马鞭，对准李归劈头盖脸打下去。

李归想躲又不敢躲，就这么一犹豫，脸上硬生生挨了一鞭，痛彻入骨。

吴广怒道："给我砍了。"

李归强忍疼痛，几步冲上前，一脚踩住那个百夫长的胸口，抡起马刀，只见鲜血迸射，人头落地。

吴广脸色铁青，咬牙切齿道："拿着人头，遍告各营将士，再有违抗军令者，连坐斩杀。"

几个亲卫高举着血淋淋的人头，在阵中来回飞奔，大吼大叫，"斩杀"之声此起彼伏，不绝于耳，将士无不惊骇。

吴广当众将两个屯长升为百夫长，102 人都带上盾牌、绳索、铁钩、短刀，向城墙走去。

"嗡……"一声巨响，千箭齐发，遮天蔽日，厉啸而下。

102 人中有 10 多人中箭倒下，大伙儿掉头就跑，撒腿狂奔。谁都知道对方可以万箭齐发，没人能登上城头。

"临阵脱逃者，斩。"吴广勃然大怒，厉声狂呼，向将军田臧道，"举箭，给我杀了他们。"

将军田臧不敢违抗，一声令下，长箭如雨，铺天盖地射了出去。

逃卒们做梦也想不到自己人会杀他们，一个个猝不及防，当即倒下一大片，剩下几十个没死的，受伤的，肝胆俱裂，"呼啦"一下沿着两军阵前没命逃窜。

吴广铁青着脸向李归挥手道："杀了他们。"李归再不敢迟疑，带着几十个亲卫打马追上，挥刀就砍。

两军阵前，不管是吴广军，还是李由军，都骇然变色。

秦军没有幸灾乐祸，他们知道，在如此高压之下，对方下一波的攻击就非常可怕了。

后方战阵里，鼓声轰鸣，震耳欲聋的呐喊声冲天而起，"诛暴秦、诛暴秦……"这一日吴广军挥师猛攻，虽然还是没打下荥阳，但给城头守军造成了一定的伤亡。

到了晚上，吴广军人人自危，有人悲观绝望，有人义愤填膺，甚至有人开始逃跑。

吴广率张楚军主力围攻荥阳 3 个月，不能攻克城池。他本是猎户出身，平日不知兵事，一切调度皆不得法，已为诸将所轻。而且做了假王后，他不似从前那样谦恭爱人，从此众心不服。

田臧、李归遂暗地相聚密议，周文兵败，秦兵章邯部旦夕将至，若张楚军仍围困荥阳，秦兵一到，里应外合，唯恐大败。

两人意见一致，留偏师牵制荥阳的秦军，大队人马退守敖仓，有了敖仓的粮草才能与秦军周旋，等张楚王的援军到来，仍有机会把秦军打回函谷关。

田臧、李归进入中军大帐，吴广却不同意放弃荥阳。这几个月里，武臣称赵王、韩广称燕王，周市打下魏国，周文打进关中，宋留打进南阳，其他将领也各有所得，唯独假王吴广困在荥阳城下3个多月不能前进。

田臧、李归出来后与众将尉议定，矫称张楚王诏令，击杀吴广。此事做得并不算机密，吴广早已不得军心，竟然无人通报。

田臧、李归枭了吴广之首，传令各营，也无人反抗，很多人都觉得大快人心，可见吴广近日视人命如草芥，导致人心不附。

田臧、李归将吴广首级送到陈都，诬陷吴广屯兵荥阳，准备谋反。陈胜自知原委，但事已至此，只好顺水推舟，遣使赐田臧楚令尹印，拜为上将。

楚国是三头制，楚王、令尹、上柱国分别掌权，令尹相当于秦国的丞相，但丞相通常不带兵，令尹却有一定的兵权，实权比丞相大。柱国是将军，上柱国是众将军之首，相当于秦国的上将军。张楚国的王是陈胜，上柱国是一个文官蔡赐，令尹一直空缺，等于三头的权力全部在陈胜手上。现在拜田臧为令尹，是因为陈胜知道，若挡不住章邯，就再也没机会拜令尹了。

与此同时，陈胜还放魏咎回临济（都城已从大梁迁至临济），立其为魏王，以周市为魏相。几个月前周市攻下大梁，就请陈胜释放陈城的魏咎回去做魏王，结果陈胜连拒三次。此时陈胜急需盟友和援军，在生死存亡之际，终于松口释放魏咎，这并非他所愿，形势所迫耳。王侯将相宁有种乎？陈胜最后还是向六国宗室屈服了。

陈胜听说秦嘉、董缫、朱鸡石、郑布、丁疾等人纠集乡人子弟，率军攻击东海郡首府郯城，杀了东海太守庆。于是以武平君畔为将军，去东海郡做监军，力求掌控这些反秦军队，并且率军回来支援西部的战事。

田臧做了梦寐以求的令尹，掌控了张楚国最重要的一支军队兵权，随即令李归率1万多兵马牵制荥阳，自己率3万人回防敖仓，算上敖仓守军计3.8万人。

田臧率8000精锐和上万民夫留守敖仓，城外3万战士摆出壕沟阵迎敌。

一夜忙碌，清晨，章邯大军出现在视线内。田臧登上城头的望车极目细看，只见秦军如黑色虫蚁般向敖仓城逼近，声势骇人。

城墙上人人自危，田臧令击鼓助威，城下3万人欢呼如雷，他们还看不到秦军。田臧有些后悔，应该放弃荥阳，把李归的1万多人也带来，现在再派调李归的军队已经迟了，路上容易遭遇伏击。

秦军迫近敖仓，旗帜鲜明，兵马雄壮，楚兵都有惧色，就是田臧也有怯容。

章邯没有浪费一秒钟，立刻下令交战，双方箭石齐发，到处是喝喊声和惨叫声。

秦军很快攻到数十条长短不一的壕沟前，张楚军点燃沟中易燃物，一时间尸横遍野，血流成河，明净的天空被战火映得一片血红。

田臧心中怆然，真没料到秦军战力如此强悍，城头的战士一个个中箭哀号。田臧忽然想到了周文，一直不解周文为何不率残兵退守颍川郡，而选择自刎。项燕自刎是因为楚军主力尽失，周文背后的张楚国，张楚王、假王、赵王、魏王、燕王、齐王都在，只要退守颍川郡，完全可以反败为胜。现在田臧明白了，以这支秦军的强弓劲弩和战斗素质，周文很难逃回颍川，就像自己很难逃出敖仓城。

很快敖仓城破，秦军如虎入羊群，所向披靡，张楚军大败，令尹田臧阵亡。章邯破周文和田臧，如图 1-21 所示。

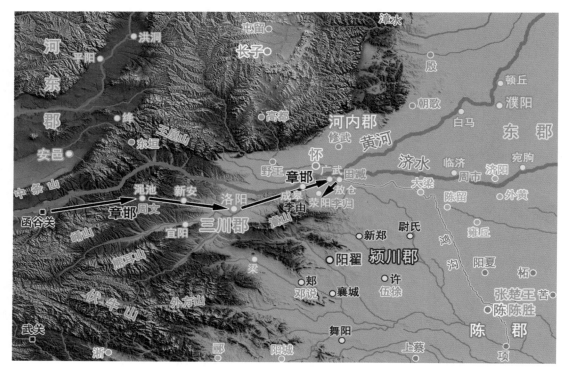

图 1-21　章邯破周文和田臧

章邯乘胜抵达荥阳城下，与李由军遥相呼应。李归等闻田臧败亡，似被摄去魂魄一般，尚未开营列阵，军心便已溃散。

双方交战，张楚军惨叫声、马嘶声此起彼伏，乱成一片，很快兵士们便开始四散逃窜。李归气得嗷嗷直叫，拔出佩剑连斩几名逃兵，却丝毫阻止不了军队的溃散之势。

李归死，余者或死或降或逃。

● **陈胜死，张楚亡**

章邯解荥阳之围，兵分两路，主力南攻许城，偏师攻打郏城。许城的伍徐寡不敌众，被迫撤兵，途中被章邯军追上杀之，郏城守将邓说则弃城而逃。

陈都宫殿大门前，陈胜铁青着脸，问邓说道："你们是怎样输的？"

邓说沉痛地道："章邯神出鬼没，我和伍将军每日数次互通消息，全神留意章邯的动静，广散骑哨，岂知警报才起，章邯的铁骑已来至营前。那晚星月无光，章邯以火箭烧营，骑兵乘势冲出，我们未撑到天明便撤退。若不是我一路阻击，伤亡恐怕会更多。"

众人听得心里直冒寒气。御者庄贾和邓说有交情，便附和道："章邯的战法变化多端，将士用命，兵器精良，此前周将军和田令尹都不能抗衡……"

陈胜面含杀意，举手制止，庄贾不敢再说下去。几个亲兵会意，拖着邓说出去斩首，任凭邓说哭喊求情而不顾。

临阵斩将，陈胜试图以邓说的人头来激励士气。这不是陈胜第一次杀大将了，10月杀葛婴，12月杀邓说，可谓杀人如草芥，而且杀的都是大将。

陈胜身边无人可用，便令上柱国蔡赐领兵拒战。蔡赐是个名士，在帐中出谋划策或笼络各方势力还行，让他领兵出战，真不如陈胜御驾亲征。可惜陈胜早就没有了几个月前的锐气，一心只想当个大王，怎会冒险出战。

蔡赐硬着头皮率领这支最后的精锐，与章邯军交战一场，大败，蔡赐阵亡。

随后章邯派两个校尉率兵作为先锋前往陈城，自己则亲率大军南下，在新蔡周边布下天罗地网，等待陈胜的部将宋留自投罗网。宋留如果勤王，正常路线是走南阳郡的阳城，进入颍川郡，然后再做打算。实战过程中，宋留相当谨慎，从南部进入陈郡，准备走新蔡绕到陈都后方增援。不过宋留还是低估了章邯的情报系统，与南阳太守齮相比，章邯要高几个段位。

10月宋留攻到武关，意气风发。11月周文兵败后，宋留狼狈撤兵。12月新蔡一战，宋留中了秦军埋伏，被迫投降。章邯破蔡赐和宋留如图 1-22 所示。

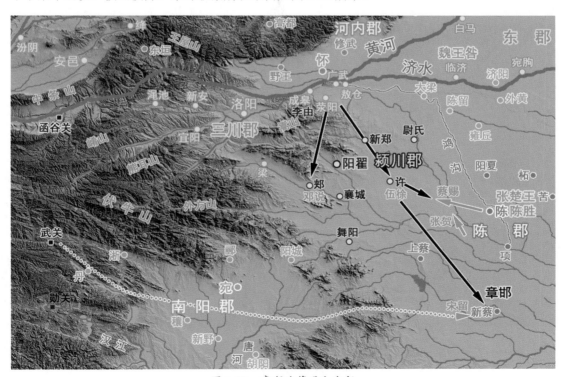

图 1-22　章邯破蔡赐和宋留

此前将军周文自刎，假王吴起死在自己人刀下，赵王武臣被杀，令尹田臧、将军李归、上柱国蔡赐阵亡，将军宋留是章邯活捉的陈胜军最高将领，自然要押送到咸阳去请功。

右丞相冯去疾、左丞相李斯、御史大夫冯劫一致主张将宋留囚禁起来，然后对外宣传已给宋留封爵加官，而赵高则力排众议，坚决将宋留车裂并悬尸示众。秦二世对反秦之人恨入骨髓，下诏由赵高处置。

此后的反秦队伍再没有大将率众投降的，打不赢要么跑，要么死战。赵高在毁灭秦朝这条路上，又做出了一点贡献，赵高与李斯的矛盾也变得公开激烈起来。

此时陈胜已经率数千亲兵出城，准备沿颍水南下避战火。陈城西南部传来消息，一名叫张贺的将军领兵前来勤王，陈胜这才想起有这个人，急令张贺阻击秦军。

陈胜从一个屯长变成张楚王用了一个月，再变成一个昏君也不过三四个月。

将军张贺战死，陈胜逃到了汝阴。一路上陈胜军从五六千人逃散到仅剩千余人。陈胜本来要去淮河以南的寿春投奔邓宗，但寿春已经残破不堪。

陈胜本来也不想去寿春，如果远离中原核心区，等于退出中原的逐鹿，如何号令魏王、赵王、齐王、燕王等？陈胜仍然在做帝王梦，怎舍得放弃刚建立起来的王朝。他作了一个决策：东去泗水郡。陈胜的逃跑路线如图 1-23 所示。

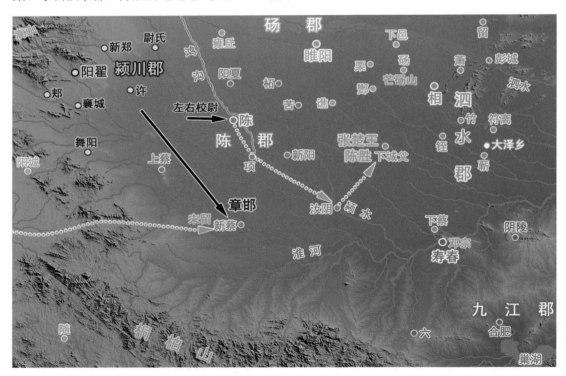

图 1-23　陈胜的逃跑路线

魏国这种地方，陈胜是不会去的，周市等人曾经是陈胜手下，张楚王不能让他们看到自己的窘态，何况章邯下一个目标可能就是魏国。赵国太远，齐国同样远，近处只有泗水郡，大部分县都起兵反秦了，太守壮被刘邦所杀，首府相城相对空虚。陈胜就是在泗水郡大泽乡起兵的，去泗水郡似乎是个不错的选择。再来一次大泽乡起兵，占据相城号令天下又如何。

车队转向东北，进入泗水郡，来到下城父。此时陈胜已是众叛亲离，身边只有一百来号人，而且还多是御夫庄贾的亲信。陈胜催促御夫庄贾立即入城，庄贾却停车不进，与亲兵附耳密谈。

陈胜厉声呼叱，骂不绝口。庄贾掣剑在手，从陈胜后背进，前胸出。

陈胜面容狰狞，怒目而视，却看不到庄贾。或许庄贾从背后下手，也是不想看到陈胜的眼神。

陈胜用最后的力气骂道："汝乃车夫，造次……"

庄贾在背后冷冷道："王侯将相，宁有种乎。"

庄贾取了陈胜首级，驱车赶回陈城，此时秦军主力伏击宋留去了，只有左右校尉率 8000 人赶来，还未进攻陈城。庄贾起草降书，遣人送往秦营投降。左右校尉上报章邯，承诺绝不攻城，令其镇守陈城，并奏请二世封其为侯。

去时是车夫，归来已是陈城主宰。庄贾暗忖："张楚王（陈胜）兵败，只因后宫粉黛三千，却独自霸占。本侯与将士同乐，必能稳守江山。"

陈都后宫，香薰兰麝，春满流苏，庄贾与一帮亲信将领如狼似虎，宫女嫔妃个个云鬟歪斜、如嗔似怨。

在陈郡新阳的将军吕臣听闻陈胜被庄贾所杀，如五雷轰顶，立即起兵进军陈城。

庄贾与一众亲信终日饮酒作乐，谁还有心思守城。

吕臣诛杀庄贾，收陈胜尸首，礼葬之。后来刘邦平定海内，追念陈胜反秦首功，特命移葬陈胜于芒砀山，令 30 户守冢（zhǒng）。

陈胜自大泽乡起兵至被杀，一共 6 个月。其兴也勃焉，其亡也忽焉。

● **番君吴芮挥剑，黥布北上重夺陈城**

吕臣杀庄贾为陈胜复仇后，章邯的左右校尉统兵 8000 重夺陈城，吕臣退守新阳，在这里等到了北上的救兵黥布。

庐江郡番阳县令吴芮（ruì）是吴王夫差的后人，其父吴申曾是楚国大司马。当年秦楚大战，项燕兵败后，吴申投降并协助秦军平定南方郡县，后来其子吴芮成为番阳县令。

当时庐江郡只有 6.7 万户，约 35 万人，而中原人口百万的郡比比皆是，有的郡人口甚至可以达到 200 万以上。庐江郡只有 5 个县，远远达不到设太守的标准，番阳县令便负责兼管其他 4 个县。吴芮的权力比一般的县令要大，地位也要高，且得江湖间民心，号为"番君"。

番君吴芮统治庐江郡，很大程度上靠两个人——英布（黥布）和梅鋗。

吴芮有三子一女，其女嫁给了黥布。

英布是春秋英国后裔，英国为楚国所并，大致位置在六县（今安徽六安）附近，当时与英国、六国一起并入楚国。

英布年少受黥（qíng）刑（在脸上刺字，再涂上墨炭），在骊山做囚徒，人称黥布。他精通拳棒，熟于弓马，爱结交英雄豪杰，是囚徒中的霸主，号称黥王。黥布率一帮亡命奴逃出骊山，来到家乡六县附近，这三五十人个个身手不凡，以一当百。

黥布不敢在六县停留，而是南下庐江郡番阳县，落草为寇，在鄱阳湖地区聚集数百好汉。番阳县令吴芮不敢与黥布火并，干脆招黥布为乘龙快婿。

梅鋗是越王勾践的后裔，楚灭越后，越国宗室散居在浙闽丘陵、南岭等地。有一支改为梅氏，首领曾在鄱阳湖地区活动，其子梅鋗后接替首领之位。

战国末年，梅鋗的父亲率领族人迁居番阳县的余干，在这里生下梅鋗。吴氏与梅氏都是地方豪族，吴芮与梅鋗从小相识，意气相投。秦朝时郡县亭制度，不能兼容部族制度的梅氏越人。梅鋗的父亲便南下占据台岭（梅岭，今江西中部）。到梅鋗手里，族众数万，兵力6000。梅鋗操演士卒，相机而动，兼并了武夷山脉多个越族部落，聚集族众十几万，兵力过万。梅鋗身份特殊，百越尊其为长，就差一个越王的称号了。

吴芮平时的任务有两个，一是铲除番阳盗匪，二是控制百越。他利用黥布铲除匪盗，利用梅鋗控制百越。

百越长梅鋗控制武夷山脉，与浙闽丘陵中的部落关系也不错，其中闽越首领驺（zōu）无诸、瓯（ōu）越（东瓯）首领驺摇，都和梅鋗关系密切，这两人也是越王勾践的后人。

吴芮的长子吴臣能力不俗，麾下邓弱、吴程也都是不错的战将。

自陈胜称张楚王，番阳县令吴芮表面上臣服陈胜，实则骑墙观望，没有出一兵一卒。

张楚王陈胜之死震动番阳县，吴芮等人闻庄贾霸占陈城，犹豫不决，不知该派人向章邯示好，还是继续打着反秦旗号。

黥布雄心勃勃、志在四方，怎肯屈居岳父麾下，他自告奋勇率军北上陈城。吴芮老谋深算，不肯消耗自己的军力，便一口应承，前提是黥布只能率本部人马走。

公元前208年一月，黥布振臂一呼，鄱阳湖聚集4000兵马，渡江北进，过九江郡入陈郡，在新阳遇到吕臣。黥布北上路线如图1-24所示。

章邯主力则北上济水，围攻魏国都城临济。吕臣退回新阳，正愁眉不展，黥布的骑哨率先抵达。吕臣喜出望外，与黥布一拍即合，合兵再攻陈城。

陈城外，秦军左右校尉领兵出城，打算用强弩阵将敌军团灭。

射程之外，只见前方杀气弥空、征云四起。旗开处，一人出马，虎背熊腰，豹眼鹰眉，风神峻烈，正是传说中的黥王。

黥布军5人一组，相距1丈，5人中有2人手持大盾，其余3人带戈矛剑，全部舍弃弓弩，避免与秦军对射，可见黥王绝非莽夫。

黥布军小跑前进，秦军漫天箭雨过来，绝大多数落在空处，少数落在大盾上。楚军用双层大盾挡箭，5人排成一队躲在大盾后面。秦军强弩确实穿透力强，竟能射穿第一层大盾。

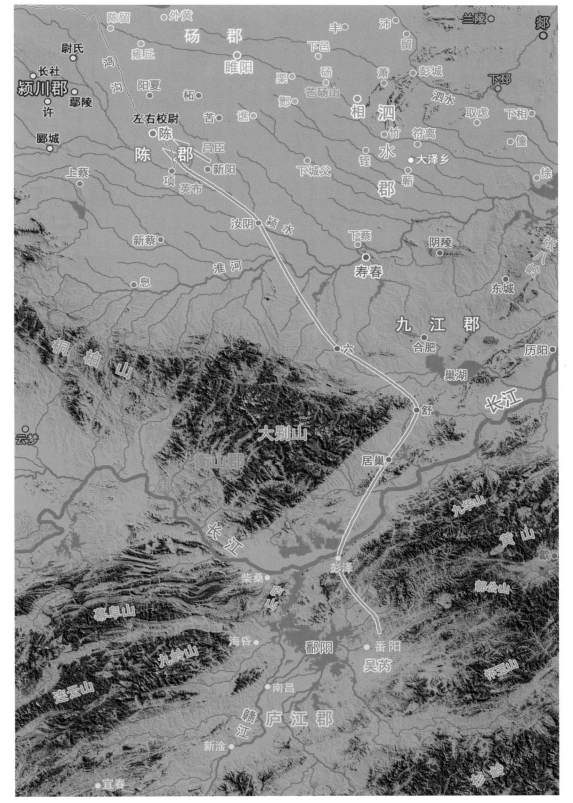

图 1-24 英布北上

两轮箭雨后，黥布亲率死士杀到秦军阵前，双方短兵相接。

黥布身穿铁甲，手执铁杖飞舞。铁杖是个怪异的兵器，它可以当矛刺，可以当斧头砍，可以当剑劈，可以当棍子抢，而且材质很重。黥布铁杖所击之处，人无不毙命，物无不碎裂。

然而黥布并非只会杀人，他指挥军队分割秦军，冲锋陷阵，如入无人之境。

黥布最厉害的招牌动作是手举生擒的秦军或已阵亡的秦军，砸往冲向自己的秦军人丛。随着秦军人丛中传来一声声惨叫，黥布的嘴角露出一丝轻蔑的笑，这个招牌动作才算耍完。

有一次黥布杀得兴起，举起秦军的一辆兵车砸向另外一辆兵车！兵车虽是木质结构，但体积大分量重，抛投兵车的难度不亚于秦武王举鼎。黥布为自己颇具创意的打法得意，后来多次采用以车砸车的野蛮战法。这种暴掠式的打法震惊了对手，鼓舞了士气。黥王名不虚传，他能率众从骊山秦军眼皮底下逃脱，绝非只是运气好。

黥布麾下骊山死士东冲西突，杀人如麻，4000番阳精锐亦无一弱手。吕臣率数千人也挥师杀入战团，大破秦军左右校尉。

秦军左右校尉遇到黥王直呼倒霉，不敢恋战，率残部北上支援章邯去了。早前章邯有令，若守不住陈城，也要保存力量，眼下灭魏国才是第一要务。

吕臣和黥布进入陈城，吕臣熟悉此地，在张楚王宫置酒高会。

此时东方形势突变，景驹在留城称楚王，秦嘉为大司马，刘邦等人从属，大致势力范围是东海郡西北部与泗水郡东北部。

从感情上说，吕臣一时难以接受另一个楚王，景驹不过是楚国远房宗亲，秦嘉更是杀了张楚王陈胜麾下大将武平君畔。吕臣占据陈都、新阳两座城邑，如果投奔景驹，寄人篱下，地位肯定不如秦嘉，甚至不如陈婴、刘邦、朱鸡石等人。

吕臣决定留下来等待时机，黥布则听闻项梁项羽击杀会稽太守的英雄壮举，心驰神往，率军东进投奔项梁去了。

第二章 亡秦必楚，谁先入关中？

第一节 楚国内战

● 景驹称楚王，刘邦破司马枿

陈胜刚死，楚国宗亲景驹便举起大旗，自称假楚王，即代理楚王，目的之一是聚集陈胜的旧部和败兵。景驹不称张楚王，也不称楚王，怕引起陈胜旧部反感。

景氏源于楚平王之子楚国令尹子西，距景驹已经有近300年历史了。楚国王室是芈姓熊氏，有很多分支，其中屈、昭、景三大氏是熊氏外最大的分支。屈氏崛起最早，通常担任莫敖，纵览全局，相当于秦国的丞相，但兵权比秦国丞相兵权大。随着昭氏崛起取代屈氏，令尹这个官职取代了莫敖，昭氏多拜令尹，莫敖虽然一直存在，但权力逐渐降低。楚国的将军称为柱国，景氏出名将，多出任上柱国，相当于晋国的上军将、秦国的上将军，是众将之首。到战国后期，楚国多是昭氏拜令尹，景氏出任上柱国。

秦楚蓝田之战，楚怀王与令尹昭滑、上柱国景翠组成的三巨头，是最典型的搭配。后来春申君黄歇和李园相继拜令尹，昭氏在战国末期也衰落了。楚王负刍杀其弟楚哀王即位，同时杀了令尹李园。楚国灭亡时，楚王负刍还没来得及任命令尹，上柱国仍是项燕，此时项氏刚从景氏分离出来。

景氏从熊氏分离出去已经快300年，景驹充其量算是宗亲，好比刘备自称汉室宗亲，是没有继承权的。战国秦汉时期，一般三代以内才有继承权，王子王孙具有法理上的继承权，比如项梁后来扶持的楚王芈心就是楚怀王的孙子。四代或更远的血缘，人数多且杂，一般不具备继承权。

不管怎样，景驹自认为他比陈胜这个外姓更有资格称楚王。当时群龙无首，支持景驹的人可真不少，包括秦嘉、陈婴等。

泗水郡和东海郡的各路反秦英雄原本是一盘散沙，景驹利用自己的影响力将这些势力团结起来，把泗水郡太守壮步步引入绝境，又北上围攻东海郡首府郯城，最终攻破城邑，杀东海郡太守庆。景驹的势力范围，包括东海郡和泗水郡大片地盘。景驹在留城运筹帷幄，就连张良也为他宣传，指点刘邦去投奔景驹。

景驹麾下势力最强的是秦嘉，率领董緤、朱鸡石、郑布、丁疾等战将，击败泗水郡太守壮，杀东海太守庆，控制的地盘包括东海郡的郯城、凌县，泗水郡的相城、彭城、铚县、符离、取虑、徐县等。

张楚王陈胜的令尹是田臧，上柱国是蔡赐，这两个官名景驹也不敢用，以免陈胜旧部心理上接受不了，因此拜秦嘉为大司马，掌兵权，行上柱国事，和秦国的国尉（太尉）相似。

景驹部将中还有一个实力强劲的陈婴，本来是东阳县令史（县令属吏的总称，官职十五品），后聚集数千人，杀了东阳县令，称为东阳甯君。陈婴素来谨慎、讲诚信，是东阳人公认的好官。陈婴与刘邦是同一类人，都是士这个级别的官吏，只是陈婴在本地似乎更有威望。

陈婴军以青巾裹头，称为苍头军，兼并了附近几个县，军力达到 2 万。陈婴本想自立为王，但母亲对他说："自我嫁入汝家，未尝闻汝先祖有称王者。不如有所属，事成犹得封侯，事败易逃亡，也可改换门庭。"

陈婴听说景驹称假楚王，势力范围遍及几十个县，立即率军北上，投在楚假王景驹帐下，仍称为东阳甯君。

刘邦得张良指点，原本还想观望，此刻也不得已来投奔景驹。

原来刘邦自攻克故乡丰县后，留友军雍齿镇守丰县，随即东进在戚县攻杀泗水太守壮，反秦事业达到一个小高峰。丰县紧挨魏国，而周市复立的魏国，不少城邑是招降来的。魏王咎即位后，立即加大招抚力度。镇守丰县的雍齿，在魏国使臣面前宣誓效忠，魏王咎封其为侯，仍率军镇守丰县。

后来刘邦称帝，太史写雍齿曾背叛刘邦，但在当时的环境下，谈不上背叛。雍齿与刘邦各统一军，互不所属，况且雍齿以前就看不起刘邦。魏王咎与刘邦都算是张楚王陈胜影响下的反秦势力，人往高处走，雍齿投靠魏王，与刘邦投奔楚王景驹和项梁，道理是一样的。

雍齿投降魏国，让刘邦失去在故乡招募兵马的机会，他可不会就此罢休，而是起兵向丰县。不过刘邦想象中丰县人箪食壶浆、扫榻相迎的局面并没有出现，丰县人并未给刘邦多少面子。而吕泽、王陵、冷耳等友军也不想自相残杀攻击丰县，王陵甚至与雍齿互通消息，这支军队刚起步就面临崩盘。

刘邦只好退兵回到沛县。失去雍齿军后，刘邦军团兵力只有 3000 多人，己军接近 1000人，其他都是友军。刘邦很难占据沛县立足，只能投靠六国宗室。

此时章邯已出函谷关，张楚王的军队节节败退，无论天下大局还是刘邦小局都面临困境。景驹的王城是沛县东南邻县留县，也在泗水上。沛县夹在楚魏两大势力之间，刘邦如果不主动去投靠一方，必然会被兼并。

刘邦大病一场，痛定思痛，决心听张良之言，南下投奔景驹。

留县是小城，景驹实力膨胀，不能再以留县作为中心。彭城才是大城，景驹沿泗水南下到彭城，和秦嘉合兵一处，以秦嘉为上将军。

楚国这个班子刚搭建起来就产生了无法调和的矛盾。秦嘉和其部将的实力比其他所有人加起来都强。但是陈婴也有 2 万兵力，对秦嘉威胁很大，而且没有跟随秦嘉打过仗。

景驹打算让陈婴做令尹（丞相）或上柱国（上将军），只要陈婴交出兵权就行。但陈婴的底线是不交兵权，他知道兵权等于生命，交出兵权等于交出生命。

此时章邯率军进入魏国，包围魏国都城临济。章邯令一名别将司马梸负责砀郡、九江郡、泗水郡一带的攻防。

景驹手下这帮人，与泗水郡和东海郡太守都过招了，但这次面对的是正儿八经的将军。别将的级别与太守等同，排位在太守之前，最主要的是别将南征北战，作战经验不是太守能比得了的。

司马𣏌从砀郡过来，攻占泗水郡首府相城，屠城。相城位于泗水郡西部，出了陈郡很快就兵临城下。秦嘉在相城部署了不少兵力，没想到相城几天就陷落了。

司马𣏌以暴虐的方式出场，用屠城来震慑景驹的楚军。这一招还真把景驹、秦嘉吓破了胆，后面的部署完全乱了。

此时若大司马秦嘉亲率大军，带上陈婴和刘邦，楚王景驹为监军，战胜司马𣏌的概率很大。秦嘉不知道，司马𣏌的兵力只有4000多人，其中能称为精锐的只有1000秦人，其余都是囚徒等拼凑而来的。秦嘉总兵力是对方的20倍，但秦嘉想利用这个机会削弱陈婴和刘邦，居然令陈婴和刘邦率本部人马西进，目标是夺回相城。

陈婴和刘邦投奔景驹，多半也是为了自保，大树底下好乘凉，可是现在大树还要小树来挡风，这让小树情何以堪？

陈婴和刘邦的军队开拔到萧县以东，遭遇秦军司马𣏌部。

陈婴是个长目飞耳、通权达变之人，他派出多路斥候，隐藏在东郡、泗水郡、陈郡、砀郡等地各大城邑，盯着各路反秦势力。此时陈婴得到消息，陈胜的将军召平攻不下广陵，心急火燎，便派人请长江以南的项梁相助。一旦项梁出兵北上，陈婴的老巢东阳很有可能落入项梁之手。陈婴决定先回东阳，再想对策，如果项梁比景驹强大，开出的条件更好，那就不如在项梁这棵大树下乘凉。

陈婴决意向东南方的东阳去了。刘邦的兵力远不及陈婴，其先锋军遭遇秦军，根本不是对手，折损了数十人。

刘邦立即调整战略，向留城方向撤退。他是这样盘算的：景驹在留城有1000多人马，自己应该能守住留城，再不济就退回沛县。向北走了一天，刘邦发现秦军没有追来，而是向彭城开进。

刘邦看到了一个战机，于是错开秦军，转向西，往芒砀山方向进军。

刘邦在芒砀山躲了11个月，对附近地势非常了解。芒砀山属于砀郡，山北是砀县，山南是芒县。秦军司马𣏌部是从砀郡过来的，途经砀县，然后攻克泗水郡的相城，现在去彭城打景驹。既然秦军途经砀县，攻克相城，砀县的守军对相城应该是没什么戒备的，至少不太可能出现楚军。

刘邦就是来一招围魏救赵，攻打砀县，解彭城之围，秦嘉那边也交代得过去。

此战刘邦三日内攻克砀县，得俘虏五六千人，总兵力达到八九千人。砀县俘虏中能人或善战者不少，其中剑术大师蛊（gǔ）逢麾下核心徒众37人，人人都能以一当十。

原来司马𣏌屠相城后，将物资转移到了砀县，亲率3000余秦人轻装东进，留下的6000余人都不是秦人。

司马𣏌帐下有1000余秦军精锐，这是王离的北军，还有近2000刚组建的秦人更卒（预备兵），战斗力虽不及北军，但比一般百姓可强多了。还有6000多人多半是章邯从70多万骊山囚徒中挑选出来的，做苦力可以，上战场杀敌可就勉为其难了，最主要是忠诚度太低。

司马𣏌是一员身经百战的虎将，他知道如果与景驹数万人马对阵，这些囚徒多半是要临阵逃跑的，与其那样还不如不带他们。司马欣屠相城，也是杀给这些囚徒看的，这些手无寸铁的囚徒就是占着砀县，司马欣也能轻松破城再屠城。把囚徒放在砀县而不是相城，司马欣认为景驹跨郡攻击的可能性不大。

在司马欣统率的 3000 秦人中，骑兵有四五百人，几乎全派出去了。司马欣就是要打快，杀对方斥候，让对方无法判断敌情。果然，刘邦军还未与对方正面交手，就死了几十个斥候，根本不知道对方的情况，这场仗还怎么打？

不过秦嘉不是刘邦，能够击溃泗水郡太守，围攻东海郡太守，秦嘉总兵力有五六万之多，只是分兵留守各城邑，集结在彭城以西的只有 3 万。

秦嘉的斥候也比刘邦的要高明，已经探明秦军大致只有 3000 来人，只是虚张声势。秦嘉在彭城以西布下铁桶阵，自己在正面，董緤、朱鸡石在北，郑布、丁疾在南，以 3 万兵力夹击 3000 秦军。当然西边也给秦军留了一条退路，因为楚军的目的是击退对手，并不想把对手逼得拼命。

秦嘉的自信在击溃泗水太守壮后开始暴涨，围杀东海太守后达到巅峰。他低估了秦军的战斗力，此前泗水太守与东海太守的军队多是楚人，兵器也参差不齐。而眼前的秦军都是秦人，兵器更是刚出炉不久的强弓劲弩。

3000 秦军面对十倍于自己的敌人，坐在地上不慌不忙拉满强弩。漫天箭雨中，景驹军先锋成片倒下，后队不敢硬闯。秦嘉只好变阵，改为防御阵型，阻击秦军。

此时司马欣得知砀县失守，一刻都不休息，立即掉头来夺砀县。

刘邦迅速重组了五六千俘虏，这些人后来有 5 位封侯，分别是蓼侯孔聚、费侯陈贺、河阳侯陈涓、芒侯昭、棘丘侯襄，这支军队也是刘邦早期举足轻重的一支力量。

一颗人头从砀县城头扔了下来，是司马欣派去的招降使者的。

司马欣率 400 多骑兵怒气冲冲地瞧着城头，等待后队步兵到来，便要破城屠之。

秦军骑兵多为北军，身经百战，步兵则多是关中的更卒，战斗力很强，但是机动力不比北军。

芒砀山以北，号角声起，刘邦亲率 8000 人马从山上隐秘处杀了下来，拦腰截断秦军 2000 多步兵。刘邦军居高临下，攻击之势有如波浪，大有一鼓作气吃掉对手的气势。

然而秦军并没有人开溜，设想中的秦军溃散局面根本没有出现。虽然队形松散，不能组成最擅长的方阵用强弓劲弩还击，但秦军没有一个人逃跑，各什长伍长吆喝着组成 10 人或 5 人小方阵迎战，或许这才是秦军的本色。

刘邦军每二三十人围攻对方一个小方阵，秦军来回奔波几百里，疲惫不堪，体力劣势很快显现出来，多个小方阵遭受重创，秦军形势岌岌可危。

此时司马欣的骑兵闻讯赶来，人人手持马刀，见楚兵就砍，锐不可当。

曹参、周勃等将忙下令结阵自保。司马欣军损失 200 多人，余者近 3000 人西撤。

司马欣作为秦军南部的一支偏师，首要目的是攻击假楚王景驹。但章邯本身的兵力就捉襟见肘，只给了司马欣 3000 多秦军，外加数千六国的囚徒军。司马欣定下的战术是以雷霆之势攻击泗水郡首府相城，并屠城，营造秦军数万精锐势不可当的态势。后来在东进过程中，司马欣迫退了陈婴和刘邦，又在彭城西部击败景驹军。下一步，司马欣要派人招降秦嘉等人，只要拿到楚王景驹的人头，便是大功告成。

然而刘邦出其不意从背后偷袭了砀县，破坏了司马㭉的计划，提振了楚军士气，秦嘉等人不可能投降了。刘邦奇袭砀县也比较偶然，只因他之前曾在芒砀山躲了 11 个月，对这一带非常熟悉。

此战樊哙斩首 15 级，赐爵官大夫（第 6 级 /13 级）。刘邦破司马㭉的形势如图 2-1 所示。

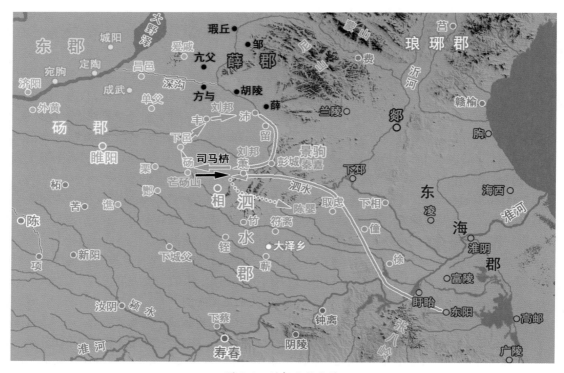

图 2-1　刘邦破司马㭉

章邯和司马㭉早有定计：如果司马㭉拿不下景驹，便西退砀郡首府睢阳，确保章邯军南侧的安全，先拿下魏国再说。毕竟景驹不是陈胜所属，优先级没有章邯羊皮地图上的那几个木头人高。

司马㭉走后，刘邦趁机北上取狐父、祁这几座小城，兵力增加至万人上下。

楚王景驹派人令刘邦去彭城，刘邦避而不见使者，率军北上攻陷下邑（今安徽砀山县）。周勃作为先登，第一个登上下邑城头，赐爵五大夫（第 9 级 /13 级）。刘邦占领城邑并不镇守，只是不断募兵，此时兵力已经达到 1.2 万余人。刘邦的己军有 6000 余人，与友军数量相当。只要不断取得胜利，便会有越来越多的壮士投在刘邦帐下。

接着刘邦挥师北上，攻击念念不忘的丰县，可惜仍然不克。吕泽、王陵、冷耳等仍作壁上观，出工不出力。刘邦己军虽有 6000 余人，但甘愿为刘邦冒死先登之人却不多，丰县仍固若金汤。

● 项梁渡江，千军万马来投

话说将军召平奉陈胜之命攻打东海郡广陵城，一直打不下来。广陵城在长江北岸，与会稽郡隔河相望。召平一直派人向项梁求援，但项梁不想为陈胜卖命，便以兵力不足为由婉拒。现在陈胜死了，项梁出兵的时机到了，但此时又冒出来一个景驹。召平自知孤军难恃，便渡过长江，以陈胜的名义拜项梁为楚国上柱国。项梁这个上柱国是陈胜的上柱国，不是景驹的上柱国。项梁假装不知陈胜死了，等以后得知，便可再立一个傀儡楚王。

公元前208年2月，项梁率项缠、项羽、项佗、项声、项冠、项悍、项襄、项庄、范增、郑昌（前吴县县令）、龙且（jū）、钟离眜（mò）、季布、利几、周殷、曹咎、桓楚、余樊君等，率江东3万余大军（其中有8000精锐骑兵）渡江而西，在九江郡乌江登岸。项梁北上路线如图2-2所示。

图 2-2 项梁北上

项梁并未从丹徒北上渡河，而是舍近求远，以防遭广陵军伏击。渡过长江后，项梁立即挥师直扑广陵。广陵城守将部分兵力埋伏在长江北岸，自以为万无一失，谁料项梁军从西边杀过来，让他措手不及，只好率众投降。

从项梁渡江首战来看，他打得非常稳健，宁可麻烦点，也不冒任何风险，第一战必须开门红。

此时黥布（英布）率军来投，只见旗开处一人出马，虎背熊腰，豹眼鹰眉，风神峻烈，正是传说中的黥王。

项梁忙出营相迎，拉着黥布一双铁臂道："英将军武勇，天下无敌。千军易得，一将难求。今日英将军助我，如获万里长城也。"

黥布虽然是个囚犯，却对楚国卿大夫特别崇拜，先做了番阳县令的女婿，现在又投奔上柱国项梁。

此时吕臣的父亲吕青来访，话说吕臣守在陈城，闻景驹派东阳甯君陈婴与沛公刘邦作先锋，立即知道自己投奔景驹的后果，便让父亲来会稽郡项梁处探听风声。吕青到了东郡才得知项梁已经渡江北上，于是干脆找到军营中来了。

项梁开门见山表明自己无意做楚王，而且已经找到战国时楚怀王之孙芈心，等杀了景驹就立芈心为楚王。项梁许诺，若吕臣、黥布归自己调遣，便拜二人为将军，等芈心做了楚王，再拜吕青为楚国令尹。

吕青没想到项梁早有准备，而且如此干脆，也不再犹豫，伏地向项梁行大礼。

项梁北上来到东阳，这里离广陵并不远。东阳甯君陈婴听说秦嘉派公孙庆去齐国结盟，田儋不承认景驹的楚王身份，并杀了公孙庆。

话说公孙庆来到齐国，在军营中见到正在练兵的齐王田儋。

田儋第一句话便是："本王欲立刻起兵救魏国，愿与楚王会师临济城下。"

公孙庆头都大了，他只好如实说，刘邦西征未归，陈婴东走东阳，秦军司马㭎部就在彭城之外，楚王景驹暂时去不了临济。

齐王田儋得知景驹和秦嘉自身难保，而且人心不附，态度立刻变了，说道："楚王自立，为何不事先告知本王？"

公孙庆是个暴脾气，怼道："齐王自立，也未通知楚王。"

田儋大怒，一刀砍了公孙庆。

陈婴再无犹豫，立即派人到项梁处请求加入，并开出条件：东阳人绝不作先锋，不作炮灰，但可以居后压阵，锦上添花，清扫战场，守卫后方城邑。项梁接受条件，毕竟对方比自己人还多，而且马上就要与景驹开战了。

项梁继续北上淮阴，韩信亦仗剑来投项梁，与钟离眜等成为执戟郎中。项梁见韩信这个年轻人面圆口方，身材颀长挺拔，剑术超群，便刮目相看。执戟郎中是亲兵队长之一，常跟随主将左右。

项梁北上路过出生地下相，再北上下邳，号为蒲将军的柴武从薛郡薛县率军南下来投。

柴武是薛县豪族，攻下薛县，因他是薛县蒲地人，人称蒲将军。

项梁得黥布、蒲将军如虎添翼，得陈婴、吕臣则如龙乘云，得韩信则是得天下，可惜后来项羽没有用好韩信。

项梁接着从西北进到凌县，他没有为难秦嘉军的亲友，反而加以安抚。此时的项梁对秦嘉还抱有期待，希望他像陈婴一样投诚。

项梁军抵达下邳时，规模已经达到六七万人。楚王景驹和上将军秦嘉率军在彭城与项梁军开始对峙，楚国内战拉开帷幕。

此时张良从项梁大营北上，来到沛县，游说刘邦投靠项梁。

刘邦第三次攻丰县不克，正退居沛县，谋划下一步发展。张良比前一次在薛县首次见面要恭敬，这和刘邦军团兵力增至 1.2 万余人有关。

张良许诺刘邦与项梁面谈，地点在薛县。张良五世相韩，明白刘邦的难处，如果见面地点约在下邳，等于宣布刘邦投降项梁，恐怕刘邦很难接受。

薛县原本是蒲将军的地盘，也算是第三方地点。而且蒲将军已经投奔项梁，这也是在敲打刘邦，告诉他识时务者为俊杰。

张良与项氏渊源不浅，当年项燕率军与王翦大战，项燕自刎，长子项渠阵亡，次子项梁被俘，少子项缠年少没有参战，投在张良门下避难。

薛县距刘邦近，距项梁远。张良有恩于项氏，否则项梁不可能自降身份，跑到薛县来和刘邦面谈，要谈也是刘邦去下邳谈。正是张良从中斡旋，令项梁如虎添翼。

在薛县的一座临时营帐内，刘邦向项梁拜手稽首，项梁打躬作揖。礼毕，项梁所问一切兵机，刘邦应对如流。

气氛烘托到这里，张良向刘邦提出一个提升格局的建议："六国复国近在眼前，良禽择木而栖，沛公若要建功立业，可投楚国王室门下，否则终成草寇。"

项梁大致说了自己的战略规划，向刘邦表明他击败景驹后不会称王，而是会扶持楚国王室为楚王。六国当中唯独韩国没有王，项梁会立韩国王室为韩王，由张良辅政。魏国方面，项梁也会亲率大军解围临济，与章邯正面开战。

项梁滔滔不绝，却没有一个多余的字。刘邦生出遇到明主的感觉，伏阁受读，折服不已。刘邦叹服崇敬的目光，比任何马屁都管用。刘邦也讲了击杀泗水太守壮和击败秦军别将司马枿的战争，项梁同样露出欣赏的神色。

双方达成协议，刘邦派人假装向景驹表忠心，却不出兵。等项梁打下彭城，杀了景驹，便给刘邦 5000 兵去打丰县。

这个协议对刘邦极为有利，等于他什么都不用做，只等项梁给他援军攻打丰县，足见项梁此人的格局气吞山河，笼络人心的手段也是笼山络野。

● 楚国内战，项梁破景驹

公元前 208 年 4 月，景驹在彭城，项梁在下邳，双方距离并不远。

项梁先派了一支百人队伍前来谈判，宰牛羊各 8 头，做成肉汤，放足香料，用大车运到秦嘉营中。百人队伍进入大营，肉汤香气四溢。使臣入帐见秦嘉，故意不找景驹，以离间对方。随行军士四处和对方兵卒攀谈，言上柱国如何，上柱国之子项梁何等英雄。

一场谈判什么也没谈成，但项梁攻心之战大获全胜，成功动摇了对方军心。秦嘉不过是个草莽英雄，景驹与楚王的血脉关系都不一定比项梁近，如何比得上项燕之子项梁？

彭城以东，尘头大起。两军遭遇，摆开阵势，兵力旗鼓相望。

几百面战鼓几乎同时擂响，声浪直冲云霄，震撼天地。论战争经验，景驹军虽不算身经百战，但大部分人都打过几仗，见识过秦军的骁勇。反而是项梁军虽然声势浩大，却还没有真正打过一仗。

项羽一直在和项梁讨教行军打仗的诀窍，叹道："以前我在家中闭门造车，高谈阔论，以为打仗就是杀人，到了这里，才后悔没多读几本兵书。"

项梁笑道："千军万马作战，非单打独斗，为将者最重要的是气定神闲，从容自若，泰山崩于前而色不变。"

项羽领会道："叔父说得是，我初临战场，才有所领悟。"

项梁向身后诸将问道："谁可领兵出战？"

黥布、蒲将军出列道："末将愿冲锋陷阵。"黥布风神峻烈，蒲将军人未至杀气先到。黥布和蒲将军英雄相惜，二人私下商议，若项梁调兵遣将，二人便自荐作先锋，以免为项氏看轻，没有出头之日。为了减少风险，二人决定抱团出兵，共同进退。

项梁本计划令龙且为先锋，项羽在后增援，先试探对方一下，没想到黥布和蒲将军自告奋勇。

项梁欣然夸道："二位将军，真乃虎将也！"

随后项梁不紧不慢，仍令司马龙且为陷阵先锋，项羽、黥布、蒲将军三人领兵跟在后面，此举令黥布、蒲将军折服。龙且是项梁的爱将，让他顶在最前面，其部属的牺牲肯定较大；项羽则是项梁爱侄，二人与项羽并肩作战，说明项梁是真没有私心。

龙且燕颔虎颈，猿臂狼腰，身材挺拔，一望便知是得力战将。

龙且、项羽、黥布、蒲将军这个组合，或许是楚汉之际战场杀伤力最大的四人组合，他们各率一支精兵杀向景驹军，一时狂风大作，飞沙走石。

对面的景驹就不同了，他守在中军，前方四将依次是董缫、郑布、丁疾、朱鸡石，仍要先消耗友军的力量。四将指挥弓弩兵射击，由于箭矢质量一般，对项家军杀伤不大。

只见冲在前面的龙且军忽然变阵，前方露出十几个空当，12 辆战车冲阵而去。两军接触，景驹军遇到战车，如波开浪裂，人仰马翻。

龙且率军突入，麾下将士个个悍不畏死。

项羽猛喝一声，如晴空霹雳，乌骓风驰电掣，霸王戟破空而出，如苍鹰搏兔，几个照面便杀敌十余人。人、马、戟浑然天成，与苍穹融为一体。

蒲将军战马飞驰，长枪挺出，直透敌兵前胸，一名战将便两脚腾空，倒栽下马来。

黥布手持铁杖，腰挂利斧，仗斧轮番运用，杀得敌军四肢乱飞，人仰马翻，连自己人都不敢靠近。

董緤、郑布、丁疾三人死于乱军中，朱鸡石往东海郡首府郯城方向逃去。敌人死伤数千，降者上万。

黥布与蒲将军各杀了数十人，眼看胜负已定，坐在地上回气。项羽爱护乌骓，弃马步战，拔出越王剑，剑身所及之处，血如涌泉，无半合之将。

黥布站起来踢翻一名敌兵，只见其脖子上的剑痕刚好划断气管，少一寸不致死，多一寸兵器会受阻于颈椎。蒲将军也感觉奇怪，两人查看多人，才知道项羽杀人每一剑都封喉，剑术已臻化境，难怪战力源源不断。

黥布叹道："幸好项少将军不是敌人，否则这一仗胜负难料。"

蒲将军亦叹道："希望永远不要与项少将军兵戎相见。"

项梁一直按兵不动，见景驹、秦嘉二人的大旗往彭城方向撤离，这才令项佗挥兵追击。项佗是项氏族人，为人内敛，处事冷静，项梁便委以重任。

景驹撤兵，项佗驱兵掩杀，两支军队如潮涨潮落，把大半个平原遮没。项梁目视前方，气定神闲，若此时景驹有伏兵，也是徒劳，可见项梁用兵之稳。

景驹、秦嘉不但没有伏兵，而且士气低落，很多人像朱鸡石那样没有跟随逃跑去彭城，而是自行逃命去了。

景驹、秦嘉气消胆夺，再无信心守卫彭城，领着败军向北，准备到景驹起兵地留县，再请刘邦增援。刘邦当然是闭门不见景驹的使臣，景驹、秦嘉只好率军北上。

项梁进入彭城稳定局势，令龙且追到胡陵，再次大破景驹军，杀秦嘉。残众进退两难，尽皆弃械投降。景驹西逃到魏国大梁附近，不知为何人所杀。

项梁并了景驹、秦嘉的军队，兵力达到10余万。

刘邦按兵不动，项梁兑现承诺，借5000项家军给他去收复丰县。这5000人分为10组，各有一名五大夫将统领。此时项佗马上要出征魏国，项梁仍借兵给刘邦，可谓一言九鼎。

刘邦得到项梁5000兵，再汇集之前的万人军队，如此便是1.7万人了。

刘邦打着项梁的旗号第四次攻打故乡丰县，这和他单独进攻丰县性质不同，因为丰县是魏国所属，现在魏王咎还指望项梁去救，根本无法顾及一个丰县的得失。

王陵怕好兄弟不知情，忙派人秘密接触雍齿，说以实情。雍齿无奈，只好率军逃奔魏国，当然丰县大部分子弟没有跟他走。谁都知道，章邯大军正围困临济，此时去投奔魏王咎等于羊入虎口。

刘邦军力再次增强，薛欧、王吸、纪信、毛泽、唐厉、陈遫（sù）等丰县统兵的人物加盟。

归还项梁5000人马后，刘邦军团扩充到1.4万余人，其中己军8000余人，友军吕泽、王陵、冷耳等兵力没有增长，因丰县豪族在卢绾的游说下几乎都投在刘邦军中。项梁破景驹，刘邦再次夺取丰县，如图2-3所示。

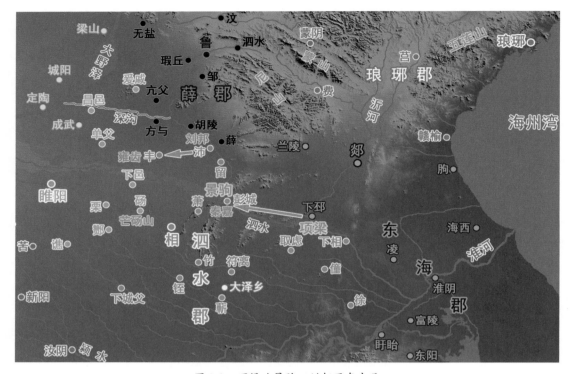

图 2-3　项梁破景驹，刘邦再夺丰县

刘邦攻下丰县，让任敖镇守丰县。任敖原来是沛县狱吏，与吕氏交情匪浅。刘邦起兵前，任敖曾流亡芒砀山，县令派人抓了吕媭，而那抓捕吕媭的小吏态度恶劣。任敖怒而打伤那名小吏。

任敖坚守丰县两年，没有参与刘邦入关中灭秦的战争。他除了守丰县，还有一大任务——保护刘邦家眷。刘邦将四弟刘交带在身边，其他留在丰县的家眷有：刘太公、刘肥（刘邦庶长子）、吕媭、刘盈（刘邦吕媭之子）、鲁元公主（刘邦吕媭之女）、刘喜（刘邦二哥）、刘濞（刘喜之子）、刘广（刘喜之子）。

任敖与吕氏关系不错，吕泽也力挺其留守丰县，王陵、冷耳见刘邦和吕泽支持，也就做个顺水人情。

后来任敖保住了刘肥、刘盈、鲁元公主，刘太公和吕媭却被项羽捉了去，很多人都为他捏一把汗。刘邦称天子后，封任敖为广阿侯，食邑 1800 户，回报相当丰厚。

● **项羽屠襄城，朱鸡石余樊君栗县败亡**

在刘邦重夺丰县之时，章邯猛攻魏国都城临济，魏王咎亲弟魏豹来楚国搬救兵，当然也不会在意刘邦夺了一个魏国的丰县。

此后项梁兵分三路出击：第一路是项佗，率一支精锐增援魏国；第二路项羽为主，黥布和蒲将军为辅，远征颍川郡襄城，与吕臣和张良有关；第三路是朱鸡石、余樊君，率军攻击砀郡，为前两路军队减压。

第二路项羽距离最远，其远征襄城路线如图 2-4 所示。

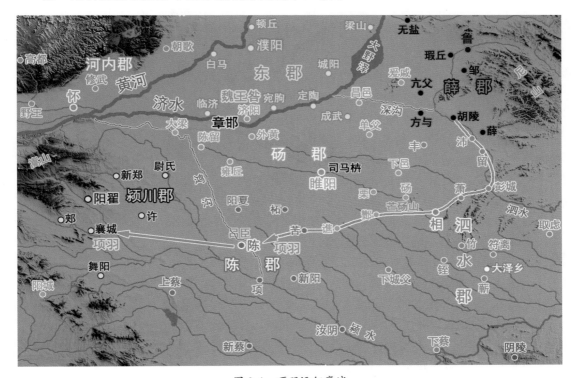

图 2-4　项羽远征襄城

为何要远征襄城呢？

远在陈城的吕臣给项梁送来了许多有价值的信息，其中一个是横阳君韩成被秦军关在颍川郡的襄城。

韩成是韩国王室成员，战国末代韩王安的侄子，封为横阳君，与张良辅车相依，关系密切。张良求项梁派兵把韩成救出来，立为韩王。韩成是韩国王室当中的佼佼者，也是张良物色的韩王最佳人选。

于公来说，目前东方六国都有了王（项梁准备立芈心为楚王），只有韩国没有王。若项梁立韩王，当然可以壮大自身力量。

于私来说，张良有恩于项氏，项梁算是投桃报李。当年秦灭楚大战，上柱国项燕自刎，其长子项渠阵亡，次子项梁被俘，少子项缠年少没有参战，投在张良门下避难。张良求项梁立韩成为韩王，自己任相国，项梁正好报答恩情。

远征襄城，跨越泗水郡、砀郡、陈郡、颍川郡，所过之处还有不少秦军控制的城邑。从今天的角度看，跨越了山东、江苏、安徽、河南四省，也算得上是万水千山。项梁给项羽的总兵力有 2 万余，包括黥布和蒲将军两位猛将。

大军来到陈郡后，在陈城获得补给。吕臣在这里待了 4 个月，兵力也已近万，他亲自率 5000 人马追随项羽，其父吕青留守陈城。

襄城（今河南许昌襄县）是座古城，因东周襄王曾居于此地而得名，战国时大部分时间属于楚国。襄城规模中等，有守军近 1000，百姓 6000 多。襄城县令毫无惧色，轻蔑地看着城外的楚军。

楚军抵达首日，没有出现百姓箪食壶浆以迎王师的局面。襄城县令虽然是个秦人，但他勤勤恳恳，修渠屯田，百姓感恩戴德，对其有甘棠之爱。

城头上丢下一个人头，是楚军派入城中的招降使者。项羽远远看见这一幕，狠狠抽了马屁股一鞭，迫不及待下令攻城。楚军远道而来，没有攻城器械，只有临时编制的绳索，没人能爬上城头。

次日，楚军挖土断了护城河的水源，但城内有水井，饮水不受影响。

楚军的牛角号声直冲云霄，满天都是呼啸而过的长箭。

襄城县令高举着黑色大秦战旗，在城墙上来回奔走，神情激愤，声嘶力竭，激励 2000 多军民奋战。战士奋勇守城，舍命杀敌，再无求生之念。楚军先登之士被 3 个咆哮的秦兵乱刀砍翻，双方激战之后，秦军击退楚军。

一连几日楚军都拿不下襄城。项羽望见城墙上浓烟滚滚，激战正酣，但就是攻不破，气得咬牙切齿。对方只有 2000 可战之人，己方却有近 3 万人。军力如此悬殊之下，第一仗就打得这么窝囊，项羽气冲斗牛，怒道："待我攻下此城，必要屠尽所有之人！"

战争打到第九天，襄城县令的亲兵全部战死，县令被长箭巨大的冲击力带得连退几步，靠在城墙内壁上，鲜血四溢，举旗死去。

楚军蜂拥而入，秦军除了老弱妇孺只有不到 1000 军民，且人人负伤，闻县令已死，均瘫软在地举手投降。他们张着大嘴剧烈喘息，哪里还有力气抵抗。

项羽率众杀气腾腾进入大牢，韩成与张良抱头痛哭，韩国终于有希望复国了。

项羽却余怒未消，举刀狂吼："屠城，给我屠城……"

黥布和蒲将军领命而去，屠城是敛财的好机会，有了钱就能更好地武装私兵，就能在乱世做魔王。

吕臣先是疑惑地看着项羽，见其神情坚定，便把想说的话咽了回去，嗤之以鼻地望向黥布和蒲将军的背影。

襄城内外，哀号声裂，悲天悯地，直传百里之外。

项羽和刘邦都有过不少屠城记录，但史学家普遍认为项羽之残暴远胜刘邦。后来宋义打压项羽时，便直言襄城本是楚国城邑，项羽所屠都是楚国子民。

项羽远征襄城，来回用时一个多月，算是非常快的了，但项羽却快快不乐，回程的路上一直在复盘。

第三路的朱鸡石、余樊君身份不同。朱鸡石是景驹麾下战将，屯兵在东海郡首府郯城，向项梁请降。朱鸡石是在景驹战败后才投降的。项梁不能让朱鸡石拥兵自重，必须让他挪窝。

而项梁的西面砀郡，是秦军老将司马㭧部。项梁打算用朱鸡石去消耗司马㭧，又不能像景驹那样自己躲在后面，直接令刘邦、陈婴打头阵，结果导致这二人背叛。

比起项佗增援魏国打章邯，项羽远征襄城，让朱鸡石去打一个距离不远的小城，这算是莫大的恩赐，相当于给了朱鸡石一个台阶，让他借此机会融入项梁军。

余樊君是项梁心腹，率少量项梁军助战。项梁驭将的水平，甩了景驹、秦嘉几条街。

朱鸡石、余樊君进入砀郡后，兵不血刃拿下栗县。

两人站在城头，朱鸡石感到一阵天旋地转，浑身不自在，警觉道："栗县这种小城，容不下我们 8000 多人，不如我率本部人马驻扎在城外，我们形成掎角之势。"

余樊君听了非常受用，以为朱鸡石故意巴结自己，以求早日摆脱降将的身份。

这夜，司马㭧果然率军来袭。战鼓轰鸣，秦军趁夜色进击，余樊君、朱鸡石在城内外严阵以待。

忽然南门大开，秦军杀入，一夜屠城，将余樊君 2000 人杀了个干净。

天明时分，北门打开，反而是秦军城内城外形成掎角之势。

原来司马㭧遭遇刘邦后，便退兵栗县，不过他没有镇守栗县，而是令 50 人潜伏在城中，只等刘邦来占城，然后趁夜打开城门，内外夹击。不过刘邦拿下砀县后，没有来攻西边的栗县，而是北上攻击下邑。

如果丰县不是刘邦的故乡，刘邦就不会对丰县念念不忘，大概率要西进，可能很难躲过这一劫。

即便如此，司马㭧的布置没有白费功夫，余樊君替刘邦扛下了这一关。

夜间朱鸡石知道余樊君遭受攻击，但北门一直没开，他无法派人增援。何况司马㭧派军骚扰一夜，朱鸡石面临的压力也很大，只能让余樊君自生自灭。

天色大亮，朱鸡石终于接受现实——司马㭧全歼余樊君所部。

朱鸡石哪敢再战，立即率残部逃回胡陵。项梁震怒，杀之。

● 临济之战，章邯杀二王

公元前 208 年 5 月，项羽攻破襄城回来，刘邦也从丰县赶来。项羽对刘邦杀泗水郡太守壮、击败司马㭧等战绩颇为赞赏，两人一见如故，抵足而卧。

此时章邯攻击临济已经 3 个月，临济摇摇欲坠，魏王咎亲弟魏豹去楚国搬救兵，项梁派项佗增援，周市去齐国求援，却很不凑巧。

周市与齐王田儋结识不到一年，关系却非同一般。周市率军打到临淄西北部的狄县，田氏三兄弟趁机率家将拿下狄县，进而率军进入旧都临淄城，田儋自称齐王。周市退兵时，将所占城邑都交给齐王田儋，并或明或暗支持田儋复国。

齐王田儋为了报答周市，与赵王武臣一道，派人去临济拥立周市为魏王。周市拒绝称王，

69

后来拥立魏王咎为王,自任魏相。周市有恩于齐王田儋,田儋肯定会出兵救魏,这里面有涌泉相报的忠义,还有一层唇亡齿寒的道理。

但周市运气不好,齐王田儋刚派出大将田都率兵2万前去救赵。田都是田氏宗亲,有勇有谋,深得田儋信任。

这个月王离终于放弃黄河以北云中一带所有城邑,率军渡过黄河,翻越太行山,过井陉关,来到巨鹿城下。

经过大半年苦战,王离军损耗也不小,而且在太原等地几乎没有得到人员补充。王离军有14万之多,但北军仅有4万余人,牧民约1万,关中调拨过去的囚徒有9万。算起来,王离的能战之兵也就5万多人,攻打巨鹿很勉强。

6月,齐王田儋率田荣、田巴等3万余人,亲自督兵援魏。田儋救魏的时间不但延后了一个月,人数也不多。齐国的情况比较复杂。齐人反秦后,齐王建之弟田假和齐王建之孙田安,各拉了一支队伍,这两人是正宗的王室成员,都有继承王位的权利,此二人拥兵自重,不肯跟随田儋出兵。田儋还分出一支兵力,令族弟田横和儿子田市东进,收复胶东郡秦人占据的城邑。如果齐国能整合在一起,出兵20万不成问题,可惜眼下齐国四分五裂,还要救援赵国和魏国,心有余而力不足。

章邯围攻临济,绝不只是派兵攻城这么简单。临济以东的济水上,济阳、宛朐、定陶,以及深沟上的昌邑,全都在秦军控制下。不仅如此,济水、大野泽、深沟的水路,也全都在秦军战舰控制下。

齐军从东边来,走济水沿岸,水陆并进,但过了东阿后,水陆都要遭遇秦军。楚军也从东边来,过了方与进入深沟后,也是水陆都能遇到秦军。

不过齐楚联军进展顺利,一个过大野泽,一个过深沟,过城而不攻,在济水上的定陶城外会师。此后齐楚水陆并进,齐军在北岸,楚军在南岸,向临济进发,仍不攻打沿河城邑,因为临济已经危如累卵。

济水上时刻都有小战,但齐楚都未遭遇秦军主力。齐军驻扎在临济城以东三里处。楚军则在济水南岸扎营。齐楚的水师一南一北,各有船只数十艘,像一把大锁,锁住济水的咽喉。

齐楚都派出骑哨和小舟,向西刺探秦军布置。不过这种刺探效果并不好,大多石沉大海,即使有人回来,也没什么有价值的消息。

对齐楚而言,秦军在西部的布置是次要的,因为近在眼前就有数万秦军分布在临济周边十几里内。眼前有劲敌,谁会在意远处的敌人,只要用骑哨盯防敌人的援军就可以了。

一连数日,双方全面交战,但又各自克制,都不敢贸然深入对方阵地。

章邯暗中调兵遣将,从三川太守李由处借了不少战船。几天后,数百艘战舰越过齐楚的船阵。

秦军的战舰大小各异,种类繁多,主要有以下四种。

第一种是楼船,顾名思义,船只高大如城楼。一艘楼船可容纳至少300人,底尖面阔,首昂尾耸，吃水深，利于涉洋破浪。秦始皇巡游天下就住在旗舰楼船之上。

楼船舷旁皆设护板，坚立如垣。甲板上有三重楼，甲板下还有四层，最下层堆满木石，压实底仓，令船体稳重，减少在风浪中的颠簸。船上有大大小小十多面风帆，若遇顺风顺水，全速进逼，遇上较小的船只时，有若车碾螳螂，斗船力而不用斗人力。

楼船不但有居高临下之势，护墙还开设"弩孔"，便于弓弩射击。楼船这种巨舰与现在的航空母舰相当，每艘楼船上放置 10 艘走舸和 50 艇水鳅。

如果说楼船有什么弱点，那就是体积巨大，转动不灵活，而且吃水深，许多地方因为水浅而不能靠岸。因此，每艘楼船必然会配置一批其他舰艇，互相配合支援。

第二种船叫斗舰，这种船的体积通常是楼船的 1/3 或 1/4，通常是 4 艘斗舰跟随一艘楼船。

在航行和作战过程中，4 艘斗舰位于楼船前后左右 4 个方向，对楼船进行保护。

斗舰的甲板上下各两层，船身两旁设"掣棹孔"，供船桨伸出，划桨者全藏在船身里。船尾两侧不设"掣棹孔"，而是安装了 4 个巨轮，由尾舱的人脚踩踏动，以轮激水，其行如飞。这种斗舰既有速度，又有足够的兵力，是最佳的追击武器。

斗舰的标准配置是 100 人，有 5 面风帆，船上放置 2 艘走舸和 10 艇水鳅，必要时，便可将这些小船放到水中，大船变小船，非常灵活。

第三种船叫走舸，这种船体积跟普通渔船相似，每艘船可容纳 10~20 人，是用来冲锋陷阵的船只。

这种船只有一面风帆，操控简单，而且能够在浅水区活动，大大弥补了楼船和斗舰吃水深的缺陷，可以让整个舰队的活动范围覆盖所有水域。

最后一种船叫水鳅，它的形状像一枚长长的柳叶，只能容纳一人。由于其快速灵活，像水中的泥鳅，因此得名水鳅。

水鳅左右舷均置浮板，形如双翅，可增大浮力，也利于平衡，即使在大风大浪里亦无倾侧之虞。水鳅就像现代的摩托艇，来去如飞，敌人难寻踪迹，是作侦查和偷袭的利器。

舰队从西边乘风破浪而来，等齐楚两军得知消息，已经迫近到 3 里许。楼船上放下两组战船，每组有十几艘走舸和百多艘水鳅，划连浆如飞，向齐楚的船队冲去。

走舸上各有 10 多人，在外围用强弩将敌人压到船舱内，水鳅各带几桶燃油，穿梭在敌人的战船之间，将燃油抛到敌船上。走舸的弩箭再改火箭，敌船立时起火，齐楚完全没有机会还击，船队化作一片火海。

一阵长风吹来，楼船一震，舰队大小风帆猎猎作响，舰尾的河面上到处是燃油碎木。齐楚水军连交战都没开始，就各自损失数十艘船，田儋与项佗闻信大惊失色。

与此同时，秦军一部 5000 人在济阳附近从北岸登陆，袭击了齐军粮仓，杀人放火，尽情施为；另一部 5000 人在宛朐南岸登陆，烧毁楚军粮草辎重。

随后秦军船队返程，留下部分战船封锁河面，切断齐楚的联系。

这一轮攻击下来，章邯终显战将本色，此时齐楚粮草不足，南岸的楚军也不能随时渡河支援北岸的魏齐。

章邯军在北岸有 6 个垒城，根据齐人多日观察，大致每个垒城可容纳 5000 人，合计 3 万人。

齐王田儋与诸将一致认为，章邯这样布阵有一个破绽——各垒城相隔都有几里，如果齐魏只攻一个，军力上会有巨大的优势。也就是说，秦军各营垒距离有点远，互相支援可能需要一两个时辰，这足够齐军攻打其中一个垒城，而且还能围城打援。

齐将田巴率先锋精锐 1 万人，衔枚夜走，攻击秦军的一个营垒。垒城的围墙并不高，齐军用绳索翻墙而入，接着就是惨烈的肉搏。

齐人没有想到，这几个月章邯军在垒城里挖了四通八达的地道，布置了无数个隐藏点，并增加了 3000 兵力，每个垒城 8000 人。秦军早有防备，利用熟悉的布置，加之夜色暗淡，很多齐人至死都不知杀死自己的人是从哪冒出来的。

秦军计划周详，战斗进行过程中，甚至在垒城里树立起多面"齐"字大旗，摆出一副垒城即将沦陷的样子迷惑齐军。

双方都没有增援，到天明时分，8000 秦军全歼 1 万齐军，田巴阵亡。

秦军与齐魏联军也在垒城附近对峙。双方夜间就已交战，只是并不强攻，都在等待垒城的胜绩。

秦军 2.5 万，齐魏 3.8 万，看起来齐魏仍有巨大优势，但垒城的战况对齐魏士气打击不小。

次日再战，双方在平川旷野处摆出阵势，锣鼓齐鸣。战鼓擂了三通，双方变换阵势，风中弥漫着大战前的紧张气氛。

章邯笑对部将道："田儋昨夜折损一万人，还有心情演戏，今天我们就攻破齐军，绝不留到明日。"

长史司马欣皱眉道："齐人擅剑术，我们不宜轻敌。"

章平接话道："长史此言差矣，齐兵看似人人强健，个个勇悍，但方才变阵时，队伍调度却快慢不一，说明很多人根本没打过仗，连正卒都不是。我们用车兵、骑兵、弩兵从正面和侧翼快速穿插，几个来回齐军方阵必乱，大秦的军队又可以去捡人头了。"

这一战如章平所言，仓促拼凑的齐军在秦军强大的变阵压力下乱作一团，秦军从三面涌入，逢人就砍，见人就杀，好似乱刀切瓜。

齐王田儋和魏相周市死于乱军中。田荣率齐军残兵东逃，退守东阿。

楚军主帅项佗犹豫许久，终没有渡河参战。

秦军踏平齐魏各营，章邯驱兵直压临济城。魏王咎自知守不住，不忍百姓受屠，特遣使者至章邯营中，请求毋戮百姓，言明这也是他投降的条件。章邯允如所请，魏王咎心事已了，令其亲弟魏豹突围，又命帐下将士举城投降吸引秦军。

临济城头烈焰冲天，魏王咎头戴王冠，身穿龙纹华服，义无反顾地投入大火中。临济军民无不悲戚，泣哭之声惊天动地。临济之战的形势如图 2-5 所示。

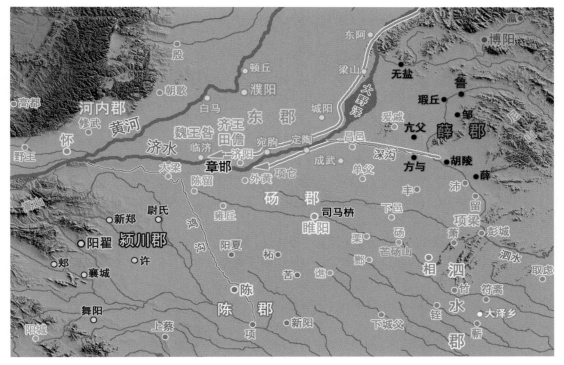

图 2-5　临济之战

章邯率数万秦军在城外列好阵势，仰首翘望，见此情此景，无人喝彩欢呼，虽然是敌人，但秦人也敬重魏王咎的英雄行为。

楚军这边，项佗早在田儋战败时就下令开始撤兵。项佗打硬仗不行，捡漏水平一流，每战必先规划逃跑路线，因此硬战必败，败则必逃，逃则必全身而退。

魏豹率柏直、皇欣、武蒲等人突围，渡过济水，跟着项佗去找项梁借兵。

章邯让天下人明白了一件事，陈胜的张楚国及诸侯国号称雄兵百万，实则是一群乌合之众。

● 项梁掌兵权，楚王芈心即位

临济之战打得昏天黑地时，楚国方面正在立楚王。

早在项梁与景驹决战前，范增就劝项梁立一个楚王，以便控制其他诸侯王。陈胜最先起兵，自称张楚王而不立楚王之后，引发楚国内战，景驹也是如此，其势不能长久。项梁目前的实力不比一年前的陈胜，如果自称楚王，除了可能引发楚国内讧，部将打下地盘也会和武臣、韩广等人一样称王，那时候秦朝还没灭，六国自己先乱了。项梁如果不称楚王，等于在魏王咎、齐王田儋等面前自降身份。眼下最合理的方式，是立一个楚国王室成员为楚王，通过楚王发号施令，控制兵权即可。

项梁点头称善，无论项梁还是项缠，对范增都是言听计从。而范增自诩对项氏忠心耿耿，特别爱出主意。

范增派人四出寻找，很快就找到一个楚国王室成员——芈心。

楚国王室乃芈姓熊氏，芈心本是楚怀王之孙，按辈分是战国最后一个楚王负刍的叔父。

少年芈心曾在牧场养马牧羊，有4只牧羊犬，分别是盘瓠、哮天、谛听、祸斗。

芈心发号施令道："盘瓠，去把坡下羊群赶回羊圈。"

只见一道黑色闪电直冲山坡下，在羊群四周呈弧形来回走位，一路将上百头羊赶到山坡上的羊圈中，一只羊都没少。另外3只牧羊犬安静地观察。

芈心自言自语道："为将者，率千军万马。为王者，驭四将足矣。"

附近牧羊童听说有如此异人，都来观望，芈心便自称为王，指使牧羊童扮作文武百官来朝己。有不服其令者，必令群童击之。

一日，芈心与群童在高冈上列班而嬉，号令道："吾异日为王时，当以此冈为钧台。"钧台是一座高台，当年大禹驾崩，帝启即位，大飨诸侯于钧台（今河南省禹州市），所以钧台的意义是即帝王位。

项梁把芈心接到彭城，率众郊迎。一介牧童出身的楚王之后，不知从何处学得礼节，居然不亢不卑，举止得体。

令项梁措手不及的是，芈心到彭城第一天就与项梁等一众豪杰论天下形势。第二天，芈心还分别单独邀请韩成、黥布、蒲将军、陈婴、刘邦、宋义等人密谈。

这些人都应邀前往，不过回来后第一时间都来找项梁，对谈话内容作了汇报，看来乱世还是以实力说话。

项梁思考了两天，仍决定立芈心为楚王，但楚国都城得从彭城南移到淮河以南的盱眙。项梁随时准备北上与章邯决战，因此把大本营放在楚国北部的薛县和胡陵，而不是彭城。项梁与楚怀王的位置如图2-6所示。

项梁令人在盱眙城南筑起土坛，请芈心登坛受拜。项梁率诸将，恭上王印，请芈心受了，捧于台上。众人拜罢礼毕，乃袭用其祖父谥号，仍立为楚怀王。

当年楚怀王即位后，楚、魏、赵、韩、齐五国联军在韩国集结，准备杀奔秦国，楚怀王担任诸侯之首的"纵约长"。

楚怀王即位前十几年，东线攻越国，西线攻巴国蜀国，楚国进行极盛时期。

秦惠文王派相国张仪到楚国游说楚怀王——只要楚国与齐国断交，秦国就将六百里商於之地归还给楚国。张仪忽悠楚怀王，成了秦楚丹阳之战、蓝田之战的导火索。蓝田之战中，楚军攻到关中的蓝田城，若非魏国和韩国在背后捅了两刀，亡秦必楚可能提前100年就实现了。

秦昭襄王即位后，其母宣太后（芈八子）是楚怀王的妹妹，楚怀王是秦昭襄王的大舅。

楚怀王与秦昭襄王结盟，将太子熊横送到咸阳作为人质。后来熊横在秦国杀了人，怕秦人追究，便逃回楚国，楚怀王又将熊横送往齐国为质。

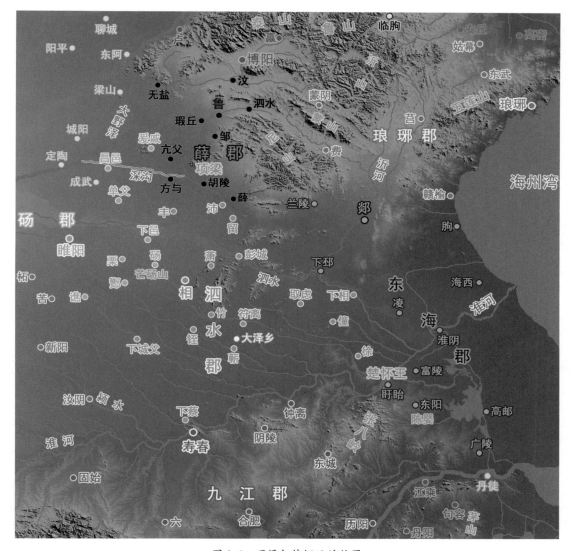

图 2-6　项梁与楚怀王的位置

　　秦昭襄王与大舅楚怀王在秦国的武关会盟，楚怀王拒不接受盟约条件，遭秦国扣留，要挟楚国放弃与齐国结盟。楚怀王宁可在秦国老死，绝不屈服秦国霸权。

　　在楚人眼中，楚怀王时期的蓝田之战深入人心，楚怀王不屈的精神成为无数楚人的精神寄托。

　　楚王芈心定都盱眙，封项梁为武信君（这个封号与赵王武臣称王前一样）。武信君项梁将大本营设在薛城—胡陵一线，将领除项氏子弟，还有黥布、蒲将军、刘邦等。项梁鼎盛时期的形势如图 2-7 所示。

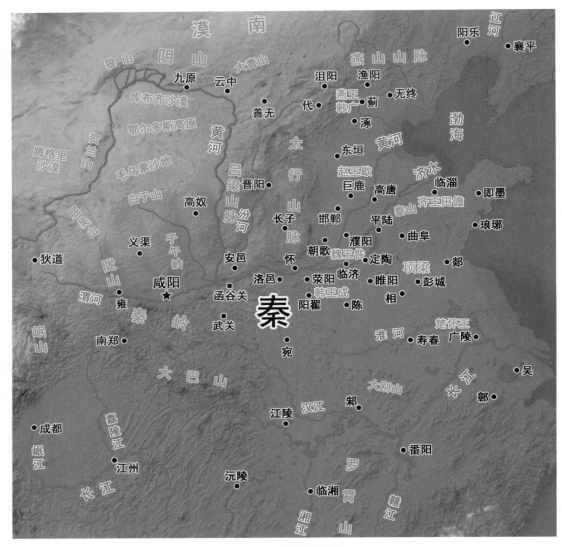

图 2-7　项梁鼎盛时期

拜陈婴为上柱国，其以东阳为中心，仍控制 5 个县。陈婴早就和项梁约法三章，据家乡 5 个县，不扩张，保持 2 万兵力。盱眙是东阳以北的邻县，离得很近，正好由陈婴保驾楚王。

封黥布为当阳君，并复其英氏，称英布。从此时起，项氏将英布视为家将。后来，项羽立英布为九江王，在楚汉大战时因调动不了英布的兵力而大发雷霆。

立横阳君韩成为韩王，张良为司徒（丞相），并选出 1000 韩人，令两人攻略韩地（三川郡和颍川郡）。

楚王芈心称王没几天，临济之战就结束了，魏王咎和齐王田儋战死，形势不等人。

公元前 208 年 7 月，项梁自率诸将进攻亢父。忽报齐将田荣在东阿为章邯所围，遣使前来求救。原来章邯乘胜攻齐，田儋之弟田荣收聚其兄败兵，走入东阿。章邯领兵围之，田荣便派人来求救。

项梁军先破亢父，以司马龙且为先锋，再北上东阿去救齐军。

项梁军到了东阿，与章邯的先锋军大战一场。章邯见楚军势头正盛，便令秦军拔营回师。项梁乘胜追赶秦兵，至濮阳东，又攻破秦军一部。章邯引残兵逃入濮阳城中固守，遣使向秦二世告急。

在春秋战国时期，濮阳是卫国的都城。周幽王烽火戏诸侯，同为姬姓的卫武公拥立周平王，并护送其东迁洛阳，卫国从第二等侯爵晋升为第一等公爵，号令东方各路诸侯。春秋时卫国与齐、郑乃至东周频繁爆发战争，内部斗争激烈，太行山的部落赤狄趁机下山，一度占据卫国都城朝歌。卫国后来在齐国的帮助下在濮阳建都，但大部分领土被崛起的晋国兼并。战国时卫国虽然国力衰弱了，但濮阳的防御力与邯郸、大梁是一个级别的，赵国曾出兵试图攻占濮阳，未能得手。

公元前 242 年，秦军大将蒙骜率军取魏国东郡，顺便灭了魏国的附庸国卫国。此后秦国设东郡，大致是魏国东郡与卫国的范围，首府设在濮阳城。

秦国东郡局部切断了赵国和魏国的联系，将三晋拦腰截断。六国合纵的重点是三晋合纵，齐楚燕不在背后捅刀就算合纵成功。三晋中韩国力量弱，赵魏联合出兵才是根本。赵国邯郸与魏国大梁之间的交通要绕过秦国的东郡，三晋合纵乃至六国合纵的局面就很难形成了。

秦国东郡截断南北诸侯之间的联络，把天下一分为二，北方是赵、齐、燕三国，南方是魏、韩、楚三国，东方六国之间不能像以前那样畅通无阻，也不似以前那样容易发起合纵攻秦。总的来说，秦国东郡是"断齐、赵之腰，绝楚、魏之脊"，截断"山东六国合纵之腰"。

濮阳北有黄河，南有济水，城高墙厚，深挖沟壑，如今为东郡首府。濮阳还是坚固的军事要塞，城外的林木均被铲平，要接近而不被发觉几乎不可能。

章邯虽然重创项梁，但大军已疲惫不堪，兵器尤其是箭镞几乎耗尽，急需休整。

项梁军日夜派人冲击敌阵，几天后将濮阳城东边的烽火台和壕沟阵地全部拿下。

项梁攻击濮阳时，齐国的田荣却没有率兵跟随，他回去争夺齐王之位去了。

齐王田儋战死后，田荣在东阿为章邯所围，齐国临淄发生兵变，田假自立为齐王，以田角为相，田角之弟田间为将。田假是齐王建的亲弟弟，比齐王建小 5 岁，现年 67 岁，生命还有最后 3 年。田角、田间兄弟也是齐国宗室，身份与田儋类似。

田荣率残兵从东阿赶回临淄，与弟弟田横合兵，和齐王田假进行内战。

在战争过程中，田荣田横兄弟立田儋之子田市为齐王，田荣为相国，田横为将军。于是两个齐王并立，都写下诏书，盖上齐王大印，把赵国的齐将田都两万人马调回来勤王。

田都这支齐军正在赵国巨鹿城东北部驻扎，他受命于齐王田儋，按理说应该听命于齐王田市。可是，齐王田假派将军田间到赵国游说，还带了不少金银赏赐。

田都这个人的能力并不亚于田儋，也是齐国宗室成员。2 万精锐在手，田都对两个齐王都保持中立，静观其变。

齐国内战很快结束，齐王田假战败，南逃楚国，跑到盱眙投奔楚怀王。齐王田假是齐王建之弟，楚王芈心是楚怀王之孙，两人都是王室成员，同病相怜。齐相田角无处可去，想起弟弟田间在赵国田都营中，便率残兵去投奔。

齐王田市进入临淄城，齐相田荣派人到赵国田都营中，要求田都杀了田角、田间兄弟。

到这个时间点，田都可进可退，没有得罪两个并存的齐王。如果齐王田市让田都杀两个普通人，他肯定毫不犹豫，但田角、田间也是宗室成员，田都显然下不了手。

田都放了一点风声给田角、田间兄弟，这二人心领神会，率军进入巨鹿城，帮赵王守城。

田都把矛盾转移给了赵王，齐相田荣派人到巨鹿城，希望赵王歇杀了两位叛将。同时田荣也派人去盱眙，请楚怀王杀掉齐王田假。

当时巨鹿城危如累卵，田角、田间兄弟率 1000 多私兵进入巨鹿协助守城，如果此时杀了两兄弟，对赵军的士气无疑会造成巨大打击。赵王歇和张耳都明白，齐军能否力保巨鹿不失，关键在巨鹿城东北驻扎的田都，而不是身在临淄的田荣田市叔侄。

田荣也以此为借口，不去救援巨鹿，拖延增援项梁的时间。当时齐国很多地方各自为战，齐相田荣需要时间先统一齐国。

此时项梁在濮阳城外，几次派人请田荣出兵救援赵国，好缓解自身压力。田荣的回答很简单，只要楚怀王杀掉齐王田假，他便立刻出兵。

而楚国政坛没有田荣想象中那么简单，楚怀王也绝不是项梁的提线木偶，他在盱眙站稳脚跟，有陈婴、吕臣拥兵保护，还有宋义等客卿辅佐，已经形成了一股强横势力。楚王芈心与齐王田假，两个老头年龄差不多，身份也相似，那真是惺惺相惜，同病相怜。

项梁不久前刚在东阿救过田荣，现在田荣却不增援项梁，这令项氏上下对田荣极为不满。后来项羽入关中，田荣也没有派兵去，以致后来两人兵戎相见。

● 项羽刘邦并肩作战，攻杀三川郡太守李由

王离围攻巨鹿，项梁在濮阳与章邯对峙，我们来看看关中的形势。

秦始皇时期，赵高与李斯完全是两路人，可以说形同陌路。李斯是在秦始皇年少年时入秦的，早期是吕不韦的门客，在秦国没什么根基。但是李斯却有奇才异能，加之低眉折腰，不仅自己高居左丞相之位，长子李由还娶了秦始皇的一个女儿，并任三川郡太守。

沙丘之谋，赵高与李斯是一种互相利用的合作关系。

秦二世即位，杀了蒙毅、蒙恬兄弟。在李斯看来，事情到此为止，秦朝依然无比强大，自己依旧呼风唤雨。李斯怎么也没想到，一根绳上的蚂蚱赵高，居然要对付自己。

赵高做了郎中令，不仅提拔了一批心腹，还向秦二世提出"一切要任，皆改用寒门白丁"。为了消除兄长们的威胁，秦二世将虎符交给赵高，令其便宜行事。

赵高因此大肆扩张队伍，强盗、地痞、恶少年、囚犯都加入进来，在关中掀起血雨腥风。

赵高杀十七公子和十公主，除了长公子扶苏是李斯认同的，其他人李斯绝不想杀，何况其中一个公主还是李斯的儿媳，李由的夫人。

赵高所杀之人有不少与李斯交好，而赵高利用这个机会，对关中驻军进行了大换血，许多将领都换成了寒门白丁。

赵高说的没错，贫者骤富，贱者骤贵，必能感激知遇。

赵高用人不问人品，只求心狠手辣，残酷无情，杀人不眨眼。

如此下去，即便秦朝底子再厚，也会有崩塌的一天。右丞相冯去疾、左丞相李斯、御史大夫冯劫这三公，冯氏父子与李斯也不是一路人，但在反对赵高的问题上，他们的意见是一致的：必须阻止这股势头。

秦二世上朝时，三公每次上奏都会不厌其烦地说关东群盗如毛，赋役繁重，不如减少劳役，停止修建阿房宫等大工程。秦二世不想听这些，便常居宫中不上朝，命郎中令赵高居朝中用事，一切政务皆听其处决。

一日，秦二世游乐宴饮，妃嫔满前，管弦盈耳。三公前来奏事，无非是说现在天下大乱，百姓处在水深火热之中。

赵高针对李斯反驳道："昔日沙丘之谋，左丞相参与其事。今陛下已立为皇帝，左丞相亦望裂土封王。左丞相长男李由为三川郡守，楚盗陈胜诸人皆广东子弟，任意横行，周文经三川郡入关中，李由竟不肯发兵阻击。"

秦二世闻言，由此疑忌李斯。赶走三公后，赵高请二世遣人前往洛阳查办李由通盗之事。

后来李斯三次想入宫，都被赵高的人挡在宫门外，又闻秦二世派人查办李由，知道是赵高背后使坏。

李斯耳目众多，绕过赵高，通过亲信之人将奏折送到秦二世面前，写道："赵高擅作威福，权倾人主。今若不除，后恐为变！"

秦二世得书，即召李斯问道："赵高平日尽忠事主，朕所欲皆尽力去办，是不可多得之人。卿反疑之，何也？且群盗四起，朕不倚赖赵高，倚赖何人？"

李斯进言道："赵高出身微贱，不识道理，窃弄威权，贪欲无厌，臣甚以为可虑！"

秦二世从小与赵高亲近，赵高杀其众兄，正合其意。就感情基础而言，李斯远不如赵高，二世不想再听李斯啰唆。

李斯被迫退出，秦二世转头就把李斯告状之事转告给了赵高。

赵高分析道："左丞相心中所患者，独吾一人而已。吾若身死，左丞相便欲谋逆，再无所顾忌。"

在秦二世看来，李斯之子李由即使没有通敌，也没有全力抵抗，居然把周文十几万人放进了关中，这是事实。于是他拿出虎符，将生杀予夺权力交给赵高，命赵高去查为何关东盗贼不止。

赵高用兵符调动羽林、虎贲、南军，不只是对付李斯，而是闯入三公府上，将右丞相冯去疾、左丞相李斯、御史大夫冯劫等这些绊脚石全都抓捕起来。

赵高污蔑李斯与李由谋反，尽捕李氏宗族宾客，严刑拷打。李斯被拘狱中，嘴还算硬，但其他人哪受得了酷刑，一个个指证李斯谋反。秦二世看了按了几百个血红手印的认罪书，勃然大怒，默许赵高杀李斯。

狱卒把李斯推出牢门，押上囚车。李斯一家老小、宗族党羽尽数被绑，跟在囚车后面。李斯父子相对痛哭，数百家眷宾客一齐大哭。

李斯长叹数声，回头望着次子道："儿啊，我欲和汝再牵黄犬，在上蔡东城门外追逐狡兔。"李斯是楚国上蔡人，师从荀子学帝王之术，秦灭六国前西入秦。

李斯受五刑，先在脸上刺字，再割鼻子，剁十个脚趾，枭首，最后将骨肉碎切为酱，堂堂大秦左丞相受此酷刑。李斯一门诛三族，苦心经营二十几年，到头来却一场空。

右丞相冯去疾、御史大夫冯劫二人乃将门之后，不肯受辱，皆自杀。

秦朝左右丞相和御史大夫都死了，三公空缺。秦二世命赵高为中丞相，一人独大。从此赵高独揽大权，秦二世乐得不问政事。

秦朝的关中乱作一团，上将军章邯在关东苦战，此时项梁在濮阳东破章邯军，章邯退守濮阳城。

周朝时卫国在濮阳经营了几百年，城高池阔，一时难以攻克。若王离攻克巨鹿，南下增援章邯，项梁危矣。于是项梁虚张声势，给章邯施加压力，准备开辟第二战场。

公元前208年7月，项梁制定了分兵的战略。他自己率军围困濮阳，令项羽、刘邦南下攻击济水一线，确保项梁军南侧没有敌人。同时还有一个任务，带着魏王咎之弟魏豹去临济，重建魏国。

项羽和刘邦总兵力4.2万余人，项羽军团兵力2.5万，项梁把8000江东精锐骑兵全部给了项羽，项羽兵力约1.5万，都是精锐。此外当阳君英布率本部5000余人，蒲将军率本部4000余人，都归在项羽麾下。项梁担心此三人年轻气盛，又以行事稳重但战功赫赫的刘邦为副帅，率本部军团1.7万余人辅佐项羽。

这年，秦二世胡亥22岁，项羽24岁，刘邦48岁。

项羽、刘邦率军南下，先攻破城阳，屠城。

刘邦麾下的官大夫（第6级/13级）樊哙，作为先登，斩首23人，赐爵公大夫（第7级/13级）。

接着攻击济水上的重镇定陶，刘邦得一美女戚氏。话说定陶有个铁匠叫戚鳃，其女儿戚氏出落得亭亭玉立，唱得一口好曲。戚鳃认为奇货可居，想借机将女儿嫁入豪门大族。随着陈胜、吴广起兵，天下大乱，此事就耽搁了一两年。

戚鳃见项羽率军到定陶，便想把女儿嫁给将军项羽，哪怕做个妾室也行。谁知到了项羽大帐内，见项羽和虞姬卿卿我我，而项羽只抛下一句"明日领过来吧"，便挥手令戚鳃离开。

戚鳃回去的路上情绪低落，心里盘算着，沛公刘邦的夫人不是还在丰县吗，不如将女儿嫁给刘邦。于是戚鳃又去了刘邦的大帐。刘邦虽然年龄比戚鳃大，态度却很友善，还和戚鳃饮了几杯酒。次日刘邦见到戚氏，眼睛都直了，觉得戚氏恍若西施在世，恰似仙女下凡。

眼看定陶一时难下，项羽、刘邦转头西进，刘邦麾下的周勃袭取宛朐，俘虏单父县令。单父豪族张平率族人来投，在刘邦军中担任中涓（领兵100人）。

项羽、刘邦西进势如破竹，很快拿下临济。魏豹率军1000人留在临济，称魏王，并派使臣招抚邻近城邑。

此时项羽、刘邦本要回师定陶，杀个回马枪，却忽然得到一个消息：三川郡太守李由正率水师东进。

李斯被抓前，李由就得到秦二世和赵高派人调查自己的消息。等到李斯被抓，李由立即率军东进，他知道要是被抓回咸阳，一切都完了。若跟随章邯打几个胜仗，或许还有回旋的余地，说不定还能救父亲。

此前临济之战，章邯用水师奇袭齐楚的粮草，大部分战舰都是李由准备的。章邯不会故伎重演，他令李由水陆并进，走鸿沟、睢水进入砀郡，与司马枿会合，然后东进泗水郡，在项梁背后狠狠捅一刀。

李由水陆并进来到鸿沟，恰好项羽、刘邦刚拿下临济，截获李由派向章邯的斥候，得知李由舰队正进入鸿沟。秦军斥候并不知道章邯的战略全貌，只是口述李由军大致位置，项羽、刘邦猜测李由要走鸿沟南下攻击陈城的吕臣。两人定下计策，干脆走陆路，掩人耳目，在陈城与吕臣合力围攻李由。

于是项羽、刘邦南渡济水，衔枚疾走，来到睢水上的雍丘（今河南杞县）。此时派往大梁的骑哨来报，李由舰队转入睢水，向雍丘开来。

项羽、刘邦闻言大惊，以为被李由军发现，但在细思之下两人均认为这不可能。李由纵有通天的本事，也不可能料到己方的路线。项羽、刘邦对着地图不谋而合，看出李由的目的地是砀郡首府睢阳，欲与司马枿合兵，攻击项梁的背后。

既然项羽、刘邦先到，那真是天赐良机！两人立即设伏，并派人去陈城联系吕臣，要求其派出援军。

睢水上，李由军 100 多艘战舰，船帆高张，冲破稀薄的白雾，来至雍丘以西半里许。

楼船 6 艘，斗舰 20 多艘，走舸上百艘，气势之雄伟，给楚军以气吞山河的压迫之感。楼船在中间，斗舰护卫左右，外围是走舸，结成里外数层防御圈。6 艘楼船像 6 座城堡，向前方碾压过去。波涛汹涌，激起千层浪。千舟竞渡，万桨齐施，打起千万浪花，煞是好看。

项羽、刘邦站在城头打望秦军战舰，李由也站在楼船上观望雍丘城，双方各有想法。

项羽、刘邦本打算用攻城的绳索制成几条大绳索拦江，项羽找来项佗曾经的几个属下问话，得知临济之战时对方楼船势不可当，当机立断改变战术。他们偷袭了雍丘城，又派出间谍穿着秦军的服装假装从砀郡来的败军，告诉李由的骑哨说砀郡首府睢阳已经失守。

李由本来对砀郡失守将信将疑，但看到雍丘城头飘扬的楚军战旗，再也不敢去睢阳了。无论睢阳是否还在秦军手中，他的后路都将被断绝。

战鼓敲响，舰队调整风帆位置，大船反向划桨，小船掉头掩护大船，逆流朝陈留方向撤退。

此时警报响起，后队发现几十棵大树截断江面。船队用走舸开路，对后方的戒备确实不足。楚军砍了大树拖到河中，睢水不是大河，这一段一马平川，水流极慢，大树就这样浮在水面拦住去路。走舸甚至斗舰或仍可通行，但楼船吃水深，撞击大树可能会搅动河底巨石，发生触礁事故。破解之法很简单，就是派人登岸，用绳索把大树拉到岸边。

秦军舰队掉头花了不少时间，正好给了楚军布置的时间，待掉头驶出一里才发现前方有大树漂浮。楚军在西面故技重施，源源不断地砍树，李由只能派人登岸清理，这正是项羽、刘邦此战玄妙之处。只要对方登岸，主动权就在项羽、刘邦手上，而对方也必须登岸，战争就是没有机会创造机会。

李由派去清理大树的数百人死的死，降的降，秦军丧失了主动权。

李由在荥阳之战中与吴广激战几个月，损失也不小，后来补充的兵员多是韩国和楚国人。此时一部分不想为李由效命的韩人和楚人翻落水中，准备泅水逃命。睢水河水平缓，水性好的人可以轻松游上岸。

李由立即下令射杀逃跑者。有些游得快的已经靠近河岸，项羽也下令不留活口。水里这些人真是倒霉，两方都无情射击，河水很快被染红。

李由见前后都被堵死，不远处的雍丘也落入楚军之手，只想快点退到陈留，后续走鸿沟入济水去东郡，与章邯会合寻求保护。

到了晚上，李由站在楼船上望着南岸，此时的雍丘被淹没在黑暗里，连一点轮廓都看不到，他的心情也跌入谷底。去年在荥阳，吴广围困李由数月，虽损兵折将，李由却从未有过退缩。那时候朝廷有父亲李斯撑腰，只需守住城池就行。现在关中大乱，父亲入狱（李由还不知道李斯已被处斩），自己困在楼船上进退不得，前途暗淡。

李斯麾下将领多追随他镇守荥阳，协助章邯打赢临济之战，很多人因此提升了爵位。然而眼下的处境，无论政坛还是战场，人人都知道不妙。

李由派出一支军队登岸扎营，并且岸上用绳索连着楼船。

岸上的这支秦军将领是李由的心腹，士兵也多来自秦国，数量约3000人，绝对是精锐。秦军扎营后，在四方设置岗哨，侦骑四出，方圆十几里肯定是没有楚军能靠近的。

昏暗的月色下，营内哨兵借助火把巡逻，楚军绝无可能偷袭，然而秦将却心情不畅，倒不是因为战争，而是李由前途未卜，自己肯定也会受到牵连。

近一个时辰，各路来报消息的骑哨忽然大减，秦将心中升起不祥的预感，立即招来副将和几个都尉商议。不一会，猎犬开始狂吠，战马嘶鸣不安，耳朵贴在地面上听声的副将震惊："这不可能，似有大批敌兵冲来，这不可能！"

秦将亲自将耳朵贴在地面上听声，果断道："是骑兵，速度极快，马蹄裹了布。"

话音未落，秦将已经拔刀，下令全力阻敌。秦军阵势尚未布好，数以千计的楚军骑兵已杀入营中，箭如飞蝗般射来。

秦将勒住马缰指挥战斗，身旁惨叫传来，他骇然望去，黑暗中副将已翻身堕马，一支带矛头的铁杖戳穿了他的盔甲，从背心入，透胸而出，可见敌人掷矛者的力道如何猛。前方一楚将高踞马背之上，隐约可见其虎背熊腰，正是英布。

原来项羽在会稽训练骑兵，专门练野战、奔袭战。这次他在8000江东精锐骑兵的基础上，把英布和蒲将军的骑兵也编进来，1万骑，以犁庭扫穴之势迅速灭掉了3000秦军。

楚军在草上放起火来，一时烈焰冲天，四下鼓声大震。更要命的是，岸边这支军队，有绳索连着楼船。

楚军发现这个秘密后，奋力拉纤，将李由的6艘楼船往南岸拉，使高大的楼船全部搁浅。从项羽袭营到楼船搁浅，不到一顿饭的工夫，水上的秦军乱成一团。李由知道大势已去，便从楼船上放下几十艘走舸，向北岸划去。

此时刘邦军团的先锋军也赶到战场，看着眼前一片狼藉的战场，秦军尸横遍野，项羽的楚军却鲜有伤亡，借助黑夜掩盖自己瞠目结舌的表情。

项羽意犹未尽，吸了一口带着血腥味的空气，对刘邦道："李太守是我的，沛公不要和我抢。"

刘邦回过神来，装出诚恳之色道："李太守船高墙厚，麾下兵强马壮，假王（吴广）都不能下，本公可没这本事，非项少将军不能破。"

项羽曾格杀会稽郡太守殷通，但战绩远不如刘邦，此刻他以命令的口吻道："我渡河率军往西，沛公往东，三日后无论是否抓到李由，都立即退守雍丘。"

李由逃到北岸后，并没有向西退回三川郡（或许对秦二世和赵高彻底死心），而是东走睢阳，去投奔司马枒。

项羽错失抓到李由的机会，刘邦反而歪打正着，其帐下曹参部追到李由，因李由亲兵激烈抵抗，便用强弩射杀。刘邦的战功簿上有了两个太守——泗水太守壮和三川太守李由。项羽、刘邦攻灭三川太守李由的路线如图2-8所示。

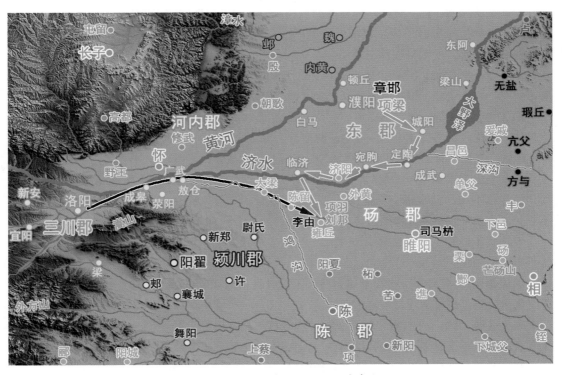

图2-8　项羽、刘邦攻灭三川太守李由

不久后楚王芈心（楚怀王）授刘邦为砀郡长，此战立功的将领爵位都有提升。

五大夫（第9级/13级）曹参，杀李由，虏一名秦侯，赐爵执帛（关内侯，第11级/13级），号建成君，尊称戚公。

五大夫（第9级/13级）夏侯婴，以兵车迅攻战绩，赐爵执帛（关内侯，第11级/13级）。

公大夫（第7级/13级）樊哙，斩首16人，赐爵公乘（第8级/13级）。

击杀李由后，项羽从俘虏中找出四五百韩人，交给韩成和张良去颍川郡复国。刘邦也从自己军中抽调五六百人给张良，凑足1000人。

● 章邯破项梁，楚怀王夺兵权

公元前208年九月，项梁闻项羽、刘邦斩杀三川太守李由，且魏国和韩国也都立了起来，他在濮阳与章邯对峙目的达到，自知力不从心，便南下攻击定陶。

项梁的战略是靠近项羽军，两军好互相支援，如果能把定陶打下来就更好。

项梁出兵，楚怀王与一众幕僚留守盱眙，唯独派宋义跟随项梁。作为德高望重的前令尹，宋义此去可在一定程度上监督、节制项梁。

项梁连战连捷，北上救田荣，破章邯，解东阿之围。后追击章邯到濮阳，将秦军堵在东郡。项梁又派项羽、刘邦分兵，阵斩秦朝丞相李斯之子三川郡太守李由。

此时，章邯军源源不断获得军械和粮草，实力骤增。项梁却把精锐给了项羽，他自知已不能与章邯抗衡，便顺势拔营南走。

不过在秦军面前，项梁仍要虚张声势，营造兵强马壮的气势。在宋义看来，项梁长傲饰非，目空一切，全然不以秦兵为意。

宋义并非项梁的下属，试探道："君上屡胜之后，应比平日更加谨慎，不可大意。我观将士近来饮酒赌博，日间旌旗不整，入夜擅离职守，完全忘了眼前白骨露野，我军孤军深入。目下章邯虽败，尚拥兵数十万，敌兵日见增加，我兵却毫无戒备，若秦军来袭，我军何以抵御？"

项梁怎会看不到楚军的危机，他倒是想闭门塞户，但项羽不仅带走全部8000江东精锐骑兵，还包括英布和蒲将军两员猛将及其所属军队，再加上刘邦这支韧劲很强的军队。项梁手上的兵，大多是收编各大势力拼凑在一起的。

但项梁不能把这些实情告诉宋义，一旦楚王掌握到这个情况，调兵遣将来反制自己，那就得不偿失了。

项梁笑道："秦兵几次被我杀得胆破，不足挂齿，纵使添了新兵，遇此连月霪（yín）雨，道路为水所阻，亦难进攻，不必多虑。"

宋义目瞪口哆，心中判定项梁必败，便借口出使齐国，离开了项梁军。项梁求之不得送走宋义，谁也不愿身边有双眼睛监视自己。

其实章邯早就从王离处调动援军，杨熊率领一支奇兵驻扎在黄河西岸，等待章邯军令，但章邯却一直不让杨熊渡河，因为如果那样，项梁反而会深挖壕沟修筑高垒，秦军就没了机会。

等项梁撤军濮阳，南下定陶，章邯立即分两路南下追击，亲率主力正面攻击，来到定陶对岸，造木筏做渡河状。杨熊军则从白马津渡河，南下在定陶上游 30 多里处过河，从西边突袭楚军大营。

帐外狂风大作，雨愈下愈大了，还不时地雷电交加，视野模糊不清。雷声也把马嘶蹄音全都掩盖，大营内外的灯火都给暴雨浇灭。

这晚项梁做了一个噩梦，他梦见艳阳高照，章邯来袭营，四处都是大秦横扫六国的铁鹰锐士，所有营帐同时起火。梦中项梁呼唤项羽，却叫不出声来，想拔刀，也拔不出来，他在惊吓之中醒过来，才发觉仍是黑夜，自己浑身冷汗，不住喘气。

项梁惊魂甫定，披上外衣，举步走到大帐门前，亲兵慌忙追随左右。外面雨势甚大，茫茫黑夜什么都看不见，并没有噩梦中的太阳，项梁的感觉才稍微好一点。

项梁撤兵时，在各处必经之路布满骑哨，章邯军若尾随而来，不可能隐身。而且隔着一条济水，就算章邯军到了对岸，楚军也有充足的时间迎战。

然而，秦军来袭击时，楚军却全然不觉。从睡梦中惊醒，见敌兵蜂拥而来，楚军将士们惊得手足无措，人不及甲，马不及鞍，仓促迎战。原来章邯趁雨夜挥兵渡河，长达十余里的河岸，尽是喊杀之声。

楚军正堪堪把敌人抵在河岸，以千计的秦兵又从西边杀入，生生攻破项梁大营，而且西边的敌军似乎还在源源不断涌入。

项梁深知，此战已败，假若立即逃走，或可保住性命，难免全军尽失。奋力迎战的话，至少项氏一族可退回胡陵。项梁不再犹豫，派人通知项缠和项佗立即撤退去胡陵，再下令集结亲兵，全力阻敌，掩护其余楚军撤退。

项梁军阵势尚未布好，秦军便从两个方向排山倒海般压迫过来。但见箭如飞蝗般往秦军射去，尚未换上另一批箭矢，秦军已杀入阵中，不一会四周尽是敌人。

项梁领着 2000 多亲兵，死命抵挡着敌人一波又一波的进击，每拖延一刻，逃出去的楚军就多几个。到天明雨停，项梁身上已有大小十多个伤口在淌血，却感觉不到任何痛楚，他环目一扫，只见身旁的亲卫已减至不足百人，远近有无数个跃动的黑点，不知有多少秦军杀至。

项梁令亲兵队突围，自己独自面对秦军。麾下大将桓楚死命扯着他的马缰，不让他以身犯险，誓与明主共存亡。

双方箭矢早就用完，秦军掷出明晃晃的长矛，项梁的亲卫纷纷倒地，连惨嘶的力气都没有了。

忽然间，项梁发觉护在身前的桓楚硬撑着一把长剑缓缓倒下，自己竟成了孤零零一人。一支长矛戳穿盔甲，后背入前胸出，寒气贯体。项梁心中泛起势穷力竭的感觉，时隔 15 年，他终于追随父亲和大哥而去。

人固有一死，沙场战死，无愧于项氏祖先。

此战秦军杀得楚兵尸横遍野，血流成渠。楚军自相践踏而死者，不计其数。章邯阵斩六国最有影响力的名将项梁，其余诸侯将领闻风丧胆，如惊弓之鸟。定陶之战的形势如图 2-9 所示。

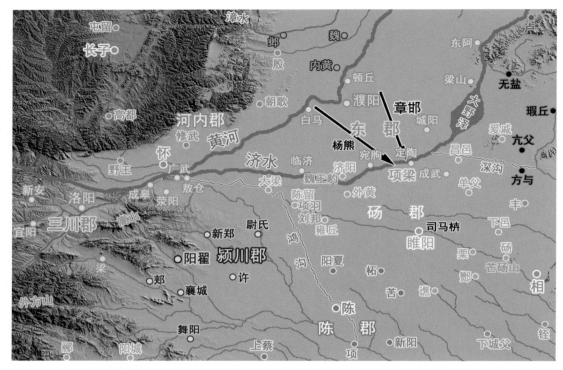

图 2-9　定陶之战，章邯破项梁

如果章邯活跃在秦始皇灭六国的时期，不知道会否成为王翦、王贲那种挥剑即可灭国的名将。

公元前 208 年后九月，项羽、刘邦西攻外黄不下，移兵至陈留东，吕臣也从陈城赶来增援。后九月就是闰九月，农历这年是闰年，多一个月。

正在攻城，忽有武信君败卒奔至军中，报告项梁死讯。项羽闻叔父为秦兵所杀，自然哭天喊地，咬牙切齿。刘邦听闻也潜然泪下，甚为伤感。此消息传到大军当中，人人莫名惊恐。

项羽、刘邦、吕臣见军心动摇，恐章邯大军来攻，便引兵东还。

三人心情大不相同，项羽急于回去，并项缠、项佗之兵，再次聚集项氏兵力。项缠作为项梁唯一的亲弟，年龄只比项羽大几岁，在项氏宗族内部影响不小。项佗自起兵以来便独立带兵，性格老成持重，也只比项羽大几岁，是项氏的中坚力量。

刘邦和吕臣的想法则大不相同，他们是项梁麾下的友军，效力于项梁，但保持一定的自主性。现在项梁不在了，他们仍然是独立军团，对项羽的态度和对项梁是不同的。项羽很年轻，连项氏内部都未能完全掌控，更不用说号令楚国。说到楚国，刘邦、吕臣现在最想看到的是楚王芈心，下一个能让二人听令的人或许只有楚王了。

此时执戟郎中韩信毛遂自荐，希望项羽留下大把军备物资作诱饵，这样荥阳的秦军赵贲部必然派军队来取，韩信则率 1 万军队伏击，必能取得一场大胜。

　　然而项羽急于赶回争夺项氏和楚国的兵权，正是用兵之际，何况国难家危，哪有心情听韩信献策，自然是一口拒绝。在项羽看来，多杀几千秦兵于事无补，此时最要紧的是稳固楚国和项氏内部。韩信考虑的是局部战争，项羽的视野则是楚国乃至天下。

　　项羽、刘邦、吕臣三人在路上分兵，项羽率军去了胡陵，刘邦、吕臣本来要去盱眙，路上得知楚王已经迁都彭城。

　　楚王芈心闻项梁兵败，立即率军北上，迁都彭城。

　　芈心上面有个项梁压着，一直韬光养晦。如今项梁已死，芈心尽显王者风范，在宋义的辅佐下，满朝文武再无人能左右他。

　　战国后期，齐国灭宋国，宋国宗室之一宋玉拜为楚国国卿（正卿），他是屈原之后最杰出的楚辞作家，与潘岳、卫玠、高肃并称中国古代四大美男。宋玉之子宋义在燕国太子丹府上做客卿，太子丹在易水河畔送别荆轲时，宋义也参加了送行。风萧萧兮易水寒，宋义也和太子丹一起落泪，他在列国颇有名气。

　　公元前 228 年，楚国公子负刍发动兵变，杀死楚哀王，族灭令尹李园。此后楚王负刍招贤纳士，将宋义请回来担任令尹。只是几年后楚国就灭亡了，上柱国项燕引剑自刎，宋义、项梁等楚国贵族逃跑，秦军抓不到他们。

　　项梁立楚怀王（楚王芈心）后，宋义也出现在楚王周围。虽然项梁觉得楚王只是自己招兵买马的一面旗帜，宋义的看法却截然不同。

　　楚王与宋义议事，发现这位前令尹对答如流，于是委以重任。

　　芈心在彭城首先见到的是齐国使臣高陵君田显，此君是齐相田荣的亲信。田显在途中遇到从定陶项梁大营去齐国临淄的宋义，两人相谈甚欢。高陵君代表齐王田市去项梁军中，希望楚国杀掉齐王田假。

　　宋义直言，项梁绝不会杀齐王田假，因为他想通过控制田假来要挟齐国。楚王也不想杀田假，主要是出于同情。但如果宋义执掌兵权，一定会帮齐王田市杀掉齐王田假。

　　齐使高陵君放慢脚步，没再去项梁军中，后来改道来到彭城，在楚王面前夸赞宋义，说宋义早就预见项梁会兵败，并多次劝项梁小心行事，但项梁志骄气满、刚愎自用，将宋义排挤出军中。高陵君绘声绘色，说宋义告诉他慢点去定陶可以保命，自己依言放慢了几天，果然躲过一劫。

　　高陵君还道："兵尚未战，先知败兆，宋义可算知兵！"

　　此时宋义到了临淄，与齐相达成协议，齐国的诉求只有一个，那就是杀掉齐王田假。宋义的诉求也不复杂，只要他能掌控楚国军政，便如齐王田市所愿。

　　几天后，宋义、刘邦、吕臣先后抵达彭城，拜见楚王芈心，纷纷表达忠心。

　　宋义是这样评价项羽的："先屠楚国襄城，再屠魏国阳城，如此残忍好杀，以暴易暴，不足服人，终归败亡。今六国百姓苦秦久矣，自然箪食相迎，故为大王计，项羽决不可遣，否则众叛亲离。"

　　楚王深以为然，他早有安排：收吕臣之兵，以吕臣为司徒，吕臣之父吕青为令尹，再加上先前任命陈婴为上柱国，楚王在彭城的兵力有三四万人，再不是人为刀俎我为鱼肉的态势了。

当时章邯北上移师邯郸，准备与王离合力灭掉赵国。楚王当然明白唇亡齿寒的道理——章邯灭赵后下一个目标非齐即楚——所以宋义必须率军北上救援赵国，但宋义没有兵，陈婴不愿放弃兵权，吕臣的兵力不足以北上救赵。只有项氏的军队，无论数量还是质量，都居楚国之首，如果宋义能率项氏军队北上，不但可救赵国还能削弱项氏，一举双得。

以项羽的性格，怎会率五六万人马，屈居宋义之下呢？这又和项氏内斗有关。

此时项缠、项佗、项羽三人都不甘心丧失竞争宗主的机会。留守胡陵的范增游走于三人之间，提议项缠、项佗暂时尊项羽为宗主，代表项氏与楚王交涉，项缠、项佗仍各自统兵。项佗的兵力不比项羽少，算是勉强接受，项缠却不太认同这种方式，谁料英布率军突入项缠大营，闯入中军大帐，夺了项缠的大印，项氏内斗才算告一段落。

范增又作为中间人和楚王特使谈判，提出只要楚王尊项羽为项氏宗主，项氏军团便立即起兵增援赵国。当然，特使也提出一个条件，那便是主将必须由楚王的心腹担任。

项羽在战场上或许无坚不摧，但政治手段显然还比较稚嫩，只能暂时隐忍，和楚王达成协议，日后再见机行事。

楚王封项羽为长安侯，号鲁公。以宋义为上将军，号为卿子冠军，北上兼并项氏军队。卿子是尊称，冠军是指在诸军之上。项羽为次将，范增为末将，桓楚、英布、蒲将军等名义上是楚国将领，而非项氏私兵。从此刻开始，范增成为项羽的亚父，若没有范增，项氏内部可能就先打起来了。

封沛公刘邦为武安侯，授砀郡长（相当于秦朝的砀郡太守），率本部人马攻击砀郡。当时刘邦有军队近2万，战斗力仅次于项氏，作为偏师攻击砀郡，可解除楚国西面的威胁。至于这个砀郡长，也属于遥封的性质，刘邦只有打下砀郡才能名正言顺地称砀郡长。

除了这几个人，韩王成与魏王豹也因项梁阵亡而急引兵东归，来请楚王出兵相助。楚王比项梁要大方，各给数千兵力。如此一来，魏王豹去东郡，韩王成去颍川郡，重新立国。

楚王芈心昭告天下："诸将麾兵西向，先入关中者，当立为秦王。"

第二节　巨鹿之战，项羽成诸侯军统帅

● 刘邦破东郡太守，项羽杀宋义

章邯破项梁后，赵高迅速在东方布局，派心腹尉领东郡太守。

章邯与项梁在濮阳对峙，东郡太守尉也在濮阳。项梁兵败后，章邯率军渡黄河北上，东郡交到了太守尉手中。

章邯留下将军（军职三品）杨熊，驻扎在白马，与太守（官职三品）尉一起镇守东郡。杨熊与尉的品级一样，但排位将军在太守之前。理论上太守要协助将军，但太守尉是赵高的心腹之人，此人急于向赵高展示实力，没太把杨熊放在眼里。

杨熊的意思是他驻兵白马，这里有白马津，是黄河上一个重要渡口，向南可以抵御楚军，向北可以支援章邯和王离，而太守尉只要守稳濮阳就可以了，两人互为掎角，等章邯王离灭了赵国，自然挥师南下。

但太守尉不是这么想的，他认为魏王豹已经占据临济复国，退守白马和濮阳，必然是寸功不立。而且项梁死了，楚王芈心从盱眙迁都彭城，楚国正在内斗，此时不攻彭城更待何时？太守尉不顾杨熊劝说，以攻为守，率军南下渡过济水，来到东郡东南部的成武，这里是东郡最靠近楚国都城彭城的地方。

成武西北有定陶，项羽、刘邦、项梁等分别攻打过，都没能成功。成武东北还有昌邑，也是一座坚固的城邑。

太守尉的想法是不错，但他这个战略需要杨熊率军南下配合。然而杨熊按兵不动，从他的角度看，白马津这个通道是绝不容有失的，至于彭城的楚王，完全可以等灭赵后再随章邯王离大军去剿灭。

公元前208年10月，太守尉的先锋军抵达成武。

太守尉没有想到，刘邦在受封武安侯、砀郡长当日便率兵启程北上，一刻都没有耽误。刘邦不知道东郡太守尉要南下，他想尽可能收容项梁的败兵散卒，扩大队伍。与刘邦不谋而合的还有魏王豹，他占着临济却派人四处招降东郡和砀郡各城邑守军，同时派军队在济水沿岸扫荡，收容项梁的败军。

刘邦打了一年多仗，帐下核心成员的作战经验正迅猛增加，这是太守尉无法比的。

此战刘邦先派兵攻克成武，公乘（第8级/20级）樊哙作为先登，斩首14人，俘虏11人，赐爵五大夫（第9级/20级）。

随后刘邦在城阳西北方的杠里伏击东郡太守尉，大破之。东郡太守尉乔装逃跑，后不知所踪。

这一仗打完，刘邦军团的兵力超过2万，其中刘邦己军超过1.2万人，友军也有8000余人。刘邦攻灭东郡太守尉的形势如图2-10所示。

在杠里刘邦遇到纪成率400多人前来投奔。纪成是丰县土豪纪信之子，当初雍齿占丰县背叛刘邦，纪信纪成父子买双保险，纪信留下来跟刘邦，纪成跟雍齿退守魏国都城临济一带。临济之战魏国灭亡，雍齿率军去了赵国，纪成则在魏赵之间打游击。纪成来投不只是增加几百人这么简单，说明丰县人基本上不会考虑第二个主公了。刘邦大喜过望，若非战事紧急，便要大宴诸将。

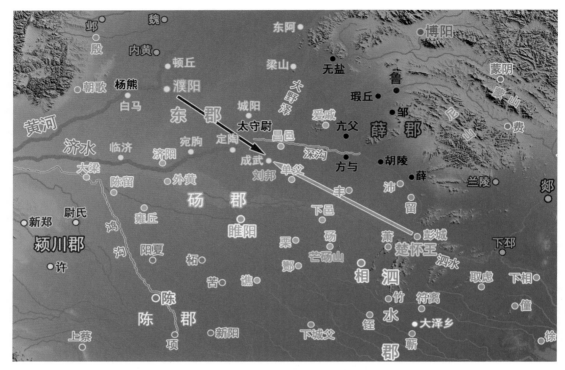

图 2-10　刘邦攻灭东郡太守尉

　　纪成告诉刘邦，他在杠里西北方向伏击了一支秦军骑兵，有百余骑兵，来去如风。自己本是伏击方，却伤亡了数十人，只杀了对方几人，抓到一个负伤的俘虏，得知是秦将杨熊率领 1000 骑兵来突袭。纪成不敢稍有耽误，立即率军来通知刘邦。

　　刘邦闻言后背发凉，若不是纪成带来这个消息，真让杨熊的骑兵偷袭，后果不堪设想。不过杨熊见被伏击，知道偷袭刘邦失去了先机，也就撤了兵。

　　纪成器宇轩昂，面相硬朗英俊，说起秦军来顾盼自若，丝毫没有如临大敌的感觉，显然已经身经百战了。

　　刘邦很欣赏纪成，常留在身边。刘邦立为汉王后，纪信纪成父子都拜了将军。后来纪成在灭三秦之战的好畤之战中阵亡，纪信在荥阳之战假扮刘邦被项羽烧杀。

　　此时刘邦得到一个消息，大野泽的彭越派人来，请他攻击昌邑。

　　彭越是魏国昌邑人，本是一个渔夫，聚集了百余人，活跃在大野泽，主业打渔，副业打家劫舍。陈胜起兵时，彭越麾下的人劝其起兵，彭越说了 7 个字拒绝："两龙相斗，且待之。"项梁起兵北上时，彭越依然觉得时机未到，可见其能隐忍且有远见。

　　项梁是楚国宗亲，也是大国上卿，重用之人大多是项氏宗族成员，有着数千精锐的英布尚且给项羽打下手，何况是彭越呢？

　　刘邦就不同了，麾下鸡鸣狗盗之徒不少，不会歧视彭越。最重要的一点，刘邦麾下吕泽、王陵等都是独自统兵的，彭越即使投靠刘邦，至少也是与吕泽、王陵一样的待遇。

彭越起兵第一天，要求日中时集合，他杀掉了最后到的那个人。彭越用铁腕手段告诉手下，打仗和打劫不同，失败就会送命。彭越活动范围还是在大野泽附近，他派人找到刘邦时，兵力有 2000 余人。

刘邦转向东南，来到深沟上的昌邑，与彭越会师。彭越想利用刘邦打下家乡，刘邦似乎没有过多考虑，说打就打。

刘邦打了一个多月，因为昌邑在深沟上，城高池阔，城中似乎粮草不少，不那么容易被攻破。刘邦见彭越出工不出力，王陵、吕泽等友军也对昌邑兴趣不大，便和彭越散伙。刘邦南下芒砀山休整，等着宋义北上救援巨鹿，再见机行事扩大队伍。而彭越则回到大野泽，继续招兵买马。

楚怀王拜宋义为上将军，号曰"卿子冠军"，意为国卿之子，勇冠三军。他总率诸将，督天下兵马，以鲁公项羽为次将，范增为末将，带兵前往救赵。

宋义率楚军由彭城誓师出发，北上救赵。楚军沿泗水北上，走留、沛、胡陵、亢父，一路兼并项氏兵马，来到无盐（今山东东平）附近的安阳，宋义下令就地驻扎，不再前进。宋义北上的路线如图 2-11 所示。

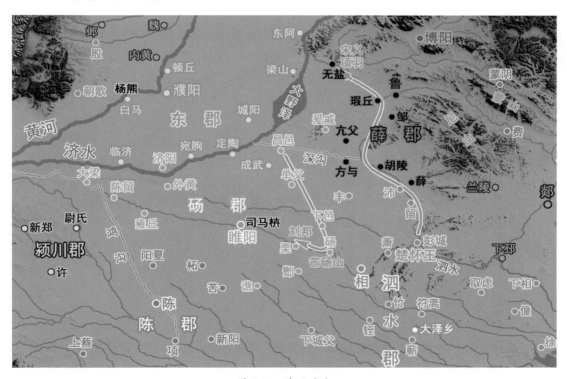

图 2-11　宋义北上

宋义这个走位是经过精心设计的。虽然刘邦在东郡打了几个胜仗，但杨熊那支秦军守在白马津，楚军不付出惨重代价过不了黄河。屯兵在无盐附近，可以通过汶水进入济水，选择对方一个薄弱点登陆。然后在东郡北部渡黄河，这样就避开了秦军重兵把守的白马津。楚军可以直接解巨鹿之围，而不需要面对邯郸附近的章邯。另一方面，宋义希望齐国也派来援军，无盐距临淄相对较近，方便双方沟通。

楚军在安阳一连停驻46天，其间宋义的使者说服了齐相田荣，齐国同意出兵，宋义则把儿子宋襄送到齐国作人质，当然名义上是齐国第二相国。若齐国出兵，宋义打算劝楚王杀掉齐王田假。

项羽急于解赵国之围，给叔父项梁报仇，宋义则有自己的盘算，他想用赵军消耗秦军，也想等齐国派援军再一起增援。

项羽从战役的角度看战争，认为一鼓作气，破釜沉舟，很有机会打败秦军，解除巨鹿之围。宋义从战略的角度看战争，当年齐国孙膑围魏救赵，是等到魏军攻破赵国邯郸才出兵的，那时候魏军损失达到最大。宋义还与齐国结盟，派其子宋襄去齐国为相。如果齐国派来援军，无论秦军是否攻破巨鹿，楚齐联军胜算都不小。

11月，大雨倾盆，天气寒冷异常，雨中还夹着雪花。楚军士卒个个淋得落汤鸡一般，饥寒交迫，楚人不习惯冬季作战。

项羽心急火燎，多次对宋义说："天气转寒，大雪纷飞，若战争拖到明年，巨鹿未必还在赵人之手，我军宜速战速决。"

宋义不以为然，反驳项羽说："今秦攻赵，战胜则马乏兵疲，我军可以趁其弊而胜之。秦军败退，我军趁势引兵鼓行而西，直捣关中，必可一举灭秦。秦赵先斗，楚作壁上观，乃是上策。被坚执锐，陷阵杀敌，我不如君；运筹决策，君不如我。"

宋义是铁了心要熬过冬天再说，他对项羽的评价非常中肯。项羽在战场上所向披靡，后来输给刘邦，并不是输在战场上，而是输在驾驭诸王、外交等运筹帷幄上。

宋义知项羽素来跋扈，恐其不遵将令，欲先示威使之折服，下令道："军中若有猛如虎、狠如羊、贪如狼的人，不听将令者，一律斩首。"

本来项羽因怀王不许其为主将领兵，早就恨之入骨，此刻又受宋义之气，新仇旧恨交织在一起，便下决心杀死宋义，夺其将印，可怜宋义还以为一切尽在掌握中。

这天宋义出了大营，带儿子宋襄到无盐县城，大会楚将和齐使，张筵饮酒。宋义还真有点本事，不但与齐国结盟，还让齐王田市同意宋襄出任齐相，借机控制齐国朝政。

无盐城县令府摆了十几桌，宴饮者除齐使外，其余都是宋义的亲信。

几位风韵犹存的女乐师奏起悠扬的乐曲，一群年轻的歌舞伎载歌载舞奔了出来，轻纱掩映着内里无限的春色，像一群蝴蝶般满场飘飞，千娇百媚，极尽声色之娱。

宾客纷纷敬酒，恭贺宋襄即将赴齐国拜相，气氛热烈。

齐使举杯道："全赖君上英明果断，领军有方，楚齐联盟，秦国必败。"

宋义亲自把盏斟酒，干了一杯，傲然一笑道："秦国气数已尽，秦二世心胸狭窄，弑诸公子，杀蒙恬李斯，此天亡秦人也。"

齐使外貌儒雅风流，是个典型的谋士类型，只见他虚与委蛇向宋襄敬酒道："宋公子一表人才，世所罕见，必非池中之物，日后请多多关照。"

宋襄一饮而尽，假装感激道："大人吩咐，我怎敢不从。况楚齐纵横2000余里，带甲百万，堆粟如丘山，秦国灭亡指日可待。"

歌舞伎口吐仙曲，舞出各种曼妙姿态，教人心荡神摇。

次日天色大明，宋义将宋襄送上马车，率众返回楚军大营。

项羽率范增、英布、蒲将军、龙且、桓楚等出帐迎接，刚打个照面，项羽忽拔出越王剑斩宋义人头，快如惊雷疾电，劲风吹叶。宋义麾下亲兵惊魂未定，项羽提首级道："越王剑可断蛟龙、斩犀牛，殷通、宋义死于此剑之下，已不负此生。"

宋义人头落地刹那，数十里外，钟离眛也一枪刺穿宋襄身体，他是项梁极为信任之人，项羽对其青睐有加。

楚军次将项羽杀上将军宋义，自号为楚上将军，统领楚军主力。项羽遣桓楚南下，楚王芈心只得遣使承认项羽上将军地位。

为什么要派桓楚通知楚王呢？几年前桓楚还与项梁齐名，会稽郡太守殷通为了自保，准备以项梁和桓楚为将，当时桓楚正落草为寇，项梁借口让项羽入太守府，接受联络桓楚的任务，项羽才有机会击杀会稽太守殷通。

桓楚手上的兵力，已经从北渡长江时的1000余人发展到六七千人。项梁在定陶兵败时，桓楚逃得很快，几乎完整保留了手中兵力。

一天之内，项羽杀宋义宋襄父子，夺了桓楚大半兵权，手段干净利落。

桓楚带了数百亲兵轻骑南下彭城，他带不走大部分兵马。若平日项羽收桓楚兵权，必然引起英布、蒲将军等拥有私兵的友军反对，唇亡齿寒的道理谁都懂，大家一起反秦，可以奉项羽为主将，但其他人必须保留私兵，这是乱世保命的根本。但这个时刻项羽收了桓楚兵权，英布、蒲将军也没有反对，因为楚军即将北上，大战一触即发，这时候重点是如何破巨鹿之局，而非计较项羽兼并桓楚几千兵。

桓楚将情况通知楚王后，消失于历史，他也是个明白人。

● **巨鹿之战，王离围困巨鹿，英布攻破秦军甬道**

秦上将军王离围困赵国巨鹿城，城中兵少粮尽，万分危急。赵王歇令大将军陈馀北上常山郡募兵，又派张耳之子张敖去代郡募兵。王离招降李良不费一兵一卒，只凭李良的兵马就控制了邯郸，又令偏师登上太行山，把赵将张黡的军队赶下山，占据上党郡。

不久后陈馀在常山郡募兵3万，立刻南下驰援巨鹿。一年前武臣打下赵国，李良投诚后，迅速平定常山郡。各城邑多是顺势投降，除了县令等重要官员，其他官吏主要还是赵国人。后来李良反水降秦，这些城邑的守军大多跟了陈馀。

陈馀率援军来到巨鹿城北，不敢飞蛾扑火去惹秦军，他也想等援军。

李良投降王离并占据邯郸后，云中一带匈奴大举入侵，甚至越过黄河进入上郡。王离没有进入井陉关，而是返回上郡，驱逐匈奴去了。经过大半年苦战，王离军损耗不小，而且在太原等地几乎没有得到人员补充。由于中原形势对秦军不利，王离放弃黄河以北云中一带所有城邑，率军渡过黄河，翻越太行山，过井陉关，作为先锋军来到巨鹿城下。

外城打得残破不堪，巨鹿城中约 1.5 万余人，破城看起来是迟早的事。
然而一个多月后陈馀率 3 万人赶到，王离不得不分兵防御，接着章邯在南边防项羽，又从王
离军借兵 2 万，由杨熊统领，驻扎在白马津。

王离能战之兵不足 8 万，以至打了半年都没能攻破巨鹿城。王离围困巨鹿的形势如图 2-12
所示。

王离的秦军有 15 万余，但北军仅有 5 万余，牧民约 1 万，关中调拨过去的囚徒有 9 万。
由于囚徒不断逃散，王离重新整军，将囚徒分散编入军中，得 10 万新军，余者仍为民夫，并
没有战斗力。

图 2-12　王离围困巨鹿

巨鹿城十万火急，张耳见陈馀踌躇不前，便令将军张黡和陈泽到陈馀营中调兵。

张黡责陈馀道："相国与君为刎颈之交，今赵王与相国困在巨鹿城。君拥兵数万，何不猛击秦军？万一获胜，此千秋功业也。"

陈馀举棋不定道："王翦王贲父子灭赵魏楚燕齐五国，今王离麾下将领，多为其父祖旧将，吾若贸然出兵，如以鲜肉投于饿虎，必全军尽覆。不如等南楚齐燕援军到来，再合力攻秦。"

张黡心急火燎道："今巨鹿旦夕城破，若大王与相国殉国，我等将如丧家之犬。"

陈馀叹口气，终于松口，拨兵 5000 人，交与张黡、陈泽二人，让他们为先锋，试探秦军。

王离最怕的就是援军来攻，因此暗藏精锐亲兵 1 万人，布置在北边，以最强的姿态迎击赵国援军。

王离军兵器短缺，但这 1 万精锐却全副武装，战马、铠甲、刀盾戈矛、箭矢等，一应俱全。

巨鹿城北地处华北平原，登高一望无际，在秦军骑哨监视下，赵军遭遇秦军。

张黡军列阵，人人手持木盾长枪，对抗秦军强弓劲弩。与秦军相比，赵军用的是木弓竹箭，长距离射击兵器，双方不是一个档次的。张黡打算慢速推进，顶过秦军两三轮劲箭之后便短兵相接，不求战胜，只求杀敌，秦军少一个，巨鹿城就安全一分。

1 万支弩箭黑压压从天而降，把天空都遮住了。黑云盖下，瞬间有数百赵军中箭。张黡瞋目裂眦，督促赵军冲锋陷阵。一连五六万支箭矢落入赵军方阵中，一半的人马中箭，满耳呼喊哀号，赵军的先登距秦军却还有数十步之距。

这支赵军没几个人与正规秦军作战过，秦灭赵已经是 20 年前的事情。张黡在上党郡曾遭遇王离派出的偏师，那时王离严令秦将以驱赶为主，不得亮出秦军强大的强弩和铁骑这两大利器。

秦军要坐在地上才能拉开的强弩射出的箭矢，面对赵军的木盾木甲如穿鲁缟。

此刻赵军已完全失去向前推进的实力和勇气，队伍开始不自觉后撤。等箭雨再次降临，赵军彻底溃散。张黡和陈泽在方阵中央，陈泽中箭身亡，张黡被亲信层层裹挟着后退，也是身负重伤。5000 人全军覆没，竟连秦军长什么样都没看到。

轰鸣声从四周迫来，张黡失去方寸，至死终于明白，自己在上党郡和秦军纠缠了几个月，对方根本没有发力，否则他早就死在上党了，也就不会在今日白白浪费 5000 兵，王离真是神机鬼械啊。

王离用最精锐的亲兵，将为数不多的箭矢全部用在此战上，杀得 5000 赵军片甲不留。此后陈馀再无侥幸之心，任凭张耳派人如何催促，绝不肯再派一个兵去攻击秦军。

很快张敖也率 1 万余人来增援，却不敢救巨鹿。张黡的亲儿子都按兵不动，陈馀更是铁了心等援军。

没过几天，齐将田都率军 2 万来援，这支军队跟随田儋在战场上锤炼了几个月，战力可观。

又过几天，燕将臧荼也率 2 万人来救。自臧荼抓了赵王武臣，换回燕王韩广的老母亲和妻儿，韩广就对臧荼言听计从。燕国南部是臧荼的地盘，因此救赵事宜，燕王全权委托给臧荼。

齐军和燕军都屯在巨鹿东北，修筑垒城自保，陈馀未能说服齐燕两军动兵。大家都怕步张黡、陈泽后尘，此时诸将面对王离，与当年诸侯面对王翦、王贲的感觉是一样的，压抑、恐惧、绝望。

王离一直营造猛攻的态势，实则在等章邯收拾项羽后，合兵围攻巨鹿。

巨鹿城矢石用尽，强弓劲弩失去作用，只能拆了民居用投石机投掷砖瓦木头，远程防御力几乎丧失。

眼看王离军在城外赵军强弩射程内，又造了数十辆冲车，城头上的守军却束手无策，心急如焚。张耳又几次派人催促陈馀再战秦军，得到的回应是死守方为最好的战术。

城头上，赵王歇和众将观战，看着秦军造车的火热场面，人人冷汗直冒。

张耳守城颇有心得，当年就参与了大梁保卫战，对赵王歇说："大王，不如趁夜黑派出死士，用铁锁铁钩把冲车毁掉。只要将铁索贯穿铁锤，绕车飞打，冲车皆折。"

将军程黑道："这是王离之计，我们若去毁冲车，必遭埋伏。冲车毁了秦军可以再造，我们若失去一两千兄弟，此城就危在旦夕了。"

将军司马卬帮张耳说话："难道我们要看着秦军修冲车，人心惶惶？"

将军许瘛（chì）反驳："秦军即使有冲车，也要过护城河，届时我们再派人出城，毁掉对方搭在河上的木板，把冲车陷在河里，岂不更好。"

将军李左车分析道："巨鹿护城河不宽，我要是王离，造什么冲车，直接夜渡护城河，用铁钩绳索攀城，一举拿下巨鹿。王离却在我们眼皮底下造冲车，示强于敌，岂不是说明王离兵力有限。我看不如让他们造冲车攻城，放秦军的先登上城墙，我们仍然以多打少。只要同仇敌忾，城头不会失守的。此时再用绳索放下一支死士，毁其木桥，才能最大限度杀伤敌人。"

将军申阳道："此计太冒险，还不如直接杀出去毁了冲车。"

赵王歇脸色阴晴不定，他害怕秦军登上城头，却不信任张耳、司马卬、申阳，言不由衷下令道："就如武安孙（李左车）所言，干脆把秦军的冲车放过来，再决一死战。"

众将拱手回应："喏。"

赵国守将明显分为两拨，赵王歇一侧是李左车、程黑、许瘛、彊瞻等，张耳一侧有司马卬、申阳等。张耳奸同鬼蜮，行若狐鼠，他着急令陈馀来援，不光是要救巨鹿，更因自己在巨鹿城中失去了话语权。

公元前 208 年 12 月，刘邦打昌邑时，项羽杀了宋义，自号为楚上将军。随后楚军兵分两路，项佗率 5 万余嫡系军队渡过济水，攻东郡濮阳、白马津方向。项羽率 16 万楚军主力沿汶水进入济水，来到济北郡历城（今山东济南）附近伐木造舟，打算北上走平原津渡过黄河解巨鹿之围。项佗主要目的是牵制秦军兵力，项羽才是解巨鹿之围的主力。巨鹿之战项羽北上解围的路线如图 2-13 所示。

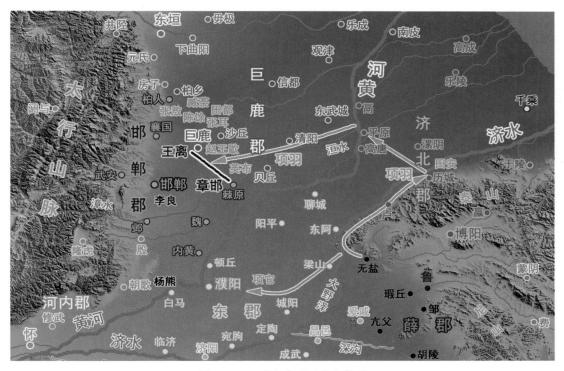

图 2-13　巨鹿之战项羽北上解围

　　项梁在世时，项佗和项羽是他帐下可独自带兵的两员大将，项佗曾率军参与临济之战，项羽则远征襄城。项梁死后，虽然范增等人奉项羽为统帅，但实际上项氏内部资历最老的是项羽的叔父项缠，同样拥有嫡系军队的则是项佗。面对秦军，项氏内部暂时还算团结，但项佗绝不甘心屈居项羽之下。与其把项佗留在身边掣肘，不如让他作为偏师牵制白马津方向的秦军，项羽、项佗的分工也算合理。

　　楚军渡过黄河有一南一北两个点，南边是东郡白马津，北边是济北郡平原津，章邯主防白马津，这是南方军队北上的传统路线，平原津一般是赵齐之间战争的渡河点。当时黄河下游河水泛滥，河流两侧还有相当宽度的沼泽地，本地渔民勉强能穿梭其间，人均负重几十斤的军队很容易陷入其中，战马更难通过。

　　此前齐王田儋在世，派齐将田都率军 2 万救援巨鹿，就是走平原津渡河。项羽作为一个楚国人，用齐国人的思维去考虑行军路线，这也是巨鹿之战关键点之一。

　　项羽的进军路线可以避开正面的章邯，直接支援巨鹿，攻击王离军。如果直面章邯，首先要面对白马津的杨熊，即使能击败对手，渡过黄河以后，楚军完全是两眼一抹黑，不知道黄河以北章邯军是如何布局的。章邯进驻漳水流域后，将邯郸附近的百姓全都迁到河内，方圆上百里，除了运粮的民夫和军队，再没有其他闲杂人等，楚军的斥候根本打探不到有价值的信息。

章邯军号称有 20 余万，而三川郡和颍川郡一带的内史保、赵贲二人，从长安出发时有 4 万人马，如今扩张到至少 8 万，然而章邯却一个都调不动。章邯实际兵力约 14 万，分布在河内、邯郸、东郡广大地盘上，除去各地守军，机动力量约 8 万。

章邯并没有把大本营部署在邯郸这座废城，而是将中军大帐设在洹（huán）水西岸的棘（jí）原，兵力有 6 万余人。章邯在棘原与巨鹿之间修筑甬道（粮道两旁筑起壁垒），有数万民夫往来输送粮草，也有多支军队在沿线跟随保护。秦军粮草从敖仓到白马津，再走陆地运到安阳，然后走洹水运到棘原，只要粮草供应充足，秦军即可立于不败之地。

秦军的兵力并不比诸侯军多，其最大的优势是摆下方阵，万弩齐发。章邯就是一心营造这个机会，希望在白马津或以北的平原地区列阵阻击，不但要击败对手，自身损失也要降到最低。

这个时期的战争和战国时期有些类似，六国的子民不会轻易投身秦营，秦军是打一个少一个，章邯要省着点打。

项羽军在历城造船时，齐王建（战国最后一个齐王）之孙田安率军从临淄赶来投奔，原来齐王田市和相国田荣赶走齐王田假，齐国内部很多人不满。田市和田荣为了控制齐国局势，没有派兵支援中原的反秦战争，齐王建之孙田安本有资格继承齐王之位，但其实力不足以推翻田市，于是率 6000 多人前来投奔项羽。

有了田安这块招牌，楚军取得了不少渔船，迅速渡过济水。楚军北上一路城门大开，齐国百姓箪食壶浆相迎。平原县令不但献城，还把船只粮草都如数送给田安。

楚军从济北郡平原城西边的平原津渡过黄河，等于绕过整个东郡。有了田安协助，楚军才争分夺秒完成战略大挪移，而章邯显然没料到楚军如此神速，来不及调动南部军队，导致处处被动。田安在灭秦过程中杀敌效果不大，项羽却念念不忘其功劳，后来立其为济北王。

楚军渡过黄河后，破釜沉舟，烧帐篷，持三日粮，以示与秦兵决一死战，不求生还。楚军上下知道有进无退，只有置之死地而后生。

项羽令当阳君英布与蒲将军率 2 万精锐为先锋渡过漳水，攻击棘原与巨鹿之间的甬道，目的是切断王离的粮草供应。

甬道上的军队是跟随运粮车队移动的，一名秦军都尉率 2000 人，与上万民夫一起，正押送部分粮草辎重。

英布与蒲将军攻破甬道壁，利用局部优势兵力杀秦军都尉，击破这支押粮军，民夫则一哄而散。秦军甬道被切断，而且英布军还以战养战，获得了大量粮草。

王离把军队分成 8 组，亲率 2 万，其余 5.6 万人分成 7 组，由 7 个将军统领，分别是涉间、苏角、孟防、韩章、李迈、周熊、王官，各统领 8000 人。甬道被断后，王离令苏角率兵 8000 救援甬道，又令孟防率 8000 人马紧跟 20 里。南边的章邯则派章平率 1 万人增援，配合王离军。

不过王离和章邯都低估了英布和蒲将军，这可是项羽麾下最能打的两员战将，项羽知道此战的意义，把精兵利器都派给了英布。

苏角折一阵后，立刻令孟防杀入战团，并向章平求援。章平是章邯之弟，自然不会为王离去拼命，只是来回在战场边缘骚扰楚军。

此战苏角、孟防损失了一半人马，被迫撤兵，章平损失了数百人马，也向南撤退。

甬道是决不能丢的，王离改变战术，他与涉闲留守巨鹿，然后派韩章、李迈、周熊、王官的 3.2 万人马加入战团。章邯也派长史司马欣率 5000 人马增援章平，这几乎是章邯援军的极限数，他在棘原的兵力已不足 4 万，面对的是郑昌的 5 万楚军。

章邯与王离都是上将军，一个统率中央军，一个统率北军，章邯排位在王离之前。其次是裨将章平、涉间、苏角，这几个是副将，相当于中将。再次是孟防、韩章、李迈、周熊、王官等，相当于少将。

此时秦军在甬道分为两部分，总投入 4.9 万余人。北边以苏角为主将，率孟防、韩章、李迈、周熊、王官五将，领 4 万秦军迎战。南边的章平、司马欣主要是策应，率近 1.4 万多人伺机增援。

项羽派心腹郑昌率偏师 5 万迫近棘原，牵制秦军章邯主力。同时亲率龙且等猛将，领 9 万楚军，并先前英布与蒲将军的人马，合计近 10 万余人，杀入战团。

这是一场大混战，双方杀得昏天黑地，各自战损上万。秦军 8 个将军参战，未能击退楚军，甬道彻底被断。

章邯在棘原面对来势汹汹的郑昌军，对方只是不时骚扰，筑垒城挖壕沟，只等章邯派军增援王离，这支楚军就会见机行事抄秦军后路。

此时甬道眼看守不住了，苏角下令执行第二套战术，撤回巨鹿。原来秦军在巨鹿有所布置，早前设想是在巨鹿迎战诸侯军。苏角令各路人马撤回巨鹿，利用防御工事对付楚军。楚军虽然截获了一批粮草，但最多只能供 20 万楚军吃两天。

秦军存粮虽然不多，但耗下去楚军必先崩溃，所以退守巨鹿城外反而是上策。

战场一片狼藉，满目都是双方的尸体，以各种各样的姿势纠缠在一起，偶尔还有受伤倒地的生者发出呻吟。地上各式武器浸泡在逐渐凝固的褐色血液里，疲惫不堪的战士躺在尸体上呼呼大睡。

项羽骑乌骓马巡视，见一名浑身泥土混杂血液的将军，伏在一匹快死的战马上，用利刃割开动脉，大口喝着马颈上喷出的鲜血。他一脸马血，见项羽来了，转过头硬挤一丝苦笑。

项羽从盔甲上认出是英布，关切问道："英将军还能战否？"

英布从战马上弹了起来，用水袋清洗脸部，嘶哑着喊道："血不是我的，还可再战五百合，不死不休。"

章平率败军回到章邯阵中，其他秦军向巨鹿撤退。北边的秦军六路齐退，苏角总揽大军，自己一路放慢脚步，确保其他五路顺利抵达战斗位置。

苏角遇到英布是这辈子最倒霉的一件事。只见英布虎背熊腰，风神峻烈，一道杖影，七上八下，连戳带扫，击倒秦军数十人马。苏角性起，率一队精锐亲兵杀来。双方缠斗不休，山摇地动，天日无光。苏角终于不敌，英布用执铁的矛头插着苏角的首级示众，楚军士气大振。

楚军从杀一都尉截断甬道，到战胜 8 位秦将，可谓九战九胜。特别是阵斩苏角，气势如虹，自信心爆棚。巨鹿之战的形势如图 2-14 所示。

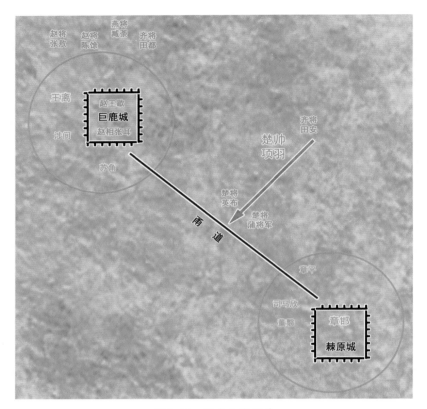

图 2-14　巨鹿之战形势

● 巨鹿之战，项羽擒王离，章邯退守洹水

项羽亲率楚军 9 万余，在巨鹿郡的沙丘附近渡过漳水，来到巨鹿城下。

楚军望见巨鹿城上虽有守兵，却已是残缺不全，城下的秦营好似围棋一般，四面密布，杀气腾腾。

诸侯在巨鹿城北修了几十座垒城，看到秦军甲仗整齐，人马雄壮，楚军虽然人多，但衣着简陋，步伐粗疏，散布在方圆十几里范围内，徐徐向秦军方阵靠近。

诸侯都在作壁上观，竟然无一出城相助，王离把他们杀怕了。诸侯感叹楚军勇气可嘉，必然步周文、吴广、陈胜、项梁的后尘。

项羽毫不畏缩，仍然拨马当先，率 9 万余人徐徐推进。

王离军有 5 万人，摆下数个方阵，却并不向前迎战，而是诱使楚军过来，好用强弩射之。项羽早看破这点，这才排出一个松散的鱼丽（𝚤𝚏）阵，好让对方强弩射出的绝大部分箭镞落空。

楚军进入秦军射程后，忽然变阵，变成十八长枪阵，也就是 18 个单人纵队，向秦阵发起突击。项羽、英布、蒲将军披坚执锐，亲冒矢石，挥师猛攻。

秦军强弩阵是面积打击，对方阵型越紧密伤亡越惨重，楚军各队之间距离几十步，将伤亡降低到了可控的程度。而且秦军的弩箭消耗殆尽，5万人竟只有3万余支箭矢。

故秦军第一轮射击后，并没有第二轮箭雨，楚军先锋得以顺利杀到跟前，向秦阵涌入，人人奋勇直前，呼声动天地，怒气冲斗牛。

双方杀得天昏地暗，观战的诸侯将士目瞪口呆，不寒而栗。

最先反应过来的是陈馀、张敖，二人见楚军不落下风，便率军冲出垒城参战。过了一炷香工夫，田都、臧荼、田安也加入战团。

秦军抵敌不住，开始退后。城内的张耳见此情形，怒吼一声，令心腹部将司马卬、申阳率6000多人出城助战。赵王歇大手一挥，李左车、程黑、许瘛、彊瞻等顶盔掼甲率8000余人杀出城来，巨鹿城反而成了空城。

激战一天，双方各自损失1万余人，秦军已不足4万，诸侯军的兵力优势扩大到超过五比一，秦军败势已成，除非章邯把所部5万余人全部带来，并不断调动其他援军。

实际上章邯未能调动三川、颍川方向内史保、赵贲的军队，只从白马津调来杨熊的部分人马，守棘原没问题，若分兵去增援王离，可能会陷入更大的危机。

次日列阵再战，王离站在望车上，伸手感受天气变化。这日阴云密布，气温骤降，开始刮风了。王离自言自语道："大雪终于要来了，天助我也！"

几里外的楚军营地，范增骑一匹老马，赶上项羽的乌骓，喊道："上将军，留步。"

项羽翻身下马作揖，只听范增说道："上将军，昨夜我观天象，今日必起大风，今夜便是雨雪纷飞，上将军今日要速战速决，我带民夫去附近砍柴，寒冬还是来了！"

范增一口气说完，已经气喘吁吁，却丝毫不作停留，打马而去。项羽心中涌入一股暖流，除了项梁，范增是这世上与他最贴心的人。

这日王离改变战术，全面放弃营垒外围，把骑哨都撤回垒城，准备死守一天，等大雪降临。

项羽却出奇地冷静，没有下令全面攻击，而是率十几位将领，策骑沿着秦军垒城外围，用一炷香的时间跑了一圈。

项羽马鞭指向秦军垒城，问诸将："我们只要找到王离所在的垒城，不计代价攻击，杀了王离，其他秦军便会不战而溃！"

诸将无人敢接话，各自疑惑，英布忍不住问："项上将军，秦军数十个垒城都差不多大，王离在哪座城中？"

项羽似没听到问话，侃侃而谈："15年前，楚秦大战，先祖（项燕）与王翦对峙一年多，暗中在陈城修筑数十里防御工事，然后诈败，将秦军引向陈城。在撤退过程中，先祖派一支奇兵，绕到秦军原来的营垒处勘察，发现秦军留下一部人马，正拆毁垒城，堵上地道。"

众人竖起耳朵，生怕漏掉一个字，没想到王翦扎营，不但修垒城，还挖地道。眼前秦军主将王离，正是王翦的孙子，岂不是也会挖地道？

项羽在众人期待的目光中，继续说道："这支奇兵人数太少，终究难以靠近。可惜王翦没有追击先祖到陈城，而是去了寿春，掳了楚王，否则哪得秦人在关东猖獗。"

众人跟着项羽一道惋惜，当年楚秦大战，项燕确实有机会战胜王翦。只听项羽又道："过了几年，叔父从关中逃回来，带上我和100多勇士，来到当初楚秦对峙处。我们白天藏在小山中，晚上出来挖土，花了几个月时间，终于搞懂王翦扎营的方式。"

项羽终于说到关键处："秦营外围的垒城，都没有挖地道，想必是怕被我们发现。中间的垒城，几乎全都有地道，但并不是四通八达，而是两座城一组，应是为了在遭受攻击时互相增援。地道挖出来的泥土，都塞在垒城的石头和木头缝隙中，所以到我们撤兵，都不知道秦人竟然挖了地道。"

项羽接着冷笑道："我们在秦营中找到了三座距离较近的垒城，三城之间各有地道。想必王离就在这三座垒城中，即使意外遭受攻击，也可迅速增加两倍兵力，再不济也能逃走。"

项羽说完，现出不屑之色。诸将肃然起敬，项羽能有今日之成就，并非凭其一己之力，而是三代人不懈努力的结果，项羽的祖父项燕、父亲项渠、叔父项梁，都为此付出了生命的代价。

英布勒马道："项上将军，刚才我没看清，不如再跑一圈，把王离的位置锁定。"

项羽淡然自若道："集结所有骑兵，围着秦军垒城跑一圈，王离的三个垒城并不在最中间，可不要看走眼了。"

过了一会，楚军的骑兵涌入秦军营地，对垒城中呼啸而来的弩箭、长矛视而不见，各自抛出绳索，登上秦营西北部的三座垒城。项羽果然猜对了，楚军生擒王离，押着他挨个到其他垒城前示众，秦军不敢射击。

涉闲是王翦一手提拔起来的，见王离被擒，哪里还能固守，立即召集数个营垒的秦军前来劫人。楚军当然是早有防备，数次击退秦军。

此时秦军兵力已不足3万，多个垒城在楚军的控制下。涉闲冷静下来，当机立断决定放弃王离，率众突围南走。

涉闲下令点火，将带不走的粮草辎重全部烧掉，然后兵分几路向南突围。他亲率一军断后，被楚军蚕食殆尽。眼看突围不成，涉闲反身冲入大火中，免得遭受楚军侮辱。

秦军约有2万人冲出包围圈，南逃到章邯控制区内，巨鹿之围解开了。

宿命之战，项燕之孙项羽战王翦之孙王离，不能说王离打得糟糕，天道有轮回，很多事情冥冥之中自有天意。

巨鹿之战，楚军如神兵天降，楚上将军项羽生擒王离、破秦军，赵相张耳、赵将陈馀、燕将臧荼、齐将田都田安都来楚营祝贺。

各国将领来到楚大营前，只见营门口有人手持长枪，枪上挑着一个血淋淋的首级，正是秦军大将苏角，可惊可怖。

诸侯将领都有惧色，至项羽大帐内，余光扫见项羽威慑众生的气度，涌起长跪下拜的冲动，俯伏于地报名，不敢举头仰视，好似奉诏入觐天帝。

项羽故意迟慢，好一会才命起身，诸侯将领又叩头称谢，慢慢地立起来。

项羽此时真是天帝下凡，威严无比，由此名震天下，诸侯军将领尊其为统帅。

赵王歇最后一个入楚营，项羽这才下座相迎，与赵王歇等分坐左右。

赵王歇拱手称谢，却甚为不爽，和项羽谈了数语，便起身告辞。

按照战国时的规矩，东周衰落成那样，赵魏韩三家分晋，三位主公还是要跑到洛邑去拜见周王，请求封一个侯爵，正式立国。再往前到春秋，宋国会盟齐晋鲁楚等诸侯，宋国国君要上座，因为他是第一等的公爵，这和国力无关，体现的是尊卑。

项羽和赵王歇平起平坐，在赵王歇看来，是大不敬。

公元前 207 年 1 月，大雪还未完全融化，赵王歇忽然率军北上，定都冀县，改名为信都，将军李左车、程黑、许瘝、夜、彊瞻跟随他而去。信都在战国时期是赵国的陪都之一，在巨鹿以西，即今天的邢台。信都这个名称有陪都之意，但信都仍在秦军手上，赵王歇便将冀县改为信都，此后原来的信都就更名为襄国。巨鹿之战后的形势，如图 2-15 所示。

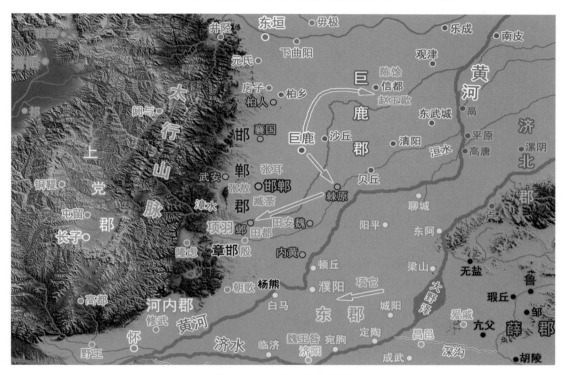

图 2-15　巨鹿之战后形势

按照尊卑来说，赵王歇与楚怀王是平起平坐的，赵相张耳、赵国大将军陈馀与楚国上将军项羽是平级。

巨鹿城破坏严重，赵王歇搬家也算合情合理，他与楚怀王都不必亲临战阵。然而赵王歇带走了 1 万多人，剩下的赵军则分成两派。

此前张耳、陈馀的理念都是帮助六国宗室复国，按照这个思路，张耳、陈馀应该听赵王歇调遣。然而张耳、陈馀产生了矛盾，张耳怪陈馀不肯发兵猛攻王离，解巨鹿之围。陈馀则认为自己已经派出 5000 兵且全军覆没，况且张耳的亲儿子张敖都未发一兵。张耳火气也上来了，说陈馀公报私仇，害死张黡、陈泽二将。

张耳给陈馀扣的帽子，无论是不救巨鹿城中的赵王，还是害死张黡、陈泽，将来秋后算账，都是死罪。陈馀心一横，既然这样，要死也死在赵王手里，我现在就率军追随赵王去了。

张耳闻之色变，此时正是用兵之际，若不率军跟随项羽南下战章邯，后果不堪设想。况且张耳在巨鹿时，就因为兵权问题与赵王歇闹得不愉快了。

于是双方围绕陈馀的 2.3 万兵力进行了一次瓜分，张耳在张敖、司马卬、申阳的帮助下，削夺了陈馀大部分兵权。最后张耳率 3 万余人跟随项羽南下，陈馀率 4000 多人追随赵王歇而去，两人决裂。

项羽痛骂赵王歇忘恩负义，却无力去管赵国的内部矛盾，他率诸侯兵南下棘原，与心腹郑昌会师，盛赞郑昌守住了章邯，许诺日后封王。

章邯兵力不足，遂引兵退后以避之。项羽率众追上，秦军且战且退，一直撤到漳水南岸，仍然抵敌不住，几天后再撤到洹水南岸，重新形成对峙局面。

章邯接受王离的败兵后，总兵力达到 24 万，几乎都是秦人，其中正规军 16 万，民夫 8 万。章邯在洹水一线的正规军约 10 万，民夫有 3 万。诸侯军在漳水北岸有 25.6 万人马，其中项羽有 18 万，赵国的张耳有 3 万，齐国的田都有 2 万，田安有 6000，燕国的臧荼有 2 万。

双方从一月对峙到三月，为了巩固后方，确保粮草充足，项羽令张耳率本部人马，陆续进占邯郸等原赵国城邑。

项羽一时难以突破章邯的防线，执戟郎中韩信第二次毛遂自荐，愿率军 3 万越过太行山，从河东郡进入关中。韩信预测，那时秦朝廷必然令章邯撤兵，届时只需追着章邯打就可以了。项羽没有同意，因为此刻项氏的战略不是迅速灭秦，而是在战争中不断壮大，为战后的分封做准备。

何况关中并没有乱，秦人在关中至少还有 10 万兵力，项羽不可能拿自己的项家军去冒险。

随着项佗在东郡攻城略地，刘邦在砀郡也在给秦军制造麻烦，魏王豹在东郡不断壮大，韩王成在颍川郡打游击，项羽反而不急于入关中，局势的发展有利于诸侯军，更有利于项家军。

● 郦氏兄弟来投，刘邦取陈留

项羽杀宋义，北上解巨鹿之围，那刘邦在干什么呢？

早在项羽杀上将军宋义前一个多月，宋义令蒲将军率军 4000 余人西攻栗县，为都城彭城拓展纵深。

此时刘邦的兵力有 2 万余，与杨熊、赵贲等硬碰硬未必有优势，甚至连昌邑都拿不下来，他陷入迷茫。而蒲将军攻击的栗县属于砀郡，刘邦是楚王所封的武安侯，授砀郡长，当然要助一臂之力。

于是刘邦放弃攻击昌邑，南下作为蒲将军的友军助攻栗县。可惜没过几天，从无盐传来军令，项羽杀了宋义，急令蒲将军北上增援。

此时项羽刚杀宋义，自号上将军，还未得到楚王确认。在项羽和刘邦两人之间，蒲将军迅速做出选择，脱离眼前的刘邦，投奔远在无盐正北上的项羽。

刘邦也没有继续攻打栗县，转而北上攻击昌邑。昌邑地处深沟上，位于东西之间的水上要道，刘邦志在必得。

此时魏王豹在济水上招募了不少魏国残兵，占据了济阳，还迅速攻占了数座城邑，这得益于刘邦大破东郡太守尉，东郡南部非常空虚。

魏王豹感激刘邦，便派将军皇欣、司徒（相国）武蒲率军协助刘邦。可是昌邑真的很难打，刘邦对攻城也没什么经验，只能困在昌邑城下。

从公元前208年十二月到公元前207年一月，刘邦配合项羽在南线猛攻昌邑。魏王豹派皇欣和武蒲相助，而彭越没有再次支持刘邦，而是躲在大野泽发展。

一月份魏王豹闻巨鹿之战王离兵败，项羽大获全胜，急忙召回皇欣和武蒲的军队。此前魏王豹没有派军队跟随项羽北上，也没有攻击秦军杨熊部策应项羽，现在诸侯兵都听项羽调遣，魏王豹也要派兵北上试探白马津的秦军，为项羽牵制部分兵力，至少表面样子要做一下。

刘邦见友军走了，而且一月天寒地冻，只好也撤军，南下芒砀山北部的砀县休整。

魏军当中有500多宛朐人，由当地豪族陈豨统领。陈豨不知是否不看好魏王豹，没有跟随魏军回去，转而跟随刘邦作友军。刘邦笑逐颜开，拜为特将。另一个豪族傅宽带了数十人投奔，他是魏军的友军，此时投在刘邦麾下，是己军。

虽然没有攻克昌邑，但刘邦的声望日高，各地赶来投奔的豪杰与日俱增，兵力达到3万，其中己军1.8万，友军1.2万。

刘邦刚到砀县，砀郡高阳人郦（lì）食（yì）其（jī）便来求见。

魏国高阳距都城大梁不远，郦食其自小爱读书，学问口才俱佳，是个儒生，人称"郦生"。魏国灭亡后，郦食其做了高阳城门吏，级别比刘邦的亭长还低。郦食其足智多谋，与众不同，上级官吏都敬他三分，而他又极度自负，将陈胜、项梁都不放在眼里，人称"狂生"。

郦食其身长8尺，60多岁了，有个50多岁的弟弟郦商，好读兵书，结交四方豪杰，常以游侠身份游历天下。陈胜起兵后，郦商在家乡高阳聚集了上千人，本意是在乱世中求自保。

郦商的军队从未走出高阳，对于这种地方武装，无论章邯、赵贲，还是张楚王陈胜、魏王咎、魏王豹等，都没把他当回事。

这一年多，郦食其与郦商在高阳过着土皇帝般的生活，与裂土封侯也差不多。巨鹿之战后，秦军败势已现，兄弟俩必须尽快找到靠山，否则将来天下安宁，好日子只怕到头了。

郦氏兄弟是魏国人，但魏王咎和魏王豹多次派人请援，兄弟俩都找借口推脱了。郦氏与魏王豹之间的恩怨恐怕很难化解，而且魏王豹并不是个礼贤下士的君主，郦氏兄弟出身是士，光是这个因素就不可能受到重用。不仅魏王豹如此，齐王、楚王、赵王、韩王的近臣，无不是卿大夫出身。只有实力最弱的燕王韩广不是宗室，对下相对温和一些，但韩广自身难保，且燕国路途遥远，与其投奔燕国还不如保持现状。

再看现在天下的拥兵大将，项羽是首屈一指的，不仅实力强，还重用了英布、蒲将军等草莽英雄。但项羽这人阴晴难定、随心所欲，有时少年老成，有时却少不更事。7个月前，项羽、刘邦在高阳附近的雍丘伏击三川太守李由，项羽曾派人邀郦商出兵，结果自然失算了。若郦商率军投奔项羽，后果难测。

项羽麾下诸将之中，英布最有实力，也不过万余人，且其为囚徒出身，此为郦氏兄弟不齿，怎会甘居其下。

天下掌兵者，刘邦有 3 万人，且与郦氏出身都是士，麾下卖浆屠狗者比比皆是。郦氏想投奔刘邦，因此郦食其作为说客，来到砀县。

为郦食其引荐的是陈留的一名骑兵，他提醒郦食其："沛公素来不喜儒生，切不可用儒生名义求见。人有头戴儒冠来见，沛公便取其冠，置之地上，撒尿到冠中。"

郦食其来到军营求见，身着儒服，头戴高山冠，他就是要看看刘邦如何对待讨厌之人，不愧"狂生"本色。

大帐内，戚夫人坐在榻上，刘邦仰躺，脑袋枕其大腿，任凭戚夫人为他梳理头发。刘邦张开两腿，一边一个侍女，正在替他洗脚。刘邦见对方是一个须发皆白的老头，高高瘦瘦，手里拿个酒壶，腰间还挂着大小几个酒壶，皮肤没有多少皱纹，又比中年人要白，眼中精光闪闪，似是胸中藏万斛珠玑。刘邦年轻时是游侠，不喜欢儒生，有意要给郦食其下马威，故自安然不动。

郦食其在走近的过程中也在打量刘邦，只见刘邦隆准龙颜，尧眉舜目，正是治国安邦的真命天子。刘邦就那么斜着眼望了自己一眼，郦食其便心惊肉跳。

双方一照面，一个看出对方有丞相之才，一个看到对方有天子之相。

郦食其作长揖却不拜，说道："沛公欲助秦攻诸侯，还是欲率诸侯破秦乎？"

刘邦见他儒服儒冠，语言唐突，眼都不睁，张嘴就骂道："竖儒！天下苦秦暴虐久矣，故诸侯并力攻秦，何言助秦攻诸侯乎？"

郦食其大声喝道："沛公既欲灭无道之秦，仅凭 3 万木棒之众，面对关中秦军强弓劲弩，如羊入虎口。我看足下还是配合项上将军，他日封个侯爵当无问题。但沛公若要建功立业，先一步入关中，不宜如此倨傲。"

刘邦闻言笑了笑，命侍女停下，站立整衣，请郦食其上坐。

郦食其以战国时辩士"合纵连横"的故事开篇，口若悬河，讲到兄弟两个游历天下，滔滔不绝，刘邦深有同感。

两人都有游侠经历，越说越投机。郦食其便坦言，要送刘邦两件大礼。第一便是郦商率高阳 4000 兵追随刘邦打天下；第二是郦食其在陈留有内应，可助刘邦拿下陈留。

陈留在睢水上，距鸿沟不远，为四通八达之地，据天下之要冲，城坚易守，积谷甚多。郦食其还特别强调，陈留有一批秦军兵器，不仅有强弩、箭镞、戈矛、木盾、盔甲，还有攻城锤、投石机、云梯等重型武器。

刘邦龙目精光四射，有了这些重武器，何愁不横扫天下，怎会一个昌邑都打得那么辛苦。

公元前 207 年 2 月，刘邦率军从芒砀山出兵，沿砀郡与陈郡的边界西进，绕过睢阳，来到高阳县，郦商果然率 4000 人投奔，并且不是作为友军存在，而是直接将军队交给刘邦，投到刘邦麾下。刘邦仍让郦商统领旧部，封为信成君（第 19 级 /20 级），封其兄郦食其为广野君（第 19 级 /20 级）。

郦食其与陈留县尉爱类关系不错，郦食其是魏人，爱类是楚人，陈留县令是秦人。郦食其以三寸不烂之舌说服爰类杀了县令，献城出降。刘邦取陈留的路线如图 2-16 所示。

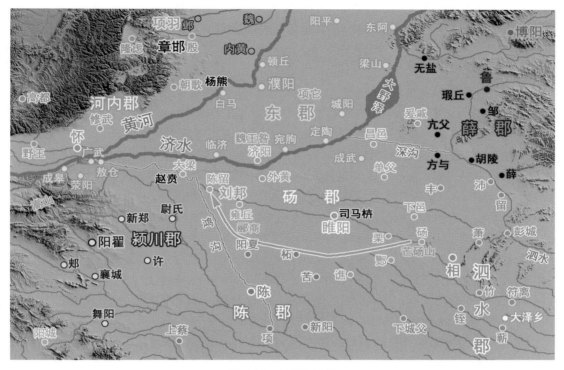

图 2-16　刘邦取陈留

刘邦以爰类为慎将，并非真的拜将，此时刘邦的官职也只是砀郡长，与将军平级，位在将军之后，还没有资格拜将。爰类的慎将，与张良的厩将、陈豨的特将类似，算是刘邦给予其的尊称。刘邦正式拜将，是在立为汉王之后。爰类后来的战功不大，后来在汉营的最大军职也不过是一个都尉，但刘邦封其为厌次侯，食邑 2000 户，可见取陈留对刘邦来说意义重大。

陈留府库内，兵器架排列成阵，放满各式各样的兵器，枪、戟、棍、钺、叉、镗、钩、槊、戈、刀、剑、拐、斧、鞭、锏、锤、棒、杵十八般武器外，还有飞钩、飞挝（wō）等奇门兵器。弓、弩、盾等以数千计，箭矢以 10 万计。墙壁上挂满各式战甲头盔，看得人眼花缭乱。

樊哙双目异芒闪烁，用一双乌斧砍击原先的铁斧，铁斧刃出现破口，乌斧刃却完好无损。樊哙讶道："这一双是什么斧？竟比老子的铁斧锋利得多，且乌光闪闪，天下竟有这么奇异的斧。"

周勃眼冒奇光，手握一把金光闪闪的强弓，拉弦十多次都未能张开，沉腰坐靠墙角，这才张弓如满月。周勃欢喜得合不拢嘴，好一会才道："此乃十二石强弓，一箭可穿三人，任何盔甲都挡不住。"

卢绾踱步环顾四周，对刘邦说道："想不到陈留藏有这么多神兵利器，我们可以选拔精锐，武装 1300 骑兵，6000 步兵，此 7300 精锐，在平野之地，谁与争锋！"

刘邦大呼："善！"

与此同时，项羽在北边也不急不缓，派亲信项冠、项悍率军 1 万，从平原津方向渡过黄河，然后南下薛郡。楚王芈心（楚怀王）封项羽为鲁公，封地是包括曲阜在内的几个县。项羽令二人以曲阜为中心，伺机蚕食薛郡其他秦军控制的城邑。

● 刘邦取颍川，司马卬下太行

刘邦占据陈留，招兵买马，加上城内原本的兵马，很快就招募到 1 万余人。算上郦商的4000 多人，兵力增加到 4.5 万，其中己军 2.8 万，友军 1.7 万。取得陈留武库后，刘邦的队伍才真正像一支军队。也就是从此刻起，刘邦与太尉卢绾开始筹划西入关中。

陈留西部不远就是战国时魏国都城大梁，秦军毁了大梁城墙，后来在附近修了开封城。章邯出函谷关时，秦二世、赵高拜赵贲为将军，以内史保为副将，率军 4 万做监军，不受章邯节制。这 4 万人中，2 万是关中的正卒，2 万是更卒。

赵贲是赵高的族人，屯在开封，内史保是赵高的亲信，屯在洛阳。

赵贲控制的范围，包括砀郡西部和颍川郡北部，总兵力有 4 万余，但分散到各城邑，机动力量有限。

陈留也是赵贲管辖范围，刘邦攻破陈留，与赵贲的冲突一触即发。

赵贲派人联络内史保，两人合计，洛阳是关中的屏障，必须重兵把守。内史保派出 5000人支援赵贲，合计 2 万人攻击陈留，不求大胜，只求消耗刘邦军。

此外赵贲与内史保又派人去白马津，调动杨熊军南下。杨熊本是王离部下，章邯向王离借兵，杨熊才率军 2 万南下。定陶之战，杨熊作为奇兵，帮助章邯大破项梁。后来章邯让杨熊守白马津，王离被擒后，章邯与赵贲都看上了这支秦军精锐。章邯先下手，调动杨熊部8000 人分兵北上。赵贲晚了一步，本想令杨熊南下增援大梁（开封）。

赵贲当然没有资格命令杨熊，但他是赵高的族人，杨熊必须考虑这层关系。赵贲与内史保派人送信给丞相赵高，请他想办法把杨熊军调来。杨熊有自己的盘算：若赵贲与刘邦不开战，他当然是要稳守白马津；若两方开战，则把定陶之战的战术再用一次，南下偷袭刘邦军，然后迅速回到白马津。

内史保的 5000 人马抵达开封，赵贲只让他们休整一天，次日便出兵 2 万攻击陈留。

刘邦和卢绾打了这么多仗，战术日渐成熟，遂兵分两路迎战。刘邦率主力迎击赵贲军，卢绾则从北边绕过去攻击大梁城。

正面战场，刘邦军用弩箭射住阵脚，并不急于进攻。等到赵贲得知卢绾偷袭大梁，便仓皇撤军，刘邦挥师猛击，在开封以东击破秦军。此战靳歙斩首一个骑兵千人将，斩首 57 级，掳获 73 人，封临平君（第 12 级 /13 级）。

卢绾率领的偏师来到开封北，此战五大夫（第 9 级 /13 级）樊哙为先锋，用乌金斧斩 1 名侯爵，斩首 68 人，俘虏 27 人，赐爵卿（第 10 级 /13 级）。

刘邦和卢绾两路大军，合计斩首和掳获秦军 4000 余人，赵贲龟缩在大梁城不敢再战。

此时刘邦接到项羽密信，希望刘邦能北上攻击白马津的杨熊，牵制章邯的兵力。

公元前 207 年 3 月，刘邦兵分三路，自己亲率 3.2 万人北上白马津，试图攻击杨熊部。卢绾率 1 万人留在陈留休整，这部分人中有很多是伤兵。郦商率本部 4000 人，攻击陈留西南方向颍川郡的长社。

章邯从杨熊部调走 8000 人却秘而不宣，赵贲和内史保都不知道。刘邦不知道杨熊减至 1.2 万人，所以说是试探。只有项羽等诸侯军将领能感受到，秦军章邯部从各地不断调兵遣将，兵力陡增。

此刻杨熊同时受到章邯与秦二世的压力，章邯派人来要援军，希望杨熊再拨 4000 人北上驰援，赵高则以秦二世的名义写下诏书，令杨熊南下增援赵贲部。

杨熊本来是偏向章邯的，但章邯显然并未将其视作心腹，而是不断削其兵力。杨熊与涉间、苏角齐名，他很清楚王离为何大半年拿不下巨鹿，而被项羽生擒。现在守睢阳的司马枬，守白马津的杨熊，还有跟随章邯的司马欣、董翳，原来都是北军将领，本应归王离节制。如果王离有十几万北军，早就打下巨鹿了，何至于晚节不保，昔日好兄弟涉间、苏角也不会战死。而且王离军全军覆没，章邯军却几乎毫发无损，这是为什么？

杨熊家族世代从军，他是杨氏出类拔萃者，靠战功拜将。杨熊的堂弟杨武与亲弟杨喜都是不错的战将，杨武任郎中骑将（军侯，军职八品），杨喜任郎中骑（军职十二品），地位约在百夫长与屯长之间。

杨熊自灭六国时期就参战，军旅生涯 20 多年，他不相信项羽恰好只攻击了王离军，章邯的军队又恰好全在战场外。即便以上偶然都成立，章邯还是可以施救，然而章邯没有救。

杨熊意识到，若自己兵力不断减少，最后的结果不会比涉间、苏角好。这时候杨熊才铁心铁意，决定南下与赵贲合兵，再不济还可一步步退往关中，只要守住函谷关，将来还有很多机会。

刘邦渡过济水不久，杨熊也率领 1.2 万人渡过黄河南下。两军在黄河以南擦肩而过，相隔百余里。

刘邦得知一支秦军从白马津南下，立即调转行军方向，尾随杨熊军而来。杨熊则不急不慢，目的是把刘邦军引到大梁，与赵贲一起决战刘邦军。

杨熊的后队在阳武阻击了刘邦，损失上千人，掩护大队渡过济水。阳武豪族张苍本是秦朝御史，因御史大夫冯劫被杀，便逃回故乡，拉扯了一支反秦队伍。张苍熟悉阳武地形，为刘邦军引路，这才咬住杨熊军。

秦朝御史为官职七品，与太史令、太医令等同级，而且是朝廷官员，经常接触皇帝。张苍不愿交出兵权，便以友军的方式加入了刘邦军团。

然而杨熊渡过济水一天后，便得知大梁出大事了。原来赵贲见刘邦军撤围大梁，便迅速率军西撤，去三川郡会合内史保。卢绾迅速西进，占据空城大梁。

而且卢绾知道杨熊会跑，率军 8000 北上，两军先锋已经交手。一旦卢绾缠住杨熊，刘邦渡过济水来援，杨熊就凶多吉少了。杨熊再能打，也知道损兵折将后，地位将一落千丈，乱世中没有兵权哪有安全可言。

刘邦军沿济水走了一天一夜才渡河，没有给对方半渡而击的机会，紧紧咬住杨熊军。秦军南北受阻，向西退却。在大梁西北部的曲遇，杨熊军被刘邦军和卢绾军同时缠上，由于骑兵少步兵多，很难脱离战场。

此战刘邦卢绾大破杨熊军，执帛（关内侯，第 11 级 /13 级）曹参掳获秦军一名军司马和一名御史，赐爵执珪（第 12 级 /13 级）。傅宽斩首 12 级，赐爵卿（第 10 级 /13 级）。刘邦破赵贲和杨熊的路线如图 2-17 所示。

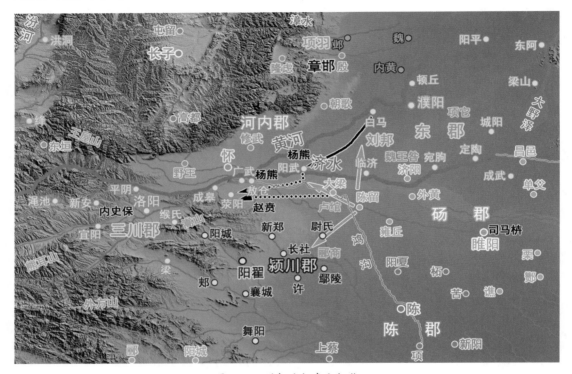

图 2-17 刘邦破赵贲和杨熊

杨熊率 7000 多败兵退守荥阳。赵高以秦二世的名义下诏，内容是杨熊征战不力，斩首示众，由赵贲并其军。

刘邦军还有一路偏师，由郦商率本部人马，攻占颍川郡的长社。此前郦商做了不少功课，果然不出所料，长社的守军防备较松散。

刘邦与赵贲、杨熊交战时，接到了颍川郡韩王成和司徒（相国）张良的求援信。韩王成与张良在颍川郡与三川郡之间的嵩山一带占据一座小城缑氏，与秦军周旋了七八个月，岌岌可危。

郦商顺利攻下长社，也为刘邦铺好了进入颍川郡的道路。

公元前 207 年 4 月，刘邦兵至敖仓城，接着马不停蹄抵达荥阳城下。这里城高池阔，当初吴广就困在城下。刘邦不是吴广，不和荥阳较劲。

刘邦虚晃一枪，继续西进，实际目的是南下颍川郡。韩王成所占的缑氏位于嵩山西侧。刘邦率军开赴嵩山西部的辕（huán）辕（yuán）山。辕辕山岭路崎岖，共计有 12 曲，须盘旋环行，故名辕辕。

刘邦在辕辕山意外收获一支全骑兵的友军。赵国娄烦人丁复，本是赵王武臣麾下将军，手下全是善骑射的骑兵。李良突袭邯郸时，丁复不敢往太行山跑，因为李良肯定会追着屁股来。丁复率军一路南下，渡过黄河，在伏牛山脉东部山地活动。

丁复军有 100 多骑兵，每人至少一匹马，是刘邦友军中单兵最强的一支力量，也是单兵装备最贵的。刘邦尊称丁复为娄烦将，与张良的厩将类似。

刘邦与韩王成合兵后，南下攻克辕辕关。然后进入颍川郡，攻克阳城，意外取得千余匹战马。原来内史保征调颍川郡的战马，秦军押送战马路过阳城，被刘邦截和。

当郦商攻克长社后，整个颍川郡的秦军都认为刘邦将从长社（也就是东北方向）进入颍川。实际上刘邦绕行一大圈，从西北方向攻入颍川，令守将猝不及防。

一个月之内，刘邦军团势如破竹，攻克颍川郡十几座城邑，包括首府阳翟。经过一年半的实战锤炼，刘邦越打越顺手。刘邦取颍川郡的路线如图 2-18 所示。

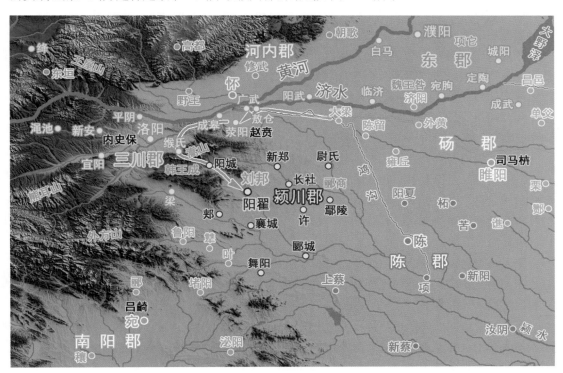

图 2-18 刘邦取颍川郡

这个月项羽在北边也开始破局。杨熊从白马津南下后，章邯大为震恐。若一支楚军从白马津杀过来，章邯将腹背受敌。

章邯便派八面玲珑的司马欣去咸阳，试图说服赵高，让章邯指挥关东所有兵力，包括内史保和赵贲的军队，好与项羽决战。

执戟郎中韩信第三次毛遂自荐，愿率军 2 万，从太行山方向南下，绕到章邯的后方河内郡。如此一来，章邯进退维谷，要么投降，要么败亡。

韩信是从纯军事的角度考虑，项羽的想法就要复杂得多。赵王歇迁都信都后，招兵买马，在"赵王"这块金字招牌的号召下，附近城邑纷纷投诚，其兵力由 1 万多迅速扩张到 4 万以上。项羽令张耳去招降邯郸等赵国旧地，就是要遏制赵王歇的发展，张耳的兵力也从 3 万余迅速扩张到 6 万余。

如果韩信率军南下，那无论是洹水一线的项羽军，还是南部的韩信军都将面临硬仗，诸侯军锦上添花可以，没人会去打头阵的。

项羽认为韩信的提议不错，但不能派项家军南下。为了削弱张耳，便要求张耳派军翻越太行山南下。

张耳从楚营回到自己的中军大帐，脸色阴晴不定，他怎能不明白，这是项羽削弱自己之计。河内郡原本属于韩国，在长平之战前就被秦国占据。50 几年过去了，现在的河内人对秦的认同自然远胜于韩，一支孤军过去可不像在赵地这样能够发展壮大，人越打越多。何况项羽能想到的事情，章邯怎么会失算，肯定在太行陉布下精锐，严阵以待。

张耳帐下的将军司马卬为张耳解惑，他认为章邯应该在太行陉有足够的兵力防御诸侯军南下，但在轵关陉方向可能兵力空虚。如果派 2 万军队登上太行山，从西边下太行，向南走一段河东郡的平原，再向东过轵关陉，或许就能攻入河内郡，在章邯的后方点把火。

司马卬可不是一般人，他是李牧的副将司马尚之子。当年秦赵决战，赵王迁临阵换将，除李牧兵权，李牧和司马尚在回邯郸的路上，遭赵相郭开所派的雇佣兵杀害。

司马卬没有投奔赵王歇而是追随张耳，因为他对赵国王室并不信任。司马卬年少时也是游侠，多次进入太行山中，对上党的地形非常了解。

另一名将军申阳也不是普通人，他是韩国名将申差的后人，从小好兵法。

申阳的说法更为激进，他认为黄河南岸的内史保就是个酒囊饭袋，一旦进入河内郡，可以渡过黄河取洛阳，这样章邯军就不战而溃了。

张耳是个老谋深算的人，如今他的 6 万余人军队中，司马卬、申阳二将统率了 2 万多人，这让张耳坐立不安。张耳说了一番虚与委蛇的话，同意司马卬、申阳的提议，令二将统率 1 万兵，越过太行山南下。

张耳帐中一度剑拔弩张，司马卬和申阳不愧是名将之后，良禽择木而栖，贤臣择主而事。两人与张耳的关系，就是拍马也赶不上陈馀，与其屈居张耳之下，不如趁早脱离，何况 1 万人下太行，并非毫无胜算。

各方得偿所愿，项羽削弱了张耳的势力，张耳并了司马卬、申阳之兵，司马卬、申阳脱离了张耳的管辖。

刘邦进入颍川郡的这个月，司马卬和申阳率 1 万人从滏口陉登上太行山，进入南北走向的太行陉，再向西折向白陉，下山进入河东郡。秦军兵力果然空虚，两人率军从轵关陉顺利杀入河内郡。司马卬下太行的路线如图 2-19 所示。

图 2-19　司马卬下太行

司马卬和申阳在河内攻城略地，并没有张耳想得那样举步维艰。河内郡并入秦国较早，长平之战期间，秦昭襄王曾征河内 13 岁以上男子上战场。秦人对河内人的倾轧，早就突破了当地人的底线。陈胜说"天下苦秦久矣"，实则六国苦秦不过十几年，河内人则已经苦秦 50 多年，跨越两三代人。

公元前 207 年 5 月，申阳开始在黄河北岸造船，准备渡河攻击三川郡。

当时全天下的大城只有两座没有遭受过兵灾，一座是咸阳，一座是洛阳。咸阳的历史只有 100 多年，洛阳可是有 800 多年了。从西周建国开始，洛阳就是周朝的东都，宫室规模与镐京相当。周平王东迁，开创东周，洛阳成为王都。洛阳为天下之中，位置比关中的镐京或咸阳更好。

春秋战国时期，东周虽然衰落了，但洛阳依然是天下的经济、文化、交通中心，周天子名义上仍然是天下共主。战国大混战时，洛阳是一个类似当今瑞士一样的中立地，不受战火影响，因此各国贵族商贾都乐于在洛邑购置房产，以备不时之需。

秦灭东周时，周赧王没有反抗，因此洛阳城并未遭受六国那种灾难。秦庄襄王把洛阳封给了吕不韦，吕相在洛阳的府邸门庭若市、宾客满堂，不但有各地商贾，甚至列国诸侯都派人来看望他。后来秦王嬴政将吕不韦贬为庶人，迁徙到蜀郡，洛阳也不再是其封地。

秦始皇灭六国，把其都城都毁了，却保留了洛阳。洛阳 10 万户，人口超过 70 万，多是各诸侯国的贵族富商。

秦朝的洛阳，仍然是高堂邃宇、层台累榭，栋宇连云。六街三市，车马行人，往来如织。李斯成为左丞相后，由其子李由镇守洛阳。

洛阳城高池阔，有整个关东最大的兵器库，谁都想占据洛阳。申阳伐木造船，刘邦也厉兵秣马，唯恐落在申阳之后。

● 刘邦取南阳

此时刘邦已经在颍川郡打下十几座城，便请韩王成定都阳翟，给自己输送粮草。刘邦率 5.3 万人马北上，己军 3.3 万在前，友军 2 万在后，过阳城、轘辕、缑（gōu）氏，取三川郡的平阴。

平阴在洛阳以北，刘邦醉翁之意不在酒，目标是平阴北方不远的黄河渡口。然而斥候来报，秦军在黄河南岸的渡口没有守军，这让刘邦心花怒放。此时刘邦全军上下几乎都认为，镇守洛阳的内史保是这辈子遇到的最蠢的对手。一个连姓氏都没有的人，本就地位低微，靠阿谀逢迎成了赵高的心腹，大家都轻视他绝对顺理成章。

此刻刘邦做了一件让人匪夷所思的事情——烧渡口，沉木船，绝河津。楚王芈心曾说过"先入关中者为秦王"，刘邦捣毁渡口阻止赵军南渡黄河，是不想让司马卬、申阳占据洛阳，先入关中。

关中门户函谷关在黄河以南，当时黄河北岸中条山一带多悬崖峭壁，只能走黄河以南的函谷关入关中。刘邦在节节胜利之时，将关中视为囊中之物，不许他人插足，公然彰显其做秦王的野心，这也是项羽入关中后将刘邦封到汉中，没有一个诸侯为刘邦求情的原因。

刘邦刚毁掉渡口，便有骑哨来报，秦军赵贲部离开荥阳，贴着黄河而来，已经接近尸乡。

刘邦立刻率军东进，在尸乡与黄河之间第二次攻破赵贲军。赵贲作为赵高的族人，大战打过三次，对手都是刘邦，全都败北。最后一次是汉王刘邦入关中，赵贲麾下很多人投降了刘邦。赵贲的出现，感觉就是专门给刘邦送人头送战功的。

赵贲向东败退，刘邦本来是要全力追击的，这时在洛阳以东出现了一支秦军。刘邦抖擞精神准备迎击。如果灭掉这支秦军，洛阳岂不是唾手可得？

当友军还在捡战利品时，刘邦已经迫不及待，率己军西进。击破秦军先锋后，刘邦挥师猛击，终于进了内史保的伏击圈。

所谓骄兵必败，刘邦遭遇了自丰县起兵以来最大的一次战败，战损达到 7000 余人。卢绾负责断后，他的亲兵营多是丰县人，此战损失惨重，卢绾失去好几个心腹战将。若非内史保兵少，战马也不多，不敢穷追猛打，这一仗可能就把刘邦过去大小数十战的成果全都抵消了。

内史保还要派兵守洛阳，伏击的兵力不到刘邦的一半，但洛阳武库名不虚传，强弓劲弩自不在话下，连床弩都搬了出来，刘邦军总算见识了当年灭六国的那支秦军的威力。

留在尸乡以北的友军，竟再次遭遇赵贲军。可见内史保与赵贲早就筹划好，本来是要把赵军放过黄河，然后围歼之，没想到刘邦北上，烧了渡口，歪打正着撞在枪口上。

刘邦的友军可不想打硬仗，只是摆阵射箭对峙，听闻刘邦兵败，立刻仓皇南撤。赵贲率军追了十几里，击杀上百人。此时斥候来报，黄河以北的赵军申阳部，在荥阳以北开始渡河，吓得赵贲魂飞魄散，立刻率军返回荥阳。

刘邦在南撤的过程中不断收拾残兵，撤到颍川郡，再清点人数，己军只剩2.2万，少了1/3；友军却增加到2.4万，从刘邦赶走雍齿第二次取丰县后，这种情况还是首次出现。一些本来放弃兵权并入刘邦军的豪族，由于此战失利，也转投其他友军，或者干脆独自成军。

无论是项羽还是刘邦，只有率领军团不断取得胜利，嫡系军队才会不断壮大，友军才会紧密相随。反之若打几次败仗，军团立刻就会崩溃，项羽和刘邦也将沦为别人的附庸。

此战还有一个恶果，令吕泽、王陵、陈豨、冷耳等友军产生了离心。当刘邦节节胜利，友军也逐渐壮大。如果刘邦不能率领他们走向最终胜利，这些友军首领只好"良禽择木而栖，良将择主而事"。

刘邦在西北方刚吃了一场败仗，一个更坏的消息从西南方向传来：南阳太守吕齮（yǐ）早就厉兵秣马，闻刘邦兵败，率军来到南阳与颍川边境的犨（chōu）县，伺机攻入颍川郡。

犨县以东就是颍川郡，吕齮在等待时机。若刘邦和韩王成走洛阳方向去攻函谷关，他就会追着对方的屁股攻击。

大约两年前，陈胜麾下大将宋留率军进入南阳郡。南阳太守吕齮与之交战，各有胜负，但宋留打不下南阳郡首府宛城。周文攻入关中后，宋留也弃宛城而西进攻击武关。太守吕齮与武关都尉配合，将宋留夹在这条通道上进退维谷。

宋留后来撤出南阳郡，在颍川兵败，投降章邯。虽然主要功劳记在章邯头上，此前太守吕齮的铺垫也很重要，他在很大程度上削弱了宋留军的实力。

陈胜覆灭后，南阳太守吕齮一直招兵买马，整合本郡兵力，实力又有了长足发展。

面对刘邦和韩王成，吕齮以攻为守，比对付宋留要激进得多。

此时第三个坏消息传来：章邯派司马欣去和项羽谈判，双方虽然处于交战状态，但章邯随时可能投降。项羽本来就有20余万大军，一旦章邯投降，就多了十几万秦军和数万民夫，到时候各地豪族攀龙附骥，关中还不是唾手可得。

这时候刘邦和卢绾才明确方向，洛阳肯定是不打了，最怕洛阳没打下，损兵折将，章邯投降项羽，让项羽捡了便宜。洛阳这座大城就留作项羽的绊脚石，拖延其进入关中的脚步。即使章邯投降项羽，三川郡守将内史保和赵贲都是赵高的人，函谷关守将也是赵高新任命的，这些人必然会阻击项羽。

刘邦调整方向，主攻南阳郡，打算从南阳入关中。他急需一场大胜，重新凝聚人心，壮大己军队伍，并且通过频繁调动军队加强对吕泽、王陵、陈豨、冷耳、张苍、丁复等友军的控制。

公元前207年6月，刘邦率军向南阳郡进发，他亲率本部约2.2万人马为先锋，王陵、吕泽、陈豨的军队紧随其后。

刘邦是这样布局的：先令周勃领军昼伏夜行，绕到犨县以西，然后令曹参正面攻击秦军，樊哙在后增援，等曹参和樊哙缠住对方，周勃再从后面包抄秦军。犨县在南阳盆地以外，与盆地还隔着伏牛山脉的余脉青山，刘邦是要在南阳盆地外解决战斗。

实战过程中，曹参遭到秦军伏击，樊哙赶来后，双方杀得难解难分。周勃的包抄军也被对方发现了，好在这三将都擅打冲锋陷阵的硬仗，太守吕齮忌惮刘邦的友军，便撤兵往南阳首府宛城去了。

刘邦挥师猛进，攻击南阳郡的堵阳（城阳），结果对方早有防范，且刘邦军士气不高，兵困城下。至此刘邦己军虽然战损未上千，却减员至 2 万，有 1000 多人跑到友军麾下了。

刘邦没有在堵阳城下耽误时间，立刻率军西进来到南阳首府宛城之下。然而，宛城池阔城高，刘邦一筹莫展。刘邦取南阳的路线如图 2-20 所示。

图 2-20　刘邦取南阳

到了 7 月，北方传来一个石破天惊的消息：章邯在洹水之南、殷商故墟之上设坛，投降项羽。

刘邦的友军各自打起小算盘。如果项羽进入关中灭秦，重建六国，那跟着刘邦的这些豪杰，怎样才能利益最大化呢？乱世中自保的诀窍是手里有兵，和平年代则要脚下有地，豪族们以前的目标是不断壮大队伍，现在多了一个目标——要多占城邑，将来项羽分封，即便不能裂土封王，也要占些城邑做个世袭的县公。

刘邦听到章邯投降项羽的消息，魂飞天外，太尉卢绾闻之也是荡魂摄魄，好在两人迅速冷静下来，在大帐内商议对策。

刘邦军团攻击犨县，所有战术意图都被秦军早一步掌握，卢绾怀疑军中有间谍，将消息走漏给了南阳太守。刘邦军团自进军南阳以来处处被动，刘邦当然相信卢绾的说法，因为二人也经常安插间谍到秦军刺探消息。

刘邦军团每次行动均先与卢绾谋定战术，再通知其他将领和友军。刘邦帐下曹参、周勃、樊哙等人不会有问题，友军王陵、吕泽、陈豨、丁复等未必会直接向秦军透露消息，但他们手下鱼龙混杂，一定有秦军事先安插的奸细。

现在刘邦军团既要迅速取得一场大胜，最好是拿下宛城，又要破解秦军奸细这个局，太尉卢绾决定上演瞒天过海之计。

中军大帐，刘邦召集所有友军首领、大小将领数十人开会，亲自下令撤围宛城，向武关挺进，抢在项羽前入关中。

没想到友军几乎一边倒地反对，毕竟百足之虫死而不僵，秦朝在关中还有很强的军事实力，武关便是一座很难攻克的要塞。王陵更是直言，沛公打丰县打了4次，定陶、昌邑、荥阳、洛阳、宛城，这种大城一个都没打下来，还想打咸阳？

最令刘邦生气的是，岳父戚鳃也出来反对。自从在定陶得到戚夫人，刘邦就以戚鳃为郎，留在身边。戚鳃想自己率兵，刘邦就给人给钱给兵器。现在戚鳃有了数百人的私兵，竟然和刘邦唱起了反调。

剑拔弩张的气氛中，张良代表韩王出来打圆场，大意是大家起兵的共同目标是灭秦，现在意见不同也要和为贵，如果不愿跟随沛公，可自行决定去留，但有一个原则，如果谁要攻击沛公，所有军队将共同诛杀之。

张良不愧是几代相国之后，一番话说得客客气气，却绵里藏针，确保了刘邦军团不会像陈胜吴广那样自相残杀，陈胜确实缺少一个张良这样的相国。

然而刘邦、张良还是高估了友军的忠诚度，这些首领向刘邦行礼后，一个个头也不回地出帐，然后各自率军攻击南阳郡广大地盘，期望能在项羽分封前先占地为王。

友军首领走后，曹参、周勃、樊哙等一脸茫然，都劝说刘邦不要冲动，打武关现在实力还不够，刘邦却骂道："都给我滚去整军。"

曹参、周勃、樊哙三人看向卢绾，希望他能劝说刘邦，但卢绾气定神闲，好似什么都没看到。

刘邦己军出发一天后，只有吕泽率友军跟在其后，萧何出现在吕泽军中，他作为吕泽与刘邦的纽带，费尽口舌劝说吕泽不要脱离刘邦。

友军各自为战，同时也形成了一个新的军团，以王陵为首，张苍、戚鳃等追随。

刘邦率军西进三天后，张良来劝刘邦，希望他悬崖勒马，不要继续往武关方向去，否则前有险关挡路，后有大城断绝归途，必然要步宋留后尘。

刘邦笑道："就如子房（张良）所言，停止西进，回兵攻宛城。"

刘邦说这话时，卢绾已经率军东进，匿旌旗，人衔枚，马束舌，两天后杀到宛城之下。只见城头上守军稀稀落落，比几天前少了一大半。原来洛阳的内史保多次派人到南阳，令太守吕齮派精锐去增援，赵高也以秦二世的名义下诏，令吕齮增援洛阳。

刘邦围宛城时，吕齮没法派援军，等刘邦撤围，吕齮得到确切消息，刘邦要去攻武关，其他友军各自为战，立即把1.1万守军当中的1万派往洛阳。

刘邦和吕泽的军队赶到，围宛城三匝。太守吕齮本来已经调动附近城邑守军移防宛城，

内城

外城

白 河

图 2-21　宛城古城（明清时期）

可是现在整个南阳郡到处是楚军，援军一时半会来不了，即使来了刘邦也可以围城打援，以多打少，一点点吃掉秦军。

太守吕齮能安插间谍到刘邦军团，刘邦当然也可以反其道行之，因此对吕齮的情况相当了解，这才用了卢绾的瞒天过海之计，连友军和帐下将领都蒙在鼓里。

吕齮见城下楚军铠甲森森，戈矛林林，知道宛城守不住了。他倒是一个硬汉，拔出佩剑便欲自刎。吕齮的门客陈恢连忙止住，表示愿作为说客，说服刘邦和谈。南阳郡宛城古城航拍如图 2-21 所示。

双方都有和谈意愿，谈判很顺利。刘邦封南阳太守吕齮为殷侯，食邑不详，封陈恢为千户侯，这属于客气，如果刘邦打不下足够地盘，封侯没有任何意义。刘邦允许吕齮留守宛城，并且各地秦军仍保留建制，各自守城。而刘邦只要宛城中一半粮草，以及南阳郡的一座城。

第三节　刘邦入关中

● 刘邦西进武关

宛城本是南阳首府，连城数十，人口众多。太守吕齮经营数年，城内粮草堆积如山。

南阳太守吕齮之所以投降，只因刘邦开出的条件诱人，不仅不会削夺其兵权，还让秦军各自守城。可以预见，等刘邦攻击武关，吕齮完全可以逐渐消灭南阳郡的楚军，而他只用宛城一半的粮草就达成如此丰厚的条件。刘邦行事不循规蹈矩，也是预见到不少友军会留在南阳发展，那就让秦军和留下的友军互相残杀，最好谁也奈何不了谁，到时候即使打不下武关，仍有机会退回南阳发展。

刘邦要的这座城叫胡阳，因为此时一支越军北上，破西陵，正攻击胡阳。刘邦打算拉拢这支有 1 万多人马的越军，便点名要胡阳。

刘邦与吕齮达成协议的当天，刘邦便让道放了一支数百人的秦军援兵入城，以显示自己的诚意。吕齮清楚刘邦着急抢在项羽之前入关中，此时不可能反悔，也大大方方组织军民往城外运粮。

吕齮派人遍告南阳各城县令和守将，不得向刘邦以外的其他军队投降。而门客陈恢则拿着太守的亲笔信，随刘邦南下到胡阳，令守将弃城，率军赶往宛城协防。

刘邦如此兴师动众，这支北上的越军到底什么来头呢？

南方的庐江郡人口少，不设太守，由番阳县令吴芮（ruì）兼管其他各县。吴芮是吴王夫差的后人，其父吴申曾是楚国大司马。吴芮的权力比一般县令要大，地位也更高，号为番君，是庐江郡的封疆大吏。

吴芮有三子一女，女儿嫁给英布。陈胜起兵后，吴芮令英布起兵北上，可惜迟了一步，陈胜兵败被自己人所杀，后来英布跟着项羽混得风生水起。

庐江郡的南部有座山叫台岭（梅岭，今江西中部），这里的部落首领叫梅铝，是越王勾践的后裔，有族众十几万，兵力过万，越人尊其为百越长。梅铝出生在番阳县的余干，与吴芮从小相识，意气相投。梅铝控制武夷山脉，与浙闽丘陵中的部落关系也不错，其中闽越首领驺（zōu）无诸、瓯（ōu）越（东瓯）首领驺摇和梅铝关系密切，这两人也是越王勾践的后人。

越人为什么要反秦呢？因为秦朝实行郡县制，秦始皇视百越为蛮夷，打算把他们占据的山头全部并作郡县。番君吴芮平日在庐江郡，主要任务就是剿灭百越，只是他作为楚国公卿之子，对秦朝绝非心悦诚服，故而与越人勾连以求自保。

北上的越军统帅，以百越长梅铝、闽越首领驺无诸、瓯越（东瓯）首领驺摇三人为首，每户出壮士一人，有 2 万余兵力。越人北上攻下衡山郡的首府邾城和重镇西陵，留下一部人马镇守衡山郡，便北上一路打到胡阳。

越军打得相当稳健，不求速胜，他们知道时间优势在诸侯军一方。除去镇守衡山郡和督运粮草的兵力，越军有 1.3 万余人屯在胡阳城下。刘邦向太守索要胡阳，当然是拉拢越军，否则他们极有可能北上去投靠项羽。

越人首领的诉求与王陵等友军完全不同。王陵等的目的是多占地盘等待分封，越人却不会要中原一寸土地，他们希望有一个侯爵的名分，与楚国依存发展，而不是像秦朝那样被当作蛮夷征讨。

胡阳县令见到太守的亲笔信，立刻率千许人出城，随陈恢北上宛城。

刘邦率众站在胡阳城头，见越军在丘陵高处布阵，极目扫视，赞不绝口："兵是精兵，马是良骥，不远千里赶来，仍是推移有序，气势压人，足可与秦兵争一日之短长。"

卢绾兴奋道："越军要是跟我们去打武关，胜算可提至九成。"

张良感慨道："番君（吴芮）坐镇番阳，左控英布，右掌梅铝，论眼光和对时势的把握，天下无人能出番君之右。"

忽然越军阵内爆起震天的呐喊声和欢呼声，刘邦等人目光投去，只见旗帜飘扬下，梅铝挺坐如山，高踞马上现身一座山丘之上，十多骑正向胡阳城移来，其他越军人马仍各据山头高地，按兵不动。

刘邦翻身上马，与卢绾、张良率十多亲骑往迎，方圆数里欢声雷动。

梅铝一身泥黄轻甲胄，外披大氅，迎风拂扬，一把长剑挂在背后，剑柄从右肩斜伸出来，威武从容，神态轻松，策马而来，自有一股睥睨天下的雄姿。

两方人马在一座丘原上相遇，勒马停下。双方互相介绍，只见簇拥梅铝的将领个个形象独特，一望而知是梅铝旗下的越人大将，神态彪悍，雄姿英发，使人感到越人兵强马壮，好手如云。

越人不是打不下胡阳，只是不急于攻城。刘邦以楚国砀郡长的身份与越军结盟，互为友军。此时表面上刘邦和项羽的关系还是铁板一块，项梁曾出兵5000帮刘邦打下丰县，刘邦和项羽还一起攻杀三川太守李由。刘邦心态微妙的转变，越人一时半会是看不出来的，当然不可能立刻开罪刘邦，北上去投奔项羽。实际上等项羽入关中，三位越人首领还是选择与项羽合作而放弃刘邦，但此时他们绝无可能与刘邦翻脸。

现在刘邦有了宛城一半的粮草，又有越军相助，实力大增，那些离开的友军陆续重新来投。如果纯以带兵打仗而论，太尉卢绾并不在刘邦之下，但在利用和收买人心方面，卢绾是拍马也赶不上刘邦的。

时间不等人，刘邦决定立刻西进武关。战国时的丹阳之战和蓝田之战，与目前的形势相似，刘邦和卢绾当然会重点参考。

公元前312年，丹阳之战爆发，楚国兵分三路，北路由上柱国景翠统兵20余万进入韩国，打算攻击函谷关，秦国公子疾领15万大军赶往韩国；中路由将军屈丐率军15万攻击武关，秦国将军魏章率军8万迎击；南路由令尹昭鱼率兵10万攻击汉中，秦国将军甘茂率军2万多迎击。

兵力方面，楚军45万，秦军25万，楚军优势明显。楚国号称带甲百万，果然名不虚传。当时秦国大将司马错率军入川平定叛乱，秦国兵力捉襟见肘，这也是楚国选择这个时间点发动战争的原因之一。

此战北路和南路都形成了对峙的局面，中路将军屈丐攻克武关，进入商於之地，气势如虹。不过秦国将军魏章也是楚国人，熟悉楚军的战法，秦军于是先败后胜，楚军15万人阵亡8万，将军屈丐、裨将逢侯丑被俘，70多个中高级将领或战死或被俘。

一年后的蓝田之战，楚国令尹昭滑统领50万楚军从武关方向出征关中，相当于没有了北路和南路，兵力全在中路。上柱国景翠统领10万先锋军，短短几天之内，连克武关和商於之地，到达关中南部的蓝田城外。随着秦军大将樗里疾和令尹昭滑的楚军主力抵达，30万秦军和50万楚军对峙蓝田。

当战争进入白热化时，韩国名将暴鸢（yuān）统领12万人马攻占楚国南阳宛城，并挥师南下，有沿着汉水去取楚国郢都的势头。魏军名将公孙喜统领10万大军，从大梁出发，攻入楚国北境，攻克楚国北部重镇召陵。

韩魏在背后狠狠捅了两刀，楚国不得已全面撤军，蓝田之战功败垂成。

丹阳之战和蓝田之战，是两场教科书般的战争，带给刘邦的启示很多。楚人两年内两度攻克武关，带给刘邦军团无与伦比的自信。眼前的形势更像是丹阳之战，可兵分三路攻击关中。北路留给项羽，既然受降了章邯，兵强马壮，足可攻击函谷关。中路是刘邦军团，当年屈丐和景翠都是迅速攻克了武关的，刘邦当然希望历史重演。南路则需要派一支偏师攻击汉中，给关中造成更大压力，有效牵制对方兵力。

南路军由谁去呢？吕泽、陈豨、冷耳、丁复等友军是不会去的，他们跟在刘邦后面清扫战场可以，正面与秦军作战，那肯定不愿意。刘邦麾下信成君郦商的兵力有4000多，是刘邦己军当中兵力最雄厚的一支。刘邦便令郦商统率本部兵马，逆汉水而上，攻击汉中郡。

刘邦大体上复制了丹阳之战的格局：北路项羽攻函谷关，中路刘邦攻武关，南路郦商攻汉中。

刘邦在中军大帐举行西征大会，此前离开的友军首领大多回归，而且南阳本地也有不少豪族来投。但王陵、戚鳃、张苍这三人却没有参会，他们组建的军团人数上万，不肯再依附刘邦，实际是不看好刘邦能打入关中。

散会之后，刘邦恨不能挥兵灭之，卢绾劝他冷静，毕竟这支力量留在南阳，可以牵制南阳太守吕齮，对刘邦来说也不是坏事。

不过王陵这支军团实力不弱，倒是有必要削弱他。王陵兵强马壮，刘邦不敢动他。戚鳃是自己岳父，也动不得。刘邦便想杀了张苍，震慑各路友军，否则后续入关路上还不知道多少人背叛。

张苍自持秦朝前御史的身份，对刘邦态度轻慢。张苍作为刘邦的友军，时间不过4个月，却已多次当着首领们的面反对刘邦的意见，搞得刘邦下不了台。

刘邦在张苍毫无防备的情况下率军将其掳获，没想到王陵竟率军来到刘邦营地，名义是为张苍求情，但警告的意味很浓。刘邦也做了妥协，提出张苍必须跟他去打武关。

张苍的人马并不多，王陵也就同意了，权当在刘邦军团钉下一颗钉子。王陵在沛县时就不太看得起刘邦，原因之一便是低估了刘邦。为了牵制王陵，刘邦和卢绾商议，派一支偏师守在胡阳，并伺机向南夺取秦军城邑。

刘邦和卢绾正讨论合适人选，单父人张平入帐毛遂自荐。一年前在单父，张平率族众来投，授中涓（百夫长，军职十品），如今是右司马（军职六品）。

刘邦与项羽相比，最大的优点可能就是用人不疑，立即拨给张平1000人，面授机宜，令其守在胡阳。

后来刘邦军开拔后，王陵灭掉了宛城的太守齮，并迅速扩张，张平也没有固守一座城，而是不断扩张。等到项羽分封时，王陵已经占据南阳北部和中部大部分地区，张平则在南部占据了几个县，起到了牵制作用。张平凭借这点功劳，在刘邦称天子后被封为安丘侯，食邑2700户。

刘邦军团去掉王陵等后，人数达到6.9万，其中己军2.4万，友军4.5万。吕泽成为刘邦与吕齮和谈的最大受益者，为了感谢吕泽追随，刘邦按两倍数量给其粮草，吕泽军扩充至8000余人，在友军中仅次于越军。

7月末，刘邦军团6.9万大军再次开动，兵分三路。第一路，刘邦亲率己军1.9万，再加友军4.5万，西进武关，目标是入关中灭秦。第二路，郦商率本部4000余人，兵发郧关，目标是占领汉中郡。第三路，张平率1000人马留守胡阳，伺机发展，牵制南阳太守吕齮和王陵。刘邦西进武关的路线如图2-22所示。

见刘邦军团真的走了，南阳太守吕齮可算松了一口气，恨不得敲锣打鼓。他付出了宛城一半粮草的代价，若刘邦兵败，将来还有机会砍下刘邦的人头，将功折罪。

图 2-22　刘邦西进武关

● 赵高弑秦二世，秦王子婴杀赵高

公元前 207 年 8 月，刘邦兵临武关，派宁昌入关，去咸阳与赵高谈判。

赵高在秦人看来是奸臣，但在六国人看来，赵高一人就搞得关中鸡犬不宁，杀秦始皇 17 子及后代，要是把秦二世及后代也杀了，那就真的让秦始皇断子绝孙了。

死在赵高手上的秦人远不止秦始皇子孙，有名的还有上将军蒙恬、将军杨熊、郎中令蒙毅、右丞相冯去疾、左丞相李斯、御史大夫冯劫等。赵高一人，几乎把秦始皇子孙和朝廷一锅端了，前线的将军要么被他杀了，要么被使劲扯后腿。如果没有赵高这个人，秦军在掌握绝对优势军械下，可四平八稳再灭一次六国。

刘邦给赵高开的条件是杀秦二世，打开武关，共分秦国。

赵高这个人，是个历史之谜。当郎中令蒙毅要杀他时，秦始皇拦了下来，他无疑是秦始皇心腹。沙丘之变，赵高与李斯违背秦始皇的遗诏，杀扶苏立胡亥。秦二世登基后，赵高杀了秦始皇 17 个儿子及后人。当人们以为赵高与李斯是铁板一块时，赵高又把李斯在内的三公都杀了。当我们以为赵高是秦二世的心腹时，他又要杀秦二世。问题在于，即使赵高杀了秦二世，他自己也做不了秦王，即使自称秦王，也没有儿子继承。

赵高杀这么多人，究竟图什么呢？

自赵高杀了卫尉公子将闾后，秦国就没再任命卫尉，他这个郎中令兼任卫尉之职。现在赵高做了丞相，其弟赵成接替其做了郎中令，实际上是兼郎中令和卫尉二职，宫城内外的禁卫军和骑兵都在其掌控下。赵高女婿阎乐领咸阳令，将咸阳城防务握在手里。

不久前，赵高为了铲除对自己不利的朝臣，设法以验众心。

一日，赵高献鹿一头，说是献马。

秦二世笑道："丞相误矣，此鹿也，非马也。"

赵高答道："臣所献者，的确是马，并非鹿。"

秦二世听了疑惑，便问群臣："到底是马，还是鹿？"

群臣面面相觑，明知是鹿，大部分人畏惧赵高这个杀人不眨眼的魔王，口是心非道："是马。"子婴便混在这一群人里面。一部分人缄口不言，不想昧着良心说瞎话。

只有少数几个骨鲠之臣，刚直不阿道："是鹿。"

秦二世心想："我因何眼目如此昏花，竟然将马错看成鹿？"

过了数日，赵高暗令心腹之人诬奏言鹿者之罪，将他们皆处以极刑。一班朝臣及左右近侍莫不畏惧赵高，从此赵高威震朝廷。

赵高把素菜说成荤菜，把赤色说成黄色，把宦官说成宫女，秦二世左右人人附和，搞得二世以为自己着了魔。秦二世便召太仆子婴占卜，子婴当着赵高的面说秦二世确实看错了，应该是祭祀天地、宗庙、鬼神之时心不诚。

一日，秦二世在上林中射猎禽兽为乐，拈弓搭箭，射死一个猎户。他平日杀人为儿戏，此事本不稀奇，谁知赵高密令女婿阎乐上表举奏："不知何人射死了人，竟将尸首移入上林之中。"

秦二世自然说："此人是朕所杀。"

赵高进谏道："天子无故杀死无罪之人，此乃上天所禁，诚恐鬼神不佑，天将降殃，不如暂离宫殿，出居望夷宫以避之。"

望夷宫是秦始皇所建，北临泾水，以望北夷。秦二世遂命移居"望夷宫"，就宫中斋戒，沉白马4匹于泾水以祭之。

禁卫军大部分留守咸阳宫，少量与宫外骑兵随行。郎中令赵成基本控制了宫外骑兵，但宫内的禁卫军却一直没有拿下来，只能用这个计策削弱禁卫军。

赵高称有刺客入望夷宫，使阎乐发兵前往。赵高每次杀人都能成功。他是个谨慎多疑的人，对女婿阎乐也不能完全放心，毕竟这次是弑天子，不是杀诸公子。赵高先率众将阎乐之母劫到府上，作为人质，以使阎乐死心塌地。

阎乐挑选千余死忠精锐，行至望夷宫宫门，喝令左右将卫令、仆射捆绑起来，故意责骂道："有贼入宫，汝等何不拦阻？"

卫令答道："宫外四围扎下兵营，虎贲日夜巡逻，怎有贼入宫来？"阎乐不由分说，便将卫令斩首。遂带兵卒，昂然而入。

一班禁卫拼死抵抗，阎乐率军用强弩射之，杀了数十人。其余太监、宫女皆惊慌失措，四散逃命。郎中令赵成率骑兵赶到，步骑一并攻入，肆意放箭，有几支箭射到殿中二世坐处帐幔之上。

秦二世大怒，左右近侍皆惊慌，不敢迎敌。二世见为首者乃赵成、阎乐，方知是赵高所为，回顾自己身边，唯有一名太监在身边。

秦二世自知无救，说道："赵高一心造反，汝何不早言，以至于此？"

太监答道："小人不敢多言，侥幸偷活到今日；若小人早言，早已被赵高诛死！"

太监话音未落，阎乐领兵闯入大殿，走到二世跟前，数他罪过道："陛下平日骄傲放恣，妄行诛杀。今天下之人，皆已背叛，陛下自行了断吧。"

秦二世道："朕可否见丞相一面？"

阎乐道："不可能！"

秦二世道："朕愿得一郡，降爵为王。"

阎乐道："不可能！"

秦二世又道："吾愿为万户侯。"

阎乐道："不可能！"

秦二世此时也不敢贪恋富贵，但求保全身家，哀求道："吾情愿与妻子同为黔首（平民），丞相当必怜而许之！"

阎乐道："臣奉丞相之命，为天下来诛陛下。"言毕，用手一挥，随从死士各举兵器，一拥向前。二世不愿受辱，遂拔出佩剑自刎。

这年秦二世胡亥23岁，刘邦49岁，项羽25岁。

阎乐迫死秦二世，立即归报赵高。赵高直入咸阳宫中，取了传国玉玺和氏璧，佩在身上，派人召集百官上朝，自称秦王。

赵高杀了秦始皇18个儿子及后人，秦人恨不能啖其肉，竟无一大臣听从。赵高见状大怒，让宁昌回去告诉刘邦，他赵高打开武关大门，放楚军入关，条件是平分关中。

如果赵高杀了秦二世后，顺势投降项羽或刘邦，前途仍不可限量。按照项羽的风格，既然能立杀叔父仇人章邯为雍王，立赵高一个塞王、翟王或陇西王都有可能。如果投降刘邦，即使不封个异姓王，退一步封万户侯也没问题，因赵高无子，做不了多少年万户侯就要收回侯爵，刘邦肯定乐意。

偏偏赵高最后时刻昏了头，在称秦王前他是标准的反秦灭秦斗士，称了秦王，那性质就完全变了，站到了反秦势力对立面。

为了稳定局势，赵高暂立宗正子婴为秦王，假顺群臣之意，待得刘邦同意平分关中，便杀子婴。

子婴是秦始皇之弟，从小就看到嬴政与长安君成蟜夺嫡之争，结果长安君成蟜和将军壁的数万将士全部斩首，屯留的百姓全部迁到西部临洮开荒。子婴在秦王嬴政面前一直敛色屏气，秦始皇统一天下后，让子婴担任宗正，负责宗族事务。子婴在任上如履薄冰，不仅在秦始皇面前战战兢兢，在扶苏、秦二世面前也是诚惶诚恐，甚至对李斯、赵高也都小心翼翼，生怕讲错一句话。平日子婴对任何人都谨言慎行，作为秦始皇之弟，活到这时候没有被秦二世杀掉，反而赵高要立他做秦王，自有内在的道理。

赵高降秦皇为秦王，秦朝灭亡，赵高有大功劳，随后也没有秦三世了，恢复嬴政灭六国前的秦王称号。

子婴称秦王，群臣毫无异议。赵高便令子婴斋戒，择日祭告宗庙，受取玉玺。又下令以黔首（平民）之礼，葬秦二世于杜南宜春苑中。

秦二世陵位于西安市长安区南郊神禾塬，墓室南北长 550 米，东西宽 310 米。如果以此作为封土底部，面积比秦始皇陵小不了多少。古代帝王陵墓都要"封"和"树"，即堆砌一座小山，还要在封土上种大树。平民则无须"封"和"树"，直接挖个坑埋了。秦二世是以黔首（平民）之礼下葬，秦二世陵没有封土，但已经修好的陵墓不会再更换。

在秦二世陵陪葬坑中，仍然配置"六马一车"这种天子规格，玉石宝器不计其数，有石磬等帝王才享有的乐器，也有珍禽异兽坑等，子婴没有亏待先帝，陪葬宝物该有的都有。不过秦二世陵墓只修了不到 3 年，虽然规划与秦始皇帝陵一般宏大，但远未完工。

直到这时候，还没有楚军进入关中，但咸阳已经被赵高祸祸得不行，秦王子婴立誓要杀赵高。

秦宗庙中，列祖列宗堂前，赵高将亲兵留在了堂外。秦王子婴的心腹太监韩谈和子婴的两个儿子一起发难，韩谈一刀杀死赵高。

子婴见赵高既死，大事已定，遂面见群臣，即秦王位。随后秦王子婴下令将赵高尸首车裂示众，并夷三族，秦人无不称快。子婴本打算只杀赵高等少数人，团结秦国所有力量抵抗刘邦军团，可是赵高曾大肆招揽人马，安插亲信，已经形成了强大的势力。在灭除赵高亲信的过程中，很难控制力度，因此牵连甚广，杀了几万人才逐渐平息下来。

武关守将本是一地痞朱蓝，作为赵高亲信镇守武关，得赵高军令等待谈判结果。现在赵高死了，连坐者甚众，哪还敢留在武关，带着亲信和财物抄小路跑了，刘邦轻取武关。

● 刘邦入关中，秦王子婴出降

公元前 207 年 9 月，刘邦兵临峣（yáo）关城下，峣关守将是赵高心腹，乃屠狗商贩之徒。闻赵高已死，株连甚广，守将自是惶恐不已。

子婴在宫内还能有所布局，但出了咸阳城便也束手无策。峣关守将是屠狗出身，也是赵高安排的，此时换人容易引发内战，没办法只好派宦官带着诏书前去严令其守峣关以拒之。

刘邦方面，在张良的建议下，同样派人说降。

峣关秦将闻得楚军兵到，登城一望，但见漫山遍野布满旌旗，也不知楚军来了多少，惶恐不安，想闭关固守。忽报刘邦遣使到来，正是郦食其、陆贾携金银宝物前来和谈。

谈判很顺利，峣关守将与南阳太守一样，封侯，并保存秦军建制。不过守将须和刘邦军团一道，西袭咸阳。

刘邦入峣关，登上城头，在太阳的余晖下可见关中披山带河，金城汤池，内心激动不已。

张良再献策："峣关守将统兵数千，万一秦兵有变，其势甚危。不如在前面设伏，前后夹击，可获全胜。"

刘邦深以为然，连连称"善"。太尉卢绾心领神会，立即去安排周勃、樊哙、靳歙引兵从北边翻越黄山，在峣关之西蓝田以南埋伏。

大军继续西进，秦军在前引路，此时秦人提防后方楚军，对前方毫无戒备。进入关中平原，秦军顿感轻松，他们可以配合关中的秦军反噬楚军，也可以在不利的情况下逃跑，关中是他们的家园，不怕没地方去。

谁料刘邦的己军主力在蓝田以南埋伏，正张开血盆大口等着秦军自投罗网。只见几丛黑烟冲天而起，遮天蔽日，周勃发出开战的信号。楚军前后夹击秦军，数千秦兵大败，四散而走，秦将也逃了。

此战樊哙用乌金斧斩1名都尉，斩首10人，俘虏146人，迫降2900人。算上在南阳的战功，卿樊哙赐爵关内侯（第19级/20级），封贤成君。

靳歙斩车司马2人，骑长1人，斩首28级，捕虏57人，临平君靳歙封建武侯，迁骑都尉。

与此同时，刘邦的偏师信成君郦商攻克汉中的旬关，正往南郑进兵。

古时汉中分为东西汉中，西汉中即古褒国，褒姒的故国，就是今天的汉中，东汉中即古雍国，为楚国所灭，大致是今十堰、房陵一带。当初雍国为了防范楚国，在东部汉水上修了郧关（今湖北十堰郧县）要塞，这是南阳进入东汉中第一道屏障。

战国时期，秦国占西汉中，楚国占东汉中。秦国沿汉水东进，可以攻击楚国的东汉中，反之亦然。秦国就在东西汉中交界处，旬水与汉水汇流地，修筑了旬关（今陕西安康旬阳县）要塞，阻挡楚军西进南郑，作用类似武关阻挡楚军入关中。

秦朝时这些并非边塞之地的关塞，大多荒废，驻扎兵力很少。郦商4000多虎狼之师，西进连破郧关、旬关，攻下南郑也指日可待。

而秦朝在汉中的布局，是一名谒者赵衍主持军政要务。赵衍是赵高的族人，身份是秦二世身边的谒者（官职八品），是郎中令（九卿之一，官职二品）帐下谒者仆射（官职六品）的属官。

谒者的官职虽不高，但奉诏出使，为天子传达诏令，是个钦差大臣。赵衍在汉中官职不是最大的，却依仗赵高的权势，成了汉中话事人。

郦商的军队杀到南郑时，关中传来消息，秦王子婴杀了赵高。赵衍成了无根之木，便顺势投降郦商。赵衍还算有点能力，后来一直在刘邦军中供职，刘邦称天子后领河间郡太守，陈豨叛乱时杀了对方一个都尉，封为须昌侯，食邑1400户。

10月，刘邦军团至咸阳东侧的灞上，派人招降秦王子婴。刘邦入关中的路线如图2-23所示。

子婴当然知道大势已去，为了避免关中生灵涂炭，他决定出降，牺牲自己，保全秦人百姓，便派心腹太监韩谈前往楚营和谈。

127

图 2-23　刘邦入关中

双方的谈判相当顺利，秦王子婴去王号，将咸阳城献给刘邦，其他城邑仍由秦军掌控。而刘邦军团不得骚扰百姓，秦政权平稳过渡给刘邦。

刘邦兵不血刃就能取得秦帝都咸阳，完成灭秦大业，欣然同意。秦王子婴也有自己的小算盘，按他的设想，刘邦进入咸阳后称秦王，少不了一顿抢掠，定会引发秦人不满。随后项羽入关中，刘邦项羽火并，这时候自己再出来号召秦人奋力反击，将楚人赶出关中。这是秦人唯一也是最后的机会，子婴决定牺牲眼前利益，即使自己不幸遇难，只要秦人团结一致，还是有可能在函谷关以西重建秦国的。

关中灞上，楚军层层甲士，灿灿金戈，万缕征尘，漫天杀气。

秦王子婴乘坐白马素车，穿宽大白色缟衣，将白色纽带系在颈上，奉着传国玉玺和氏璧，在轵道之旁投降。

太仆夏侯婴为刘邦驾车，越众而出。秦王子婴屈膝就跪，俯首请降，先献和氏璧，再上降书。

总结刘邦灭秦过程：公元前 209 年 9 月从沛县起兵，公元前 207 年十月进入咸阳，两年多时间，人不卸甲，马不卸鞍，不是在战斗，就是在去战斗的路上，终于完成灭秦的壮举。刘邦和项羽入关中的路线如图 2-24 所示。

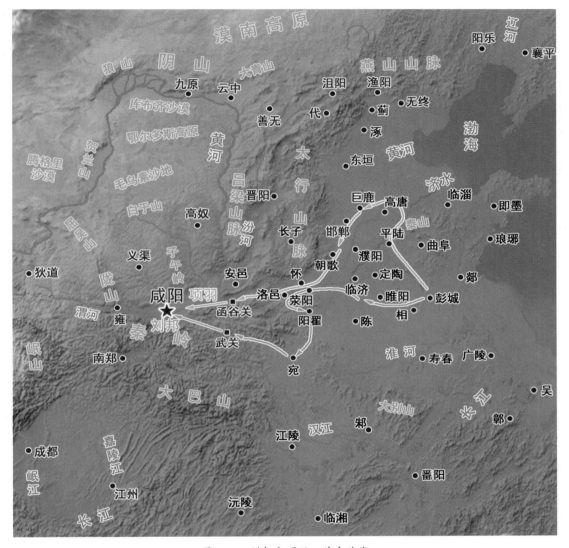

图 2-24　刘邦和项羽入关中路线

太尉卢绾屯兵灞上，刘邦则率一部己军西入咸阳。各路友军如饿狼扑食般进入秦朝府库、公卿大臣府邸，抢掠金银、珠宝、美女。

咸阳宫规模宏大，有 36 宫，24 院，兰台椒房，重楼玉宇，雕楼画栋，曲榭回廊。

刘邦见宫室之壮丽，帷帐之华美，狗马珍玩之多，妖妃美女之众，已是目眩神醉。

刘邦进入朝廷府库，见金玉锦绣，奇珍异宝，五光十色，不计其数。内有数种最为奇异，列记于下：

青玉五枝灯：此灯高 7 尺 5 寸，用青玉琢成幡龙盘屈形状，口中衔灯，以火点燃，浑身鳞甲皆动，如星光万点，照亮殿堂。

铜人奏乐：此为铜铸之人 12 个，皆衣着华丽，栩栩如生，列坐一筵，座高 3 尺，铜人手中各执琴、筑、笙、竽等乐器，用花彩点缀，形状俨如活人。

璠玙之乐：此系古琴，长 6 尺，安 13 弦，标 26 徽，都用金、银、琉璃、砥砾、玛瑙、珍珠、玫瑰石七宝装饰。

昭华之琯：以玉为管，长 2 尺 3 寸，上有 26 孔，人若吹之，则见管上有山林隐约、车马络绎相连不绝之像，音息之后，便消失不见。

照胆镜：此镜为长方形，宽 4 尺，高 5 尺 9 寸，表里通明，人直面照之，其影倒见。若以手扪心而照，则腹中五脏六腑历历可见。遇有内病，只需掩心照之，即能照见病根所在。女子若有邪淫之心，则胆张心动。秦始皇常用此镜来照宫中嫔妃，见胆张心动者，立杀无赦。

刘邦目不转睛，爱不释手，一件件看过，须臾方转过神来，抚掌大赞道：“妙也！即便有一件，也足矣！”

刘邦又入后宫，见嫔妃宫女千娇百媚，令人迷醉。遂留宿后宫数日，临幸一众宫女嫔妃。

这可把吕泽吓坏了，因为刘邦只有两个儿子，长子刘肥是外妇所生，次子刘盈便是吕泽的外甥。若刘邦再弄出几个儿子来，将来刘盈不能继承刘邦的江山，吕泽为刘邦做的一切都显得毫无意义。刘邦虽然有戚夫人相伴，但行军途中几乎衣不解带，因此这两年戚夫人没有子女。

吕泽不好亲自出面劝诫，便让刘邦的连襟樊哙来劝。刘邦娶了吕泽的妹妹吕雉，樊哙娶了吕泽的另一个妹妹。樊哙入宫直言道：“主公意欲得天下，还是欲为张楚王？此等奢华之物，秦二世所以灭亡也。望急回灞上大营，勿留宫中。”

樊哙一番话说得义正词严，但吕泽和樊哙这点小心思，刘邦一听便知，当然不肯听受。

吕泽又到灞上大营，找太尉卢绾帮忙。吕泽无非是讲一堆安国安民的大道理，卢绾与刘邦何等关系，心如明镜，一眼就看穿了吕泽的小心思。

刘邦离开丰县去沛县担任亭长后，卢绾长期在丰县活动，和刘邦长子刘肥关系密切。刘邦在沛县与吕氏联姻后，吕雉产下刘盈，但卢绾与吕泽并无太多交情。刘邦起兵两年多，吕泽一直作为友军，没有交出兵权。太尉卢绾在实战指挥中经常兵力捉襟见肘，顺口就骂吕泽不讲义气，不肯力挺刘邦。

而卢绾这个人，除了刘邦，其他人就要看是否真的有道理了。卢绾认为刘邦临幸秦后宫是他的权力，再加上对吕泽观感不佳，便连虚与委蛇都没有，直接把吕泽拒绝了。

吕泽只好去求助张良。张良不愧是三代辅佐 6 个韩王的相国，他看的不是眼下，更不是吕泽那点家事，而是未来。

于是张良匆匆入咸阳宫，进谏道：“如今秦已灭，天下必然恢复战国之势。我闻战国时秦最惧六国合纵，匡章打入函谷关、信陵君攻灭蒙骜，此孤秦难以抗衡六国也。沛公若如愿立为秦王，六国必合兵来攻，恐难保秦地。今初入咸阳，实不宜为诸侯众矢之的。木秀于林风必摧之。不如锁上宫门，退居灞上，将咸阳城和秦王子婴交给鲁公（项羽）。且良药苦口利于病，忠言逆耳利于行。此乃秦王子婴之计，望沛公听从贤成君（樊哙）之言。”

刘邦这才顿悟，自己竟差点着了子婴的道。而且项羽是敌是友都未知，后续或许还有大战。于是下令封府库，锁宫门，回兵屯驻灞上，并下令各路友军立即撤出咸阳，同时请子婴安排秦人驻守。

大家都在抢财物和美女时，独有萧何一人入秦丞相府和御史府内，收取紧要律令、图籍、文书，以备不时之需。后来刘邦欲得知天下情形，凡关塞险要、户口多少、风气强弱等，都可按图寻索，一目了然。后来汉随秦制，在关中重建都城长安，这些典籍作用可不小。

刘邦回到灞上，在张良的指点下，召集关中各县豪族代表到咸阳来。刘邦与秦人约法三章："父老苦秦苛法久矣！诽谤者诛及三族，聚语者罪至斩首。吾与各国起兵攻秦，与楚王立有契约，先入关者，立之为王，吾先入关，当为秦王。今与父老立约，吾之法律不过三章：杀人者死；伤人及盗窃财物对等处罚；其他罪按轻重分别定罪。"

此外，一切秦苛法，尽皆除去。传令各军，不许骚扰百姓，如违令者，即斩首示众。刘邦见秦地方广阔，乡僻人民或未周知，分遣多人随同地方官吏，巡行各乡邑，到处晓谕约法三章。

秦自商鞅变法 150 多年来，实行军国奴隶主义，核心的思想就是：先让全民犯罪，再让全民参军。

秦人犯了以下莫须有的罪行，就要成为囚徒。

1. 走在路上步子迈得大了，超过 6 尺。

2. 家里来了两个朋友，三人到客栈喝了点酒。

3. 出远门走亲戚去了，被当地官府发现不在家。

4. 夜里想读点竹简，点了油灯。

5. 养了头牛，到年底牛没长膘。

6. 年少轻狂，跟朋友比画了一下武功。

7. 因为懒惰导致家贫。

8. 邻居犯事了，自己被连坐。

……

秦法很细致，方方面面无所不及，以至于百姓不可能不触犯法律。秦人犯了法，有三个选择。

1. 交罚款，当然大多数是交不起罚款的，于是只能选择后面的两种方式。

2. 服劳役，修工事、陵墓等。由于没有工钱，大多数人选择了第三条受罚途径。

3. 当兵。由于有军功爵位制这个馅饼的存在，不少秦人把一生都奉献给了军队。

刘邦废除了这一套军国奴隶主义制度，身处汤火之中的秦人如鱼脱网，如鸟出笼，欢喜异常，争先备办牛羊酒食，送到军营，献与军士享用。刘邦一概辞谢，不肯收受，秦人更加欢喜，安堵如故，只怕沛公不为秦王。

● 章邯降楚，项羽新安杀 20 万降卒

刘邦比项羽早入关中 3 个月，各方面风生水起，项羽在干什么呢？章邯不是投降几个月了吗？我们来捋一下时间线。

公元前 208 年 12 月，刘邦攻击昌邑，兵困于城下。巨鹿之战，项羽擒王离，与章邯形成对峙局面。

公元前 207 年 2 月，刘邦攻克陈留，取得大量军械。项羽派项冠、项悍率军 1 万，南下薛郡，以曲阜为中心，伺机蚕食薛郡其他秦军控制的城邑。

3 月，刘邦连续击败秦将赵贲和杨熊。

4 月，章邯为了调动内史保和赵贲等人的兵力，派长史司马欣去咸阳，以说服赵高，让章邯指挥关东所有兵力与项羽决战。此时赵高做了丞相，此前的右丞相冯去疾、左丞相李斯、御史大夫冯劫，全都成了其刀下鬼，赵高独揽三公大权。

赵高之弟赵成接替做了郎中令，实际上是兼郎中令和卫尉二职，宫城内外的禁卫军和骑兵都在其掌控下。赵高的女婿阎乐领咸阳令，将咸阳城防务握在手里。

司马欣进入咸阳，一连三天没有见到赵高，更不用说见秦二世。

司马欣手眼通天，探知赵高控制了秦二世，且绝不会让章邯统领东方所有兵力，于是迅速从偏僻小路出了函谷关，逃回章邯军大营，这里才是最安全的地方，就算项羽灭了章邯，他司马欣也将毫发无损。

5 月，司马欣回到章邯大营，途经赵将司马卬控制的部分河内郡城邑，一路食不充口、备尝辛苦。

司马欣便向章邯告知实情："赵高专权欺主，战事至此，已无可为。今若战胜诸侯，赵高亦妒将军之功；若不能胜，则步杨熊后尘。将军请细思之。"

章邯此时还不想投降项羽，因为项羽未必会放过他，帐下将尉也未必都愿意投降。但几日之后秦二世的诏书到了，上面写道："章邯等统兵征伐，丧师辱命。今差黄门往拘，系颈来见，若违抗诏令，罪不容诛。"

章邯长跪不起，司马欣、章平、董翳、姚卬、周类、苏驲等大小将领却义愤填膺站起来。章平一把扶起大哥道："我等披坚执锐，亲冒矢石，大小上百战，九死一生。常昼夜不眠，每日不得一餐，受了多少辛苦，赵高这奸佞小人，欺主不说，反问我等重罪，不若杀回关中，以清君侧。"

章邯叹道："不可，我们是秦人，无论如何不能自相残杀。"

司马欣进言："赵高逼迫甚急，不如与项羽和谈，若能保得我 20 万大军，不失为缓兵之计。"

董翳也来帮腔："若项羽能保证我 20 万大军安全，等入了关中，项羽灭了赵高，我等再便宜行事。那时项羽若不退兵，我们手握 20 万大秦精锐，除非他想把自己埋在渭水。"

姚卬、周类、苏驲也觉得此计甚好，可以借刀杀人，完成自己做不了的事情。不过话要

说得好听，"投降"二字是不能随便说的，只能说和谈。

章邯倒是也想过投降项羽，但他杀了项梁，项羽会放过他吗？

司马欣何等人，长袖善舞，左右逢源，怎会看不出章邯的难处，便立即自告奋勇，去项羽大营跑一趟，试探项羽口风。

项羽闻司马欣来了，亲自到营外迎接，命项氏族人捧毂推轮，给予极高的礼遇。

司马欣入营，见项羽行礼毕，立即道："两军相持，势力俱困，费用不赀，百姓疲敝，不利于秦，亦不利于楚。"

司马欣倒是客气，先把项羽夸一顿，然后拐弯抹角说明来意，试探项羽的态度。

项羽还没说话，旁边的范增假装骂道："章邯杀吾主公，千载之恨，百世之仇，正欲砍首以为溺器，方可泄吾之恨，岂容其共事我家将军。"

章邯是杀了项梁，项羽虽然急切地希望章邯投降，但也不能直接答应，要由范增扮一下黑脸，以告慰项梁在天之灵。

司马欣一眼看破项羽范增的双簧，继续说道："大丈夫为国忘家，用贤略仇。昔日秦楚之战，各为其主，此人臣之忠，将军何拘滞于心，而示人以不广耶？"

项羽说道："长史所言，也有道理。"范增闻言，故意拂袖而去。

司马欣又道："秦之所倚重者，章将军也。鲁公若不念旧仇，抚之以恩，结之以义，连属其心，而俯纳之，章将军必感恩图报，虽赴汤蹈火，而卒为鲁公用也。如此鲁公鼓兵以进，破秦易如反掌尔。"

项羽绝非优柔寡断之人，爽快说道："天与不取，反受其咎。"遂与司马欣折箭为誓。

此前项羽派出多人去章邯营中招降，双方根本谈不拢。这次司马欣来了，主要分歧还是摆在那儿：项羽要求章邯脱离秦军待在楚军营中，并且20万秦军必须上缴所有兵器和粮草。此前每次使者回来，项羽便会发动一次攻势，给章邯施压。

6月，司马欣两次到项羽营中，回去后项羽令蒲将军领兵，攻击章邯军两次。朋友归朋友，公事还要公办。

这个月司马卬在河内郡站稳脚跟，申阳也跃跃欲试准备渡过黄河攻击三川郡，刘邦更是连续击败杨熊和赵贲两将，在颍川郡打下十几座城。

申阳、刘邦直接攻破洛阳的可能性不大，但若内史保与赵贲投降赵军，章邯军就会四面受困，连一支牵制敌人的友军都没有了。章邯兵无粮饷，马无草料，快到山穷水尽的地步。

司马欣劝导道："昔日武安君（白起）为将，下百余城，杀200万人，最终赐死。今将军有功亦诛，无功亦诛。将军内不能除奸佞以清君侧，外不能败诸侯而定天下，夷族之祸，恐终难免。将军何不与诸侯和，南面称孤，孰与身伏斧锧，质妻子为戮乎？"

章邯背过身去，虎目含泪，屈辱感涌上心头，摆手让司马欣出大帐。

章邯正式投降前，和司马欣、董翳带了一队亲兵，前往项羽大营探听项羽的诚意。

在项羽中军大营中，项羽对章邯道："上将军是不是认为我太年轻了？我用兵如何？"

章邯虽多次从司马欣等人口中打听项羽相貌，但百闻不如一见。章邯装出笑容道："鲁公巨鹿之战威震天下，眼下把我逼得连连后退，自愧不如也。"

项羽招呼章邯、司马欣、董翳坐下，微微一笑道："战场上的事谁说得清楚，战胜或战死，只在毫厘之间。不必在意这个事，生生死死，没有一定的。"

项羽说的"这个事"，在章邯听来，就是章邯击败项梁，迫使项梁自杀这件事。项羽当然不可能直接说不必在意叔父项梁被章邯所杀，话说成这样已经非常坦率。

章邯逐渐放松下来，索性拱手把话挑明："昔日定陶之战，有伤尊公，本将罪当万死。如今仰归鲁公，如婴儿之望父母。上报鲁公不杀之恩，下雪佞臣谗戮之恨。幸惟收录，以任驱使。"

项羽安抚道："尔等既归命于我，必当重用，将军勿兴异念。灭秦之后，必与将军共分天下。"

公元前 207 年七月，刘邦取南阳首府宛城，项羽、章邯设盟于洹水之南、殷商故墟之上，章邯投降项羽。

8 月，赵高杀秦二世，刘邦攻击武关。此刻若项羽马不停蹄立刻开赴函谷关，或许能赶在刘邦之前入关中，然而项羽还有不少烦恼。

章邯投降后，被项羽囚禁在楚军大营，由将军长史司马欣和护军都尉董翳统率秦军。秦军所有将士都放下兵器，所有军械和粮草都交给诸侯军。

章邯的秦军总兵力 20 万余，几乎都是秦人，其中正规军 14 万余，民夫 6 万余。

项羽军团有 34.7 万余，其中项羽有 19 万余，赵国的张耳有 6 万余，司马卬有 2 万余，申阳有 1 万余，齐国的田都近 3 万，田安有 7000，燕国的臧荼近 3 万。

如果俘虏人数接近己方，怎么办呢？当年白起的做法是直接坑杀。项羽对章邯和司马欣有承诺，一开始并不想杀俘。

此时执戟郎中韩信第四次毛遂自荐，愿率军 5 万从河内郡进入河东郡，然后渡过黄河，抢在刘邦前面灭秦。然而项羽并没有富余的兵力，章邯有 20 万降卒，三川郡的内史保和赵贲也都还没投降，最主要刘邦还没有攻克武关的迹象，毫无入关的征兆。项羽再度拒绝。灭秦大势已成，项羽不急于入关中，而在为战后的分封做准备。

项羽军团带着 20 万秦军降卒，缓慢向南推进。此去函谷关，必然要经过三川郡，虽然申阳已经在黄河南岸立足，但内史保和赵贲还没有投降，他们占据洛阳、荥阳这等战略要地，兵力约 7 万，战力不俗，还曾打败过刘邦。

项羽数次派人去洛阳与内史保谈判，然而双方的分歧太大，谈判陷入僵局。项羽要求内史保和赵贲像章邯那样，所有秦军交出兵器和粮草。内史保和赵贲则希望只是名义上投降，仍各自领兵守城，只是不干涉项羽军团入关中。项羽哪能答应这种条件，到时候困在函谷关前，两头挨揍，不就前功尽弃了？但项羽不可能率 10 万以上的兵力去攻击洛阳，毕竟还要押送人数接近的俘虏。

9 月，秦王子婴杀赵高，刘邦攻克峣关。

项羽军团不时有秦军将士逃走，诸侯军再展开无情追杀，每天都在上演老鹰抓小鸡的游戏。内史保和赵贲闻赵高死了，在秦朝廷失去靠山，便一心要与项羽死磕。秦人要是被逼急了，人人有股拼命的劲。说到底内史保和赵贲与项羽之间，缺少一个中间人司马欣，他们不信任项羽。

10 月，秦王子婴投降刘邦。

项羽终于绷不住了，退一大步，同意内史保和赵贲保持秦军建制，一切物资都不用交出，让出洛阳、荥阳等空城即可，并与项羽军团一并入关中。

三川郡内有申阳，黄河以北有司马卬，东边有魏王豹，东南有韩王成，这些人或许不足以迅速灭掉内史保和赵贲，但等到项羽从关中回兵，二人就必死无疑了。现在项羽给他们一条生路，允许他们带兵回到关中，这种机会一生肯定只有一次，等于放虎归山，内史保和赵贲立刻同意了。

11 月，内史保和赵贲的军队全部走出洛阳城，申阳派兵进驻，魏王豹也亲自率军跟随项羽入关中。

此时项羽军团有 36.7 万余人马，秦军达到 27 万余，不算民夫也有 23 万余。内史保和赵贲的军队是随时可投入战斗的，章邯的 20 万余人马虽然没有兵器，饥肠辘辘，但这支大军是整军投降，士兵依旧按建制，号令如山，平静地待在大营里，只要将尉一声令下，他们就会奋力夺回兵器反抗。

秦朝时，各地官吏士卒来到关中，多不为秦人礼遇。秦人官吏士卒来到关东，更是把六国人当奴隶对待，一言不合就抓去服劳役。如今秦兵反为俘虏，天道循环，冤家路窄。各诸侯国将士趁势报复，军中责骂鞭打降卒是常态，甚至发生多起杀害秦军降卒事件。

秦军一旦进入关中，立刻就会主客颠倒，人数反超项羽军团，届时恐怕要重新再发生一次巨鹿之战这种级别的大战，才能决定关中的归属。

关于如何处置秦军降卒，项羽和友军将领商议过多次，大家的意见相当一致：必须甩掉秦军俘虏这个巨大的包袱。但古人相信天道轮回，大规模杀俘是要遭天谴的，白起那么强大，最后还不是死于毒酒。诸将故意避实就虚，把自己说得一无是处，只等上将军好消息。

在项羽看来，这些将领都难堪大任，否则巨鹿之战怎会让王离打得那么狼狈。如果安排这些人去杀降，一旦走漏风声，后果不堪设想。项羽决心杀掉章邯的 20 万降卒，但他只能用项家军来干这个事。

项羽召英布和蒲将军入帐，面授机宜，言明要杀掉近 20 万手无寸铁的秦军，只把章邯、司马欣、董翳三人及 6000 多亲兵留下。当然，后队内史保和赵贲的 7 万秦军是披甲佩剑的，要不然也一并杀了。项羽新安杀降的形势如图 2-25 所示。

当年长平之战，白起坑杀 20 余万赵军降卒，那些赵军是先饿了 46 天的。如今秦军降卒每日虽只能吃食量的 1/3，但战斗力仍在，坑杀秦军比当年坑杀赵军难度大得多。项羽和英布、蒲将军设计，先让秦军挨一天饿。

次日，大军继续西行，来到新安。只见山峦高低错落，连绵不绝，纵深 20 多里，山间只有一条道，沿途崎岖不堪，山势凶险。

图 2-25　项羽新安杀降

　　一整天没有烧火做饭，秦军没有，项羽军团也没有。项羽派人通知章邯等，说军粮正在运送途中。

　　到了黄昏时分，楚军开始生火做饭。项羽在中军大帐设宴，请来章邯、司马欣、董翳三人，明示一批粮草刚到，先要给楚军用。并且拟定计划，将次日到的粮草进行了分配，不虞有诈。

　　夜半时分，月色无光，楚军顶盔掼甲，在寒风呼啸声中迅速调动。

　　英布挥师杀入秦营，楚军见人就杀，逢人就砍，不留活口。秦军方才惊起，睡眼蒙眬，又没有兵器和盔甲，只能四散而逃。山谷中尽是喊杀声，响彻云天，秦军争相奔逃，但路很窄，相互践踏之下，死者不计其数。

　　跑得快的秦军爬上两侧山上，蒲将军却早已率军堵住所有道路出口，远的用弓弩来射，近的用长矛来戳，发现秦军逃出一个，就杀死一个。

　　20 万秦军，被杀者数万，其他辨不清东西南北，深一脚，浅一脚，挤作一堆，跌倒踩死的，有两三万。往山梁上爬的，天黑难辨方向，失足滚落山沟谷底，摔得粉身碎骨的，不下万人。

　　曙色微明，英布拿获 3 万余受轻伤的残兵，喝令他们就地挖掘深坑，诈称要掩埋尸体。楚军兵马都吃过一顿干粮，在外围摆开阵形，只见盾牌军列前，弓弩、长矛手掩在后面，间夹铁骑，持械以对。降兵多半恐惧，也有心存侥幸的，却都不敢停手。

挖到一人半深浅，足有十来丈宽。英布大喝一声，盾牌军早将身体跪蹲了，后面弓弩手张弓齐射，秦兵连片中箭。随着鼓响，楚兵蜂拥而上，箭射枪戳，将降兵都逼入坑中。

当年白起坑杀赵国降兵，如今项羽坑杀秦军降卒，换了一批人，历史不断重演。

20万余秦军，只剩章邯、司马欣、董翳三人，以及6000多亲兵。

● 项羽入关中，鸿门宴

项羽杀了20万秦军降卒，率军团来到函谷关，谁料刘邦早令秦军降将关闭大门。项羽被刘邦占了灭秦首功，已是不悦，见状更是大怒，令英布率军攻击，一举而攻破函谷关。

项羽军团过了函谷关后，所到之处，满川流血，杀人惟恐太少，残暴更甚于秦。途中百姓奔逃，项羽大失民望，不过他没有丝毫留在关中做秦王的意思，当然不在乎秦人的生死了。项羽从新安到鸿门的路线如图2-26所示。

图 2-26　项羽入关中

12月，项羽含怒而来，兵至戏水以西，40万大军，号称百万，驻扎鸿门，几乎就在秦始皇陵旁边。

刘邦军10万，号称20万，驻扎灞上。

两军相隔40里路，无险可阻，双方剑拔弩张。

范增知天文，察地理，辨风云，观气色，常为项羽占卜。他夜观天象，只见鸿门将星甚壮，杀气弥空，如水之奔腾。灞上帝星明朗，龙飞凤舞，如日之初升。

范增自言自语道："征祥虽寓于天象，盛衰决于人事。天固能胜人，人亦能胜天。"暗下决心，要助项羽除掉刘邦，来个人定胜天。

范增立即连夜找到项羽道："沛公居山东时，贪财好色。今入关中，财物无所取，妇女无所幸，与民约法三章，其志不在小也。吾夜观天象，见灞上龙飞凤舞云，天子气也。主公趁早攻击，不可养虎为患，他日难制也。"

项羽也想杀刘邦，但他认为时机未到，刘邦仍有很大的利用价值。我们来看下项羽面临的形势：刘邦军团 10 万大军在西边挡住了项羽军团，内史保和赵贲的 7 万顶盔掼甲的秦军在东边蠢蠢欲动，章邯率数千秦军跟随项羽但怒不可遏。项羽稍有闪失就要损兵折将，这里可是关中，秦人的大本营。

如果在中原，秦军散兵随时会被诸侯军民围杀，但在关中，情况可能相反。项羽需要利用刘邦来牵制各路秦军，要是先和刘邦打起来，虽然赢面很大，但秦军肯定会黄雀在后，项羽也得小心翼翼。

关中的这些敌人对项羽的威胁是短期的，项羽最大的敌人是身在彭城的楚怀王（楚王芈心）。

楚怀王坐镇彭城，有多少地盘和兵力呢？从面积上来说，楚怀王控制的地盘与战国时楚国鼎盛时期差不多。

楚怀王的嫡系人马，以彭城为中心，占了数座城邑，兵力由数千扩张到 3 万以上。

令尹吕青和司徒吕臣，占据大半个陈郡，兵力由数千扩张到 3 万以上。

上柱国陈婴，开局就有 2 万人，项梁封五县，楚怀王也笼络他，兵力 4 万以上。

柱国共敖，率数千人攻击南郡，这几个月急速扩张，兵力 2 万以上。

司马周殷，率千余九江人重夺九江郡几个城邑，拜为大司马，兵力 1 万余。

番阳令吴芮，兵力超过 1 万，控制庐江郡。吴芮控制的越军还有 1.3 万余人北上随刘邦入关中，而吴芮的女婿英布跟随项羽打了巨鹿之战，兵力有 2 万左右。

除了以上比较大的势力，楚国至少还有数十支超过 1000 人的队伍，除了英布可能会偏向项羽，其他人的态度都未可知。不算刘邦和项羽两大军团，名义上至少还有 20 几万军队听楚怀王调遣。

项羽在关东也早有部署，项佗在东郡攻占了不少城邑，镇守砀郡的秦将司马柟正好病逝，项佗南渡济水在砀郡占了数个城邑。项冠、项悍也在薛郡占了数座城邑，实力日增。项羽入关中后，又派项声率军 1 万回到会稽郡，巩固当地的基本盘，也防楚怀王插手。

现在项羽和刘邦都是楚怀王的下属，将来项羽如何与楚怀王相处呢？项羽早就决心杀掉楚怀王代之，项氏打下的江山怎可轻易予人？往前追溯几百年，项羽家族也是楚国宗室。

此时项羽和刘邦还没有到必须你死或我亡的地步，倒是项羽和楚王之间，恐怕只能存在一人。

项羽的终极目标是取代楚怀王成为楚王，至于如何对付刘邦等人，都要围绕这个终极目标来决定。刘邦受降已经两个月，却没有称秦王，算是给项羽留了退路。但是刘邦又令函谷关秦将闭关，他想干什么？刘邦有没有可能与楚王暗通款曲，忽然向自己发难呢？

项羽是这样规划的：如果刘邦称秦王，那就毫不犹豫攻而杀之，因为承认秦王刘邦，等于承认楚怀王的统治地位，项羽以后很难翻身。如果刘邦不称秦王，则有另一套剧本。

项羽派人向楚王禀报战果，先稳住怀王，同时派出多路使者探听楚国那些封疆大吏的态度，并借机游说。而刘邦的作用很大，短期可以帮项羽压制内史保、赵贲的秦军，长期可以帮项羽压制章邯、司马欣、董翳三人，因为项羽打算把关中封给这三人，而把刘邦封到陇西、巴蜀等地。至于内史保和赵贲，项羽不打算分封，将他们留在关中与三王互相掣肘。

现在刘邦似乎没有称秦王的打算，项羽的当务之急变成了稳定住刘邦，争取时间。给项羽几个月，让他把楚国一些封疆大吏拉拢过来，孤立楚怀王，则大事可成。同时项羽也拉拢刘邦的友军，甚至离间刘邦己军将领，兵不血刃瓦解刘邦军团。

项羽和刘邦军中很多人都有深厚的交情，于是派出多路说客去游说刘邦的友军脱离刘邦。

项羽的叔父项缠（项伯）亲自来到韩营，游说张良。他们情同父子，张良是父，项缠是子。秦灭楚后，若非张良带着项缠躲避抓捕，项缠早就死了。等项梁从关中逃回，项缠才离开张良跟随二哥发展。

张良是项缠的恩人，刘邦则是张良的恩人。韩王成与张良有过两次立国，第一次是项羽、刘邦击败三川太守李由后，各给了几百人马，但由于项梁兵败，这次立国以失败告终。第二次是楚怀王重整败兵，将1000多颍川人、三川人交给韩王成和张良，但韩王成和张良都不是将才，被迫在嵩山一带打游击。正好刘邦军从三川郡赶来，打下大小十几个城邑，交给韩王成。现在韩王成能在颍川称王，主要功劳确实是刘邦的。

张良兵不多，从颍川出发时只有千许人，如今也不足2000。然而张良是反秦的一面旗帜，德隆望重，有着风向标般的作用。

项缠见了张良，把当前的形势和项羽对刘邦的想法毫无保留地告诉了张良。不过项缠也隐瞒了项羽想杀楚怀王的想法，只说项羽想做西楚王，愿奉楚怀王为义帝，如东周天子般，尊为天下共主。

而在张良看来，楚怀王、韩王成、魏王豹、赵王歇等地位等同，都是六国宗室，项羽功劳大，如果做了西楚王，把楚怀王推上义帝的位置再好不过。至于刘邦，出身比项羽、张良都要低几个档次，能够立一个诸侯王，也是完全合理的安排。

至于张良自己，作为韩相，肯定要率军离开刘邦，去颍川辅佐韩王成。

张良行事磊落，当即带着项缠前往刘邦大帐，要刘邦当面把话讲清楚。刘邦十分恭敬，出来迎接，请项缠上坐，排出筵宴，殷勤把盏。

张良敬酒一杯，然后问道："沛公本意，是否称秦王，欲和上将军（项羽）抗衡？"

刘邦闻言，猜到个大概，假意道："人人都知灭秦项上将军功劳最大，我哪有资格称秦王。不知是何等小人，打着我的名号传谣，说我要据秦地称王，守函谷关，这非我本意。"

张良又亲自为刘邦斟酒，再问道："沛公有何打算？"

刘邦郑重道："我当献上和氏璧传国玉玺，并将咸阳城让给项上将军。"接着又转向项缠敬酒道："请项伯放心，咸阳宫廷、府库我都派人封存起来了，宝物绝对一件不少。"

项缠喜笑颜开，他这次可是超额完成任务了。酒酣耳热之际，刘邦便提出欲与项缠结为男女亲家。

张良遂将项缠衣襟与沛公衣襟结在一处，用剑各分一半，交给二人收执。项缠请刘邦放心，此事就这样化干戈为玉帛。3人约定，刘邦次日到项羽军中请罪。

眼看张良和项缠策骑出营，一队人马缩成一个个小黑点，刘邦脸色一变，眼中杀气外露。

项缠回去后立即向项羽邀功，项羽却气定神闲，仿佛早猜到结果，眼下一切都在他的掌控中。

当然项羽也没有大意，这夜楚军侦骑四出，诸侯军也都增派哨兵，然而一夜无事，刘邦没有来偷袭。

次日一早，卢绾整军备战。若刘邦遭遇不测，卢绾便起兵攻击项羽，绝无商量余地。刘邦则与张良、樊哙、夏侯婴、靳疆、纪成率骑兵百人，前往鸿门。

5人当中，张良作为中间人肯定是要去的，樊哙武力超群，夏侯婴驾车，而纪成相貌酷似刘邦，危急时可以假乱真，替刘邦脱离险境。

至鸿门楚军大营，只见壁垒如云，旌旗蔽日，将士人人持戈掼甲，似将出征。刘邦吃了一惊，暗忖："此来如入虎口，能否生还，尚未可知。但事已至此，只得听由天命。"

范增在营前观望，见刘邦人马不多，旌旗动处红光见，剑戟挥时紫气生。范增惊道："此一支人马，中间必有真命之王。"

楚军守卫将100名骑兵留在营门前，刘邦只带张良、樊哙、夏侯婴、靳疆、纪成五人入营。外营里面有一层栅栏屏障，是为内营，除刘邦和张良，其余4人留在内营门外。

入得内营，一时金鼓大作，刘邦远远望见项羽，全装甲胄，仗剑而立。

刘邦往前下拜谢罪，献上秦朝传国玉玺和氏璧，说道："臣与将军并力攻秦，将军战于河北，臣战于河南，不自料竟能先入关中，破灭暴秦，得复与将军在此相见。今闻有小人谗言离间，使将军与臣不睦。"

张良在一旁帮腔道："我闻明王治天下，耀德不扬兵，在德不在险，故大贾深藏而不露，势强示弱而不暴，此明主所为也。鲁公宴设鸿门，约会诸侯，宾主交欢，尽醉而散，此一时之美举也。况鲁公九战王离，降服章邯，制伏天下，谁人不知，何人不惧，不待恃强而自强，不待言勇而自勇，何必大张声势？"

张良在项氏中地位超然，即使项梁也奉之为上宾，项缠更是当作再生父母，项羽当然也相当敬重。且刘邦举止谦卑，言词恭顺，便给自己个台阶道："此乃沛公左司马曹无伤所说，不然何至如是？"

刘邦力诉枉屈，项羽也就释然，命设宴留沛公在军中饮酒，双方席地而坐，又因楚人尚左，故席次以西边为上座，项羽和项伯并不谦让，一起坐在西边，不过项羽在左，项伯在右，是主帅和副帅。范增在项羽项伯的左边，面南而坐，和刘邦面对面，但座次高于刘邦。张良坐在下首陪侍，也就是靠近大门的位置。鸿门宴上的座次如图 2-27 所示。

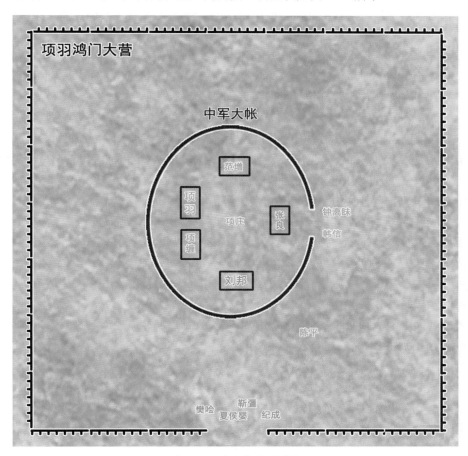

图 2-27　鸿门宴上的座次

　　鸿门宴上，狮王与猎豹推杯换盏，其实大家心照不宣，主题只有一个，就是如何瓜分猎物。

　　刘邦如坐针毡，又一番言语，表示绝不称秦王，并把咸阳城和秦王子婴都献给项羽，一切由项羽做主。

　　项羽别的都同意，但曹无伤告诉他，刘邦欲将咸阳所有府库一切珍宝据为己有。这可是一笔巨大的军资，项羽还要刘邦把吃到肚里的吐出一部分。

　　项羽并不想这么早杀刘邦，席上除刘邦外还坐着 5 人，只有范增一人存心要将刘邦除去。

　　项羽将和氏璧玉玺放在几上，但见其光润无瑕，真天下之奇宝也。刘邦则向范增献一对照星玉斗，范增无心欣赏，频向项羽以目示意，并举起身上所佩玉玦，与项羽观看，其意是要项羽决断，速将沛公杀死，一连如此三次。

刘邦吓得汗流遍体。项羽虽明知范增之意，但只默然不作声。

范增无计可施，便走到外边，密唤项羽从弟项庄入内，令其敬酒舞剑，趁势将沛公杀死。

项庄入内敬酒已毕，便拔剑起舞，歌曰："飞舞一宝剑，出自昆仑西。照人如照面，切铁如切泥。"

项庄舞剑，意在沛公。项庄寻机便要刺杀，刘邦惊慌失措，魂不附体。

项庄一剑正要刺中刘邦要害，"当"的一声，原来是项缠拔剑救了刘邦。项缠也是舞剑高手，笑道："舞剑须对舞，剑锋交错，可以夺目，以娱诸公之乐。"

叔侄二人，各逞伎俩，但见两道剑光，如片片梨花，随风飞舞。项缠的剑术比项庄弱不了多少，而且项庄也不敢全力攻杀项缠，稍有机会刺杀刘邦，项缠就挡在前面。

樊哙四人在外，久候沛公未见出来，正在坐立不安，张良悄悄溜到内营门口，对樊哙道："情况甚是危急！项庄正拔剑起舞，欲加害沛公！"

樊哙立即跟着张良赶往中军大帐，其余三将仍在内营门口守候。营内守军将尉很多都认识张良，见他只带樊哙进去，也没人阻拦。

到了项羽中军大帐外几十步范围，上百名执戟亲卫见樊哙一脸怒气，莽莽撞撞直闯进来，便一齐拥出，阻住去路。

樊哙勃然大怒，左手挽着革盾，右手按着佩剑，奋然上前，横着革盾一路撞进，几个亲兵居然被他撞在地上七颠八倒。

一名执戟郎中（亲兵队长之一）钟离昧正要向前阻止，身边另一名执戟郎中韩信拉住他说："樊哙奈何不了主公。"

樊哙闯入大帐，张良也随后进入。

项羽亦惊起，按剑而立，一眼便认出是樊哙。一年多前，项羽、刘邦联手出征，伏击三川太守李由，樊哙冲锋陷阵，项羽颇为赞赏。

项羽暗忖："此人可比英布。"项羽力能扛鼎，势能拔山，自负能够当他十合之人，除了英布就只有樊哙。

项羽冷冷问道："来客何人？"

张良代答："此乃沛公参乘樊哙是也！"

樊哙立在刘邦座旁，环睁两眼，怒视项羽，眼眶尽裂，头发一根根向上竖起，怒发冲冠可能就是这样子。

各种舞姿耍了一遍之后，项庄也知难而退，项缠亦收剑归座。范增见项缠与自己对着干，气得哑口无言。

项羽先赐酒一斗，再赐生猪腿一只，樊哙喝光吃光，项羽不禁赞道："好个壮士！"

项羽便赐座，樊哙与张良在下首一排坐下。过了片刻，刘邦起身托言如厕，暗做手势，樊哙会意，便随刘邦赶到营门口。

刘邦、樊哙逃出中军大帐，张良给项羽、项伯、范增各敬酒一次，说些客套话。

范增曾吩咐军尉陈平，如果刘邦车队离开，则率兵包围阻击。此刻陈平派人来报，刘邦车队略显混乱，但没有强行逃走。其实刘邦也不敢率军离开楚营，毕竟只有 100 骑，楚军近 20 万。

刘邦与樊哙、夏侯婴、靳疆、纪成五人，找到营中一偏僻处，寻到一匹马，给刘邦骑，其他四人步行，从偏门溜走，取偏近小路，从骊山下走。刘邦项羽都是楚系，刘邦与项羽还有过深度合作，对项羽军营了如指掌。

范增两次派人问询，陈平都回禀刘邦车队没有动。时间长了，范增终于忍不住让项庄去车队看个究竟，才知刘邦不在车队里。此时张良才不急不忙地说刘邦已经走远。

范增又劝项羽："主公，此时起兵，犹未为晚。昔日楚成王不杀晋文公，而晋破楚于城濮；吴王夫差不杀越王勾践，则三千越甲可吞吴。今主公不杀刘邦，此人必与公争天下矣！今若放生，如放龙归海，纵虎入山，日后再制，不亦难乎？"

项羽抓起几上的和氏璧，感觉到微热，转移话题道："久闻和氏璧去尘埃，辟邪魅。冬天能发热，代替炉灶，夏天像冰块，百步之内蚊虫不入。今日观之，名不虚传。"

项缠幸灾乐祸道："不然！上将军威武，天下莫敌，各国诸侯肘膝而见，威势更胜楚成王、吴王夫差。况沛公已献上传国玉玺，可见无远大之志。其比晋文公、越王勾践，差之远矣！"

范增见丧失杀死刘邦的最佳机会，便将照星玉斗掷于地上，以剑击碎。口中不敢骂项羽和项缠，却指着项庄骂道："唉！竖子不足与谋，将来夺天下者，定是沛公，吾辈必为所擒！"说完拂袖而去。

项缠也骂道："范增不过一儒士耳，何敢在项氏面前狂妄？"

项缠为何与范增过不去呢？当初项梁死后，范增极力扶持项羽为项氏宗主，项缠怀恨在心，只要范增支持的他必然反对。项缠最恨两个人，一个是范增，一个是英布。当时范增跑遍项氏各营，劝说大家团结起来支持项羽为宗主。英布则直接带兵闯入项缠大营，连杀上百人，冲进项缠的中军大帐，控制了他和他的幕僚。

不过项羽对这个叔父却不以为意，项氏当中对项羽威胁最大的是在东郡和砀郡迅速扩张的项佗。项缠从来不带兵上战场，在项羽看来毫无威胁，项缠再任性，项羽最多也就苦笑一下。

刘邦回到灞上大营，恍如隔世，仿佛刚从地狱门口走过一趟。他立即派人抓捕曹无伤，推出斩首，麾下将领再没人敢去投奔项羽。

曹无伤是沛县人，一开始就跟随刘邦。刘邦起兵第二个月，在薛县击败泗水郡的残兵，曹无伤在战场上击杀泗水郡太守壮。那时刘邦自己还只是个相当于县令的沛公，在刘邦整个反秦过程中，击杀官职最高的就是太守。曹无伤一战封神，有点功高盖主的意味。

不过后来曹无伤发展速度一般，身居四大左司马之一，另外三个是丰县的唐厉、砀县的孔聚和陈贺，这三人都比曹无伤稍晚加入刘邦军。曹无伤在刘邦军中的地位，排进前三十没问题，但也不是特别高。

曹无伤心态不平衡，所以悄悄跑到项羽跟前，说了一番刘邦要对付项羽的话，企图两面押宝。项羽出身楚国宗亲，上柱国之孙，自然看不起曹无伤这种卖主行为，也没觉得曹无伤有多大用，随口就卖给了刘邦。

● **项羽挖了秦始皇陵？**

　　鸿门宴后，项羽派人到灞上，令刘邦把秦王子婴及二子送到楚营。子婴本想用计使刘邦和项羽火并，想不到被刘邦当作筹码卖给了项羽。

　　但见寒芒一闪，英布挥剑杀之。可怜子婴，生在帝皇家，骤然成一国之君，未能享得一日安宁，今却要替人还债赎罪。

　　一时咸阳附近天昏地暗，黑雾弥漫，百姓肝肠寸断，伤心不已。

　　公元前 206 年 1 月，项羽自鸿门入咸阳，杀尽秦国宗族 800 余人，牵连者 4600 余人，还把秦宫嫔妃宫女全杀了，以免将士懈怠留恋关中。项羽军团尽兴屠戮秦民，一时咸阳积尸满市，流血满渠。

　　项羽军团将秦库财货全部劫取出来，楚军收纳一半，另一半分给诸侯军。

　　项羽怒气未消，招来英布问道："我闻嬴政（秦始皇）墓室宝藏不少，可有此事？"

　　英布回道："嬴政墓方圆八九里，高 50 尺，以珠玉为星斗，以水银作江河，以金银围绕其椁，以百宝设于柩前为珍玩，以宫女数百人殉葬，六国奇宝，如珊瑚玛瑙、翡翠琉璃，尽在嬴政坟墓中。穴中虽不举灯火，亦亮如清晨黄昏。"

　　项羽兴致勃勃地问道："君上可知嬴政陵墓具体位置？"

　　英布答道："我等进入关中，便都蒙眼走了十几天路，想必是绕来绕去。当初我带一帮兄弟逃脱，往南一个晚上便奔逃上山，后来才知道是骊山。嬴政的陵墓，应该在骊山北麓。"

　　项羽率军来到骊山，只见：苍松笼殿宇，古柏映楼台。明堂容万马，山势拥千蛟。石栏盘白玉，神路贯天衢。左右列狮驼虎豹象，东西列文武铁衣郎。戟门壮丽，为千百年之规模；陵寝巍峨，有亿万载之形势。秦始皇陵示意图如图 2-28 所示。

　　项羽亲自督师，英布全局指挥，开挖秦始皇陵。诸侯军人人奋力，个个争先，只见尘土遮天，鸟兽潜迹，狐狸丧胆。

　　项羽军团自北向南，平掘 10 丈长，入地 5 丈深，挖到了石城，只见石门紧闭，门旁有两条石龙。用铁锤一点点打碎石门，中有大路，皆白石砌就，两边俱有栏杆，行有 2 里远，方是墓门。有大殿、享殿、寝殿，三宫六院，建造十分齐整，寝殿中便是始皇灵柩，面前陈设宝货，周围堆积金银 60 万，各样宝物 120 件，尽数起出。军团共用 30 万大军，30 日也未能全部搬走。

　　项羽和英布找到了秦始皇帝陵的位置，盗掉了部分俑坑，坑道内至今仍留有诸多焚烧痕迹。不过项羽挖的可能是以假乱真的副墓，没有找到秦始皇帝陵的封土和下面的地宫。秦始皇陵面积约 56.25 平方千米，规模古今无两，无论是秦始皇的父亲秦庄襄王，还是汉高祖刘邦长陵的封土，都远不及上。封土底部南北长 515 米，东西宽 485 米，高 55 米，距骊山很近，看起来像骊山的一座余脉，就算英布这种亲自参与过秦始皇陵修建工程的人物，也找不到封土所在，或者说没人相信一座山下面居然是封土和地宫。秦始皇帝陵的封土和地宫至今犹在，从未被人盗取。

图 2-28　秦始皇陵

　　项羽以为挖掉秦始皇陵，又挥师西进，挖了秦二世陵墓。秦二世刚下葬不久，墓室几乎挖掘一空，只剩下一堆枯骨。搬取秦二世陵宝物后，诸侯军又放火烧陵墓，墓室底部和四周的泥土都烧成了砖。

　　项羽见阿房宫楼阁华丽，光耀云霄，联络不绝，叹道："此秦之所以亡也，费尽天下财力，方成骊山、阿房二宫。我为王，留此故迹无用。"项羽率众将阿房宫烧毁，相连宫院，尽皆放火，三个月烟焰不绝，百里楼阁亭台，化成一片焦土。

　　本来关中是个富甲天下之地，居室栉比，咸阳堆金积玉，宫殿林立。可惜经项羽蹂躏糟蹋，咸阳已成废墟，关中流离满目，荒秽盈途，军民多恨项羽，秦人恨不能车裂之，再分食其肉。

145

关中地方残破，户口稀少，景象荒凉，一个名叫韩生的人来劝项羽："关中阻山带河，四塞险阻，地质肥饶，真是天府雄国，可以建都称霸。"

项羽当然不可能定都关中，他早就计划自立为楚王，定都彭城，要不然也不会放纵各路军马祸害关中，但嘴上却说道："富贵不归故乡，好似衣锦夜行，何人知晓？我已决计东归！"

韩生走出楚营后，便对路人道："我闻楚人沐猴而冠，今日所见，才知此言不虚。"

项羽得知后，派人抓捕韩生，烹杀之。

项羽虽然忙于抢掠关中，但也绝没忘记削弱刘邦，拉拢刘邦军团中实力比较强的友军。

刘邦的友军中，越军兵力最多，达到 1.3 万人。而百越长梅锏与番君吴芮称兄道弟，吴芮又是项羽麾下首席大将英布的岳父，凭借这层关系，越军自然脱离了刘邦。

越军的三大统帅百越长梅锏、闽越首领驺无诸、瓯越（东瓯）首领驺摇，都投到了项羽军团中，打算战争结束就回到南方百越之地，当然项羽也许诺要给他们封侯赐爵。

此时刘邦已得知项羽打算立他为汉王，便派使臣去游说越军大小将领，其中摇毋余、合传胡害、华无害三人就打算率部追随。

摇毋余、合传胡害、华无害都不是部落首领，手下各有数百人，也来自多个小部落。如果三人回去，手下大部分人当然也回到原来的部落，说直白点就是他们三人会失势。从自身利益衡量，三人决定追随刘邦赌一把，三人兵力加在一起约 1300 人，对刘邦绝对是雪中送炭，而刘邦也许诺给他们封侯赐爵。

刘邦称天子后，封摇毋余为海阳侯，食邑 1800 户；封合传胡害为贳侯，食邑 1600 户；封华无害为绛阳侯，食邑 740 户。

越人只有 1/10 留下，刘邦心满意足，但张良的离开却令刘邦痛心疾首。

每当刘邦陷入迷茫，张良就像一盏明灯为他指明方向。但张良毕竟是韩相，他回颍川辅佐韩王成天经地义。残酷的现实把刘邦自以为牢不可破的兄弟友情击得粉碎。

刘邦没想到，连自己的大舅子吕泽，也打算投靠项羽了。

刘邦自沛县起兵以来，雍齿、王陵、吕泽作为沛县三大豪族，各自统兵，作为友军跟随刘邦作战。雍齿在丰县就背叛刘邦，王陵在南阳郡与刘邦分家，吕泽也靠不住。

吕泽若不是刘邦的大舅子，可能也早就与刘邦分道扬镳了。吕氏与刘邦的关系，没有想象中那么铁。自刘邦迎娶吕雉后，就与妻子聚少离多，特别是沛县起兵后，两年多没见过吕雉和一双子女，如今身边又有了新欢戚夫人，这些事吕泽当然看在眼里。

项羽给吕泽开出了筹码，大致是封吕泽为侯，割济北郡 3 个县给他。项羽在常山王张耳地盘上割了 3 个县给南皮侯陈馀，给吕泽的分封类似陈馀。陈馀出身是魏国大夫，后拜为赵国大将军，是解巨鹿之围的功臣之一，吕泽却只是个土豪，能有这种规格，项羽算是优待了。要知道在大野泽有 2 万兵的彭越，可是什么都没捞着。

项羽想立田安为济北王，又要用吕泽去制衡田安，并且两人联手对抗原齐王田市。但吕泽不想去济北郡，他不愿卷入齐国的内战。吕泽希望项羽将他封在沛郡，然而沛郡在项羽的西楚国范围内，当然遭到拒绝。

刘邦懂吕氏，也懂吕泽，商贾最重利，言之无物是没用的。刘邦让萧何给吕泽传话，条件随便开，吕泽自然不会客气。

首先，吕泽向刘邦要刚投靠过来的越军，并派麾下大将郭蒙指挥。摇毋余、合传胡害、华无害三人率 1300 余人，暂时归入吕泽麾下。郭蒙后来封东武侯，食邑 2000 户。

1000 多越军怎么够？吕泽直接向刘邦开出名单：娄烦将丁复、队将（统兵 1000 人）蛊逢、队将戎赐、队将刘钊、队将陈涓。

娄烦将丁复，入咸阳前有骑兵 200 多，战马 300 多匹。入咸阳几个月后，骑兵增加到 500 多，战马近 2000 匹，战斗力急速提升。不过丁复已经不是友军，他自愿并入刘邦军，为队将（统兵 1000 人），听候差遣。

蛊逢，剑术大师。刘邦攻下砀县，有 6000 人来投奔。蛊逢不在这 6000 人之列，他率徒众 37 人从曲城来投。蛊逢麾下这 37 人也都是剑术高手。战场中每逢遇到敌方将帅，刘邦就会想起蛊逢手下这支力量，他们是刺杀敌方重要将领的利器。蛊逢军职是队将，爵位是执珪（第 12 级 /13 级），在刘邦军中地位可排进前十。刘邦本不肯放走蛊逢，但吕泽执意要，只好忍痛割爱，心里恨得咬牙切齿。

戎赐，本是薛县豪族，刘邦率军在薛县击杀泗水太守壮，戎赐率 100 多人来投。当时刘邦麾下不过五六百人，友军不过 3000 多人，戎赐不是作为友军来投，而是直接投在刘邦麾下，任其调遣。刘邦很是感动，以戎赐为连敖，相当于参谋，这是刘邦任命的第一个连敖。

刘钊，砀县投奔刘邦的 6000 人中的一员，初期是舍人（统兵 50 人）。

陈涓，砀县投奔刘邦的 6000 人中的一员，初期只是卒。

为了安抚这些将领，刘邦和吕泽言明这是借兵，不是赠兵。但谁都知道，这些人一旦离开刘邦，很难重获信任，只能一心追随吕泽。

为了把吕泽拖到汉中去，刘邦给了吕泽 1300 多越军，借给吕泽五个队将 4500 多人，吕泽军由 8000 余人扩张到 1.4 万人。

● 项羽分封诸侯，刘邦入汉中

项羽进入关中后，便派人禀报楚王（楚怀王），希望解除原约。此时楚王芈心的诏书来了，仍坚持彭城之约，也就是怀王之约，立刘邦为秦王。

项羽倒是不以为意，他率军被甲执戈，攻城陷阵，三年灭秦，如今马放南山，卸甲归田，早就与诸将领合谋，打算分茅裂土，使子孙世食其土，以昭军功。

项羽征关中百姓修封王赐爵台，昼夜不息，累死数万人，尸填高台之下。关中黎民，父携子哭，弟为兄悲，夫妻泪落，男女悲哭之声不绝于耳。

公元前 206 年 2 月，封王赐爵台落成，项羽分封诸侯。

台有 3 层，高 3 丈，阔 24 丈。第三层即台顶，为项羽所在。第二层为诸侯王所在，人人衣冠整齐，迎接分茅裂土的时刻。第一层为大小侯爵所在，人人期待封树藩屏，世食其土。台下 40 余万大军，剑戟森严，阵容浩大。

台顶高接霄汉，正中设"皇天后土之位"，旁立"山川社稷之神"。上立九鼎，案台上摆放和氏璧传国玉玺。除项羽和范增率亲兵外，还为楚怀王设虚坐。

和氏璧是楚文王时期剖开璞玉所得的稀世珍宝，战国时成为赵国的国宝，秦昭襄王竟许诺用15座城邑交换和氏璧，才有了蔺相如完璧归赵的故事。秦始皇统一天下后，令良工琢和氏璧为玉玺，李斯在玉玺上篆刻8个字："受命于天，既寿永昌！"和氏璧成为秦朝的传国玉玺。

九鼎是大禹时期所造，大禹令人先把全国各州的名山大川、形胜之地、奇异之物画成图册，然后令能工巧匠将这些画仿刻于九鼎之上，所刻图形亦该州山川名胜之状。大禹随时可以看到自己统治下的山川名胜，意思是"普天之下，莫非王土"。

大禹将天下分为9个州，每个鼎代表一个州，九鼎放在一起就代表整个天下。九鼎表示的9个州分别是冀州、兖州、青州、徐州、扬州、荆州、豫州、梁州、雍州。

九鼎做工精美，体积庞大，代表了至高无上的权力。谁拥有了九鼎，谁就被奉为天子。夏朝、商朝、周朝、秦朝，都把定都或建立王朝称为"定鼎"。商朝灭夏朝，九鼎迁于商都殷；周朝灭商朝，九鼎迁于周都镐京；周平王东迁，将九鼎搬到了洛邑；秦昭襄王灭东周，九鼎迁于秦都咸阳。

无论是和氏璧还是九鼎，项羽都会带回西楚国。

范增宣读祝文，亲兵依次将诸侯王、侯爵引至台顶，项羽亲赐王印、黄钺、白旄等，诸侯则叩首谢恩。

项羽率众拜告皇天、后土、山川、河渎之神，登六匹骏马所拉之羽盖云车，诸侯争相捧毂、推轮，天下形成新的格局。

霎时狂风大作，黑雾弥漫，暴雨倾盆而下，此为关中神鬼之泪。

项羽尊楚怀王为义帝。所谓义帝，是天下共主，而非一国之王。类似东周天子，虽然战国七雄都有灭亡东周的实力，但也都尊东周天子为共主。不过此为项羽权宜之计，因楚怀王手中尚有不少军队，项羽要杀义帝，还需要时间。除了义帝外，项羽立了20个诸侯王。项羽分封诸侯的形势如图2-29所示。

秦地立四国

立秦降将章邯为雍王，据有咸阳以西，包括陇西郡和上地郡，建都废丘。

立秦降将司马欣为塞王，据有咸阳以东，建都栎阳。

立秦降将董翳为翟王，据有上郡，建都高奴。

三秦中间位置咸阳，则让给内史保和赵贲，却并未封王侯。他们的军队顶盔掼甲，有完整的建制，这是在三秦当中揳下的一颗钉子。

立楚武安侯砀郡长刘邦为汉王，据有巴郡、蜀郡、汉中郡，建都南郑。

项羽本来要立刘邦为蜀王，据有巴蜀之地，张良又去游说项缠，希望项羽立刘邦为汉王，把汉中包含进去。项羽得知后，考虑到郦商已经占据汉中，若把汉中封给刘邦，有可能两方面就火并起来，即使暂时没动兵，以后互相掣肘也是个好事，便同意了。刘邦的军队中，沛

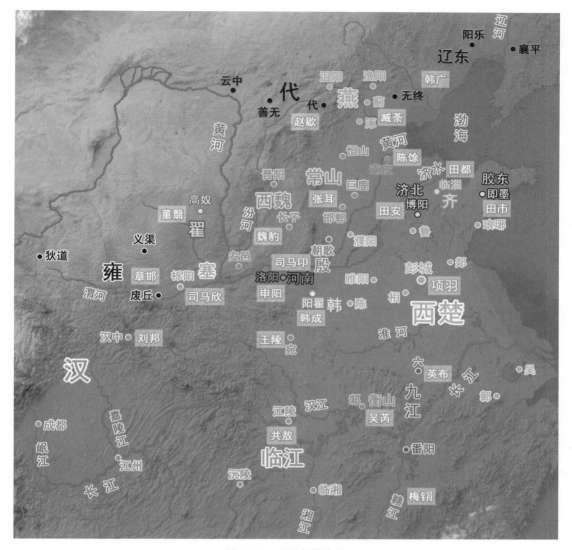

图 2-29　项羽分封诸侯

县的雍齿、王陵都背叛了，何况后来才投奔的郦商，项羽的盘算并无问题。

张良总是在关键时刻拉刘邦一把，他是真的把王侯将相们的心思揣摩透了。

楚地立义帝和五国

尊楚怀王为义帝，建都长沙郡南部的郴。

项羽自立为西楚霸王，建都彭城。封地有 9 个郡，其中魏国有二郡，分别为砀郡和东郡；楚国有七郡，分别为琅琊郡、薛郡、泗水郡、东海郡、陈郡、郯郡、会稽郡。

立楚将英布为九江王，封地有九江郡和庐江郡，建都于六。

立番君吴芮为衡山王，封地是衡山郡，建都于邾。

149

立楚柱国（将军）共敖为临江王，封地有南郡、黔中郡、长沙郡，定都江陵。

封百越长梅锅为台侯，食邑 10 万户。

封王陵为穰侯，封地为其所占南阳大部分地区。南阳还有一股势力，是刘邦己军的张平所部，在南部占据了几个县，起到了牵制王陵的作用。

赵地立二国

徙赵王歇为代王，据有代郡、雁门郡、云中郡，建都代。

立赵将张耳为常山王，据有赵王歇的赵国，包括邯郸郡、巨鹿郡、恒山郡，建都信都，改名襄国。

立赵将陈馀为南皮侯，建都常山国巨鹿郡的南皮，领三县。

魏地立一国

徙魏王豹为西魏王，据有河东郡、太原郡、上党郡，建都平阳。

韩地立三国

立赵将司马卬为殷王，据有河内郡，建都朝歌。

立赵将申阳为河南王，据有三川郡，建都洛阳。

立韩成为韩王，据有颍川郡，建都阳翟。

燕地立二国

徙燕王韩广为辽东王，据有燕地东部三郡，建都无终。

立燕将臧荼为燕王，据有燕地西部三郡，建都蓟。

齐地立三国

徙齐王田市为胶东王，建都即墨。

立齐将田都为齐王，据有齐郡，建都临淄。

立齐王建孙田安为济北王，据有济北郡，建都博阳。

公元前 206 年 4 月，霸王项羽和各诸侯王在戏下正式宣告罢兵，归国。

刘邦军团 6.6 万人，己军和友军各半，比起鸿门宴时少了 1/3，友军几乎走了一半。

刘邦军走子午道登上秦岭，张良送至蚀中，见山岚叠嶂，便告辞回韩国。一路山势险峻，皆依山架木，作为道路，名曰"栈道"。

为防止项羽军偷袭，在进入蚀中后，刘邦烧掉部分汉中通往关中的栈道，以告示霸王项羽，汉军绝无东出之意。只见烈焰连天，浓烟遍野，火烧百里。烧栈道还有一个意图，即防止将士逃走。将士因见秦岭道路险峻，多思东归故里，沿途私自逃走者，络绎不绝。

进入汉中盆地后，郦商引兵迎刘邦于褒中，这段时间郦商兵力增至 8000 多人，是刘邦己军中率军最多的将领。

与郦商合兵后，刘邦军团总兵力 7.4 万人，其中己军 4.1 万人，友军约 3.3 万人。

第四节　诸侯叛楚，刘邦起兵

● **燕、赵、齐起兵反项羽**

公元前 206 年 5 月，项羽刚从关中回到彭城，齐、赵、燕三地就打了起来。我们从北往南，来看看燕地、赵地、齐地的情况。

燕国地方很大，但人口很少。战国后期燕赵大战，燕国屡遭大败，人口一直呈下降趋势。秦朝时乌桓、匈奴连番入侵燕国北方，掳掠人口财货，燕地人口进一步减少，总体还不如中原一个大郡人口多。项羽将燕国一分为二，徙燕王韩广为辽东王，立燕将臧荼为燕王。辽东王韩广据有燕地东部右北平、辽东、辽西三郡，建都无终，人口减少一半以上。燕王臧荼据有燕地西部广阳（汉初拆分出涿郡）、上谷、渔阳三郡，建都蓟，这是对他追随入关最好的奖赏。项羽封的燕国和辽东国如图 2-30 所示。

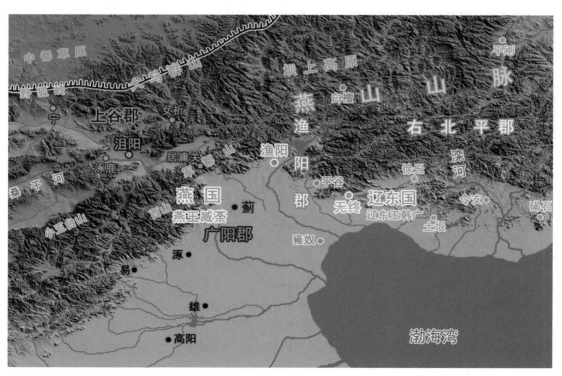

图 2-30　燕国和辽东国

韩广本是赵国人，曾任秦朝上谷郡某县令史（官职十五品）。陈胜的部将武臣建赵国，自　　151

称赵王，韩广便去投奔。因为韩广对燕国比较了解，赵王武臣便派他率军北上，燕国郡县望风归服，燕地大定。

韩广自称燕王，迅速平定燕地，并非用兵如神，而是因为燕人最大的敌人是乌桓、匈奴，若韩广能帮助燕人抵御外敌，燕人当然欢迎。

臧荼是韩广的将军，是燕国兵权实际掌控者，奉韩广之命率军2万南下救援赵国的巨鹿。臧荼从巨鹿之战起就追随项羽，后来入关中，立为燕王。

辽东王韩广虽然不用去辽东地广人稀之地，却必须离开蓟都（燕国旧都）去右北平郡的无终，他怎会咽得下这口气。由于早前建立燕国的过程气决泉达、一气呵成，后来又统治燕国两年，韩广早已傲世轻物、目空一切。

当臧荼率3万多人马北上燕国，韩广还是提前率军撤出了蓟都。不过大部分城邑都被韩广搬空了，除了山里的百姓，几乎都是空城。韩广盘算着，等臧荼分兵去控制三个郡广大的地盘，便立刻起兵夺回蓟都。

然而韩广太小看臧荼了，征战两三年，臧荼和麾下将士不但身经数十战，自信心也爆棚。臧荼当然没有分兵去控制广大的封地，而是直接开赴韩广的新都无终。

燕王臧荼大概只用了两三个月就平定燕地，杀了辽东王韩广。

燕国的局势朝着对项羽有利的方向发展，赵国和齐国的形势却反过来了。项羽将赵国一分为二，太行山以西归代王歇，以东归常山王张耳。

项羽徙赵王歇为代王，据有太行山以西的代郡、雁门郡、云中郡，建都代。立赵将张耳为常山王，据有太行山以东的邯郸郡、巨鹿郡、恒山郡，建都信都，改名襄国（今河北邢台）。立赵将陈馀为南皮侯，建都常山国巨鹿郡的南皮，领三县。项羽封的代国如图2-31所示，项羽封的常山国如图2-32所示。

入关前的六王当中，项羽最想杀的当然是楚怀王，但最恨的必然是赵王歇。巨鹿之战，项羽拯救了赵国，是赵王歇的救命恩人。但战后赵王歇立刻迁都信都，带走了1万多军队，不肯派军队随项羽南征章邯。项羽和章邯对峙的数月中，赵王歇在李左车等辅佐下，实力迅速膨胀。待项羽迫降章邯，并开始西进关中，赵王歇趁机填补空缺，几乎占据大半个赵国。

赵王歇徙代国后，他的三个郡可谓阽危之域，有一半土地在匈奴人的控制下。

在项羽和章邯对峙过程中，项羽的友军当中数张耳的兵力最盛，而且张耳还派司马卬和申阳翻越太行山，从背后攻击章邯，建丘山之功。在项羽军团入关中的过程中，张耳的兵力仅次于项羽，是友军中实力最强的。

不过为了牵制张耳，项羽又封与张耳反目的陈馀为南皮侯，从张耳的领地上挖出3个县。

陈馀率万余人割据3个县，将国事委托给心腹夏说，自己率数百人居河谷山林，捕鱼猎兽，一副深藏功与名的模样。当然这只是表面现象，是演给常山王张耳看的。暗地里，陈馀西结代国，东联齐国，立誓灭掉张耳。

项羽分封诸侯后，李左车力劝赵王歇先去代地就国，等待机会南下。

代国的机会很快就来了。在南皮只有3个县的陈馀憋了一肚子气，他把张耳当亲爹，心

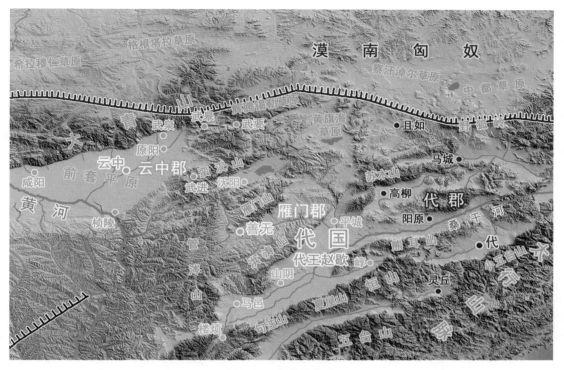

图 2-31　赵歇的代国

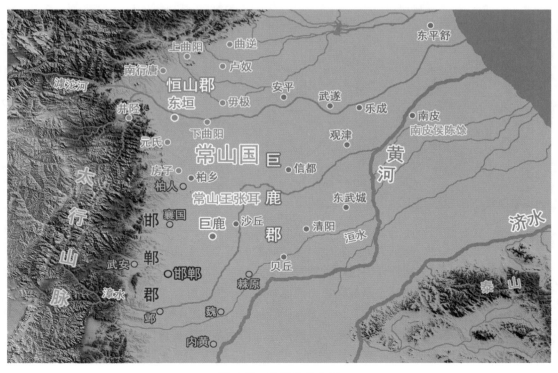

图 2-32　张耳的常山国

甘情愿让张耳兼并 2 万多军队，并以此为基础迅速扩张。结果呢，张耳把陈馀当养子，丝毫不见有福同享的意思，两人再无回旋余地，不是你死就是我亡。

陈馀的南皮城紧邻齐地济北郡，当时齐王田市派人联络陈馀起兵反张耳，表示愿意提供部分粮草辎重，一起推翻项羽的分封。陈馀则立即派人北上联络代王歇，双方一拍即合，南北夹击张耳。如此，陈馀借道齐国，南下从平原津渡黄河，打了常山国守军一个措手不及。代国的军队在李左车的指挥下，更是神鬼莫测，高歌猛进，几个月后代王歇重夺赵地，常山王张耳南逃到刘邦营中。

项羽将齐国一分为三，分别是齐国、胶东国、济北国。徙齐王田市为胶东王，建都即墨。立齐将田都为齐王，据有齐郡，建都临淄。立齐王建孙田安为济北王，据有济北郡，建都博阳。项羽封的齐地三国，如图 2-33 所示。

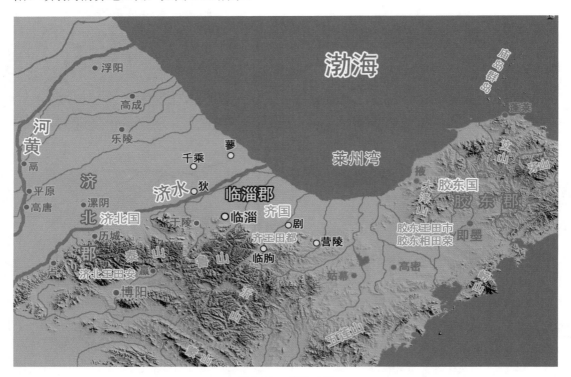

图 2-33　齐地三国

齐国自春秋齐桓公起就有五都制度，鼎盛时期的五都是中都临淄，东都即墨，西北都高唐，南都莒，西南都平陆。五国伐齐时期，齐国只剩东都即墨和南都莒附近区域，后来田单复齐，齐国收复了中都临淄、东都即墨、西北都高唐，但同时也永久地失去了南都莒和西南都平陆。

南都莒给了楚国，换取楚国不干涉齐国复国；西南都平陆被魏国和鲁国瓜分，不过平陆建都时间不长，本来也是为了灭宋才建的。总的来说齐国复国后，还是恢复了大半，并且一直保持到秦国灭齐国。

战国最后 50 年，齐国没有派一支军队走出国门，坐拥渔盐之利，国泰民安，歌舞升平，人口众多，经济繁荣。

秦国灭齐国，几乎是一战而下，对齐国人口和经济影响不大。齐王田儋和齐王田市经营几年之后，齐国的军事与经济实力接近战国末的水平，而齐国的南面就是项羽的西楚国。

卧榻之侧怎能有此等强国？因此项羽便把齐国一分为三。当初秦灭齐后，大致按照齐国固有三都，分成济北郡、临淄郡、胶东郡，项羽同样延续这个架构，将齐国分为济北国、齐国（临淄郡）、胶东国。

以人口和经济实力而言，齐国＞济北国＞胶东国，齐王田市改立为胶东王后，综合实力不如原来的 1/3。

新的齐王田都和济北王田安，向东行进的速度很慢，一路收容散兵游勇。从四月到五月，两支队伍先后进入济北国。

济北国的都城博阳位于泰山以南，是战国时鲁国的地盘。秦朝将鲁国一分为三，主要区域是薛郡，北部划分给济北郡，东部划分给琅琊郡。

济北王田安定都博阳，与临淄之间隔着泰山、鲁山，两山之间的孔道过于险峻，春秋战国齐鲁动兵，多绕行泰山西侧。济北王田安宣布各城邑守将原地就任，城头换一面旗帜，他打算用怀柔的手段逐渐控制济北国。

田安只有 1 万多军队，但他的济北国与胶东国中间还隔了个齐国，相当安全。齐王田都就没这么幸运了，他想就任齐王，就必须赶走齐王田市和齐相田荣，一山不容二虎，一国不立二王。

齐王田都率 3 万余人马沿着济水东进，一路经过济北国的卢县、历城、于陵等重镇，没有任何齐军干涉。大军抵达于陵，齐王田都得到消息，齐王田市与齐相田荣已经离开临淄，正在去即墨的路上。根据骑哨亲眼所见，一路车水马龙，至少有几万人。

齐王田都顺利来到临淄城下，一半人马入城，一半驻守城外，互为掎角。

田都是齐王田儋（齐王田市之父）派去救援巨鹿的，是第一批赶到巨鹿城下的诸侯军。项羽率军开赴巨鹿后，田都一直非常配合，再加上他有 3 万多人马，项羽认为田都赶走田市如拔丁抽楔，水到渠成。再加上西楚国都城彭城距齐国也不算远，项羽还可派兵增援。

然而齐王田市可不是燕王韩广，他在两个叔父田荣和田横的辅佐下，赶走了田假、田安等齐国宗室，厉兵秣马，实力与日俱增。

两天后，齐相田荣之弟将军田横率 5 万余大军杀来，田都仍城里城外结成互补阵型。谁也没料到，当田横发动攻势，城外的田都军一部就反戈一击，自相残杀起来。

田都在城头上看得目瞪口呆，骇然失色，不敢打开城门迎战。

也就一炷香工夫，城外田都军大多选择投降，丢下兵器伏在地上等待被俘。

田都正不知所措，忽然对方阵内传来震天的欢呼声。田都侧头看去，只见临淄一座城门打开，一个熟悉的身影策马率众而出，一路上丢掉头盔和长枪，显然是去投降了。

接着田横军如潮水般涌入临淄城,田都到这一刻才明白,为何赵王歇可以死守巨鹿,他田都却一刻都守不住临淄。两年前,齐王田儋派田都率兵 2 万,前去赵国救援巨鹿。经过巨鹿之战、与章邯的攻防战、入关过程,田都原来的军队损失了七八千人,入关后及从关中回齐国的过程中,兵力扩张到 3 万余。田都军中有 2/3 不是齐国人,而以流寇居多。当田都看到亲信打开城门投降,瞬间明白了,齐国人不想让外人踏足。

当年五国伐齐、田单复齐后,齐国人痛定思痛,对诸侯国都深怀戒心,以至秦国灭掉六国中的 5 个国,齐国都没有发兵救援。

胶东将田横重夺临淄,齐王田都兵败被杀,胶东相田荣随后也重回临淄。胶东王田市带着数千随从,加速向即墨进发。

田荣、田横是亲兄弟,田儋是他们的堂兄,田儋之子田市与他们的关系要疏远一层。田市虽然年轻,却看得明白,名义上田市是齐王,田荣是齐相,田横是齐将,但田荣还有一个小朝廷,齐国大臣退朝后,在田荣的小朝廷上也是大臣。

如今项羽立田市为胶东王,他也知足了,把齐国留给田荣,大家井水不犯河水。

田荣早就想废掉田市,苦于师出无名,这回可找到借口。即墨的将士,谁不知道田荣才是齐国的掌权者,将校亦多为田荣亲信。

田市的王师到了胶东国即墨城外竟无人迎接。守将虽然早得到消息,却关门不纳。田荣派人迎回侄儿田市,却遭到拒绝。田市只想做个胶东王,不敢惹项羽。

没几天田荣便率军杀了胶东王田市,自称齐王,以亲弟田横为齐相,统一齐国三郡,恢复到战国末齐国的疆域。

● 大将军韩信横空出世

眼看东方乱了,汉王刘邦当然也要出兵,这就牵扯到一个人——韩信。

韩信是东海郡淮阴县南昌亭人,是韩氏宗亲,与战国时韩国最后一个王韩王安的血缘关系有几百年了。韩信靠钓鱼卖钱糊口,一人吃饱全家不饿。韩信家虽贫,尚有一方宝剑,韩信出入都要将其佩在身上,有一股恃才傲物的风范。

韩信钓鱼时,有一老妇人在河边漂洗线絮,人称漂母,常给韩信送饭吃。韩信常在南昌亭长家蹭饭,亭长妻子甚是厌烦,一次起早将饭煮好吃了,到早饭时间韩信赶来时,发现不剩一粒米,韩信便与亭长绝交。

市井上一班轻薄少年见韩信如此贫困却傲世轻物,便时常戏弄他取乐,韩信不以为意。

一次在街上,韩信忽遇一个恶少年,拦住他讥笑道:"汝生得身体虽然长大,喜欢带着刀剑,其实不过胆小心怯而已。"

说罢,恶少年当着众人的面,狂言道:"汝若有胆量,可拔剑将我刺杀;如不敢,当由我胯下爬过。"说罢,便张开两足,立在街心,面露鄙夷之色。

韩信举目端看其人,犹豫了一会,便俯伏地上,由他胯下爬过。市集众人见此情形,人人都笑韩信,说他胆小非好汉。

项梁从会稽郡北上，路过淮阴，韩信仗剑从之。韩信面圆口方，身体颀长挺拔，剑术更是超群，又是士出身，很快成为项梁的亲兵。

项梁、项羽分兵时，韩信跟随项羽、刘邦攻击济水一线，击杀三川太守李由，缴获大批物资。韩信在项羽大帐内外担任执戟郎中，是亲兵队长之一，职位不高，但有一飞冲天的机会。

韩信喜欢献策，项梁死于定陶之战后，项羽急着率军赶回彭城。韩信毛遂自荐，愿率1万军伏击，但需要项羽留下军备物资作诱饵，如此赵贲必然派军队来取。当时项羽哪有心情听得进去。

巨鹿之战后，项羽和章邯对峙初期，韩信第二次毛遂自荐，愿率军3万越过太行山进入河东郡，然后渡黄河入关中。可是项羽不愿拿项家军去冒险，而且当时刘邦等人也毫无攻击关中的意思。

项羽和章邯对峙三四个月后，韩信第三次毛遂自荐，愿率军3万从太行山南下河内郡，绕到章邯后面夹击。项羽倒是很欣赏此计，但为了削弱张耳，最后由张耳派司马卬和申阳率1万赵军南下。

章邯投降项羽后，刘邦从南阳郡攻击武关，韩信第四次毛遂自荐，愿率军5万从河内郡进入河东郡，然后渡过黄河，抢在刘邦前面灭秦。然而项羽并没有富余的兵力，章邯有20万降卒，三川郡的内史保和赵贲也都还没投降，刘邦没有攻克武关入关中的迹象，项羽还是没同意分兵攻击关中。

韩信4次毛遂自荐，项羽拒绝4次。在项羽看来，韩信每次献策都要分兵开辟一个新战场。当初武臣离开陈胜就称赵王，韩广离开武臣就称燕王，这些事犹在眼前。

在韩信看来，项羽几乎从不任用非项氏将领或亲信为统帅，即使英布、蒲将军也不过是充当先锋。而项缠、项佗、项声、项冠这些人几斤几两，项羽心里当然有数，但仍委以重任，韩信看不到自己的出头之日。

鸿门宴时，樊哙在张良的陪同下冲进中军大帐，项羽的亲兵没敢舍命阻击，只是象征性地挡在樊哙身前。樊哙力气大，硬是顶了进去。当时韩信就站在一旁，他动都没动。韩信看得很清楚，项羽的武力不在樊哙之下，何况项缠和项庄都是剑术高手，樊哙能保住刘邦就不错了，根本动不了项羽。这些亲兵都认识樊哙，更要给张良面子，不想真的动刀子。但若樊哙进帐要杀项羽，亲兵也不会客气了。

鸿门宴后，项羽分封20个诸侯王，韩信知道战争只是告一段落，之后免不了烽火连天。此时韩信基本看清了项羽用人之道，那就是任人唯亲，甚至非项氏不用。

韩信感觉自己在项羽这里永无出头之日。良禽择木而栖，作为项羽亲卫首领之一的执戟郎中，韩信做出艰难抉择，离开项羽，跟随刘邦入汉中。

当时刘邦军团少了1/3的兵力，一半友军跑了，忽然来了韩信这么一个重要人物，当然不会等闲视之。不过刘邦还要试探一下韩信是真降，还是项羽的间谍，于是很谨慎地授韩信为连敖。

刘邦麾下比较普遍的升迁路径是：卒—舍人（屯长，军职十四品）—中涓（百夫长，军职十品）—队将、骑将、郎将（军侯，军职八品）—军司马（军职六品）—都尉（军职四品）—将军（军职三品以上）。连敖是楚国特有的军职，数量比较少，一般作为军中参谋，军职介于中涓与队将之间，可带兵一两百人。

刘邦首次授连敖，是在薛县击败泗水太守壮后，以戎赐为连敖。后来拿下丰县，以革朱为连敖。此时做了汉王，有4个连敖——召欧、周灶、华寄、韩信。

韩信感觉受到侮辱，心想刘邦还不如项羽，便带着佩剑离开汉军大营，结果被抓。

此时刘邦军中思乡情绪蔓延，逃兵不少，这一日就抓了14人，由太仆夏侯婴监斩。一连斩了13人，韩信不甘心就这么死了，仰起头来，目光如电，射向夏侯婴道："汉王不欲得天下乎！为何杀死壮士？"

夏侯婴当然认得韩信这号人物。自韩信投入汉军，刘邦便通知幕僚特别关注，只怕韩信是项羽派来的间谍，故意不给高位，并密切监视，让他探听不到重要消息。

夏侯婴本来也没想杀韩信，他是想让韩信看到人头落地的血腥场面，诈出韩信的阴谋。在夏侯婴看来，一个不敢打架，宁可钻裤裆的人，在这种场合不尿裤子就算好了，为了活命绝不会隐瞒诡计。

夏侯婴假装命左右："松绑，免他一死。"接着唤韩信到面前，问了不少关于项羽的事情，夏侯婴受用，点头咂嘴，称赏不已，当即引荐给刘邦。

刘邦龙目扫视眼前这个年轻人，只见他眼神深邃，用神时精光隔空射来，像黑夜里闪亮的星星，又略带忧郁。

韩信一开口，便讲了许多刘邦闻所未闻的事情，令刘邦大开眼界。

公元前206年5月，刘邦在汉中组建汉王朝廷，拜三公，萧何为丞相，卢绾为太尉，周苛为御史大夫。拜郦商、周勃、曹参、纪成为将军。此时刘邦仍对韩信有所忌惮，仅授为治粟都尉（大农令副职，官职四品），韩信仍未进入核心决策层。

除此之外，刘邦拜大舅子吕泽为大司马，地位与太尉等同，统率本部1.4万多人马。不仅如此，还封二舅子吕释之为建成侯，封远在沛县的岳父吕太公为临泗侯。吕氏其实是骑墙派，一直到彭城大战刘邦惨败后，刘邦答应册封吕雉之子刘盈为太子，吕泽才决心和项羽划清界限。

眼看东方燕、赵、齐三地起兵反项羽，汉王刘邦却还没理出一个合理的战略，不知道该从东、南、北哪个方向出兵。刘邦军中几乎都是关东人，大致分为两派。刘邦汉国的形势如图2-34所示。

第一派是沛县帮，希望从武关方向出兵，等于沿郦商入汉中的路线原路返回，再回到南阳郡。

秦王子婴投降后，穰侯王陵迅速攻占宛城，他在南阳传令三军，如有妄取民间一物者，即斩首示众。南阳各城邑望风归降，更换旗帜，秦军变楚军。通过几个月的努力，王陵基本控制了南阳郡中北部大部分地区，兵力有三四万。南阳还有一股势力——刘邦麾下的张平控

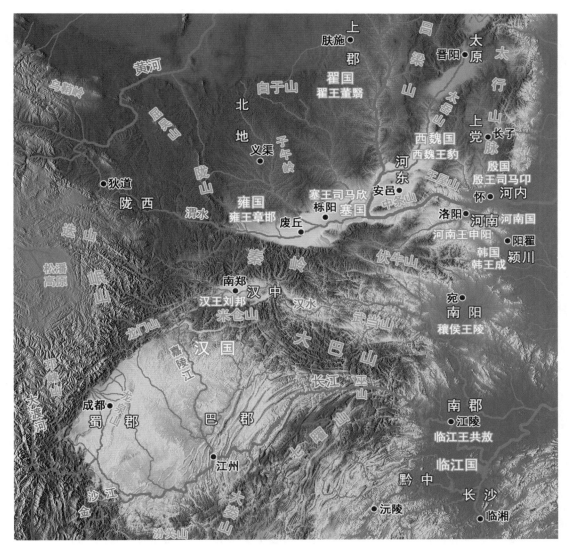

图 2-34　汉国的形势

制了几个县，人马 3000 左右。项羽没有立王陵为南阳王，而是封穰侯，对这个曾经和刘邦称兄道弟的沛县人始终还是防了一手。

　　沛县帮很多人都与王陵有交情，倾向沿汉水东进，与王陵合兵，双方兵力约 10 万，进可根据中原战事发动攻击，退也能守南阳，再不济便退回汉中。刘邦曾与王陵称兄道弟，然而一山不容二虎，一旦刘邦攻击项羽失败，是不可能在南阳与王陵共存的，何况一年前两人就分道扬镳，各奔前程了。不过沛县帮很多人与王陵有着良好的私交，他们是可以投奔王陵的，不失为一条无风险的退路。

　　第二派是非沛县帮，人数更多，认为应该先南下四川盆地的蜀郡和巴郡，解决后顾之忧。

159

如此以后仍可兵出南阳，也可以从巴郡攻击南郡（临江国），活路也更广了。当时还没有刘备建立的蜀汉，不过思路是不谋而合的。如果再加上南阳郡，那就接近蜀汉巅峰时期了。

项羽虽然把汉中郡、蜀郡、巴郡都封给了刘邦，但这三地属县都不多，由蜀郡太守兼管。此时的蜀郡太守早收到章邯密信，要求对刘邦严防死守，不得让其入川。

蜀郡太守将刘邦派去的使者斩首，此时汉军不知道巴蜀的实力，却对蜀道之难有所耳闻，都认为不可能轻易打下巴蜀。

刘邦倾向于打巴蜀，而不是南阳郡。汉军只要进了南阳郡，刘邦就是客，王陵是主，双方的人马互相熟悉者众多，一旦发生任何变故，谁敢保证麾下沛县人不会跑去投奔王陵，友军就更不好说了。曾经背叛刘邦的雍齿、王陵、曹无伤，不都是沛县人吗？雍齿早在丰县就投了魏国，王陵在南阳自立，而吕泽虽跟随刘邦入汉中，刘邦却付出了巨大的代价，调拨近6000精锐给吕泽，使其扩张到1.4万人。

刘邦的战略，首先是南下打巴蜀，然后见机行事打南阳郡或南郡。

刘邦军团几乎没人想北上打章邯，因为章邯出关中几个月，张楚王陈胜、假王吴广、赵王武臣、魏王咎、齐王田儋、楚上将军项梁都灰飞烟灭。上一个率军攻入关中与章邯对垒的是陈胜麾下的周文，结果数十万人在章邯面前化为乌有。

刘邦倒是想占据关中，再称霸天下，但章邯坐镇关中，谁敢去捋虎须？章邯虽然投降项羽，却不是输在战场上，只因朝廷和友军扯后腿。关中也不只是雍王章邯，还有塞王司马欣、翟王董翳、内史保和赵贲则盘踞咸阳四周，这几股势力加起来有步骑十几万，至少是刘邦军团的两倍。

只有治粟都尉韩信的想法与众不同，他认为打章邯是刘邦唯一的选择。项羽封的秦地三国，如图2-35所示。

汉军中军大帐，只有刘邦、卢绾、韩信三人，对坐而饮。

韩信直言道："章邯亲口对霸王（项羽）说过，巴蜀频繁向关中输送兵员和劳役，不但正卒、更卒抽调一空，连劳役都难得一见，几乎只有老弱妇孺。而且葭萌关上根本没有设防，城头上都长出三尺长的野草了。巴蜀其他城邑也是城门大开，除了老弱衙役，根本没人防御。"

项羽和章邯相处了大半年，韩信跟在项羽身边，对章邯和秦军的部署了如指掌。

卢绾疑惑道："既然如此，我们先以极少的代价拿下巴蜀，储备粮草，再图东进或北上，岂不更好？"

韩信道："巴蜀地方大，少说也要几个月才能控制全境。到明年春天，恐怕会错失进入中原的良机。且巴蜀天府之国，地多人少，到时人人都是大地主，谁还愿意去拼命。汉王只需派一支偏师便能拿下巴蜀并镇守之。"

刘邦不解道："我派去护送使臣的一队人马受阻于葭萌关前几里外，对方派来阻挡入关的军队差不多就有100人，葭萌关上好歹也有一两千人吧。"

韩信捧腹大笑："从葭萌关到成都，恐怕就这100人把守。"

刘邦立即召集吕泽、冷耳、林挚、陈豨、张苍等友军商议，希望有人自告奋勇率偏师入

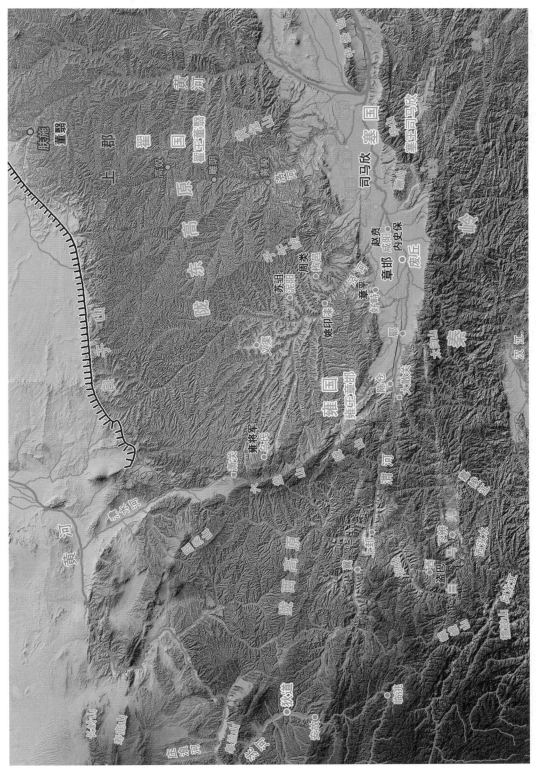

图 2-35 秦地三国的形势

巴蜀。大家面面相觑，不敢接这个任务。

公元前 206 年 6 月，亡父的豪族林挚冒险接了这个任务，他的兵力不足 1000，野心也没有吕泽、陈豨这些人大。

两个月后，林挚杀蜀郡太守，逐渐平定巴蜀，刘邦授林挚为蜀郡太守。楚汉战争期间，林挚一直镇守四川盆地，刘邦称天子后被封为平棘侯，食邑 1000 户，调任燕国拜燕王卢绾的相国。

韩信紧随项羽身边两年多，不仅熟悉项羽的方方面面，对秦降将章邯等人也了如指掌。整个汉王集团，只有韩信把北上取关中定为首选战略，也只有韩信一人有如此自信。

刘邦想打章邯，又怕打不过，唯一的希望在韩信，刘邦决定赌一把。

7 月，刘邦拜治粟都尉韩信为大将军，总揽北上三秦全局。此时刘邦 50 岁，项羽 26 岁，韩信 22 岁，刘邦此举可以说是不拘一格用人才。尽管麾下反对声一片，刘邦仍力排众议，果断决策，正可谓"疑行无成，疑事无功"。

我们来看此时汉王帐下的官职和爵位。三公级别的有：大将军韩信，丞相萧何，太尉长安侯（第 13 级 /13 级）卢绾，御史大夫周苛；九卿级别的有：中尉周昌，太仆昭平侯（第 13 级 /13 级）夏侯婴，治粟内史襄，中书谒者令昌文君（第 12 级 /13 级）灌婴；将军有：建成侯（第 13 级 /13 级）曹参，信成侯（第 13 级 /13 级）郦商，威武侯（第 13 级 /13 级）周勃，襄平君（第 12 级 /13 级）纪成，执珪（第 12 级 /13 级）奚涓、王吸、薛欧等。

练兵场上，韩信身形本就颀长挺拔，顶盔掼甲之后更比诸将高出一截，俨然一股统帅风范。

韩信以五人一组进行攻防训练，防守一方若露出破绽，攻方必须闯入击杀，若攻方手软，则斩攻方的伍长。同样若攻方队形松散，守方也要伺机杀死对方落单者，否则斩守方的伍长。

一连几日，每天都要斩十几个伍长。后来各伍无论攻防，都严丝合缝，人人都不敢有丝毫懈怠。

接着训练攻城。韩信造了一座只有一面城墙的垒城，城墙前挖了壕沟。鼓声响起，攻方五人一组，迅速搭木板过壕沟，再架云梯攀城而上。守方也是五人一组，迅速从另一侧的台阶登上城楼。鼓声骤停，无论攻方守方，没有登上城楼的，斩其伍长。

一连数日，每天又要斩几个伍长。后来人人奋勇先登，要是跑得慢了没有登城，压后的伍长毫不留情背后就是一刀。

韩信又令汉军打磨兵器，规定若弓弩弦断了没有修好，箭矢没有羽镞，剑戟不磨锋利，都要斩首。

在韩信的调教下，汉军无论单兵还是整体，战斗力都提升了一个档次，无论野战还是攻城，可说无坚不摧。

刘邦看在眼里，北上攻击章邯的信心陡增，而太尉卢绾也自愿暂时放弃兵权，交出大印和兵符，请韩信全权指挥。

● 义帝南迁，韩信明修栈道暗度陈仓

赵、齐两地 5 月就反项羽了，而且迅速攻灭项羽所封的诸侯国，齐国的田荣还杀了项羽所立的齐王田都。然而 3 个月过去，项羽为何不立即发兵讨伐齐国呢？

这几个月，项羽忙着解决内部矛盾，他最急于杀掉的人是义帝（楚怀王）。

项羽在 2 月就封诸侯了，等五月回到彭城，早已派人去拉拢楚系将领。而义帝闻项羽即将回彭城，也下诏给多位将领，要求他们回彭城勤王。

项羽所封的衡山王吴芮、临江王共敖、台侯梅销都没有回来，显然是和项羽达成了协议。九江王英布是项羽分封诸侯中地方最大的，包括九江郡和庐江郡二郡，他作为先锋赶回彭城。

义帝原以为的一场大战并没有爆发。东阳甯君陈婴，几年前怎么从楚王景驹转投项梁，如今就怎样从楚王芈心转投项羽。

陈婴当初的封地是 5 个县，如今的势力范围以故乡东阳为中心，扩大到大小十几个城邑，兵力四五万。投降项羽后，陈婴保留了所有控制区，兵力减少 1 万，名义上是西楚国的一部分，实际上是割据一方的诸侯。项羽没有再立陈婴为王，保留上柱国官职。

令尹吕青当初就没有跟随项梁北上，是楚王最信任的幕僚。吕青之子司徒吕臣占据陈城附近大小十几个县，兵力有 3 万余人。项羽派亲信利概率一支偏师前往陈城，吕臣交出陈城附近所有地盘。利几因功受封陈公，是项羽帐下为数不多的外姓封疆大吏。

令尹吕青和司徒吕臣的官职没有变，项羽以叔父项缠为左尹（楚国令尹相当于秦国丞相，左尹相当于副丞相，即御史大夫），算给足陈婴、吕青、吕臣面子，也是在权力不稳的情况下的一种妥协。

西楚霸王麾下，左尹项缠、柱国兼砀郡长项佗、薛郡长项冠、会稽郡长项声、陈公利几，这才是权力核心。

项羽回到彭城，不肯见义帝，只派范增去劝说义帝搬家，项羽想把义帝送到郴县（今湖南南大门郴州市）。

范增以项羽的名义写了一份奏折："西楚霸王臣项籍稽首，自起兵以来，破王离，降章邯，直抵咸阳，子婴授首。今仰尊大王为义帝，实为天下主也。然彭城路当南北之冲，乃用武之地，甚非陛下所宜居也。今郴州乃长沙名城，左有洞庭，右有彭蠡，山水秀丽，帝王之都也；请陛下幸临，以观天下。"

义帝将竹简拍在石台上，劈头盖脸对范增说道："昔日寡人已有约，先入关中者为王。今项籍（项羽）背约自立为王，封天下诸侯，意欲迁我于郴州，何异于首居其下，足居其上，冠履倒置。尔为项羽亚父，当极言苦谏，以正其过也，然助纣为虐，尔心独不愧乎？"

范增被骂得汗颜，俯伏在地答道："臣增屡次苦谏，霸王不听，臣左右为难。"

义帝戳指喝道："尔为项羽心腹之人，正当苦谏，岂可阿附小人，失君臣之道也！"

范增被骂得理屈词穷、无地自容，回去禀报项籍，不愿再劝义帝。

项羽闻言大怒道："怀王乃民间竖子，我项氏尊以为王，千载之奇遇矣！今为义帝，却妄

自尊大，若不剪除，必为后患。"

上古时期，大禹逼舜帝退位，流放南方。舜帝死于苍梧之野，葬于南岭九嶷山（又称苍梧山，今湖南永州宁远县），史官美其名曰舜崩于巡狩途中。

郴县在南岭骑田岭北麓，骑田岭与九嶷山相邻，项羽是想效仿禹帝"禅让"。大禹和其子启建立夏朝，400多年历史，传了14代17王。

义帝有3万多人马，项羽有所忌惮，便令三王共击义帝，大致是由九江王英布率军押送义帝芈心，途中衡山王吴芮和临江王全力配合，最后逆湘江南行，将义帝安置在长沙郡郴县。

公元前206年8月，义帝踏上南迁之路。义帝作为楚王坐镇彭城两年，本地百姓都以身处王都为荣，闻义帝要离开，纷纷聚集到城门口。义帝车驾出城门时，百姓遮道伏地，望尘叩首，痛哭流涕，送十余里远。项羽站在城头观望，见此情此景，暗下决心，绝不让义帝多活一天。

从5月到8月，项羽一直在整合西楚国内部势力。三国时曹操挟天子以令诸侯，项羽完全可以与义帝共存，因为其他诸侯没人把义帝当回事，这完全是楚国的内部事务，别人躲之不及，谁也不愿为一个素不相干的义帝引火烧身。

项羽为此耽误3个月，这3个月里，无论齐王田荣还是汉王刘邦都做了充分布局，天下形势已经不一样了。

项羽处理完义帝这个最棘手的事情，立即率军北上齐国。兵力方面，西楚国机动兵力超过50万，霸王项羽率20余万西楚军北上齐国。

刘邦是个善于韬光养晦的人，陈胜起兵前，他曾落草为寇躲在芒砀山，屏气吞声长达11个月，直到陈胜建立张楚国，八面出兵，他才顺势而为起兵响应。

看着燕、赵、齐三地反项羽，刘邦同样处变不惊、隐忍不发，等待项羽出兵的那一刻。

8月，当刘邦的斥候快马来报项羽北上的消息之后，刘邦军团迅速开动。

三秦是雍王章邯、塞王司马欣、翟王董翳的地盘，以章邯为首，司马欣为辅，董翳兵力少，只能依附二人。董翳能立为诸侯王，主要还是项羽为了削弱章邯和司马欣。塞国和雍国分据关中东西，汉中北上几条通道几乎都指向雍国。

项羽立章邯为雍王，据有咸阳以西，包括陇西郡和上地郡，建都废丘。雍就是秦国雍都（后又名陈仓、宝鸡），雍都在关中西部，也就是雍国的正中央。

章邯内忧外患，内部矛盾重重，他毕竟不是秦国宗室，父亲还是韩国人，20万秦军葬送在他手上，秦人无法对他俯首帖耳。比如说赵贲和内史保，这两个赵高的亲信，统率6万秦兵，盘踞在秦朝旧都咸阳附近，算是雍国的国中国。

章邯现在面临最紧急的事情，是把雍国各地城邑守将换成自己的亲信，逐渐控制雍国，再想办法消化兼并赵贲与内史保的地盘。章邯最初的亲兵只有三四千，然而雍国各地守军有十来万，许多将领是赵高提拔的，章邯要控制雍国还得从长计议。

经过几个月的布局，章邯自己坐镇废丘，其弟章平屯兵好畤，咸阳在赵贲和内史保手中，陈仓、大散关仍由原守将把持。关中以北的陇东高原，原秦国的内史北部和北地郡，章邯大概控制了一半城邑。其部将姚卬镇守漆县；周类镇守枸邑；苏驵镇守泥阳；乌氏首领臣服于章邯，拜为雍将军。陇西的西县是白马羌的地盘，其首领盗巴臣服于章邯。

章邯现在最缺的是时间，若再给他两年时间，他应该能控制雍国大部分地盘，或许也能兼并赵贲和内史保，那时候就算韩信指挥汉军北上，要吃掉章邯绝非易事。

刘邦军团总兵力约 7.4 万人，其中己军 4.1 万人，友军约 3.3 万人，兵分三路。东路偏师由灌婴和夏侯婴率领，有不少民夫，主要任务是修复子午道。中路故道方向是主攻方向，大量兵力集中于此。西路则由曹参和樊哙率偏师，过白马羌的地盘，佯攻渭水上游。

关中与汉中之间有四条道，从东往西依次是子午道、傥骆道、褒斜道、故道。其中傥骆道和褒斜道年久失修，子午道烧掉了部分栈道，故道是比较理想的。

韩信总的战略，是派偏师修复子午道上被烧掉的栈道，主力则从故道挺进关中西部的陈仓。简单说就是：明修栈道，暗度陈仓。实际操作起来还是比较复杂的。韩信暗度陈仓的路线如图 2-36 所示。

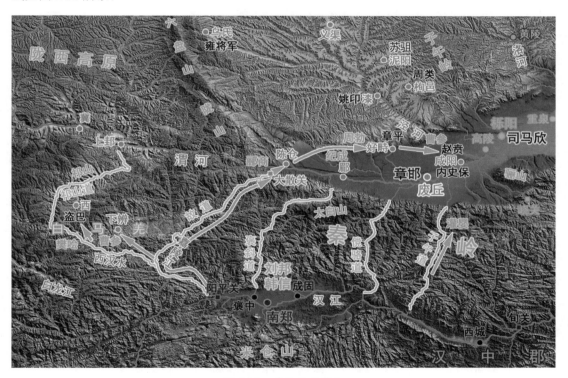

图 2-36　韩信暗度陈仓

早在 5 月，齐国田荣起兵那一刻，韩信令中书谒者令灌婴率军开始修复子午道。这可不是修给章邯看的，而是真的调动大批军力民力，目的就是修好子午道。章邯作为秦朝的少府，长期负责秦始皇陵、阿房宫等工程，对关中和秦岭的地势了如指掌，企图瞒过章邯骑哨的眼力，绝无可能。

灌婴是砀郡睢阳人，家里是卖丝绸的小商贩，地位不高，家产却颇丰。灌婴自小爱骑马，他身材矮小，但大腿与别人的腰一般粗，奔跑速度在睢阳无人能及。成年后参加两年正卒，练就一身骑射好本领，他的脑袋常贴在马颈上，人马合一，速度如飞。

灌婴是在砀县投奔刘邦的，起初是中涓，一年后便官至汉国中书谒者令（官职二品，与九卿相当），封昌文君。司马迁惜墨如金，在写灌婴从中涓到郎中令的军功时，用了三个"疾"字，可见灌婴骑术之精，骑速之快。

灌婴率军民开山凿石，插木搭桥，抢修栈道。到八月出兵前，子午道修复工程接近完工，韩信令太仆夏侯婴率军民继续修筑，一旦修通，则北上出兵关中。

汉中南郑城外，大将军韩信高坐马上，比拜将时更挥洒自如。他一身盔甲策马前行，外披泥黄披风，迎风拂扬，好一股睥睨天下的雄姿，风采如天将降临。

韩信令将军曹参作为先锋，踏上故道，攻占陇西郡的下辨。汉初陇西郡范围很大，相当于汉武帝时期的陇西、天水、武都三郡，下辨是后来武都郡的太守府所在。下辨以西，沿着嘉陵江的支流西汉水，有一条名为祁山道的通道到上邦。

汉朝武都郡这一带，秦朝时还未完全被控制，仍是白马羌的地盘。秦国关中四塞，函谷关防三晋，武关防楚国，萧关防匈奴，大散关防白马羌。

面对忽然杀上高原的汉军，白马羌避而不战，他们知道汉军的敌人是秦军而非自己，没必要给秦人作炮灰。

曹参坐镇下辨，令樊哙率一军沿祁山道佯攻上邦。樊哙的兵力很少，打不下渭水上游任何城邑，此举不过是营造声势，令陇西太守不敢轻易救援关中。

樊哙刚出发，汉国将军郦商便率军北上，沿故道而上，突袭大散关。这里可以看出韩信用兵的思路，并没有把所有人马都投入，先用曹参拿下武都郡一带，然后就地休整，由郦商接力攻击大散关和陈仓。

大散关的关口海拔 1200 多米，两侧有崖壁对峙，诸峰峥嵘，南北深谷陡峭，号称"一线天"。陆游有诗云"楼船夜雪瓜洲渡，铁马秋风大散关"。

大散关的秦军人数仅有数百，抵挡几日当无问题，但守关将士对章邯普遍不满，抵抗意志不强。汉军这边的郦商部是汉军最能打的一支军队，刘邦入关中时，郦商便率本部 4000 多虎狼之师西进，连破郧（yǔn）关、旬关、南郑，为刘邦入关中营造了相当有利的形势。

韩信拜大将军后，重组了汉军，郦商部增至 8000 人，是刘邦己军中人数最多、战力最强的，尤其在攻城方面，郦商很有心得。郦商率军投奔，刘邦一直没有将他的军队整合进本部，这也是对郦商的尊重。现在韩信整军，郦商许多旧部都调到其他将军帐下了，这也是郦商与韩信之间矛盾产生的开端。

郦商的军队经韩信训练后，攻城拔寨的水平提升了一大截，大散关当日就告破。

郦商率军北进，攻击陈仓。陈仓是秦国的雍都，章邯雍王的称号就来源于此，是秦国历史上建都时间最长的都城，这里有秦国宗庙，附近埋着十几位秦国国君。章邯将雍都改名陈仓，大意是去秦人的影响。

陈仓改名才几个月，秦人当然还是称这里为雍都，且陈仓将士多是本地人，根本就不把雍王章邯放在眼里，丝毫没有交出陈仓的意思，陈仓城头的旗帜仍然是黑色的，上面一个大字"秦"。章邯虽一时强横，在东方势如破竹，但在秦人的地盘上，总不能攻破雍都，杀掉反对自己的秦人，那还怎么统治秦地？

为了保住陈仓，章邯令其弟章平从好畤出发增援陈仓。只要陈仓的秦人拼死抵抗，章平完全可以反败为胜，将汉军赶出关中，甚至趁机换上自己人镇守大散关。

然而几个月前，项羽在关中不但一把火烧了阿房宫，把咸阳城墙拆了，还派兵把陈仓翻了个底朝天，砸了秦人的宗庙，能找到的陵墓全挖了，并推倒雍都部分城墙。陈仓人虽正重修城墙，但没有三五年无法复原，陈仓城墙多处空缺，防御力骤然下降。

陈仓不到 2000 守军，怎么挡得住汉军最精锐的 8000 虎狼之师？等章平来到陈仓城外，城头已经换成了汉军的赤旗，上面写着"汉"字。

章平还在犹豫是否攻击陈仓，汉军第三支人马出现——将军纪成率 6000 多人也杀到陈仓城下。双方各自射住阵脚，章平东撤好畤，纪成挥师猛追。

此时章邯的注意力还是放在子午道上，因为子午道出口距雍王章邯的都城废丘不远。好畤则在废丘以北，靠近陇东高原。

章平也不是泛泛之辈，他在离开好畤去陈仓时，埋伏了一支军队在好畤城南。如果自己兵败，这支伏兵可以救命；如果自己佯装兵败，这支伏兵可以反杀对方。

汉军纪成部果然遭到伏兵强弩射击，随后章平反身杀来，1 万多秦军三面合围。将军纪成未能逃脱，他是刘邦这边阵亡的第一位高级将领，此时汉军拜将军的一共只有 7 人。

纪成军羊鹤不舞，有 4000 余人阵亡或重伤，余者仓皇逃窜。纪成是赵王武臣麾下的战将，武臣败亡后，他便率军在魏赵之间打游击，在杠里率 1000 多人投奔刘邦。在刘邦入关中的过程中，纪成是刘邦的友军，入咸阳后纪成交出军队控制权，刘邦入汉中后拜其为将军，封襄平君（第 12 级 /13 级）。纪成之父纪信老泪纵横，披挂上阵，刘邦仍拜为将军，后来纪信在荥阳之战假扮刘邦被项羽烹杀。刘邦称天子后，封纪成之子纪通为襄平侯，食邑 2000 户。

大将军韩信闻纪成兵败，立即调整战术，在陈仓集结了刘邦军团所有力量，己军和友军各 3 万余人。

韩信决定用军侯樊哙作先锋，将军周勃率 8000 人主攻缠住对方，将军奚涓率军 6000 绕到侧翼攻击，将军曹参率 8000 人增援。至此可以看出韩信驭将的特点，用曹参攻下辨，郦商攻大散关和陈仓，纪成攻好畤，周勃、奚涓攻好畤。而休整一段时间的曹参部，作为增援已经是第二轮攻击了。也就是说韩信每战必换将，确保将士得到充分休息，这就要求各支军队的战斗力旗鼓相当，平时投石超距，战时游刃有余。

先锋樊哙的爵位已经是贤成君（第 12 级 /13 级），但军职仅是军侯（军职八品），可统兵 200 人。不过樊哙与刘邦关系特殊，这 200 人都是他精挑细选的死士，个个以一当百。樊哙每战几乎都冲锋陷阵，200 人所向披靡。

汉军大部分将士还不知道纪成兵败，韩信下令立即东进好畤，除了三位将军的部队，韩信和刘邦亲率主力在后压阵，可随时补充生力军。

好畤之战再次打响，章平在外围守不住，便退守好畤城。

汉军三面围住好畤城，攻得密不透风，樊哙更是率先登死士斩杀了好畤县令和县丞，斩首 11 级，俘虏 20 人，此战后官职升到郎中骑将（军侯，军职八品）。

汉军一举攻克好畤城，章平率军北逃至漆县。

秦军一位郎中骑将吕马童，本是王离所属，因不满章邯、章平，并未拼死抵抗，而是率骑兵远离战场，待战争结束便投降汉王刘邦。吕马童在垓下之战取得一段项羽的肢体，封为中水侯，食邑 1500 户。

汉军连破陈仓和好畤后再无路可退，不可能再撤回汉中。在三秦的地盘上，刘邦和韩信能泛起多大的浪花呢？

● 韩信迫降塞国和翟国

汉军围攻章邯之弟章平的好畤，废丘的章邯为何按兵不动呢？

章邯军在都城废丘只有 1 万多人，而且新兵居多。此前章邯派几位亲信将领姚卬、周类、苏驵等率精锐接管各地，他没有足够兵力支援章平。

好畤之战时，夏侯婴也恰好修通了子午道，章邯更多了一份忌惮，不敢分兵支援好畤。

章平北上逃走，如果是刘邦或卢绾指挥汉军，必然要南下攻击废丘，然而大将军韩信却力排众议，决定进攻东南方的咸阳。内史保和赵贲入关中时有 7 万余大军，他们盘踞在咸阳附近，现在还有 6 万余，个个顶盔掼甲，账面实力并不亚于章邯。

韩信攻击内史保和赵贲简直令人匪夷所思，因为刘邦军团在好畤集结的兵力仅 2 万余。

内史保是赵高的亲信，赵贲是赵高的族人，章邯率军出函谷关，两人作为监军另率一军跟随。内史保和赵贲投降项羽时，二人的军队是带甲投降的，与章邯军缴械投降不同。

韩信在项羽身边担任执戟郎中时，把这些降将吃透了。赵高几乎杀绝了秦始皇的血脉，导致大批秦军不满，在老秦人看来，赵高可是大仇人。章邯曾利用这一点不断派人游说两人手下的将领，试图兼并这支战力强劲的大军。项羽看在眼里，乐在心头，在楚人看来，关中当然是越乱越好，最好两部人马火并。

公元前 206 年 9 月，当曹参的先锋军出现在咸阳这座废墟外，内史保和赵贲的军队真是乱作一团。一场不算激烈的大战后，数千秦军投降，余者作鸟兽散，后来又有不少人投奔汉军。

赵贲麾下有一位骑都尉（军职四品）骆甲，是个来自陇西高原的老秦人，统率千余骑兵，其中很多人来自秦人发源地秦邑一带。赵贲垂涎这支骑兵的指挥权，多次想杀骆甲未果，两人早就势同水火。

骆甲不会为赵贲卖命，这点韩信琢磨透了，所以骆甲率众投降完全在他意料之中。

还记得在中原与刘邦作战不力的秦将杨熊吗？赵贲状告其出兵不力，赵高便召回杨熊，斩首示众，赵贲顺利并其军。杨熊的亲弟杨喜就成了赵贲麾下的郎中骑（军职十二品）。杨熊的堂弟杨武本来在章邯军中，如今在塞王司马欣麾下任郎中骑将（军侯，军职八品），镇守小城下邽。

杨喜的郎中骑军职，地位在百夫长与屯长之间，他非常年轻，认为杨熊之死，章邯也是有责任的，于是在赵贲军中隐忍，等待机会。

咸阳一战，杨喜脱离战阵，率几个死忠南走杜县，后投降汉军。杨喜立功不少，在垓下之战取一段项羽肢体，封赤泉侯，食邑 1900 户。

降卒中有一位名叫吕胜的少年骑兵，骑射本领冠绝内史保、赵贲的大军。吕胜作为骑兵先锋，后来大杀四方，在垓下之战取一段项羽肢体，封涅阳侯，食邑 1500 户。

降卒中还有一位御史（官职七品）杜恬，他不擅长带兵作战，但精通秦朝法律制度，在刘邦建立汉帝国的过程中起了重要作用。杜恬后来官至内史（官职二品），又迁为廷尉（九卿之一，官职二品），封长修侯，食邑 1000 户。

咸阳一战，汉军兵力不减反增，而且投奔的都是秦军人马，有不少将领还是独当一面的战争人才。

汉军在咸阳休整 3 天，重组军队，军团总兵力 7.4 万余人，与从汉中出兵时相当，战损及降卒上万。其中己军 3.9 万余人，少了 2000 人，友军约 3.5 万，增加了 2000 人。如果是刘邦或卢绾指挥，下一步是围攻废丘，先集中优势兵力先灭章邯，然后才是司马欣和董翳。

大将军韩信却下达了一个匪夷所思的军令，没有集中兵力攻击章邯的废丘，而是兵分四路出击。韩信平定关中的路线如图 2-37 所示。

图 2-37　韩信平定关中

第一路，曹参率军 8000，在废丘周边扫荡据点，孤立章邯。曹参没有足够的兵力完全困住废丘，主要是侦骑四出，步兵伏击，破坏章邯各种物资输送。

章邯麾下骑司马（军职六品）王周投降汉军，他是王离家族的人，王离军在巨鹿之战几乎是打到全军覆没也没有投降，这才是老秦人的气质。章邯的父亲内史腾是韩国人，章邯也不是在秦国出生的，项羽坑杀 20 万秦军，这笔账章邯怎么也躲不过去，王周投汉，纯属不愿效力章邯。后来王周在汉军拜将军，封高陵侯，食邑 900 户。

第二路，将军郦商在陈仓休整 1 个月了，加授陇西都尉，率军 8000 西上陇西高原。郦商这一路定陇西六县，郦商麾下骑都尉靳歙斩 4 名车司马、4 名军侯，12 名骑百夫长。靳歙也凭借此战功劳拜将，战功节节攀升。随后郦商东进，在陇东高原破雍将军于焉氏，被周类军于栒邑，破苏驵军于泥阳。

第三路，周勃率军 8000 北上追击章平，攻击泾河中游漆县的章平、姚卬军，破之。随后周勃追击到汧水上的汧城，这里也曾短暂地成为秦国都城，再破章平军。此时郦商已经从陇西回到陈仓，章平又西逃到陇西。周勃的任务就是追击章平，所以与郦商交换战区，他一路西追。章平再逃入白马羌的势力范围，周勃跟到西县，击败白马羌首领盎巴，虽然没抓到章平，但等于在郦商之后再次扫荡了陇西。周勃回到废丘途中，又攻下了郿城、频阳等。

第四路，刘邦与韩信东进司马欣的塞国。此时刘邦跟前的己军只有 1.5 万余人，至于身后 3.5 万多友军，只要刘邦打一个像洛阳那样的败仗，立刻就会仓皇退兵。韩信如此兵行险着，他把司马欣看得透透的。

司马欣的塞国，东有函谷关，东北有临晋关，东南有武关，南有峣关，也是四塞之地，因此称为塞国。

韩信早看破三秦的内部矛盾，雍国内部有许多互不统属的军事力量，塞国和翟国何尝不是如此？

汉军首先来到高陵，守将车司马（军职六品）王竟果然率军投降。此时刘邦拜刘贾为将军，这是刘氏宗亲第一个将军。刘贾的祖父与刘邦的祖父是兄弟，属于第三代亲属，至于刘邦的兄弟和侄子这种近亲，无人拜过将军。此后王竟就跟着刘贾南征北战，立功不少，军职是都尉（军职四品），封甘泉侯，食邑不详（甘泉宫是秦国宫殿，王竟的食邑可能在 2000 户以上）。

几天后汉军兵临塞国都城栎阳城下，秦国修筑咸阳城之前，这里也曾被短暂地作为都城，此处投降的人就更多了。

骑都尉（军职四品）李必，率一支 1000 余人的骑兵投降。彭城之战后，为了阻击西楚骑兵，刘邦授灌婴为中大夫令（卫尉，九卿之一），令李必、骆甲为左右校尉，重组骑兵军团。结果骆甲运气不好，在彭城之战后的阻击战中阵亡。李必跟着灌婴，作战虽不算积极，但还是拜了将军，封戚侯，食邑 1000 户。

秦将杨熊的堂弟郎中骑将（军职八品）杨武镇守下邽，派人送来降书。刘邦很欣赏这个年轻人，不过他消极怠工，立功不多。在垓下之战的乌江河畔，杨武取一段项羽肢体，封吴房侯，食邑 700 户。

杨武是主动来投的，他投降的理由与堂弟杨喜一样，痛恨赵高、章邯、司马欣、内史保、赵贲这些人，认为他们联手害死了杨熊。此前杨喜在杜县已经投降汉军，所以杨武毫不犹豫地献出了下邽城。

栎阳之战还没打，栎阳西边的高陵和东边的下邽都丢了，栎阳的骑都尉也率一支骑兵投降。

塞王司马欣作战能力远不及章邯，甚至可以说不适合为将，他是个八面玲珑之人，心思就不在战场上。

司马欣不知道麾下还有多少人会投降，说不定栎阳城门哪一刻就被哪个降将打开，然后汉军蜂拥而入，他不敢多想。

然而韩信却忽然不打了，派使臣上门劝降，这可正中了司马欣下怀。

韩信开出的条件很简单，不投降，就立即攻破栎阳，诛司马欣三族。若司马欣肯投降，则仍为塞王，汉军绝不踏入栎阳一步，司马欣可保全塞国军队，但要提供粮草，必要时还得和汉军一起东出函谷关。

韩信的条件比当初项羽的条件好多了，项羽可是要求章邯军缴械的。只要能保有军队，司马欣还有什么理由拒绝？

司马欣率3万多人马，与汉军相隔15里扎营，骑哨四出，严加防范。

而翟王董翳，早就率了2万人驻扎在洛水下游，三秦中他的实力最弱，不想牺牲自己去和汉军拼命，因此一直观望。现在司马欣投降了，汉军的使臣也到了军中，董翳顺势投降，保留了上郡的地盘和翟王的称号，似乎并无损失。

在这两个月的战争中，不少秦朝旧部投降汉军，包括骑司马（军职六品）王周、车司马（军职六品）王竟、郎中骑将（军职八品）吕马童、郎中骑将（军职八品）杨武，这些都是骑兵中级将领，可统兵200骑到千骑。

关中老秦人硬骨头多，这么大批量投降有两大原因。一是不愿效力章邯、司马欣、赵贲、内史保。项羽坑杀20万秦军降卒，率军入关中后，破坏力导致关中倒退500多年，此时的景象和周幽王烽火戏诸侯后，周平王被迫东迁洛阳时相似。二是刘邦曾在咸阳约法三章，对关中百姓秋毫无犯，给秦人的印象还算可以。

这个时候，赵国方向传来消息，常山王张耳惨败，率万余人正南下到殷国，派人入关中，打算投奔刘邦。张耳奸同鬼蜮，行若狐鼠，逃跑的本事无人能及。这个常山王本是项羽所立，他为什么不去投靠项羽呢？

随后的几个月内，项羽杀了自己立的义帝、韩王成、齐王田假，张耳很清楚项羽的行事风格，即使帝王丢失兵权，在项羽面前也难保命。

跟随张耳来投的，还有一位故人雍齿。刘邦起兵初期，打下故乡丰县后，令友军沛县豪族雍齿镇守，刘邦则东进去追泗水郡监御史。雍齿根本看不起刘邦，直接献城投靠魏相周市，刘邦在几个月内四次攻击丰县，最后向项梁借兵5000才拿下。雍齿北逃到魏国都城临济，不久后的临济之战，魏王咎和魏相周市都死了。雍齿再次率残兵北逃，投在赵相张耳门下。雍齿也够倒霉的，投奔谁，谁就迅速灭亡。

刘邦虽然恨得咬牙切齿，却不能杀了雍齿。雍齿的兵力虽然不足 1000 人，但麾下有不少沛县人和丰县人，刘邦阵营也有一些沛县人与雍齿关系不错，而南阳的王陵更是和雍齿称兄道弟。如果杀了雍齿，可能会造成部分沛县人不满，带来意想不到的后果。

雍齿运气好，此时吕雉还在丰县，吕雉之子刘盈也不是太子。若等到吕雉做了皇后，五刑是逃不掉了，参考彭越和韩信的死法。

● 英布弑义帝，三韩降汉国，项羽杀齐王田荣

公元前 206 年 10 月，南方传来一个消息，英布弑义帝。

项羽人在齐国战场，却念念不忘义帝芈心。如果芈心不死，一旦有人挟义帝以令诸侯，项羽就很被动，于是他令九江王英布去郴县杀义帝。

义帝刚离开彭城时还兴师动众，浩浩荡荡，但群臣多恋故乡，本不愿往蛮荒之地，加上此去凶多吉少，一路上陆续逃走不少，义帝不忍阻止，只得听之任之。

义帝站在龙舟上，遥见湘江水光接天，忽然大风骤起，将桅折作两段，卷起洪涛巨浪。

只见贼船数十艘出现在风浪中，将义帝的龙舟团团围住。

贼人用绳索攀上龙舟，一拥上船，闯入舱中，见人就砍，杀死数十人。舟中侍从无力抵敌，各自逃走。

义帝站在船头，指着东北彭城方向诅咒道："今日寡人葬身鱼腹，项籍逆贼他日必大卸八块而死！"

说完义帝纵身一跃，随波逐流而去。船上有人叫道："死要见尸，下水，都下水。"

舟中藏躲者，尽被英布军假扮的山贼杀死。英布打捞起义帝尸体，取了首级，派人送到齐国项羽大帐内。对外说义帝行到湘江遇到大风，船覆淹死。

此事根本瞒不了天下，何况英布后来还转投刘邦，更是坐实了项羽杀义帝之罪。

英布杀了义帝，这是他为项羽做的最后一件大事。灭秦期间项羽马鞭所指之处，英布亲冒矢石，攻城拔寨，冲锋陷阵，无所不能。在英布看来，自己立为九江王实至名归。

项羽所立诸侯，楚国的地盘除了西楚国，只封了三个外姓。临江王共敖控制了南郡、黔中郡、长沙郡，项羽做个顺水人情。英布的岳父衡山王吴芮控制了庐江郡，项羽把吴芮迁到衡山郡，再把庐江郡和九江郡分给九江王英布。

从项羽的角度看，庐江郡和九江郡本应属于西楚，虽然封给了英布，但兵力调动等战争大事，九江国必须作为西楚国的一部分听从调遣。因此英布还没回到都城六，就接到项羽的军令，要求他立即亲率九江国主力北上增援。

英布自以为功成名就，南面称王，心安理得。这次他不再如臂使指，称病没有去，只派了 4000 人马驰援。项羽和英布的关系由推心置腹、肝胆相照，向吴越同舟、利尽交疏转变。

11 月，刘邦得到一个好消息：韩国相国张良从彭城逃到了关中。

项羽将韩地一分为三，北边的河内郡为殷国，立司马卬为殷王，建都朝歌；中间的三川郡为河南国，立申阳为河南王，建都洛阳；南边的颍川郡为韩国，立韩成为韩王，建都阳翟。

秦朝的河内郡包括战国时韩国河内与魏国东郡部分地区，三川郡包括韩国的洛阳盆地和东周洛邑，颍川郡基本就是韩国领土。项羽封的韩地三国如图 2-38 所示。

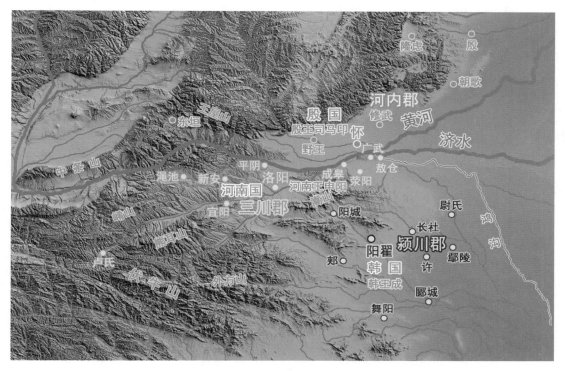

图 2-38　韩地三国

灭秦时，司马卬和申阳南下太行山后分别在河内郡和三川郡占据了部分城邑。两人随项羽入关，不过入关的时间要晚一些，他们趁机全据河内郡和三川郡。殷国和河南国都是人口稠密之地，尤其是河南国，洛阳市井稠密，宫阙壮丽，还能把秦人堵在函谷关以西。

项羽对二人并无好感，并不甘心将两地拱手让出，但还是顺水推舟，立二人为王。因为更令项羽感到不安的是韩王成。

韩国的地盘几乎都是刘邦打下来的，韩王成和韩相张良与刘邦的关系非同小可。项羽本想杀了韩王成另立心腹郑昌为韩王，但碍于张良的面子，暂时没动韩王成。

项羽从关中回到彭城途中征调韩王成之兵，以增加兵力震慑楚王芈心（义帝）的诸将。当时韩王成在韩国统治了约一年，举善罚恶，抚恤百姓，省刑薄税，韩民大悦。

当刘邦北上关中后，项羽以郑昌为大将、蒲将军为副将，率万余人前往韩国，名为帮助韩王成协防，实则架空韩王成。刘邦大破赵贲和内史保，项羽立即将韩王成和韩相张良请到彭城。当刘邦迫降塞王司马欣和翟王董翳后，英布也弑了义帝，项羽立即废韩王成为侯，并将其留在彭城，另立郑昌为韩王。过了几天，项羽派人到彭城杀了韩王成。

韩王成最早是项梁所立，韩相张良与项氏情谊深厚，与项缠更是情同父子。韩王成的韩国本应是西楚国的铁杆盟友，但刘邦入关中前曾帮韩王成打下韩国大部分城邑，张良又率韩军跟随刘邦入关，项羽对此极为不快。不过张良并没有随刘邦入汉中，而是回到韩国辅佐韩王成，韩国还是偏向项羽的。

当初在会稽郡，多亏郑昌照应项氏，项羽倒是知恩图报。问题在于郑昌不是韩国宗室，他最大的一笔战功是巨鹿之战时率一支偏师与章邯对峙，为项羽的主力赢得了有利时机。郑昌曾是秦朝会稽郡吴县县令，以能力看最多做个郡长（太守）。项羽杀人随心所欲，用人更是任人唯亲。

相比而言，刘邦的兄弟子侄也不少，但没有一个在军中担任要职，麾下将士每一次加官晋爵，战功都记得一清二楚。

韩王成一死，张良就彻底倒向刘邦一方，从彭城西逃入关中。留守彭城的项缠不但没有阻拦，反而设宴送行。

刘邦这边是鸾翔凤集，立即封张良为成信侯，拜为太傅，行相国事。一时远近豪杰归心，兵威大振。张良虽然军事水平不行，但他三代六世相王的背景就是一面旗帜，为六国保留了反秦的希望。项梁也曾是一面旗帜，某种程度上项羽也是，因此看轻张良。刘邦是士出身，他把张良奉为上宾，其他诸侯王才甘心尊汉王为共主。

刘邦帐下有个叫韩信（与大将军韩信同名）的，是韩襄王之孙，按辈分是韩王安（战国最后一个韩王）的叔叔。

刘邦先以韩信为韩国太尉，拨了一批韩国人给他，许诺等韩信拿下韩国，就正式立为韩王。不过张良却并不愿做韩信的幕僚，虽然祖孙相了 6 个韩王，也是择明主而仕。张良此刻从韩国申徒（相国），转变为汉国太傅，正式成为刘邦的幕僚。

刘邦的势力在关中迅速壮大，他不断派人到齐国项羽大帐内，说自己只是恢复怀王之约，做个秦王，绝无攻击项羽的打算。当然项羽不会相信刘邦的话，无奈身陷齐国，无法分身。

11 月，刘邦留韩信和郦商在关中，仍然围攻雍王章邯的废丘，治粟内史襄则为关东战事转漕输粟，督运粮草，其余文武都随刘邦出函谷关。

汉王、塞王、翟王、常山王率 17 万人马出关中攻打韩王郑昌，其中汉国 12 万余，塞国近 3 万，翟国和常山国各 1 万余人。

韩国方面，韩王郑昌也早有对策，他派蒲将军率本部 6000 多人马去迎击。早在刘邦在沛县起兵同年，蒲将军便率 2500 人在薛县起兵，他的起点不亚于刘邦。

项梁起兵后不久，英布和蒲将军各率本部兵马投奔。定陶之战后，秦军大举攻入赵国，楚怀王令宋义为上将军，项羽为次将，范增为末将，北救赵国。楚王近悦远来，把蒲将军留在彭城，笼络之。

项羽杀了宋义后，立即派人通知蒲将军增援。蒲将军率兵 4000 北上途中遇到刘邦，与刘邦一起攻击过砀县。在项羽看来，蒲将军这个人不如英布纯粹。

巨鹿之战，项羽遣英布、蒲将军为先锋，率军 2 万渡河，袭击秦军甬道。巨鹿之战项羽大胜，与章邯第一次谈判破裂，项羽令蒲将军攻秦军，战于漳水以南，蒲将军亲冒矢石，大胜。

项羽军挟持 20 余万秦军降卒到达新安后，招英布和蒲将军商议，一夜之间全部坑杀之。英布和蒲将军可以说是项羽的左右手。当时英布与蒲将军拥兵自重，地位远高于项羽麾下龙且、钟离眜等人。

在灭秦过程中，项羽友军当中军功第一当属英布，蒲将军排第二。然而项羽分封诸侯，英布封九江王，蒲将军却连个侯爵都没有。

项羽分封诸侯前已经打算先将楚王芈心（义帝）迁到长沙郡郴县并杀之，英布屡及剑及（项羽每往前迈一步，英布的长剑总是能领先一步刺出）。蒲将军就不同了，他常感怀楚王之礼遇，最主要是错判了形势。当时吕臣、陈婴辅佐楚王，共敖、周殷等楚将攻城略地，都没有随项羽入关中。而项羽还有刘邦这个强大的竞争者，诸侯国不服者甚众，蒲将军对项羽要杀义帝是持反对意见的。

现在不仅英布被立为九江王，连郑昌都被立为韩王，而军功仅次于英布的蒲将军居然沦落到给韩王郑昌守国门。蒲将军怒气填胸，但他也是智勇双全的人物，怎会轻易受郑昌摆布，于是他以"迎击汉军"为由北上三川郡，屯兵函谷关外。

函谷关以东一两百里都是狭长地带，军队根本无法施展，蒲将军只要将自己的精锐顶在前面，汉军的兵力优势便荡然无存。时间久了，汉军内部塞国和翟国的人马可能会反水，再加上章邯还在废丘，变数很大。如果蒲将军能把汉军堵在函谷关以西几个月，等项羽征服齐国后率西楚国主力来战，刘邦必然是四面楚歌的局面。

蒲将军明明已经身在项营心在汉，却还要营造一个对刘邦极为不利的格局，不为别的，只为争取投降后的待遇。

12 月，蒲将军投降。在封侯方面，刘邦比项羽大方多了。刘邦称天子后定下十八功侯，蒲将军柴武排名第十三，封为棘蒲侯，食邑不详，按排名约有 5000 户，与樊哙、灌婴、陈平、王陵相当。以上五人后来在汉朝廷都是三公级别，柴武和灌婴后来拜过大将军。

能和樊哙、灌婴这种战将平起平坐，蒲将军的目的达到，立即调转枪头引领汉军攻击韩国，韩国灭，郑昌亡。

刘邦所拜韩国太尉韩信，改立为韩王信。项羽硬是把倾向中立甚至略微偏向西楚的韩国逼成了死敌。

刘邦攻击的是韩国，要经过定都洛阳的河南国。河南王申阳本就是常山王张耳的心腹，虽在南下太行山时与张耳产生矛盾，但毕竟不想充当楚汉相争的炮灰，也加入刘邦军团。

北边的殷王司马卬最大的敌人是紧邻的赵国，自从巨鹿之战后与赵王歇分道扬镳，司马卬就成了赵国的叛将。司马卬孤掌难鸣，只能紧跟申阳一起投降刘邦。刘邦对这些降王降将相当大度，仍让他们保留地盘和军队。

刘邦出函谷关，灭掉了韩国，迫降了殷国和河南国，此时项羽却兵陷齐国。刘邦出函谷关的路线如图 2-39 所示。

齐王田荣初起兵便拉拢两大盟友——南皮侯陈馀和彭越。陈馀和代王歇南北夹击常山王张耳，将其赶出赵国地界。齐王田荣通过陈馀这层关系与赵王歇结盟。

图 2-39　刘邦出函谷关

　　彭越的势力范围在大野泽，位于砀郡与东郡之间，属于西楚国境内。项羽没有分封彭越，大概是把他当作土匪山贼，早晚要派兵剿灭。故而彭越虽有 2 万多人马，却如坐针毡。

　　田荣派人赐彭越将军印绶，又供应粮草兵器，彭越知道不会再有第二次机会，便果断出兵反项羽，攻下大野泽旁数城，兵力扩张到 3 万。

　　项羽北上攻击齐国，令心腹萧公角分兵攻击大野泽的彭越，但所托非人，彭越居然大败萧公角。

　　西楚与齐国的正面战场，西楚军与齐军在临淄对峙，临淄城其实早被秦始皇毁掉，但自田儋称齐王以来，齐人花三四年时间重修了临淄城墙。

　　项羽擅野战、骑兵战，面对坚城也只能营造攻城器械，没有特别快速的办法。不过齐军也撑不住了，数万人面临断粮，箭镞等兵器也消耗殆尽。

　　齐王田荣决定突围北走，他为什么不退守东部胶东郡呢？因为田荣的亲弟齐相田横并不在临淄，而在胶东郡募兵。按照齐军原定计划，齐王在临淄拖住项羽主力，田横募兵后南下西楚国后方琅琊郡、东海郡，逼近西楚都城彭城，让项羽主力顾此失彼。

　　不过项羽攻打得太猛了，齐王田荣支撑不住，但他没有令田横改变计划，而是自己出城突围，向北引开项羽军主力。田荣北渡济水后，想从平原津渡过黄河向赵王歇求援，同时把战火引到赵国。

可惜人算不如天算，还记得田荣所杀的济北王田安吗，他的一支死忠部下正在平原，趁田荣防卫松懈之时杀了田荣，将人头献给项羽，以求罢兵。

项羽回师临淄，所过之处，济北与临淄二郡，屠城、杀降卒、夷城郭，三件事不断上演，以削弱齐国。

项羽把田假带在军中，准备立为齐王。当初临济之战，齐王田儋阵亡，齐相田荣被章邯围困在东阿。战国最后一个齐王田建的亲弟田假，便在宗族和亲信簇拥下即齐王位，当时他67 岁，现在 70 岁。

后来田荣赶走齐王田假，杀尽其追随者。田假逃到楚国，在楚王芈心（楚怀王）的庇护下活了下来。田假在楚地待了 3 年，早前的亲信和军队早已物是人非，项羽扶持一个傀儡为齐王，就要先一步把齐国搞残，减少齐国人口才行，否则田假根本立不住脚。

项羽用对待秦人的方式对待齐人。立章邯等三位时，项羽也曾大肆屠杀关中百姓，现在秦、齐两地百姓都怨恨霸王。

项羽在临淄立齐王田假后便率军南归，打算再次集结兵力灭彭越和胶东郡的田横。可是项羽率军离开临淄仅两天，田横的军队就出现在临淄城下，一场并不太激烈的战斗后，田假突围追上项羽军后队。

霸王项羽一怒之下杀了齐王田假，在彭城进行短暂的休整，派人令九江王亲自率军北上，再次北征齐国。

齐相田横在临淄立田荣之子田广为齐王，他自己率军从胶东郡南下，攻击西楚国西北部的琅琊郡，一举攻克多座城邑。田横看准了时机，此时刘邦的骑哨已经在砀郡活跃，刘邦军随时可能东进，项羽绝不敢把主力调到齐国东部边陲来。

第三章 汉王战西楚霸王

第一节　楚汉首次大战

● 刘邦攻入西楚国，项羽掳刘太公和吕雉

公元前 205 年 3 月，汉王刘邦灭韩王郑昌，立韩王信，河南王申阳和殷王司马卬加入汉军阵营，西魏王豹也在刘邦强大的军事压力下求和。刘邦假意杀张耳后，赵王歇和代王陈馀也加入汉军阵营。

四月，刘邦的汉国与塞国、翟国、河南国、殷国、韩国、赵国、代国、西魏国结成九国同盟。

此时项羽所立的二十路诸侯王，只剩燕王臧荼、九江王英布、临江王共敖三位名义上还站在项羽一边，其余要么被灭，要么加入了刘邦阵营。

汉王刘邦在洛阳为义帝发丧，兵皆缟素，发使告诸侯道："天下共立义帝，北面事之。今项羽杀义帝于江南，大逆不道。寡人悉发关中兵，收三河士，南浮江、汉以下，愿从诸侯王击西楚之杀义帝者。"

我们来看看西楚国的情况。项羽自立为西楚霸王，建都彭城。封地有 9 个郡，其中魏国二郡（砀郡、东郡）、楚国七郡（琅琊郡、薛郡、泗水郡、东海郡、陈郡、郯郡、会稽郡）。

长江下游河段是西南—东北走向，项羽的地盘大多在长江以西，因此称西楚。霸王是模仿春秋五霸，这五国都有几百年国祚，西楚霸王可看作第六霸，恢复春秋时代的分封制。

西楚国原本有 10 个郡，项羽将九江郡赐给英布，加上吴芮的庐江郡，立九江国，西楚国还有 9 个郡。项羽在西楚国内部按照王、长、公三级进行了部署，即西楚霸王项羽、砀郡长项佗、薛郡长项冠、会稽郡长项声、陈公利几、萧公角、薛公、终公等。楚国的郡长相当于秦国的郡守（太守），是封疆大吏。楚国的公相当于秦国的县令，只是管辖范围可以是多个县，项羽曾受封鲁国，就保留曲阜在内多个县。

西楚霸王项羽建都彭城，自留地有泗水郡、琅琊郡、东海郡。项羽出征时，叔父项缠留守彭城。刘邦出生地丰县、起兵地沛县都在泗水郡北部；陈胜吴广起兵的大泽乡在泗水郡中部偏南。琅琊郡本是齐国五都之一的莒都所辖范围，五国伐齐期间为楚国所取，一直到秦灭楚，设置琅琊郡。东海郡在淮河下游，春秋时吴国北上，将诸多小国融为一个整体，经过越国和楚国的开发逐渐繁荣起来。西楚国项羽自留地三郡如图 3-1 所示。

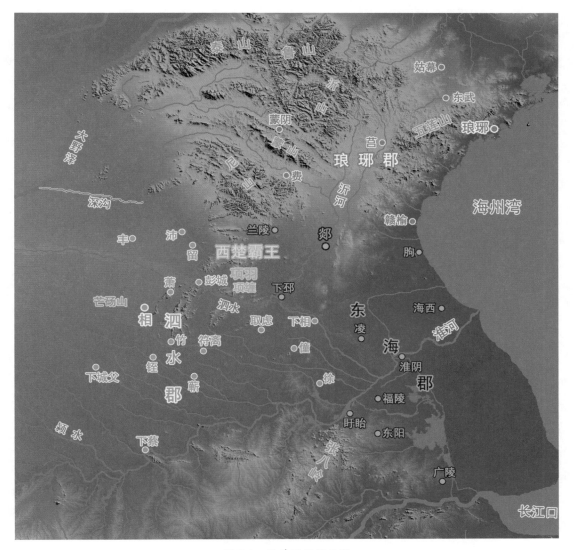

图 3-1　西楚国项羽三郡

　　砀郡长项佗兼任柱国（将军），领砀郡、东郡和陈郡鸿沟以东部分。当初项梁起兵后，项氏可独自带兵的大将，一个是项羽，另一个就是项佗。几年前项梁令其统兵救魏国，临济之战，魏王咎和齐王田儋都阵亡了，但楚军的项佗却保留主力逃回，当时项梁没有追究，反而认为项佗保住了军队，功大于过。项梁意外去世后，项佗仍掌控嫡系军队，巨鹿之战前他还分兵去攻击东郡，没有随项羽北上赵国。西楚国项佗、项冠、陈公等的势力范围如图 3-2 所示。

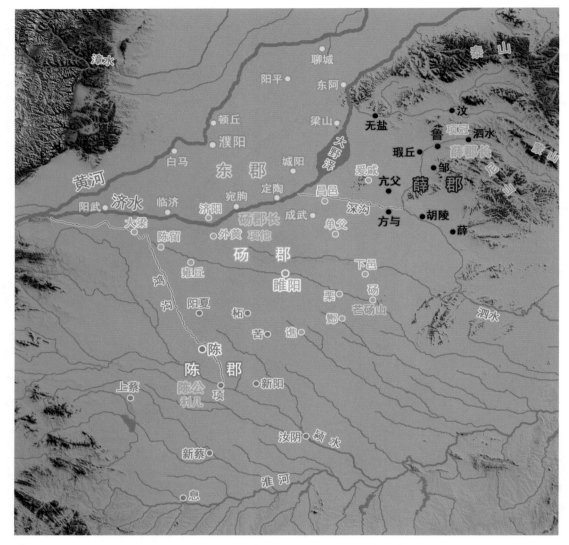

图 3-2　砀郡长项佗、薛郡长项冠、陈公利几等的势力范围

　　项羽和章邯对峙到分封诸侯前，在东郡和砀郡攻城略地最多的是项佗和魏王豹，项羽将魏王豹迁到太行山以西，空出的地盘就由项佗接管。项佗这个人，每战必先规划逃跑路线，打硬仗是每战必败，败则必逃，逃则必全身而退。项佗打硬仗不行，捡漏的本领却是一流，否则项梁也不会重用他。这样一个人，对项羽威胁不算致命，迁走魏王豹对整个项氏有利。然而东郡和砀郡是战国时魏国的地盘，与其接壤的有济北国、赵国、殷国、河南国、韩国，项羽既能把一些难题留给项佗，又能给彭城树立一道强大的防线，所以项佗才得以控制两个郡。

　　薛郡长项冠领薛郡。项羽和章邯对峙期间，派亲信项冠、项悍率军 1 万南下薛郡，以曲阜为中心不断蚕食薛郡其他秦军控制的城邑。项羽顺势封项冠为薛郡长，在彭城北方又树立了一道防线。

会稽郡长项声领会稽郡、鄣郡，即江东。项羽入关中后，派项声率军 1 万回到会稽郡，巩固当地的基本盘，也防楚怀王插手。项羽很重视江东后方，关中分封诸侯后便南征北战，会稽郡、鄣郡为项羽源源不断地输送兵源和物资，项声功不可没。西楚国项声的势力范围如图 3-3 所示。

图 3-3　西楚国会稽郡长项声的势力范围

陈公利几领陈郡鸿沟以西之地（含陈城）。利几是项氏家臣，与项羽关系密切，可以说仅次于郑昌，因此项羽才把大半个陈郡交给他。此外项羽还封了萧公角、薛公、郯公、终公等，地盘要小一些。

明白了西楚国的布局，我们再来看刘邦的战略。刘邦坐镇洛阳，戚夫人怀胎数月即将临盆，一切军机要务都由太尉卢绾统筹，卢绾对项羽及西楚国也算比较了解。此前汉军迅速攻灭韩国，原因之一是韩王郑昌非项氏族人，并无项氏军队前来救援。陈公利几也非项氏族人。以此推之，若汉军可以从韩国（颍川郡）方向攻入陈郡，这里便是西楚国相对薄弱之处。

实战过程中，卢绾令韩王信向陈郡出兵虚晃一枪，刘邦亲率汉军及塞、翟、殷、河南等国诸侯兵东出河南国，沿济水东进西楚国。此外赵、代、西魏的军队虽然南下却没有渡过黄河与济水，显然在作壁上观。

卢绾对砀郡长项佗可是洞见症结，看出其并不愿打硬仗，而且遇强敌必然撤兵，便在帐中对汉将称项佗为"兵不血刃逃跑大将军"。

项羽也清楚项佗的硬伤，在刘邦攻灭韩国后立刻派猛将龙且前往砀郡协助项佗，而且项佗麾下王武、程处等人也是熊虎之将。

项佗的机动兵力过10万却按兵不动（或者说准备伺机而动吧），若项羽不和刘邦火并，项佗是铁了心要避其锋芒，哪怕损失一些城邑和兵力。项氏的内斗从渡长江北上开始就一直存在，对项羽威胁最大的始终是项佗。项佗不负诸侯军所望，印证了卢绾给他取的外号"兵不血刃逃跑大将军"，砀郡各路西楚军只是装模作样地抵抗了一下。

汉军为诸侯军先锋，将军樊哙又为汉军先锋，在外黄城外遭遇西楚军王武部。王武是项佗的亲信，号柘公，麾下有将领程处、桓婴、柱天侯、羽婴等，有一支精锐骑兵，其势力范围以外黄为中心，北过济水到东郡，南至陈郡，十几个县，两三万兵力。刘邦攻击西楚国的路线如图3-4所示。

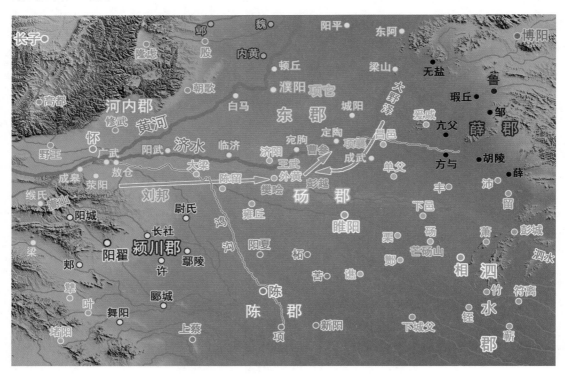

图 3-4　刘邦攻击西楚国

王武在外黄就地投降，将城头黄色西楚旗换成赤色汉旗，其他一切如故。王武拒绝领兵协同刘邦作战，拒绝提供军粮战马等。刘邦勉强接受，如果他一举灭了项羽，王武当然是瓮中之鳖，否则王武随时可能反水。

彭越得知刘邦东进的消息，率3万人从大野泽来外黄投奔，希望从中渔利。刘邦拜彭越为魏相国，令其定砀郡和东郡，准其占领被楚国夺走的原魏国旧地。

此时诸侯军名义上有十国十王一相两侯，56 万大军，分别是汉王刘邦 19 万余、塞王司马欣近 3 万、翟王董翳 1 万余、河南王申阳 2 万余、殷王司马卬 2 万余、韩王信近 1 万、赵王歇和代王陈馀共 9 万余、西魏王豹 6 万余、常山王张耳（已失国）1 万余，魏相彭越 3 万，穰侯（项羽所封）王陵 3 万，周吕侯（刘邦所封）吕泽近 2 万，各路友军约 4 万。

樊哙军在外黄城外休整，换曹参军登场，北上攻击定陶。镇守定陶的是项家宗室项襄，1 万多人被围。

项襄也想学王武改面旗帜投降，但刘邦无论如何不允许其一毛不拔，因为这样太危险了。在曹参的攻势威胁下，项襄拿出一半军粮、战马以及弓弩箭矢等远程攻击器械。

此时项襄仍保留了反水的可能，若后续刘邦战败，项襄完全可以反戈一击，让刘邦雪上加霜。实战当中如何呢？

刘邦南下后，魏相彭越趁机来到定陶城下摆开阵势。如果项襄不开城门，他准备强攻。项襄派人出城，还想谈判，不想彭越砍了来使，麾下先登将士扛着云梯、攀城索，黑压压蜂拥而上。

平时彭越绝不敢拿 3 万人去对抗项羽军，但此时打的是刘邦旗号，狐假虎威，恃势凌人，将来万一项羽兴师问罪，也可以把罪责推到刘邦身上。彭越也吃透了项襄的心态，既然投降了一次，当然不想再打一仗。

项襄本就不想打，他的军队在城头稍作抵抗就再次投降。在反秦战争中，刘邦数次攻击定陶都不克，没想到彭越轻易拿下，即使有金城汤池，也要看防守人的意志。

当然项襄投降后的收获也不小。他后来在刘邦军中，除了跟随刘邦远征了一次英布，没什么军功，却赐姓刘，改名刘襄，受封桃侯，食邑 1000 户。到了汉景帝时期，刘襄之子刘舍接替周亚夫成为丞相（三公之首，官职一品）。刘邦的死敌项羽，其族人在汉朝拜丞相，不敢想象。项氏一族投降刘邦最终封侯的不止刘襄一人，就连项羽的亲叔叔项缠，亦赐姓刘，封射阳侯；项佗赐姓刘，封平皋侯，食邑 580 户。

彭越拿下定陶后，刘邦接到镇守家乡丰县的任敖的求救信，原来西楚将钟离眛来到丰县，要接走刘邦的家眷。

钟离眛与韩信一样，曾是项羽帐下的执戟郎中。刘邦兵出河南国后，他给项羽献策，去沛县把刘邦家眷接走，手里握有筹码好和刘邦谈判。

刘太公和刘邦的长子刘肥在丰县，刘邦夫人吕雉和一对子女在沛县。刘邦入汉中时，大舅子吕泽跟随，二舅子吕释之则率 2000 人马回沛县保护吕太公家眷。吕氏家眷可真不少，包括吕泽的两个儿子吕台、吕产，吕释之的三个儿子吕则、吕种、吕禄；吕长姁（吕泽长姐，其子改氏吕）及儿子吕平；刘邦的夫人吕雉和一对子女；樊哙的夫人吕婴及一对子女。

吕释之又派兵去丰县，迎接刘太公和刘肥到沛县，这个操作与其说是保护，不如说是抓人质。此时汉王刘邦没有立太子，身边只有戚夫人生的刘如意，吕氏不得不防一手。

项羽兵陷齐国，虽然鄙夷这个绑架计谋，但也同意了。钟离眛便率 3000 人前来沛县绑架刘邦家眷。此时正好刘太公派人来迎接孙子孙女到丰县，吕雉本来是不愿去丰县的，但钟离眜这突如其来的一击，完全打乱了吕氏的部署。

沛县这些吕氏和刘氏家眷分两路逃跑，吕释之带着吕太公及其5个孙子往西一路狂奔，逃了出去。吕释之是个极度自私之人，因为兵少无法兼顾所有吕氏，便舍弃吕雉及一对子女，吕雉只好带着子女跟随刘太公的家将去丰县。

钟离眜在沛县不只要抓吕氏和刘氏，还要抓王陵的家眷。项羽担心王陵三心二意，终究还是信不过这个沛县人。王陵80岁的老母命亲信带走王陵之子王忌，自己深知熬不过旅途奔波，干脆守在府上等着西楚兵上门。沛县还有刘邦麾下很多人的家眷，钟离眜当然只抓主要矛盾，完事了立即去丰县。

丰县这边，为刘邦镇守的将领叫任敖，本是沛县狱吏，与吕氏关系密切。刘邦拿下丰县后，任敖镇守了两年，负责保护刘邦家眷。丰县、沛县都在西楚国地盘上，项羽对各地县令，大体上都是换一面旗帜原地就任，并没有撤换任敖。

钟离眜来到丰县，任敖闭门不纳。丰县是泗水郡一座中等城邑，刘邦4次攻打丰县才拿下，任敖有足够的自信，钟离眜这3000人攻不下丰县，但他还是派人向刘邦求救，这个事情大意不得。

刘邦急令樊哙领兵前去救援，并且封锁泗水一线，防止项羽军南下。

钟离眜还真有点本事，抵达丰县当日夜间，他的先登便不知道用什么轻便云梯和绳索，悄无声息越过护城河，登上城头。任敖没打过几次大仗，根本没参与刘邦入关中的过程，哪经历过这等残局，兵败如山倒，守军如鸟兽散。

次日清晨，钟离眜押着刘邦家眷出城，刘邦至亲一个不少，包括刘太公、刘肥（刘邦长子）、吕雉、刘盈（刘邦吕雉之子）、鲁元公主（刘邦吕雉之女）、刘喜（刘邦二哥）、刘濞（刘喜之子）、刘广（刘喜之子）。

此时刘邦还没接到任敖的求救信，樊哙军还在休整，另一支汉军却拦住了钟离眜的去路。

早在上年10月，刘邦令薛欧、王吸二人出武关，前往南阳郡游说王陵，然后去丰县沛县接刘邦家眷。

南阳盆地山河环绕，人口众多，王陵只想安心做个南阳诸侯，无论刘邦还是项羽都不敢轻易对他动武。王陵并未投靠刘邦，仍想在刘邦项羽之间骑墙。

等刘邦率军东出河南国，王陵才出兵，但并非对付项羽，而是回沛县迎接家眷。

王陵是沛县豪族，刘邦称其为大哥，他却一直不太看得起刘邦。但士别三日当刮目相待，刘邦已非吴下阿蒙，现在是汉王，且已露出与项羽平分天下的迹象。

王陵留了1万多人镇守南阳十几座城邑，亲率2万人东进，来到西楚国陈郡的阳夏，陈公利几的军队早就严阵以待。王陵只好向陈公利几说明并非背叛霸王，而是去接家眷。随后王陵以王吸、薛欧为前驱，2万多人兵发丰县、沛县，王陵去沛县接老母亲，王吸和薛欧去丰县接刘邦的家眷。利几没有阻拦，只是快马报知项羽。

拦住楚将钟离眜的正是王吸、薛欧的军队。两军话不多说，兵戎相见。钟离眜兵少，又不敢杀人质，眼看对方援军越来越多，只好抢了刘太公和吕雉，往齐国方向撤。项羽掳刘太公和吕雉的路线如图3-5所示。

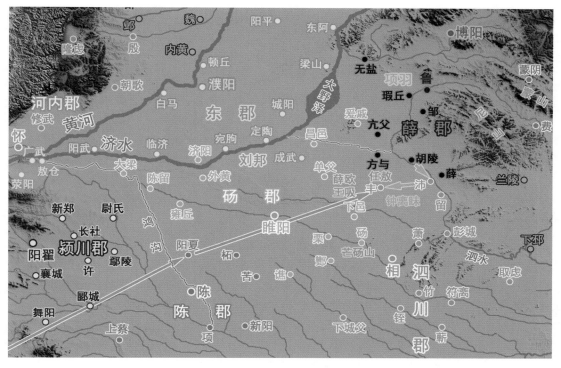

图 3-5　项羽掳刘太公和吕雉

　　虽然刘太公和吕雉失散，但大部分家眷得救，尤其是刘盈（刘邦吕雉之子），他是未来的汉朝太子、汉惠帝。刘邦对这次救援的评价颇高，这 4 人其他方面的战功不大，但最终不但都封了侯，食邑还都不少。刘邦称天子后，封王陵为安国侯，食邑 5000 户；封薛欧为广平侯，食邑 4500 户；封王吸为清阳侯，食邑 3100 户；封任敖为广阿侯，食邑 1800 户。相比之下，舞阳侯樊哙的食邑也才 5000 户。

　　在彭城之战过程中，项羽并没有攻击屯在沛县的王陵，反而吩咐看管之人格外优待王陵之母。

　　王陵派使团去接母亲，项羽设酒宴招待，请出王陵母上座，自己南向而坐，可以说礼数还是到了，目的当然是让王陵归西楚。王陵母眼中不断流泪，对使者说道："烦大人为老妇传语陵儿，嘱其好好侍奉汉王。老妇今当以死相送，免得陵儿怀有二心！"王陵母说罢，拔出随身小刀，自刎而死。

　　使者见此情形大惊，忙率使团快马加鞭，飞驰而去。项羽的表现很奇怪，没有派军追赶，或许他认为自己并没有杀死王陵母，对方是自刎。王陵得知后，立即从沛县撤军回南阳，放言与项羽势不两立。项羽闻言，居然下令将王陵母尸首放入釜中烹煮，以此泄愤。

　　王陵闻母亲尸身被烹，痛入骨髓，哭得死去活来，深恨霸王项羽惨无人道，立誓要报杀母之仇。

如果项羽不整这画蛇添足的一出，王陵很大可能也要中立，然而项羽几乎把能逼反的盟友全都逼反了，杀韩王成逼反张良，抓王陵母致其自杀逼反王陵，杀英布全家逼反英布。

● 彭城之战，项羽 3 万骑兵大破刘邦 56 万

刘邦接到丰县任敖的求救信后，令将军樊哙立即前往丰县、沛县，并渡过泗水攻占薛郡。

樊哙到丰县后，钟离眜已经抓到刘太公和吕雉跑了。再到沛县，王陵也已经接到自己家眷，他还把其他汉军将领家眷也集中在一起，以防项羽派人来抓人质。不过项羽倒是自始至终没有派人去抓捕刘邦麾下沛县将领的家眷。

于是樊哙渡过泗水，攻击薛郡的邹县、瑕丘、薛县，一度攻到薛郡首府鲁城（曲阜），但并非真攻，而只是佯攻，目的是堵截项羽南下救援彭城。西楚薛郡长项冠坚壁清野，毫无硬碰硬的意思。

项羽北上攻击齐国，每次都是沿泗水北上到薛郡，水陆并进，撤退回彭城也是原路返回，又近又省力。樊哙游击泗水中游，与彭越控制深沟东西两头，项羽要回援彭城是无法回避樊哙的。与此同时，王陵在泗水上的沛县又给樊哙上了一道保险，彭越、樊哙、王陵三人遥相呼应，组成了一个夹击泗水上西楚军的势态。

刘邦主力，以曹参为先锋，从定陶南下，连克砀县、萧县、彭城，壁垒旌旗，数十里连绵不绝。

接着曹参率军南下，控制了睢水上的相城、竹邑、符离、取虑等城邑，与屯兵下邑的吕泽军连成一线，防止九江王英布北上。

汉王刘邦率塞王司马欣、翟王董翳、河南王申阳、殷王司马卬、韩王韩信、西魏王魏豹、常山王张耳（已失国）七王开拔到彭城附近。汉军侦骑四出，东边泗水下游和东北方沂水一带，刘邦特意不派重兵布防。如果项羽绕过尼山，从琅琊郡的沂水南下，会遭遇正大举攻击琅琊郡的田横，那时候项羽便是腹背受敌，刘邦巴不得形成这种局面。

而赵王歇、代王陈馀南下渡过黄河之后，却驻扎在济水以北不肯再过河。二王控制的势力范围大致相当于战国时赵国疆域，并不比刘邦弱多少。

西魏王豹在济水以北的临济一带也放慢了脚步。西魏王魏豹的魏国有河东、太原、上党三郡，魏相彭越受封的魏国大致是砀郡和东郡，两国并不接壤，但彭越这两个郡才是战国后期魏国的基本盘，人口也比西魏国多。刘邦封彭越为魏相，那他这个曾经的魏王怎么办？以后是回西魏国，还是留在魏地与彭越争地盘？项羽曾经面临的分封问题，刘邦也遇到了。

项羽在外出征，叔父左尹项缠（项伯）坐镇彭城，他手里兵力虽不算少，却是一盘散沙。东阳甯君上柱国陈婴投了 4 次主公，分别是楚王景驹、项梁、楚怀王（义帝）、项羽，他以故乡东阳为中心，占据大小十几个城邑，兵力三四万。项羽处置义帝后，曾从陈婴处调兵 1 万，后续肯定还会一步步削弱他。

陈婴接到项缠军令后，装模作样北上，骑哨接触到汉军后，便在距彭城上百里之地扎营。两年多后，项羽乌江自刎，陈婴率部投降刘邦，封堂邑侯，食邑 1800 户。

司徒吕臣本有 3 万余兵，交出部分兵权后仍有两万。吕臣的父亲吕青是令尹，位在左尹项缠之上。项缠一直想取而代之，彭城留守的这个小朝廷内部斗争激烈。

当汉军出现在彭城以西，吕臣便以阻击汉军为由，带着父亲吕青向东逃到东海郡，此前他们曾在这里占据几个县。垓下之战后，吕臣投降刘邦，封宁陵侯，食邑 1000 户。

刘邦入得彭城，一洗鸿门宴狼狈逃窜之前耻。左尹项缠其实也还有两三万军队，却莫名其妙地放弃抵抗，直接投降。连项羽的亲叔叔都不抵抗，还指望外人帮忙？

鸿门宴之前，刘邦被迫与项缠结成儿女亲家，不过双方子女都还小。鸿门宴上，项缠（项伯）与项庄一起舞剑，又救了刘邦一命。刘邦没有为难项缠，仍让他领本部兵马，对其家属、部属秋毫无犯。

刘邦将西楚霸王宫廷之美女、珍宝尽数收取享用，日日置酒，大会七王和诸将。部下将士亦皆欢呼畅饮，毫无项羽来犯的消息，众皆放松戒备。

七王当中，除韩王信是刘邦立的，死心塌地跟着刘邦，其余六王都是项羽立的。塞王司马欣、翟王董翳是秦国降将，与项羽关系非同一般，随时可能反水。常山王张耳、河南王申阳、殷王司马卬自成体系，为自保跟着刘邦作战而已。

刘邦与 7 个心照不宣的人天天设宴，塞王司马欣、翟王董翳早就与项羽暗通款曲，只等项羽发难，就要反戈一击。彭城虎穴狼巢，看似安全的地方，实则兵已在颈。

数日前，齐国境内，范增观天象，只见西南方升起几缕杀气，直冲云霄。一阵寒风吹过，杀气竟然荡然无存。范增对项羽道：“恭喜主公，西南方诸侯军杀气很重，其势不小。待主公出兵，诸侯军却烟消云散。”

刘邦天天在彭城大宴诸侯，只等项羽回援，由樊哙先挡住项羽先锋军，刘邦再率诸侯军围剿。谁知项羽早就在彭城以西的萧县潜伏，这是刘邦东来的必经之路。

其实项羽和钟离眜是一起从薛郡鲁城出发的，在胡陵渡过泗水之后，钟离眜去沛县抓捕刘邦和王陵的家眷，项羽则率领 3 万精锐骑兵和 6 万战骑，昼伏夜行，衔枚疾走，来到萧县东南方向，隐藏在附近的山区密林中。

萧县以东的大道上，数十骑策马呈点状散开，轮番弯弓搭箭，高度戒备，向彭城方向探查敌情，这是汉军的先锋骑哨。

一名骑将位于中间，左顾右盼，观察地形，马鞭指向南边一片密林道：“去五骑，给我仔细察看。”

5 名骑兵应声领命而去，余者仍不徐不疾向彭城进发。五骑进到密林，不一会便消失不见。沿着五骑往前几里许，一处茅草棚中，正是西楚霸王的中军大帐。

项羽原本计划从诸侯军的中部杀出，将敌军截成两段，再集结兵力冲击刘邦，务求一举击杀刘邦。然而当骑哨报告发现塞国军队，而且是独立成军时，项羽仍按兵不动。战场时移势迁，项羽随机应变，决定放所有诸侯军过去。

这可急坏了西楚军铁骑将士，不少人的家眷就在彭城。但项羽出征齐国，只把虞姬安顿在鲁城，其他嫔妃也都在彭城，将士们只好暂时忍耐。

塞王司马欣当年把项梁从关中的大牢中放走，他是项氏的恩公。项羽和司马欣是一类人，都是名门之后，项羽深知司马欣不甘心屈从出身"士"的刘邦，只要有机会就会反戈一击。平民百姓多从眼前利益考虑问题，只活在今天，结果往往不理想。名门望族多从利害关系考虑得失，注重结果，再制定正确的路线和行之有效的方法，容易形成世代联盟，结果自然比平民好得多。

刘邦军团总计 56 万大军，刘邦 19 万余，其中樊哙和周勃分走 8 万，只剩 11 万余；赵王歇和代王陈馀共 9 万余，西魏王豹 6 万余，都没有过济水南下；魏相彭越 3 万在大野泽，穰侯王陵 3 万在沛县，周吕侯吕泽近 2 万一路捡战利品，还屯在砀郡的下邑。其他友军以吕泽为参考，都没有跟上刘邦的步伐，一路上兵器物资美女根本捡不完。彭城之战的形势如图 3-6 所示。

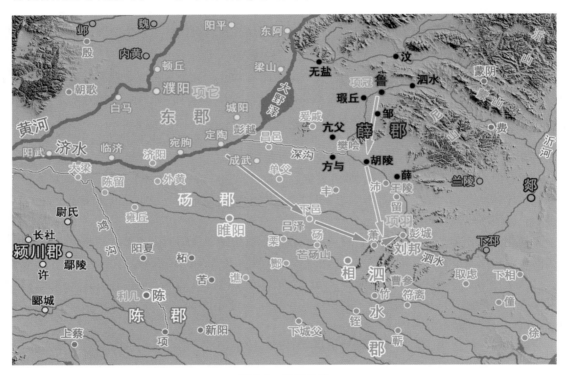

图 3-6　彭城之战

入彭城的诸侯军共约 21 万，其中汉王刘邦 11 万余，塞王司马欣近 3 万，翟王董翳 1 万余，河南王申阳 2 万余，殷王司马卬 2 万余，韩王信近 1 万，常山王张耳（已失国）1 万余。

21 万诸侯军，只有汉王刘邦和韩王信的 12 万人马一心打项羽，塞王司马欣和翟王董翳的 4 万人马随时可能倒戈，河南王申阳、殷王司马卬、常山王张耳 5 万余人不会尽全力。

一日清晨，项羽高跨乌骓马，用霸王戟指向东边道："敌军大多屯在彭城外，我们只杀敌，不攻城。若刘邦不跑，便杀尽汉兵。"

号角声起，3 万人 6 万骑（一人配备两匹战马）奔腾而下，充天塞地而来，犹如一阵狂风，席卷向东。途中但凡有任何诸侯军出现，均在顷刻间身首异处。

彭城地处中原的东南方，春秋战国几百年间很少遭遇兵戈。但秦末时彭城成了战争的中心，秦嘉、项梁都攻击过彭城，残破不堪的外城还未完全修复，有多处断城墙，根本不能凭险而守。

诸侯军惶恐，西楚军是从西面来的，难道项羽是从天而降吗？

项羽乘着乌骓马风驰电掣，霸王戟破空而出，杀敌如苍鹰搏兔，挡者披靡。项羽身后的骑兵大军蜂拥而至，好似共工怒触不周山，天柱折，地维绝，日月星辰移位。

诸侯军无力抵敌，投戈弃甲，舍命奔逃，一路自相践踏，惊恐地重复一句话："霸王来了……"楚骑从后掩杀，3万铁骑在平原上的冲击力不亚于30万步兵。

彭城以东几里便是泗水，南边有一条支流为东睢水，诸侯军一直逃到泗水岸边，遥望河水广阔，无船可渡，背后西楚兵追来，杀声震天。诸侯军沿着泗水南逃，被楚骑杀得人人胆丧，只顾向前狂奔，直至泗水支流东睢水前方止步。诸侯军见东睢水不如泗水宽阔，眼看楚骑追急，便跳入水中，希望能够游到对岸。谁知河水甚深，奔流又急，一入其中，尽皆溺水沉没，东睢水为之断流，诸侯军被杀及死于水中10余万人，大部分是汉军。

塞王司马欣和翟王董翳当场投敌，因各自旗号不同，各方势力一目了然。其他诸侯就没这么幸运了，河南王申阳、殷王司马卬、常山王张耳这三人根本不想和项羽搏命，然而项羽可不想放过他们。此战项羽击杀河南王申阳、殷王司马卬，并其军。韩王信算是有些本事，率军突围而走，若非项羽兵力不足，他是很难逃走的。常山王张耳老奸巨猾，行若狐鼠，秦始皇抓不到他，赵王武臣、赵王歇拿他没办法，这次在项羽眼皮底下竟也率军溜了。

刘邦拨马落荒而走。起初他不信项羽真的来了，以为只是对方疑兵之计，但见到项羽亲兵之一丁公，刘邦再无迟疑，立即率残部北逃。丁公与韩信有交情，知道韩信做了汉国的大将军，顺便卖个人情，没有死缠烂打。

诸将拼死保着刘邦杀出血路北走，不久项羽亲率骑兵追来，四面围之三重。刘邦困在垓心，亲兵左冲右突不能突围，如网中之鱼、笼中之鸟。

项羽传令军中："有生擒或杀死汉王者，封之为王。若敢私自放走汉王，诛及三族！"

西楚兵闻令，人人奋勇当先，各图封王之赏。

汉军自早晨战至午后，未有进食，又一路奔走，人饥马乏。楚骑乘胜而来，锐气正盛，势如潮涌。

万分危急之际，忽有大风从西北而来，声如千军万马，所过之处树木尽拔，但见满空中沙石弥漫，霎时间天昏地暗，漆黑如夜。此风正向着西楚骑兵迎头打去，势不可当，楚骑战马受惊，立脚不住，各自向外围散开。

刘邦虎口逃生，急率亲兵趁势夺路北走，逃出重围，身边仅有数十骑。刘邦到此刻都不知道项羽潜伏在萧县东，以为西楚军和樊哙大战，项羽突破封锁南下。恰好路上遇到薛欧、王吸，奉命带着刘邦家眷南下。

刘邦抵达彭城时，便派人令薛欧、王吸带家眷到彭城。此刻刘邦与一双子女团聚，北上与樊哙会师，仍然是一个不错的选择。但这等常规操作，项羽岂会想不到？刘邦果断放弃北上，立即向西转向芒砀山，这里是他的福地。

这几年刘邦三次到砀县，第一次是为躲避秦军抓捕，在芒砀山躲了 11 个月，保了一命。第二次是攻克砀县，得俘虏五六千人，战俘比士兵还多。第三次是打不下昌邑，回到砀县休整，迎来了郦食其这个福星，接着便收郦商 4000 兵，攻下重镇陈留。

不久后面追兵又来了，这次是项羽麾下的将军季布，紧一阵、慢一阵在后追赶，太尉卢绾得薛欧、王吸千余兵力，不断组织步兵阻击，刘邦狼狈不堪，落荒而走。

好在项羽分兵多路追击，季布人马不多，刘邦等逃到芒砀山北侧的砀县，数百人大半着枪中箭，饥渴困乏，面无人色。

彭城之战，项羽 3 万骑大破刘邦 56 万大军，斩首和掳获 20 余万，是冷兵器时代骑兵对步兵的一次巅峰之战。项羽损失了数千骑兵，战马则只剩十之一二。不过他兼并了塞王司马欣、翟王董翳之兵，获得河南王申阳、殷王司马卬及汉王刘邦部分兵力，增加约 10 万人马。

彭城之战前后，齐相田横率军疯狂攻击西楚的琅琊郡，攻占大部分城邑。接下来项羽迫不得已还得先行北上与田横和谈，然后才能西进荥阳和刘邦决战，这给了刘邦喘息之机。

● 张良下邑划策，刘邦组建骑兵军团

公元前 205 年 5 月，刘邦一路撤到芒砀山下的砀县。此时友军吕泽屯兵下邑，他麾下兵强马壮，兵力接近 2 万。

刘邦阵营中也有很多人与吕泽交好，比如说丞相萧何。还记得刘邦第一次去吕府吗？彼时萧何正帮吕家收受贺仪。比如樊哙，他是吕媭的妹夫，亲属关系在这儿放着。

吕泽一直不肯交出兵权，一是吕氏实力强悍，可自成一体；二是刘邦并没有立吕泽的外甥刘盈为汉国太子，刘邦最宠爱的戚夫人正要临盆，如果生下王子，必有一番夺嫡之争。

刘邦在彭城之战时正好遇到一对子女，便带着刘盈，北上下邑去找吕泽，双方进行了谈判。下邑（今砀山县）航拍如图 3-7 所示。

吕泽的条件很简单，立刻立刘盈为太子，筹码是他交出兵权，全力辅佐刘邦打天下。此时刘邦只有刘肥和刘盈两个儿子，刘肥三十几岁了，是外妇所生，除了刘邦和卢绾，几乎没人把他当回事。刘盈只有 5 岁，背后有吕氏支撑，得到沛县帮的力挺。

不过刘邦最爱的戚夫人已经怀胎数月，在洛阳的宫殿内养胎，万一戚夫人生下王子，对吕氏来说后果不堪设想。

刘邦一口应承下来，在军中当着众将的面立誓将以刘盈为太子，以吕泽为太子太傅。

吕泽如约交出兵权，他麾下可真是人才济济。娄烦将丁复，骑兵近 1000，战马 2000 余匹；郭蒙率三名越军将领摇毋余、合传胡害、华无害，统 1300 多越军；剑术大师盅逢，徒众 37 人，个个都是剑术高手。戎赐、刘钊、陈涓等都是将才。

吕泽麾下很多人后来都封了侯，比如阳都侯丁复，食邑 7800 户；曲城侯盅逢，食邑 4000 户；东武侯郭蒙，食邑 2000 户。

刘邦获得这支近 2 万的精兵，迅速调整过来。后续战争中，刘邦在前线和项羽争天下，吕泽、吕释之兄弟就在关中拥立太子刘盈，再加上相国萧何这个两方面都能接受的人辅佐。

图 3-7 下邑（今砀山县）

只是后来吕氏一族被诛，汉文帝欲将吕氏的战功从汉朝史书中全部删除，但太史无法完全清理吕氏一族的事迹，特别是吕泽帐下这些将军的战功，还是保留下来一些。

有了吕泽这支军队，刘邦不甘心战败，还想立即回兵彭城，便对诸将道："谁能击败霸王，寡人封函谷关以东之地。"然而包括太尉卢绾在内，将军们都沉默不语，大家被项羽的3万铁骑杀破了胆。

只有张良不急不慢说道："若大王用大将军韩信，驭魏相彭越，联合九江王英布，霸王可破。"一口气献出三大计策。

原来大将军韩信挥师打下关中后，刘邦令其在关中指挥余下的战斗，并没有带韩信出函谷关。张良言下之意，汉王你不要嫉妒韩信，也不要害怕大将军的兵权危及王权，如果西楚灭了汉国，这些嫉妒和担心有什么意义？

刘邦是个善于听取忠言的人，不久后就令韩信统兵，从关中攻击西魏国，开辟第二战场。

至于彭越，不是"用"，而是"驭"。彭越是因为项羽不封，害怕项羽兼并，在齐王田荣的蛊惑下才起兵的。在彭城之战中，彭越根本没有南下。张良把彭越看得透彻：这种草寇是不会为任何人拼命的，若项羽封侯承认，彭越绝不会给项羽找麻烦，甚至会反戈一击打刘邦。刘邦只封彭越魏相，这种虚名意义不大，刘邦无法像用韩信一样指挥彭越，只能是驭，别指望彭越帮刘邦骚扰项羽后方。

怎样驾驭彭越呢？很简单，派一支军队去彭越军中，与彭越一起袭击项羽后方。这支军队每战都要冲在前面，让彭越军在后面捡战利品、押送俘虏。

这种驭将方式刘邦等人闻所未闻，但听起来很有道理。后来刘邦令太尉卢绾率军2万，与彭越3万人一起袭击项羽后方。一次袭击下邳，一次袭击砀郡，两次为刘邦解围荥阳。

最后就是九江王英布，表面看他和项羽关系密切，只有他是项羽拿自己地盘来分封的。项羽北上攻击齐国，英布派出4000人马参战。

但在项羽眼中，英布不过是草莽英雄，与武臣、韩广之流没有区别，不说为项氏肝脑涂地、粉身碎骨，起码也要殚精竭虑、鞠躬尽瘁吧。张良与项羽出身相似，都是将相之后，两人对英布的看法几乎一样。张良认为英布这种人一旦称王，将和陈胜、武臣、韩广等一样很快就会堕落，不愿意再去领兵打仗。张良看透了英布，认为只要刘邦不断派使臣去联合英布，至少可以确保英布不会亲自领兵协助项羽，甚至有可能保持中立。刘邦认为最不可能拉拢的人，张良却一眼看破，这就是六世相王的格局。

张良在下邑提出3个计策，在理论上指导刘邦如何去战项羽，史称下邑画策，后来刘邦全部听取并实施了。

吕泽的军队护着刘邦且战且退，从砀郡退回三川郡。

来的时候势如破竹，回去就没这么容易了。先前按兵不动的项佗果然起兵，本来已经投降的柘公王武也毫无意外地反水了。

王武屯兵外黄，麾下大将程处屯兵燕西，桓婴屯兵白马津，柱天侯屯兵衍氏，羽婴屯兵昆阳。一个柘（zhè）公王武便把败退的诸侯残兵杀得七零八落，更别提背后还有势力更加雄厚的砀郡长项佗。还好诸侯军人多，汉王刘邦、韩王信、常山王张耳、襄侯王陵等都撤到了鸿沟以西。

6月，关中传来好消息：韩信水淹废丘，雍王章邯自杀，雍国灭。

刘邦出关中前将大将军韩信留在关中，指挥围攻废丘。废丘城高池阔，硬攻兵力不足，且伤亡惨重。韩信在高处塬上扎营，令大军用囊沙堵住渭水。

开闸放水之日，波涛如万马奔腾，势如山倒。

城头上，章邯黑衣黑甲，眉宇间尽显疲态。他见大水逐渐漫了上来，恐被俘有辱威名，遂拔剑自刎，亲信数十人在其身后自杀。

汉军攻击废丘城，由大将军韩信指挥，大致分4个阶段。第一步是曹参在废丘周边扫荡，骑司马王周投降汉军，此后章邯就龟缩不出。第二步是周勃从陇西回师关中，屯兵峣关，用部分兵力切断废丘的粮草供应。第三步是郦商从陇西回师关中，围住废丘，此时刘邦已经率军出函谷关。第四步是大将军韩信兵临废丘城下，水淹废都。

韩信攻废丘，每隔两月换一次主帅，连军队都调换了，章邯抓不到汉军攻击规律，以至焦头烂额，无计可施，兵力、粮草、斗志逐渐消耗。

汉王刘邦回到关中，秦人扶老携幼，箪食壶浆迎接，都害怕项羽再次入关。

刘邦定都栎阳，传旨张挂榜文，安抚百姓。他以塞王司马欣的宫殿为汉宫，升殿坐定，笙簧齐奏，大将军韩信和太尉卢绾领大小将领朝见。

刘邦正式立5岁的二子刘盈为太子，大国舅吕泽总揽关中大局，监守关中。以丞相萧何为辅，作为刘氏与吕氏的润滑剂。治粟内史襄兼任上郡太守，继续为关东战事转漕输粟，督运粮草，权力也进一步扩张。萧何与吕泽关系密切，与刘邦曾是同僚，是两方面都可接受的人物，表面上是丞相萧何辅佐太子刘盈。刘邦若用太尉卢绾辅佐太子，吕泽不会同意。

此时戚夫人在洛阳产下王子，取名刘如意。刘邦爱屋及乌，后来一直想改立刘如意为太子，这也是引起刘邦军团内耗的一个隐患。

随后刘邦大赦罪犯，命充兵戍，并对军队进行了重组。

由于塞王司马欣和翟王董翳在彭城率军投奔项羽，雍王章邯在废丘自刎，刘邦获得三秦数万残兵。河南王和殷王战死，刘邦得河南国地盘，殷国则被西楚砀郡长项佗趁乱占据。

不过关东的战争可以说是节节败退，汉军战火烧到原河南国（三川郡）。如果刘邦守不住三川郡，韩王信的韩国和襄侯王陵的南阳郡肯定也守不住，刘邦将被项羽堵在函谷关以西。

彭城之战，汉军没有一支能够阻挡项羽的骑兵。上驷对上驷，问题是汉军没有上驷。此时关东战场节节败退，很大一个原因是柘公王武麾下骑兵骁勇善战，来无影去无踪，杀得汉军丢盔弃甲。

刘邦军中最好用的一支骑兵是丁复统率的几百骑兵，但一支几百人的骑兵是远远不够的。

刘邦麾下还有一些秦军降将——骑都尉（军职四品）李必、骑都尉（军职四品）骆甲、骑司马（军职六品）王周、车司马（军职六品）王竟各有骑兵千人左右，郎中骑将（军职八品）吕马童、吕胜、杨武、杨喜、王翳等各率骑兵数百。在实战中，汉军各路将军往往将这些骑兵拆开，作为骑哨来使用。

为了阻击西楚骑兵，刘邦打算效仿项羽组建骑兵军团，要拜两位骑都尉李必和骆甲为将军，统率汉军骑兵军团。这两人自知老秦人很难得到刘邦信任，自愿退居左右校尉，辅佐刘邦任命的主帅。

8月，刘邦以中书谒者令（官职二品，位比九卿）灌婴为中大夫令（卫尉，九卿之一），令李必、骆甲为左右校尉，靳歙为骑都尉，重组骑兵军团。昌文君灌婴此前作为中书谒者令，职责是帮汉王传递文书，现在作为卫尉，职责是保卫王宫，从文职转向武职。

随后的两个月，灌婴率数万骑兵在关东战场与王武军鏖战，杀对方1名别将、1个都尉、5个楼烦将，总算止住颓势，在三川郡东部与项佗军达成对峙局面。彭城之战后形势如图3-8所示。

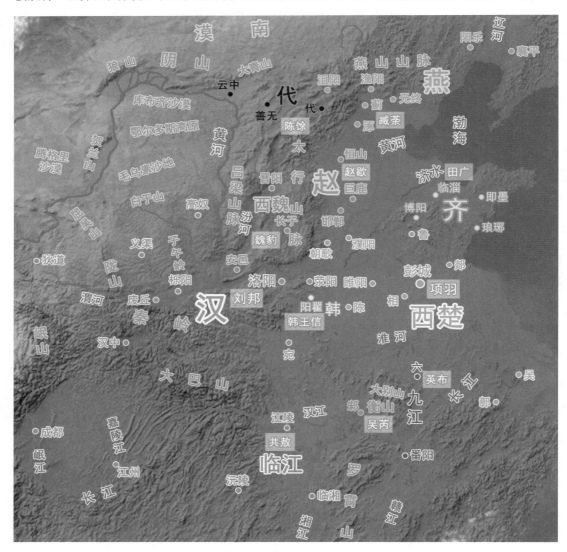

图 3-8　彭城之战后形势

第二节　韩信统一北方

● 渡黄河，韩信灭西魏国

彭城之战后，项羽没有追击刘邦，而是北上与田横对峙。就威胁程度而言，田横占了西楚大半个琅琊郡，齐军距离彭城并不远，在解决齐国的威胁前，项羽绝不敢远征刘邦。

砀郡长项佗的军队收复全部失地，令王武正面追击汉军，一度攻入三川郡。项佗自己率大军北上，从东郡进入河内郡，占领殷国旧地河内郡。

现在项佗占据河内、东郡、砀郡三郡，以及三川郡和陈郡部分地区，他的地盘多是平原，河道纵横，土地肥沃，人口众多。项佗在古往今来的战将中是个特例，他从来不打正面硬仗，捡漏水平却是一流，捡着捡着就成了一流诸侯，带甲 20 余万。

项羽为了尽快西进，咬牙与齐相田横和谈，双方约定齐楚互不侵犯。随后项羽率 10 万大军西进，在荥阳附近与汉军形成对峙局面。

刘邦一方实际有两个朝廷：刘邦坐镇洛阳，太尉卢绾在荥阳一线与项羽对抗；太子刘盈留守关中，太子太傅吕泽守护，丞相萧何主持朝政，治粟内史襄监督粮草。

大将军韩信的位置非常尴尬，刘邦出函谷关前削夺了他的兵权，如今他就是个光杆司令，两个朝廷都没有他的位置。韩信向刘邦毛遂自荐，愿率军 3 万，从关中东渡黄河，攻灭西魏国。

西魏王豹据有河东郡、太原郡、上党郡，建都平阳。项羽封的西魏国如图 3-9 所示。

当年三家分晋后的战国早期，魏国只有两个郡，西部是都城安邑所在的河东郡，东部则是东郡。随着秦国步步紧逼，魏国逐渐放弃太行山以西领土，将都城迁到东部的大梁。到战国末期，魏国在太行山以西没有领土了，但在东部有东郡和砀郡两个郡。

秦末魏王咎和魏王豹定都临济，位于济水北岸，属东郡，对岸就是砀郡。项羽分封时，将东郡和砀郡并入西楚国，再把魏王豹迁到魏国故地河东郡，称西魏国。

魏王豹没有参加巨鹿之战，不过在项羽和章邯对峙期间还是牵制了部分秦军。项羽将魏王豹迁走，同时给了丰厚的补偿——把赵国太原郡与韩国上党郡给了魏豹。西魏国的范围与春秋时期晋文公称霸前的晋国相似，后来三家分晋，赵国定都晋阳，韩国定都平阳，魏国定都安邑，现在三大都城都在西魏国境内。

西魏国定都平阳，北有晋阳，南有安邑，东有太行山，西有吕梁山，山川秀丽，地理险阻。若论地理位置，西魏国比战国后期的魏国好太多，当时的魏国是四战之地，自从迁都大梁，就不断地和齐、秦、楚三强交战，甚至与赵、韩、中山、宋也发生过战争。

197

图 3-9　魏豹的西魏国

　　此时位于东郡与砀郡之间的大野泽，有彭越的 3 万武装。无论项羽还是魏豹，都把彭越视作流寇。魏豹做了西魏王，人口虽不如魏国多，但领土不比魏国小，还把彭越这个大麻烦丢给了接盘的项羽，魏豹完全可以接受。

　　彭城之战时，西魏王豹并没有派兵南下过黄河，刘邦拜彭越为魏相，把东郡和砀郡遥封给彭越，令魏豹极为不满。在魏豹看来，刘邦把魏国故土封给一个山贼流寇简直是奇耻大辱。彭城之战后，西魏王豹更是下令将黄河渡口截断，设兵防守。刘邦派郦食其去游说西魏王豹，虽巧舌如簧，却毫无作用。

项羽来到荥阳一线后，又令项佗从东郡率军前往西魏国，与西魏王合兵，伺机西渡黄河攻击关中，一举抄了刘邦的巢穴。项佗从不打硬仗，但捡漏却上瘾，率 12 万大军进入西魏国河东郡，两军加起来有 20 万人马，打算一举荡平刘邦的关中老巢。

对刘邦而言，关中侧翼这个威胁有些防不胜防。刘邦授治粟内史襄兼任上郡太守，率军防备黄河一线，试图阻击西楚军和西魏军。

西魏王豹没有坐镇都城平阳，而是亲率大军南下蒲坂，伺机渡黄河攻击关中。黄河与北洛水之间的河西也曾是晋国（魏国）旧土，西魏王豹不敢奢望关中，但对河西还是垂涎三尺的。

西魏王豹驻扎在蒲坂津以东 30 里，蒲坂渡口则以柏直为主将、冯敬为副将统领骑兵，控制黄河在这一带唯一的渡口，并伐木造船。

柏直是魏国宗室成员，年轻俊朗。魏豹在临济复国时，魏国时刻有倾覆的危险。柏直给魏豹献了一个猛策：分别派两支军队前往项羽和刘邦军中，其中有三个作用。第一，相当于项羽、刘邦给魏王养兵，时机成熟后再要回来；第二，随时知道这两大军事力量的动向；第三，适当游说项羽和刘邦，请他们攻击临济周边的秦军。

柏直这个计谋取得奇效，刘邦在东郡击败太守尉、秦将杨熊，在砀郡击败秦将赵贲，围攻东郡定陶，这几场战争都发生在魏国地盘，魏国将领多少都有参与，可以说直接给魏王豹解除了部分秦军的威胁。而项羽那头，魏豹援军起的作用不大，但态度很重要，项羽还是封了魏豹西魏国三个郡。

副将冯敬是秦朝武信侯冯毋择之子，他们是韩国上党郡太守冯亭的后人。冯毋择是秦朝的将军，曾陪同秦始皇巡游天下。自赵高李斯沙丘之谋，赵高在关中一顿乱杀，把冯氏另一支后人右丞相冯去疾和御史大夫冯劫都杀了，武信侯冯毋择则带着两个儿子逃走。

冯毋择带着长子冯代隐居，次子冯敬则在魏豹帐下担任骑将，魏国骑兵多归这个年轻人调遣。

两个年轻人，一个是魏国宗室，长相俊美，多奇谋诡计；一个是秦国名将之子，统率骑兵。卢绾曾评价这两人，说柏直乳臭未干，若战场相见则是自己最喜欢的对手；冯敬是个将才，但他的骑兵不如灌婴麾下的郎中骑。

柏直和冯敬带兵驻在蒲坂津。只见旌旗蔽日，壁垒如云。蒲坂津对岸的汉军渡口早被魏军捣毁，每日还有人渡河察看军情。

魏豹屯兵在蒲坂津以东 30 里，西楚军的项佗则在魏豹大营以东 30 里扎营。项佗将军队分成两部分，他率一部 8 万人马进入西魏国的河东郡，另一部由龙且统率在轵关陉以东河内郡的东垣（今山西垣曲县）驻扎，只要形势不对，项佗随时可以跑路，从轵关陉退回河内郡。

刘邦本意是要守住黄河一线，但韩信毛遂自荐，愿领兵主动攻击河东。刘邦便拜大将军韩信为左丞相，率灌婴、曹参，领马、步军队 3 万，外加三四千友军，东攻西魏国。韩信灭西魏国的路线如图 3-10 所示。

图 3-10　韩信灭西魏国

　　大将军位在三公之上，不过偏向军事，刘邦把丞相拆成左右丞相，楚国左在右前，在朝廷上左丞相韩信也在右丞相萧何之上。通过这个调整，刘邦削掉萧何的部分兵权，汉初逐渐形成一个传统，左丞相多是武将，右丞相多为文臣。

　　韩信军有三部分人马，各不统属。曹参是刘邦亲信，麾下有都尉孔聚、陈贺等将。灌婴也是刘邦亲信，为骑兵统帅。因荥阳战区各城都以坚守为主，灌婴便率骑兵归属韩信，麾下有校尉李必，骑都尉靳歙，郎中骑将丁复、吕马童、吕胜、杨武、杨喜、王翳等。

　　第三部分人马比较特殊，主要是友军，以陈豨、冷耳、张苍等为代表。刘邦入汉时，包括吕泽在内的部分友军并不愿意交出兵权，即使灭三秦之战、彭城之战，友军也仍要保持独立性。友军有自己的算盘，投奔项羽肯定不会封侯，将兵权交给刘邦又怕日后兵败垂成。若是作为刘邦的友军存在，胜则跟在后面捡战利品，败则可以割据一块梁或塬建垒城自保，再不济还能率军落草为寇占据山头，可这些的前提都是要手握兵权。

　　吕泽与刘邦联手并交出兵权后，这些友军再无法独立成军了，他们多的不过千把人，少的只有几十人，没有吕泽这把大伞是无法自保的，此刻只能无奈交出兵权。刘邦知道这些人很难管，统统交给韩信。

　　韩信在临晋扎下营盘，自己策骑跑到黄河边观察，回到营中再分遣骑哨沿着黄河察看地形。

治粟内史兼上郡太守襄向韩信讲述了他这几个月的发现，事无巨细。韩信收获很大，去粗取精，获得两个重要信息。

第一个信息，当地百姓很少有船，他们用木条做成"井"字，中间放形似水缸的瓦罂（yīng）或瓦缶（fǒu），人坐在瓦罂或瓦缶里面，慢慢划过河。这种方式很危险，一不小心就倾覆，当地人无数次训练后才会过河。

问题现在对岸有西魏军，船都过不去，更不用说瓦罂和瓦缶。那么汉军有无可能从其他地方登岸呢？黄河这一段几百里，岸边多峭壁，有的地方虽然平坦，但方圆几十里没有道路。

第二个信息，有个叫夏阳的渡口，其对岸是汾水与黄河汇流处，有个渡口叫汾阴。以前在夏阳与汾阴之间利用暗礁设有浮桥。章邯兵出函谷关前，为防六国人马从这里偷袭关中，便令人捣毁两个渡口，浮桥早就没有了。

这段黄河中暗礁较多，有的露出水面，有的在水下，船只很容易触礁。即便是经验丰富的船夫操舟过河，仍常有触礁翻船的现象。船夫水性好，一般都能游回来，如果是水性一般的人可就九死一生了。

利用这两个信息，韩信令曹参领兵 3000 前往山中伐取木材，堆在夏阳河岸，再令治粟内史襄兼筹办瓦罂或瓦缶数百个，派灌婴率五千骑兵将其放在木条上拖运到夏阳。

曹参用木条做成 16 个纵横方格，用绳索缚牢捆紧，放入 16 个瓦罂或瓦缶。这个物件像一个大木筏，却比木筏浮力大，触礁的可能性大幅度减小。瓦罂木筏造好后，韩信率军北上。

公元前 205 年九月，韩信和曹参率领 2.5 万步兵渡河。灌婴的战骑无法利用这种工具渡河，便率 5000 郎中骑兵南返蒲坂津对岸。

汾阴的魏军骑哨发现韩信军后，西魏王豹一面派将军逊速领兵 1 万前去迎战，一面令蒲坂津的柏直立即派兵渡河，试探对岸汉军的兵力。

西魏王豹以为汉军总共就 3 万多人，他只要搞清楚汉军兵力部署便稳操胜券。如果蒲坂津对岸的汉军不多，就令柏直和冯敬全歼之，再对付夏阳方向的汉军，西魏军兵力仍有绝对优势。如果对岸汉军战力强劲，那夏阳方向的汉军就是疑兵之计，逊速也有能力全歼。

在蒲坂津对岸，灌婴将骑兵分为两部：一部守营，日间虚设旌旗，夜晚满点灯火，并将船只一律排列在岸边，每船派兵一二十人，摇旗擂鼓，假作欲渡黄河之状。一部在西边扎营，每日更换旗帜战服，往来出入，营造数万军队要渡河的假象。

柏直船不多，一次只能五六百人趁夜悄悄斜线渡河，在汉军大营以南十几里登岸。等汉军骑哨发现，柏直已经有 2000 多步兵登岸。

其实，第一批西魏军登岸汉军骑哨就发现了，但灌婴按兵不动，反而增派骑哨向北侦查，提防西魏军声东击西，南北夹击。在确认北边没有西魏军后，灌婴才率领主力骑兵南下。西魏军船太少，且都是小船，战马体积大，冯敬的骑兵暂时不能登船。

灌婴率骑兵主力赶到，他麾下人才济济，校尉李必居中调度，骑将丁复、吕马童、吕胜、杨武、杨喜、王翳率军策骑冲杀。

汉骑摧枯拉朽，沿着黄河来回数次冲杀，西魏军死的死，降的降，只有几百人驾船逃回，共计损失 4000 多人。步兵对骑兵，如果没有重装备，确实很吃亏。柏直做个陈平那样的谋士或许可行，但领兵作战就心余力绌了，卢绾对他的评价非常中肯。友军陈豨、冷耳、张苍等也一窝蜂杀了出来，他们正努力融入汉军。

西魏军北路，逊速率 1 万人在东张遭遇汉军先锋曹参部。

西魏军中有个军司马叫张说，麾下有一支执铍兵，寥寥十几人，却是精锐之师。铍是一种长兵器，类似枪，铍头形似短剑，执铍兵就是一手持铍一手持盾的步兵精锐。春秋时专诸刺杀吴王僚，就是将铍头藏在鱼腹中，一击致命。

张说本是方与人，带着数十人投奔魏王豹，其中十几人就是执铍兵。他在魏王豹立足临济的过程中立有不少战功，但因为不得志，打算换一位明主碰碰运气。

按军职张说根本不可能见到刘邦，但刘邦在彭城之战中惨败，师老兵疲，对此时来投的人都格外重视。刘邦不但接见了张说，还劝他先带手下回到西魏国，日后若两国交战，可堪大用。

东张之战，张说率麾下执铍兵忽然倒戈，曹参趁机率军冲击。逊速知道蒲坂还有魏军主力，不必在这里送命，便下令结阵后撤稳住阵脚。结果曹参大破魏军，杀敌俘虏共计 3000 余人。

西魏军南北两路接连失败，西魏王却不慌不忙。几年前的临济之战，其兄魏王咎自刎，魏豹也算是历尽磨难的人。汉军总共 3 万，死一个少一个，河东的西魏军和西楚军共 14 万，有绝对的兵力优势。

然而西魏王豹太乐观了，西楚军统帅项佗见魏军连败两阵，还出现了内奸，不知道西魏国内部还有无汉军的人。项佗历来小心谨慎，直接向东撤兵去轵关陉，看样子又要开溜。再加上在临晋津和东张损失的 8000 人，西魏军可调动的军队还有 5.2 万。

韩信与曹参合兵后，自领 1.2 万人虚张声势，与逊速对峙，令曹参率 1.2 万人攻击安邑。曹参军昼伏夜行，打着西魏国的魏字旗号。当时天下大乱，各国军队没有统一军服，换一面旗帜就换一个主人，再加上有张说在，还有不少降卒，伪装成西魏军不难。

曹参军数次骗过了西魏国的骑哨，来到安邑附近。曹参令张说率一小队河东人，打着西魏国旗帜进入安邑城，说安邑西部发现汉军残兵，大约有几百人。

安邑守将王襄是王离家族的，奉命到河东募兵，屯在安邑。王离兵败、项羽分封诸侯后，为了保全家族，王襄投在西魏王豹麾下。魏豹重用王襄，仍令其率本部人马镇守魏国旧都安邑。王襄对效力任何诸侯都没有兴趣，实际上秦朝灭亡后他已经心灰意冷，只为保护家族而投西魏王豹。

王襄得知附近出现汉军残兵，便率数千人跟张说出城搜捕。只要不大规模交战，为了家族安全他可以装模作样一番。王襄军不出意外遭到汉军伏击，王襄稍作抵抗便投降，曹参进占安邑。王襄后来在汉军中几乎没什么战功，一直是出工不出力。

谁也没想到刘邦这个小布局起到如此大的作用，此战之后张说就成了汉军的军司马（军职六品），后来平定代王（自称）陈豨时，张说还拜了将军。不过刘邦军团人才济济，尤其是嫡系亲信还有很多能人，张说后期的战功有限。刘邦称天子后，封张说为安丘侯，食邑 3000 户，能排进功侯榜前 20 位。

东张之战和攻破安邑之战是汉军灭西魏国的关键两战，张说这个小人物起了大作用。若曹参不能迅速击败逊速进而攻占安邑，汉军即使能灭西魏国，也要大费周章。

曹参从安邑获得不少战马，立即快马通知大将军韩信。韩信军即刻开拔前往安邑，逊速在韩信后面跟了一天，随后知道安邑失守，便放慢了脚步，等待西魏王豹的援军。

西魏王豹留柏直和冯敬率本部人马留守蒲坂津，亲率 3 万大军来夺安邑。与逊速合兵后，西魏王豹兵力达到三万六七千。

西魏王豹沿着中条山北麓行军，韩信却放着安邑不守，只派少量人马监督王襄，亲率全军 2 万多人在盐池旁的曲阳阻击西魏军。

面对西魏王豹的主力，韩信在敌军那没有内应了。经过几场战争，魏豹对汉军的兵力已经了如指掌，如果此战不胜，安邑的王襄完全可能再反水，韩信还有什么奇策吗？

韩信在盐池旁以孔聚和陈贺两名都尉摆下两个阻击方阵，其他军马则躲在方阵后面。战争进行时，两个方阵交替向前移动 200 步，看起来像两个拳头，连续不断出击。

战争非常惨烈，孔聚和陈贺都是猛将，麾下将士不计生死，两个拳头不断攻击，虽伤亡惨重，但绝不退缩，因为汉军没有选择。西魏王豹却有很多选择，他可以去安邑，可以回都城平阳，也可以把蒲坂津的柏直和冯敬两军（或者其中一军）调来。

西魏王豹派了一支骑兵绕到汉军背后偷袭，结果被曹参击退。魏豹并不想一命换一命，而且汉军这个打法极有可能耗死同等数量的西魏军，韩信真是个疯子。

西魏王豹下令，派一支军队断后，自己率 2 万多人去轵关陉，到河内郡找项佗搬救兵，趁机消耗项佗的兵力。日后击败汉军后，西魏国仍要长期与项佗为邻，魏豹当然有自己的小算盘。

结果魏豹这一撤成了此战的一大败笔。汉军在安邑获得不少战马，都藏在后军以逸待劳，见魏豹撤兵，韩信亲自率骑兵追赶。

魏王豹的亲兵骑队护着他跑过轵关陉，只剩数百人，韩信的骑兵仍紧追不舍。魏豹逃到河东郡东垣（今垣曲县）仅 10 余里，身边只剩 10 多骑，终于被汉军包围并俘获。

项佗在东垣城内听骑哨报告此事，只知道汉军进入河内郡，却不知虏了西魏王豹，只令侦骑四出，却仍按兵不动。

韩信率军押送西魏王豹过安邑而不入，又北上平阳城，令守将开城门，否则便杀死西魏王豹。汉军进入西魏国都城平阳，获西魏王豹老母、嫔妃、王子等亲族数千人。

韩信又以魏豹的名义写诏书，令留守蒲坂津的柏直和冯敬率本部人马投降。河东郡其他城邑以及太原郡、上党郡都望风归服，魏地大定。

复盘韩信灭西魏国，历时一个月，总兵力三万三四千，其中渡河的仅 2.5 万步兵，击败西魏国 6 万军队，灭西魏国。从阳夏用瓦罂渡河只是开始，渡河后南下遭遇阻击，东张之战即使张说不反戈，韩信仍可拖住对手，让曹参率军去夺安邑，韩信是认定了王襄不想付出代价，看透了这些秦朝降将。接下来盐池旁的阻击，如果魏豹不来，对方兵力不会太强，魏豹亲自来也就是实战那种效果。魏豹小心思多，不想一命换一命，韩信便有机会用骑兵追上并俘虏魏豹，接着押送魏豹去平阳就算是常规操作了。这一系列战争，打赢其中一场或许不难，但是每一步都走对，每一战都轻取对手，在楚汉战争时期的战将中，韩信真是鹤立鸡群、木秀于林般的存在，连项羽都要差半等。

● 阏与之战，韩信灭代国

韩信灭西魏国后，派人把西魏王豹及其老母、嫔妃、王子装入槛车，派兵押送到荥阳，同时写了一封书信给汉王刘邦："请大王添兵 3 万，乘胜北征燕赵，东伐齐国，南绝楚之粮道，西与大王会于荥阳。"

韩信口气很大，如果真把燕赵齐三国平了，刘邦就占据 2/3 个天下。韩信对距离最近的代国只字不提，显然没有把代国放在眼里，或许韩信视代国为赵国的一部分。

此前汉军三万三四千人，能战者还剩 2.8 万。按韩信的意思，从 5 万多魏军降卒中留 3 万给他去攻赵，兵力会达到 5.8 万。刘邦知道必须继续开辟北方战场扩大势力范围，但决不能再给韩信 3 万人，而是要重组汉军。

刘邦令曹参和灌婴从西魏军降卒中补足编制兵力，然后将其余降卒尽数调到三川郡荥阳一线，帮助自己守城对抗项羽，避免韩信培养亲信势力。又令常山王张耳率本部 8000 多人助战，汉军增加到 4.2 万人。刘邦当然不会完全信任张耳，故令刚交出兵权的友军张苍监军，官职是遥封的常山郡太守。

韩信麾下有 4 批人：一是曹参有步兵 2.5 万，麾下有都尉孔聚、陈贺等人，是灭西魏国战争的主力；二是骑兵统帅灌婴，有骑兵 5000，麾下有校尉李必，骑都尉靳歙，郎中骑将丁复、吕马童、吕胜、杨武、杨喜等。三是曾经的友军陈豨、冷耳等，兵力三四千，和刘邦关系生疏，现在归属于韩信。四是常山王张耳，8000 多人，自成体系，张耳与刘邦平起平坐，只在战争中听从韩信安排。

韩信军中，兵力最雄厚的曹参和灌婴是刘邦亲信，常山王张耳自成一派，陈豨、冷耳也不可能真心辅佐，表面看韩信军是一盘散沙。

韩信是纯粹的统帅，战争以外的事情较少考虑，他认为攻赵的兵力不足，时机也不好，便当机立断，决定先取代国。

代王歇南下赶走常山王张耳后，仍自立为赵王，为了感谢南皮侯陈馀，先改封陈馀为成安君，后再立其为代王。代王陈馀没有就国，而是留在赵国辅佐赵王歇，命心腹夏说为代相，出镇代国。

代国有三郡，代郡和雁门郡大部分地方在代军手里，但云中郡几乎全部在匈奴控制下。代国有两部人马，代相夏说和太尉冯解敢各占一郡。

夏说是陈馀的亲信，从陈馀拜赵王武臣的大将军时就跟随，后来又随陈馀北上招募军队，再到巨鹿之战，一直跟随左右。张耳夺了陈馀兵权，夏说不离不弃，跟陈馀到南皮建侯国。

在灭张耳常山国的战争中，夏说立有不少战功。无论是忠诚度还是能力，夏说都配得上代国相国的职位。

冯解敢是王离麾下战将，巨鹿之战前，王离留冯解敢守雁门郡，抵御匈奴。冯解敢兵力不足 1000，但全是骁勇善战的秦军骑兵。项羽改立赵王歇为代王歇后，冯解敢名义上投降代王，仍然在雁门郡独自领兵。代王歇为了笼络冯解敢，拜其为代国太尉。后来代王歇南下攻击常山王张耳，改称赵王歇，立陈馀为代王，太尉冯解敢一直按兵不动。代王陈馀仍以冯解敢为太尉，镇守雁门郡。

当韩信灭西魏国时，赵王歇和代王陈馀仍希望与汉国和平共处，只要刘邦杀了张耳，赵代二国立即就会与汉国结盟，一起对付共同的敌人西楚国。可刘邦与赵王歇不是一路人，刘邦代表新兴力量，赵王歇代表六国宗室，项羽则介于二人之间。刘邦思前想后，还是把常山王张耳调到河东郡韩信军中，此时赵王歇和代王陈馀知道再无退路，那就先下手为强。

汉军因内部频繁调动整合，主力仍集中在河东郡，太原郡各城邑虽然撤了西魏国旗帜，改竖汉旗，但也只是名义上的改换门庭。

公元前 205 年后 9 月（闰九月中的后一个九月），代相夏说率步骑 2 万南下，打算屯兵太原郡南部重镇介休，再派精锐守住太岳山与吕梁山脉之间的狭窄通道，将汉军堵在河东郡。如果能够成功，代国将增加一个太原郡，这是兵力不占优的情况下最好的结果。

实战当中，代军先锋来到介休北边不远的邬县，遇到了汉军骑哨，而汉军先锋陈豨部已经抵达介休，代军将汉军堵在河东郡的行动慢了一步。韩信灭代国的路线如图 3-11 所示。

都尉陈豨试探性攻击了代军，等都尉孔聚、陈贺率部抵达介休，汉军开始加大进攻力度，但仍没有拼命的意思。然而代军却撤兵了，而且代军断后的是 2000 多骑兵，时不时杀一个回马枪，汉军只能缓缓跟进。

代相夏说见没有堵住太岳山与吕梁山脉之间的狭窄通道，早早就安排了撤兵事宜，代军拟走滏口陉撤兵到武安，与赵国合兵围歼汉军。代军步兵在前，骑兵在后，不紧不慢登上了太行山脉。

然而韩信早就预判了夏说的预判，汉军步兵北上太原郡，骑兵则在灌婴的统率下，东走白陉登上太行山，再折向太行陉北上，在滏口陉与太行陉的结合部，灌婴将根据实际情况进军。若代军仍在邬县，则迅速从滏口陉西下太行山，从背后给代军致命一击。实战中代军已经沿着滏口陉从西边过来，灌婴按照备选方案，先一步沿滏口陉东进到武安附近。

代军一步步沿滏口陉东进，遭遇汉军骑兵。山谷当中骑兵很难冲锋，步兵也不能摆阵，但骑兵机动性强，神出鬼没，仍有巨大的优势。

汉军骑兵堵在武安以西的滏口陉，不怕武安方向赵军夹击吗？赵王歇以将军夜守武安，骑将彊瞻率一支骑兵在附近活动，守得稳如泰山，他们从未有过支援代军的想法。

赵王歇麾下有两大势力，一是从巨鹿之战就跟随的，包括广武君李左车、卫将军程黑、羽林将许瘝、将军夜、骑将彊瞻等，这些人几年来随着他出生入死，形成了最大的一股势力。

图 3-11　韩信灭代国

二是代王陈馀。巨鹿之战时，连义父张耳都认为陈馀畏战不救，赵王歇及麾下将领损失惨重，普遍对其心怀怨念。在赵歇和陈馀夹击灭掉常山王张耳的战争中，李左车奇计百出，但陈馀得到齐国援助，建不赏之功，打得张耳抱头鼠窜。赵王歇先改封陈馀为成安君，后再立其为代王。没想到陈馀欣然接受，却不去救国，一边派心腹夏说控制代国，一边还想制约赵王歇。赵王歇麾下战将恨不能铲除陈馀，无奈战事一场接一场，只能暂时隐忍，绝对没人会去救援陈馀的军队。

代相夏说来到滏口陉与清漳水交汇之处，作出了一个令代军群情激昂的决定：代军没有强突东进，而是沿着清漳水北上，准备在阏与回头阻击汉军。

为什么要在阏与阻击赵军？公元前 269 年，也就是 64 年前，赵奢统率赵军，在阏与击败秦军，斩首秦军二号人物胡阳，斩杀数万秦军。当时胡阳的爵位是中更（第 13 级 /20 级），仅次于武安君白起，比司马错、王龁的左更还要高一级。赵奢因功封为马服君，战国后期的赵军中，赵奢的影响力尤在廉颇和李牧之上，这也是赵奢之子赵括能在长平之战取代廉颇成为主将的原因之一。

当时赵奢先抵达阏与，占领北山制高点，等秦军到达山下。赵军排出厚实的军阵，从山上往下俯冲，一举击败秦军。

战前赵奢站在山上，对众将官道："两强相争，勇者胜！"夏说也想如法炮制，对代军将领说出这 7 个字。夏说的侦骑还是能力不俗的，把后面追兵数量和堵在武安路上的骑兵数量，摸得一清二楚。在阏与这个方向，汉军最多上千人，不可能阻止两万代军占据北山高地。

夏说不知道，韩信早就预判了他的预判。在阏与迎击代军的是郎中骑将丁复，麾下骑兵1000，兵强马壮，斗志昂扬，是刘邦军团实力最强的一支骑兵。

丁复的骑兵人数虽然不多，但人人骑术精湛，战术多变，直线冲锋时雷霆万钧，变阵时操控自如，常绕到对方侧翼后方发起攻击。丁复有一个绝技，就是将身体悬在马腹一侧，战马则奔跑且倾斜身躯保持平衡。敌人从另一面看到的是一匹无人驾驭的战马，一不留神就惨遭偷袭。丁复招揽骑兵对骑术十分挑剔，人人都必须学会这一侧身悬挂马腹的绝技。骑兵的马刀在战争中经常被砍飞，需要躲避敌方锋芒，瞬间体力不支时也需要短暂休整，躲在马腹侧翼战损就能大幅下降。

当灌婴率骑兵主力赶到，丁复军已经击杀对方 1000 多人，自身仅数十人阵亡，不过废掉200 多匹战马，将士裹血力战，仍牢牢控制北山高处。灌婴率骑兵在侧翼杀了一阵，跑到北山与丁复会师，目的是拖住代军，令其不能轻易撤兵。

不久后韩信、张耳率步兵大队陆续赶到，摆好防御阵势，防止代军突围。代军近两万被围在中间，上不了山，退路又被断。汉军在北边有 5000 骑兵，南边有 2.7 万步兵，总兵力 3.2万。读者可能发现了，汉军莫名少了 1 万，因为曹参接到刘邦荥阳告急的消息，此时周勃连敖仓都丢了，他率 1 万人从太原郡南下，增援刘邦荥阳战场，没有登上太行山。

代军处于劣势，却誓死不投降，双方战至次日，直到夏说被擒，代军伤亡八九千，1 万多筋疲力尽的将士才跪地投降。而汉军由于忽然少了 1 万人，战力下降不少，也付出了三四千人的代价，韩信因此怒斩夏说。

赵国君臣从逃兵口中得知阏与之战如此惨烈，纷纷垂泪，赵国太史写下4个字——喋血阏与。

代国雁门郡还有太尉冯解敢一部人马，韩信只是修书劝降，并没有出兵讨伐。冯解敢没有抵抗，也没有投降，他一生都在与匈奴作战，是不会轻易介入诸侯战争的。刘邦称天子之后，冯解敢受命攻击与陈豨结盟的匈奴一部，因功封阏氏侯，食邑1000户。

代国灭亡，代国三郡中的代郡和雁门郡大部分地区并入汉国，云中郡仍在匈奴的控制下。汉国灭代国后的形势如图3-12所示。

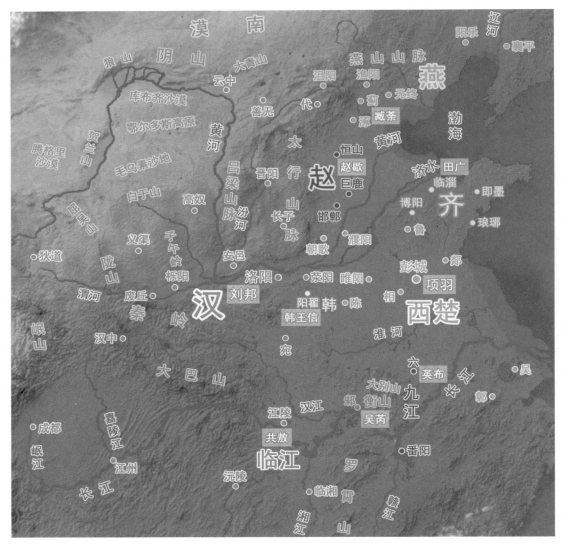

图3-12　汉国灭代国后形势

● 井陉之战，韩信灭赵国

阏与之战，汉军灭代国主力，大将军韩信打算进一步东进灭赵国。

汉军重组队伍，把代军降卒编入各军。早前曹参带走的 1 万人多是嫡系，以楚国人居多。现在韩信麾下主要以秦、西魏、代、赵（张耳军）四国降卒为主，楚兵很少，总兵力约 3.8 万，蜂攒蚁聚，杂乱无章。

常山王张耳名义上与汉王刘邦平起平坐，韩信先让他从代国降卒中补齐 1 万兵力，刘邦派来的张苍则仍为张耳的监军。灌婴的骑兵在阏与之战中损失不算大，此时扩张到 6000 骑，不过除了统帅灌婴，其余将领竟然全都不是楚人。骑都尉靳歙（军职四品）是魏国人，郎中骑将（军职八品）丁复是赵国人，这两人忠诚度尚可。其余校尉（军职四品）李必，郎中骑将吕马童、吕胜、杨武、杨喜等都是秦人。都尉孔聚、陈贺本跟随曹参，却没有南下救援刘邦，可见也非曹参嫡系。韩信拜孔聚、陈贺为将军，各统兵 7000 人。陈豨、冷耳本来是友军，也拜为将军，各统兵 4000 人。

面对韩信统率的汉军，赵国这边早有布局。在阏与之战前，赵王歇令卫将军程黑率军 2 万守卢奴，防卫飞狐陉与蒲阴陉方向；羽林将许瘛率军 2 万守井陉要塞，防井陉方向；将军夜和骑将彊瞻率步骑 2.4 万守武安，防滏口陉方向。

除此之外，赵王歇调集全国兵力约 6 万，屯在都城襄国，无论韩信从哪儿入赵，都可立即率军增援。赵军机动兵力有 12 万余，号称 20 万。

韩信率领 3.8 万杂牌军，要去打总兵力 12 万余的赵国，如果不是灭三秦、西魏、代国的战争摧枯拉朽，谁愿跟着他去送命？

太行八陉有三条陉道通往赵国，韩信会选择哪一条呢？

韩信最先排除的是南线武安附近的滏口陉，因为这里距项佗控制的河内郡太近，倒不是惧项佗，而是忌惮项羽。既然项羽能把主力丢在齐国，率 3 万骑兵南下突袭彭城，当然也可如法炮制，把主力丢在荥阳一线，北上打韩信军一个措手不及。

然而北线的飞狐陉与蒲阴陉距离太远，韩信其实也别无选择，只能走中线井陉方向，攻击赵国要塞井陉。

公元前 205 年 10 月，韩信引兵来到井陉以西 30 里，立下营寨。此山四面高，中间低，形状如井，出入只有一条路线，山上有关，名井陉口，汉军须越过此山才能看到井陉关。韩信灭赵国的路线如图 3-13 所示。

匪夷所思的是，韩信没有立即攻打井陉关，而是等赵王歇率军 6 万抵达，8 万赵军严阵以待，才开始做进攻准备。8 万赵军留 1 万守关，有 7 万开赴井陉，赵王歇御驾亲征，羽林将许瘛护驾，成安君陈馀、广武君李左车为参谋。

此时天下形势有所变化，刘邦与项羽在荥阳一线对峙，刘邦处于劣势。项羽两线开战，从项佗处调走龙且和部分兵力，合并项声的会稽郡兵力，去攻打英布的九江国。一旦龙且得手，项羽在荥阳一线就会获得数万兵力补充，刘邦可能会丢失三川郡和南阳郡，那时函谷关外再无汉国地盘。而项羽可以从河东郡，即韩信背后捅一刀，即使不交战也能把韩信军困死。这种局面下，韩信必须迅速灭掉赵国，一旦陷入持久战，麾下这些将士有多少忠诚度，韩信当然心知肚明。

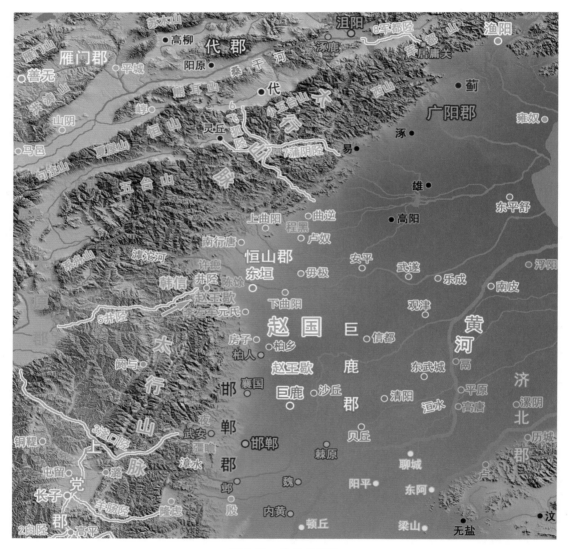

图 3-13　韩信灭赵国

赵王歇大帐，赵王习惯性地向李左车和陈馀问计。

李左车在灭常山国的过程中功高震主，再加上其李牧之孙的出身，赵王歇对其相当忌惮，虽封为广武君，却削其兵权，不让他带兵。

李左车可不想重蹈李牧覆辙，不愿卷入赵国兵权之争，但还是想打赢这场战争。李左车

献计道："井陉以西上百里道路险隘，车不得方轨，骑不得成列，汉兵翻越太行山，其粮食辎

重必然要用民夫在后押送。本将只需领兵 3 万，从僻径出奇兵，截住汉军后路，断其粮草。大王深沟高垒，严密拒守，勿与交战。韩信欲进不能，欲退不得，山野荒僻，无可掳掠，饥不得食，必生内乱。不出 10 日，定将韩信、张耳两人首级献于大王脚下。"

不等赵王歇表态，陈馀反驳道："韩信的精锐都被刘邦抽调走了，如今不到 4 万人，以降卒为主。汉军不远千里来攻，长途跋涉，兵士疲敝。我军两倍于敌，藏锋养锐，以逸待劳，且南北都有援军。只要稳守井陉山口，韩信军必败，无需冒险用诡谋奇计。"

陈馀怒气冲冲说着这番话。一个月前他还是代王，现在只剩成安君一个头衔。一个月前在襄国，李左车力主让夏说从代国退兵赵国，把韩信军带到赵国再战。现在夏说率领的代军灰飞烟灭，李左车却说只要率 3 万人就能灭韩信，陈馀当然认为李左车是在故意牺牲代军以削弱自己。

李左车正色道："兵无常势，水无常形，韩信非凡夫俗子，若循规蹈矩，恐反为其所擒也。"

陈馀怒目而视，双方剑拔弩张，差点动手。赵王歇出来打圆场，劝李左车先回去休息，转头安抚陈馀，决定采用陈馀之策，稳守不攻。

一个月前，赵王歇最大的敌人不是韩信，而是身边的代王陈馀，因此想方设法削弱之。现在代国覆灭，陈馀亲兵不到 2000，对赵王歇完全没有威胁了，赵王歇反而要利用陈馀节制麾下这些拥兵大将。李左车张口就要 3 万人，试想若真的击败韩信，到时候还能收回兵权吗？或许只能顺势再立李左车为代王。李左车是李牧之孙，在代国军民中有着无与伦比的号召力，其用兵神鬼莫测，赵王歇自认不能驾驭统率 3 万兵的李左车。

参战双方军中都有对方间谍，故而双方几乎没有秘密可言，互相把底子摸得一清二楚。韩信确认赵王歇不给李左车兵权，这才放心大胆地调兵遣将，大军开赴井陉西边的泜（zhī）水。

这夜丑时（凌晨 1 时至 3 时），韩信以骑都尉靳歙、郎中骑将丁复率骑兵 2000，每人携带汉国赤色旗一面，离开营地，奔赴泜水上游二十几里，悄然渡河，隐藏在附近山林中。

寅时（凌晨 3 时至 5 时），陈豨、冷耳率兵 8000，常山郡太守张苍率张耳之兵 8000，连夜渡泜水，潜伏在两翼。

卯时（5 时至 7 时），韩信率 1.4 万步兵、4000 骑兵，及张耳 2000 亲兵，合计 2 万人马，渡过泜水，背着河岸在陈豨冷耳军与张苍军之间摆阵，竖起帅旗，排列鼓号。

韩信又把主力分为两部，1 万人结阵，韩信与张耳亲率 1 万人向赵军挺进，扬旗示众，擂鼓助威。

汉军的行动都在赵军的严密监视之下。赵将听闻汉军背水列阵，不禁窃笑，就是汉军将领亦皆惊疑。只是韩信平日用兵神鬼莫测，将士依令照行，不敢违抗。

陈馀听闻汉军先锋只有 1 万人，中军帅旗飘扬，韩信和张耳也在军中，哪里还坐得住。他下令打开营门，率不到 2000 亲兵就去迎战，赵王歇也派 2 万人跟随。

陈馀结阵进击，赵兵先胜一场。将士们都知道自己的人数远胜汉军，于是人人争先，皆欲夺得汉军帅旗鼓号。韩信、张耳诈作兵败，抛去帅旗，掷去战鼓，一齐返奔泜河。

看着汉军演戏，陈馀嗤之以鼻，暗忖：韩信用兵不过如此，你左右各有 8000 伏兵，一共也就 4 万人。我军是 7 万，今日天助我也，你们想逃都没有路。陈馀向赵王歇再请援军。

赵王歇再派羽林将许瘛率 2 万人出战，总领 4.2 万赵军，紧跟在汉军后面。

韩信、张耳败到泜水河岸，孔聚、陈贺各 7000 人结成两个大阵，其余军队相机而动，背水拒敌。汉军左右两部，从伏击位置加入战团。由于赵军早有防备，并未起到奇袭的作用。

汉军 3.6 万对赵军 4.2 万，由于提前摆阵布局，几乎守得纹丝不动。汉军两个大营邻水，相隔也不远，又有几支军队在两个大阵之间穿插，赵军强攻时反而吃亏，双方势均力敌。

此一番恶战，直从辰时（7 时至 9 时）杀至午时（11 时至 13 时），双方伤亡都在可控范围，但是两军都筋疲力尽。陈馀不想给汉军休息的时间，派人催促赵王歇，再派军队轮番攻击。

李左车又献策道："敌我两军虽然疲惫，但都有余力，还远未到增援之时，况且对方多降卒，持久下去必然生变，大王一定要忍耐。"

赵王歇的心态与一个月前大不同，那时候李左车献策不要越过太行山迎战汉军，赵王歇深以为然，目的之一是消耗陈馀的兵力。如今前线作战的赵军大多是赵王歇的嫡系，当然不能坐视不管。

赵王歇胸有成竹道："我们靠近过去，替换部分受伤的部下，增强攻击力，总比坐在这里看着我大赵将士一个个倒下好吧。"

李左车急道："大王，对方还有一支两千人的骑兵没有出现，谨慎些为好。"

赵王歇解释道："靳歙那支骑兵的目标是我，我留在大营或前往增援，他的目标都是我，我只要身边留足两万人马，他还不是自投罗网。"

李左车还要再劝，赵王歇却不肯再听，他知道麾下将领之间有争夺兵权的倾向，这个李左车每战料事如神，算无遗策，正好趁机挫挫其锐气。

于是赵王歇率剩下的 2.8 万人马亲自出战，此时赵军算是倾巢出动。

一炷香工夫，骑都尉靳歙率 2000 骑突然出现，没有攻击赵王歇，却直奔空虚的赵营而去。原来韩信知道双方打仗如下棋，排兵布阵尽在眼皮底下，便私授靳歙，令其对帐下将官宣称他们的任务是伏击赵王。一直到攻击发起那一刻，靳歙麾下骑兵将士才知道，他们要去劫赵军大营。

骑都尉靳歙只用 2000 骑就占据赵营，拔去赵旗，竖起汉军赤旗，坚壁拒守。

赵军回头望去，只见营中旗帜随风飘动，好似红霞散彩分外灿烂，正是汉军赤旗。

李左车见状再次献策："大王，不要去管后面，今日灭了泜水前的汉军，这 2000 汉军骑兵无非多活半天。"

赵王歇犹豫道："若今日拿不下河边的汉军，我等岂不坐以待毙？"

李左车正要劝，陈馀派人前来催战。赵王歇未置可否，此时羽林将许瘛策骑而来，对赵王歇道："大王，汉军两个大阵已经有多处破口，他们降卒多，军心不稳，只要大王换上生力军，足可一举攻破敌阵。"

赵王歇麾下这些将领几年来也都身经数十上百战，个个临危不乱。

片刻后赵军重新布局，顶在最前面的是 2 万生力军，他们一旦攻破汉军大阵，后队将跟进掩杀。

此时汉军也做了调整，几十个火堆烧了起来，半湿的牛粪、马粪、牛羊皮堆放在一起，一时浓烟滚滚。鼓风机本来是生火助燃用的，此时也派上了用场，烟雾向赵军一侧弥漫过来。

赵军没有就此放弃，他们用一支骑兵进入烟雾试探，发现汉军迅速架起了拒马、倒刺等障碍物，视线不佳的情况下根本无法冲锋。

汉军将牛粪、马粪晒干，本来就是生火造饭的燃料，打湿后再加入牛羊皮这种带脂肪的点燃，就会产生浓烟。韩信令陈豨掌管此事，陈豨与张耳、陈馀等都没有瓜葛，在汉军中不是什么重要角色，自然没人在意。至于拒马、倒刺这种防御工具，开战这么久，韩信都没让用，就是在等这一刻。

申时（15 时至 17 时），阵前烟雾散去一半，赵军营垒中却有一股烈焰冲天而起。看方向，正是赵军屯粮所在。靳歙还派人齐喊："赵军粮草烧掉了！"

赵军几个大将耳聪目明，认为这不过是汉军的疑兵之计，但麾下的普通士兵可没有这么高的战术素养，很多人吓得魂飞魄散。大部分底层士兵作战是为了混口饭吃，要是没饭吃，打仗是为了什么？

赵王歇的情绪七上八下。当初巨鹿之战，自己在城内指挥不动城外的陈馀等人，主要是因为手上没有多少兵。若再强攻背水而战的韩信，即使全歼对手，也要付出惨重代价，然后反身攻击营垒中 2000 汉军骑兵，就算获胜，赵军注定也不剩多少人了。到那个时候，卢奴的卫将军程黑、武安的将军夜和骑将彊瞻，他们的兵力都要胜过自己，难道不会效仿武臣、韩广自立为王？

见陈馀和李左车都力劝继续攻击韩信，赵王歇反而果断下令，陈馀和李左车各率 8000 人守在阵前，自己和羽林将许瘛率 5 万多人马回攻营垒。如果能夺回营垒，再令卢奴和武安的赵军来援，赵军的胜算仍然很大。

然而韩信再次准确地预判了赵王歇的预判。在阵前浓烟弥漫时，他就令灌婴统率全部 4000 骑兵，走山路奔往赵军营垒，等赵王歇的前锋攻到营垒前，赵军营垒里面已经有了 6000 汉军骑兵。

赵军营垒依山势而建，是一座东高西低的大型台地，出入口都在西边。1000 多赵军先锋进入营垒，毫无阻挡，正以为顺利夺回营垒，不料汉军骑兵从东边呼啸而来，一阵摧枯拉朽，数百赵军当场丧命，余者或逃或降。

汉赵两军大阵前，李左车对陈馀叹道："我若是韩信，早就把骑兵都派到我军大营中去了，大王攻不下的。"陈馀虽同意李左车的说法，却没有说话，显然是不信任李左车。

李左车跳下战马，掏出虎符，递给战马上的陈馀，眼神中透出哀伤，说道："我祖上（李牧）为赵国呕心沥血，最后被赐死，我投奔大王并非为权势。这里的兵权交给君上，如果要杀我，我的族人绝不会还手。"

陈馀接过虎符，看着李左车缓缓跨上马背，不甩马鞭，任战马慢慢从自己身侧走过。陈馀内心五味杂陈，李左车是一个强大的竞争对手，做梦都想除掉，可是机会送到眼前，他却没有下手。

李左车带走 200 多族人和心腹，陈馀军有 1.6 万人却无法进攻，只能死守。

此时对面传来大喊声:"常山王在此,投降者可吃饱,快快投降!"

赵军中确实有不少将士曾是常山王张耳的部下,听闻此言,军心几乎崩溃。

此时赵军前后都出现了意料之外的事情,但也未必会立即战败。陈馀有点着急,率亲兵跑到赵王歇面前,请其放弃赵营,先灭了韩信和张耳。

赵王歇却一心想收复营垒,他认为若赵军扛着拒马向营垒深处挺进,5万步骑拿下6000骑兵还是有很大机会的。赵王歇当然不会再去打韩信,他令陈馀立即返回守住阵地。

当陈馀反身再战,赵军在张耳军的不断劝降声中,降的降,逃的逃。虽然陈馀一连杀了几个逃跑的赵兵,却还是止不住败逃之势。这1.6万人能战的所剩不多。陈馀率亲兵杀得刀折矢尽,却无力挽回败局,他仰天长叹,被张耳属下所杀。二人虽刎颈之交,最终还是一个杀了另一个。

酉时(17时至19时),韩信军突破陈馀军的防线,从背后包抄赵军。此刻赵军上下再无信心打下去,5万人兵败如山倒,赵王歇被汉军生擒,羽林将许瘛率亲兵投降。

此战中赵军降卒很多,但封侯的只有羽林将许瘛,他的作用主要是安抚降卒。刘邦称天子后,封许瘛为宋子侯,食邑540户。

这年刘邦51岁,项羽27岁,韩信23岁。

● 龙且破英布,九江国覆灭

韩信在3个月内连灭西魏国、代国、赵国,在北方为刘邦成功开辟第二战场。项羽这边几乎在同一时间,也就是韩信灭西魏国时,在南方开辟了第二战场。

项羽以项声为主将,龙且为副将,率8万大军攻击九江王英布。刘邦与项羽,几乎同时开辟第二战场。项羽为何要打英布呢?

项梁起兵后不久,英布便率本部兵马投奔。英布每战身先士卒,所至无敌,勇冠三军,诸将莫及。巨鹿之战,项羽遣英布、蒲将军为先锋,率军2万渡河,袭击秦军甬道。项羽军挟持20余万秦军降卒到达新安后,招英布和蒲将军商议,一夜之间全部坑杀之。英布和蒲将军如臂使指,可以说是项羽的左右手。当时英布与蒲将军拥兵自重,地位远高于项羽麾下龙且、钟离眜等人。在灭秦过程中,项羽友军当中军功第一当属英布,立为九江王,封地有九江郡和庐江郡,建都于六。

庐江郡南部,项羽还封百越长梅锅为台侯,食邑10万户。梅锅本来就控制了该地区,项羽算是给个侯爵名分,让他制约百越归附西楚。

当时英布的岳父吴芮占据庐江郡和衡山郡,立英布为九江王后,吴芮丢失了庐江郡,立为衡山王,封地是衡山郡,建都于邾。

衡山位于长沙郡(湖南)南部,衡山郡却主要在大别山脉西南侧。衡山郡地方不大,人口不多,但背靠大别山,地势比较好。从衡山郡往西可达南郡和长沙郡,往东可去庐江郡和九江郡,往北越过桐柏山就到了淮河流域,往西北方向沿桐柏山脚可至南阳郡。刘邦入关前,梅锅正是走这条路线到南阳与刘邦会师的。项羽封的九江国和衡山国如图3-14所示。

图 3-14　英布的九江国和吴芮的衡山国

项羽分封诸侯前已经打算先将楚王芈心（怀楚王）迁到长沙郡郴县并杀之，英布屡及剑及。项羽令三王（九江王英布、衡山王吴芮、临江王共敖）共击义帝，结果英布跑到湘江，假扮山贼杀了义帝。就连弑杀义帝这种千古骂名，英布都替项羽承担了一部分，忠诚度可说是精贯白日。

当项羽北伐齐国，陷入苦战时，曾要求英布带兵参战。英布虽然没有亲自率兵前往，但也派人带了4000人去追随项羽。客观来说，除了英布，再没一个诸侯派兵支持项羽。彭城之战前西楚军惨败，主要是项羽自己用人不当，项佗逃跑，项襄投降，导致彭城门户大开，彭城内的项缠更是束手就擒。在实战当中，不止英布没有增援，燕王、临江王、衡山王等都按兵不动，项羽却只责怪九江王英布一人。英布的九江郡原本是西楚国地盘，项羽虽封给了英布，仍只将英布视作家臣。

彭城之战后，张良下邑画策，刘邦派使臣随何率20人的使团到了九江国，本意是劝说英布安分守己，互相交个朋友，井水不犯河水。英布令太宰以礼接待，却不肯见随何，委婉拒绝结盟。随何以20人使团生命要挟，英布才勉强见了一面。

随何见到英布后，无非一番离间："霸王前日伐齐，亲负墙板筑杵，身先士卒，大王理应尽率九江之兵，自为先锋，何以发四千人前往助战？此次汉王攻取彭城，霸王尚在齐地，大王不遣一卒渡淮，坐观成败，霸王岂不忌乎？"

这些话当然不可能说服英布弃楚奔汉，英布喝了几杯酒便打发了随何。

几天后项羽的使臣也赶到，英布隆重接待。随何故意衣冠整齐，硬闯九江王宫，让项羽的使臣知道自己来了。英布完全无心投汉，坦荡荡令守卫放其进来，无非是多浪费几杯酒。

随何直入殿中，对西楚使者道："九江王现已归汉，准备发兵灭西楚，汝来做什么？"

西楚使臣面色错愕，但英布身为一国之王，没有屈尊去和使臣解释什么，一挥手道："赐座，上酒。"但此事如何能糊弄过去，除非英布当场杀了随何，否则必有后患。

项羽得知刘邦的使臣在英布那里，而英布又不出兵打刘邦，大发雷霆，认为英布可能脚踏两条船。

九江王英布自裂土封王便大兴宫室，广造园林，多选美女，遍求奇花名木、珍禽异兽，终日饮宴游玩，确实也不想再亲冒矢石杀敌了。

项羽越要英布出兵，英布越害怕，不敢出兵。先不论项羽杀过的人、屠过的城、坑杀过的降卒有多少，就项羽杀韩王成和齐王假二人，就让英布脊背发凉。

韩王成最早是项梁立的，刘邦在入关中前曾帮韩王成打下十几座城邑，项羽因此杀韩王成。你叔父项梁立的韩王，说杀就杀，就因为和刘邦有关系。

齐王田假本是与齐王田市争夺齐王位失败逃奔楚国的，后来项羽击败齐王田荣（齐王田市的叔父），再立齐王田假。只是齐王田假惧怕田横（齐王田荣之弟），以为守不住临淄，就逃到西楚国，结果项羽一怒之下杀了齐王田假。你项羽自己立的齐王，说杀就杀。

九江王英布也是项羽封的，现在也与刘邦有了某种关系（项羽猜测的关系），英布忐忑不安，前车之鉴就在眼前。

推动项羽发兵攻击英布的人是叔父项缠（项伯）。英布是怎么得罪项缠的？

当初项梁兵败自杀，项羽、项缠、项佗都赶往薛郡争夺家族军队控制权。英布作为项羽的先锋，率一队先登之士闯入项缠大营，连杀上百人，冲进项缠的中军大帐控制了项缠及其幕僚，此后英布就是项缠必杀名单上的第一人。只是反秦战争期间英布战功赫赫，后又被立为九江王，帮项羽杀义帝，项缠没有机会下手。

项羽出兵荥阳前，见英布按兵不动，本就有疑心。项缠对项羽说："九江国本为我西楚国土，大王念在英布忠心，将九江赐之。如今西楚正是用兵之际，九江兵理应招之即来。不如派一员善战大将率军前往九江，若英布肯交出兵权，我们便多出数万兵力。若英布不肯，再动手不迟。"

在项氏看来，当初分封的时候英布的岳父只控制了庐江郡一个郡，项羽却把九江郡、庐江郡、衡山郡 3 个郡封给了九江王英布和衡山王吴芮，九江郡和衡山郡其实应该归属于西楚，所以项缠才说九江军应该招之即来挥之即去。

项羽和项缠在九江郡军队归属的问题上想法一致，要是能增加数万兵力，荥阳的局面自然越发有利于项羽，因此西楚霸王派兵弹压九江王英布。

不过荥阳一线的西楚军主力是不能动的，项羽令会稽长项声率 4 万人马西征，又从项佗处借兵 2 万，由龙且率领，南下与项声会合，同时从薛郡、东海郡、泗水郡各调集 1 万人马。西楚军以会稽长项声为主将，龙且为副将，总兵力约 9 万。

九江国这边，名义上有九江和庐江两个郡，但庐江郡还是在英布的岳父衡山王吴芮的控制下，英布实际控制的只有九江一个郡，兵力大致 3 万。项羽立英布为九江王时，令项氏家臣周殷为九江相，名为辅佐，实则制衡。

周殷先一步得知西楚军大兵压境，不敢待在都城六，便率军前往边境迎接西楚军。如此一来，西楚军增加到近 10 万，九江军却减少到不足 3 万。

九江王英布被逼上梁山，只好披挂出征。如果英布拿出巨鹿之战时的气魄，率军迎击西楚军，或许有以少胜多的可能。或者他干脆南撤到庐江郡鄱阳湖附近，把岳父拉入战争，届时西楚军劳师远征，英布获胜的概率也将大增。但英布瞻前顾后，进怕损兵折将，退又舍不得六城的后宫佳丽。

西楚军的统帅项声与项氏三巨头项羽、项缠、项佗不同，项羽是大杀四方，项佗是捡漏高手，项缠是投降专家，但会稽长项声知道自己有几斤几两，于是放权给副将龙且，对其言听计从。龙且自项梁死后就不再受重用，无论项羽还是项佗都对他极为忌惮，这次作为副将出征，总算迎来自己的高光时刻。

从后九月到十二月，经过 3 个多月鏖战，项声和龙且率近 10 万大军击败九江王英布，攻克九江国都城六。

英布兵败后，率数千残兵北上来到荥阳，投奔刘邦。

楚国令尹项缠闻西楚军攻克六，立即率军赶来，把英布之妻、子全都杀了，只为泄愤。项缠本来只是左尹，位在令尹吕青之下，彭城之战后，项缠硬是和吕青对换了官职，自己做了一人之下万人之上的令尹。

项羽唯一在世的这个叔叔可以说成事不足败事有余。鸿门宴上，项缠为了给张良面子，阻止项庄击杀刘邦。这回亲自杀了英布的妻儿，令项羽和英布从此势不两立，再无回旋的余地。要知道英布之妻可是衡山王吴芮之女，英布之子也就是衡山王吴芮之外孙，项缠一冲动便和二王决裂。如果说项羽是冲坚毁锐和自毁长城的能力并存，项缠则只有对项氏覆巢毁卵和裂冠毁冕的破坏力。

令人感到讽刺的是，项缠后来投降了刘邦，改姓刘，称刘缠，封射阳侯，食邑不详。

英布闻家人被杀，心胆俱裂，一蹶不振。好在刘邦没有亏待英布，赏了洛阳附近一座东周天子行宫。

从此英布一心找项缠复仇，后来两人共事刘邦，也是势不两立。

公元前204年1月，灭掉九江国后，项羽把项声的主力调到荥阳一线，刘邦面临的压力与日俱增。刘邦最大的希望是韩信军能够迅速平定赵国，并且南下占据项佗控制的河内郡，与三川郡连成一片，这样就可以抽调韩信军对付项羽了。

我们来看荥阳战场。此前刘邦屯在荥阳，周勃屯在敖仓，在荥阳与敖仓之间筑甬道输送粮草，这是从章邯王离处学来的，现学现用。当初巨鹿之战，章邯先用船只把粮草运到黄河边的棘原，然后在棘原与巨鹿之间修筑甬道，为王离输送粮草。如今刘邦也想把粮草运到敖仓，再修筑甬道转运到荥阳。

项羽令钟离眜攻击甬道，自己亲率骑兵主力突袭敖仓，一举拿下。那时韩信在灭代国的过程中，刘邦顾不得那么多，令曹参部率1万军队南援荥阳战场，这才延缓了西楚军的攻势，但汉军仍处于劣势。

项声率10万大军赶到荥阳附近，刘邦压力倍增，立即重新组织防线。刘邦和卢绾坐镇荥阳，令英布守成皋，樊哙守广武，周勃在京县附近打游击骚扰。以前英布在项羽麾下总是冲锋陷阵，如今在刘邦麾下反而身居二线，这就是刘邦的驭将之道，先要让英布感激，然后才能如臂使指。

由于荥阳粮草被断，城内数万大军陷入困境。刘邦派人去楚营求和，双方以荥阳为界，以各自实际控制区域为领土。

项氏内部，项羽的叔父项缠主和，已经控制三个多郡的项佗也主和，只有老管家范增要求项羽乘胜拿下荥阳。范增看得长远，若双方休整一年再战，控制关中、河东、河内、三川、太行山、河北的刘邦，地理优势远胜控制淮河流域的项羽。范增很有远见，中国历史上的南北对峙或东西对峙，几乎都是北方或西方占优，刘邦控制了北方和西方，等于曹操与刘备联手，孙权必亡。

范增成为这场战争的关键人物，刘邦必须杀掉范增或者赶走他，否则后患无穷。

此时，一个叫陈平的人出场，帮刘邦解决了范增。

陈平是阳武户牖乡人，少时好读书，有田30亩却不愿耕种，寄居在兄长家，自己一贫如洗。陈平是个游侠，见识广，情况和刘邦年轻时相似。与刘邦不同的是，陈平人长得高大，面貌甚美。

当年刘邦长兄刘伯早死，刘邦经常带着狐朋狗友去长嫂家蹭饭，遭到长嫂嫌弃，从此怨恨长嫂，不再去蹭饭。陈平的情况也差不多，嫂子不乐意小叔子蹭饭，但陈平的兄长非常好，因为护着陈平，一度把夫人逐回娘家。陈平百伶百俐，从中极力调和，兄长才把夫人接回。

陈平长到20多岁时，一心要娶富人家的女儿，因此高不成低不就。

须发皓白的富户张负有一孙女，年幼时定下一门亲事，不料尚未过门夫君夭折。之后更是一连克死4个未过门的夫君，乡亲们都说此女命中克夫，人莫敢娶。

张负亲自来考察陈平家，只见城边一条穷巷，数间茅舍，编席为门，但门口有车辙之迹，辙迹深而且宽广。张负总算找到嫁孙女的理由："定是显贵人车马时常到此，可见陈平虽然贫穷，交游乃是有名人物。"

张负回到府上，其子仲反对把女儿嫁给陈平，张负说道："世间岂有美貌如陈平者，竟至长久贫贱乎？"意思是美如陈平，不可能长久贫穷。

张负自出钱财作为聘礼，备办酒席，并叮嘱孙女道："汝今出嫁，当守妇道，勿得倚富欺贫，奉陈平兄为父，事陈平嫂为母。"

陈平自从娶得张负孙女，得了许多嫁资，用度充足，交游日广。

陈胜吴广起兵后，魏王咎在临济称王，招贤纳士，陈平就带着家产去投奔，魏王咎竟授其为九卿之一的太仆。临济之战，魏王咎阵亡，陈平回到家乡隐居。

巨鹿之战后，陈平投奔项羽，跟着进入关中。彭城之战前，刘邦派人游说殷王司马卬。陈平便毛遂自荐，代表项羽出使殷国。陈平回到彭城，禀报霸王说司马卬肯定会阻击刘邦，项羽授其为都尉（军职四品），赐金20镒（yì）。

彭城之战初期，刘邦军在砀郡势如破竹，项佗率军逃跑，项襄投降，殷王司马卬加入了刘邦军团，陈平当然只能逃跑。后来项羽在彭城大胜，杀了殷王司马卬，陈平也不敢回去找项羽。

这日，陈平与麾下一名亲兵撑小舟过河，遇上河盗。对方小艇快速逼近，一共五六人，都是彪形大汉，面目狰狞。

陈平急中生智，脱了华服扔到河里，光着身体，手持一把木剑做拼命状，又令划桨的亲兵如法炮制。河盗见此情此景，都忍俊不禁大笑，绕陈平小舟一圈，见小舟内一无所有，便扬长而去。原来陈平为了打消对方打劫的念头，扔掉华服示意对方自己没有钱，要命有一条。

陈平逃到荥阳，买通魏无知，由其引荐给刘邦。此时正是刘邦艰难之时，陈平在项羽麾下军职也不算低，刘邦便以其为护军都尉。

都尉比将军低一级，但护军都尉是监军，八面威风，凛不可犯，所有将军都敬畏，是其他都尉无法相提并论的。章邯的护军都尉董翳，项羽更立其为翟王，这是一般秦将没有的待遇。

刘邦用一个三姓家奴做了护军都尉，诸将不服，军中哗然。而且陈平人品真不怎么样，刚到汉军就收受贿赂，钱多者得好处，钱少者得恶处。

周勃、灌婴等向刘邦进言道："陈平虽然貌美，不过如冠上之玉，金玉其外，败絮其中。其居家时，与嫂私通，初事魏王，再事项王，后归汉王，实乃三姓家奴。大王授以护军都尉，恩宠至极，陈平却收受贿赂，勒索诸将钱财，如此反复乱臣，愿大王明察。"

周勃代表沛县帮，灌婴代表后来跟随刘邦的将领，两人同时出面，刘邦必须认真听取意见，便把陈平调到韩王信军中。

过了一段时间，魏无知又来引荐陈平。魏无知是信陵君之孙，辈分与魏王咎和西魏王豹相同，是魏国宗室成员。陈平之所以能在魏王咎麾下担任太仆，也是重金贿赂魏无知的结果。

刘邦开门见山问魏无知："外传陈平与嫂私通，三投其主，属实吗？"

魏无知答道："确有其事！"

汉王叹息道："既有此事，汝为何引荐？"

魏无知答："如今乱世，有人德行甚好，却难堪大任，不能扭转局势，大王肯用否？今楚汉相争，陈平可助大王战胜霸王，何必在意这些琐屑之事。"

刘邦当即想起了韩信，这本是项羽身边一个执戟郎中，一个甘愿接受胯下之辱的人，却杀得西魏军、代军、赵军丢盔弃甲。

于是刘邦把陈平调回来，陈平许诺要用计废掉范增。刘邦于是授陈平为护军中尉，秦汉一般只有护军都尉，用低一级的军官监察高一级的将军。中尉是负责都城军事的，位比九卿，在一般将军之上，在太尉卢绾之下。陈平这个护军中尉既是监军，位又在诸将之上。诸将见刘邦如此宠爱陈平，皆敢怒不敢言。

陈平以刘邦的名义派了多批使臣前往楚营，不仅与项羽谈，还和范增谈。汉军中楚人也不少，陈平派人混入楚营，用重金贿赂各营将士交好之人，故意放话说范增准备投汉。

项羽派使者前来谈判，陈平令厨丁10余人入内，案上排列山珍海味、各色美酒，杯盘匙著精美，楚使很是满意。忽见一名官吏慌张走进，对着楚使望了一下，面上露出惊异之状，急忙回身趋出。楚使觉得情形可疑，悄悄跟了出来，但见官吏对着众人连连摆手，口中说道："错了！我道是亚父使者，谁知却是霸王使者，他如何配吃此种酒席？如今速将各物抬回，另换一桌饭菜到来。"

随后汉军果然换了一桌菜，粗米、青菜、豆腐，比起先前酒席，有天壤之别。楚使受此薄待，怒气填胸，一口都吃不下，立即愤然辞归。

陈平这种雕虫小技理应骗不了楚使和项羽，但人都喜欢别人奴颜婢膝、曲意奉迎，楚使明知有诈，却也绘声绘色告了范增一状。

项羽本就嫌范增过多干涉军务，听闻之后心里更加不爽，以后遇事便独断独行，不再与范增商议。范增来见，项羽词色甚是冷淡，谈起兵事，项羽便顾左右而言他，几次都是如此。

范增得知项羽因为对手一个小计谋便猜忌自己，气得茶饭不思，对跟前的亲兵道："我为项氏呕心沥血，一心辅佐项梁项羽成就霸业。谁知项羽竟轻信谗言，不分皂白！如今既已见疑，不如及早引退，落得安闲自在。若再留恋，必有杀身之祸。"

范增对战场上的生死早已心同槁木，遂令家丁收拾行装，往见项羽道："现在天下大事已定，大王以后好自为之。臣年老智昏，不能裨补万一，乞赐骸骨归里，以终余年。"

项羽听说范增要走，毫无留恋之色。范增怒极，将历阳侯印绶以及项羽所赠财物打包送还项羽，启程返回彭城。

范增一腔愤懑无处发泄，加之年过古稀，气血凝滞，行不到数日，背上忽生一疽，乃是险恶毒症。公元前 204 年四月，范增心灰意冷，不肯服药，背疽毒气已深，竟死于旅舍。

范增死了，再无任何人对项羽说逆耳的忠言，随后项羽屡次用人不当，昏招频出。

● 韩信定赵地、迫降燕国，刘邦逃出荥阳

我们再把目光投向赵地。井陉之战后，赵国还有两大军事势力，即北部卢奴的卫将军程黑、南部武安的将军夜和骑将彊瞻，韩信花了 3 个多月才将他们平定。

北路卢奴的卫将军程黑率 2 万步骑投降，刘邦称天子后，封程黑为磨侯，食邑 1000 户。

南路的赵军比较复杂，将军夜有步骑 2 万，骑将彊瞻有骑兵 4000，互不统属。在谈判失败后，韩信亲率大军南下，双方在邯郸以南连番大战，汉军骑都尉靳歙率 2000 骑兵将赵军引入包围圈，此战汉军击杀彊瞻，斩首两名骑将、两名骑司马、四名军侯，杀死和俘虏共计 2400 骑。

武安的将军夜成了一支孤军，他后来虽然也投降了汉军，但待遇没有早前投降的卫将军程黑那么好。刘邦称天子后，封将军夜为深泽侯，食邑 700 户。

陆续平定赵地的过程中，韩信最关注的还是广武君李左车，楚汉时期的战将，他最忌惮的人。韩信悬赏千金，求活捉李左车。

隐居的李左车得知韩信抓了一批李氏宗族，扬言找不到他便杀了这些族人，于是把自己绑了，率亲兵来投。

韩信把李左车请入中军大帐，急离座亲自为其解缚，赐上座，竟然纳头便拜，口中说道："小卒无知，多有冒犯，望将军恕罪。我欲东攻齐，北伐燕，还请指教。"

李左车赶紧回拜，诚惶诚恐道："臣闻败军之将不可言勇，亡国之夫不可图存，恕臣愚昧，何敢妄议战事？"

韩信道："昔百里奚在虞而虞竟亡，入秦而秦遂霸，乃虞国不能用之故。非愚于虞，而智于秦也。若赵王听君上之计，我亦遭擒矣；所幸赵王不听君上之计，是信得以取赵也。今小卒虚心求教，望勿推辞。"

李左车见韩信坦诚相待，说道："大将军掳魏王，杀夏说，斩成安君，自领兵以来所向无敌，威震海内，名闻各国。然智者千虑，必有一失。今将士疲惫，若北向攻燕，而臧荼不是韩广，若日久不拔，粮尽力竭，必陷入困局。而齐又苦心经营，实力与日俱增。刘项对峙，汉王亦处劣势，天下大事尚难定也。"

韩信问计道："以君上之言，我该如何对策？"

左车道："方今为大将军计，不如按甲息兵，休养士卒，镇抚赵城。遣一舌辩之士，奉尺

幅之书，前往燕国陈其利害。燕王惧我兵威，必然俯首听命。然后移兵向齐，如此则天下事可图矣！"

韩信鼓掌笑道："善！"此前韩信犹豫再三，不知燕国、齐国、中原三个方向应该如何进军，心中一团乱麻。李左车一番话令他茅塞顿开。

公元前 204 年 6 月，韩信率大军屯在易水南岸，对外放言："虽乐毅复生，荆轲不死，燕不能独存。"

营造完大兵压境的气势，韩信遣随何持书赴燕，燕王臧荼见竹简上写道："霸王所立十八路诸侯，已去十之八九，三齐遭屠，九江王亦难幸免。汉王兴义兵以来，灭三秦，并河南、殷、韩，平西魏、代、赵，此乃天命所为。方今屯兵赵地，挥师北指，大王若能倒戈纳款，不失裂土封王，分茅百世。赵鉴不远，王其思之。"

韩信此书句句切中要害。项羽分封这么多诸侯，只剩个临江王还追随左右，而九江王英布可是项羽最得力的悍将，项羽连英布的九江国都灭掉，臧荼与项羽的关系可远不比英布。而且刘邦兴兵以来，确实地盘扩张了数倍，灭亡了 9 个诸侯，占据 10 个诸侯之地，刘邦的赢面当然在项羽之上。

不过燕王臧荼不会这么轻易投降，他问道："汉王兵败彭城，寄足荥阳，王业未定，何言天命所归？"

随何就是那个出使九江国，让项羽猜忌英布的汉国使者，他早就准备了一套说辞："霸王坑降卒，挖秦祖坟，弑义帝，杀韩王，屠齐城，可谓恶贯满盈，人神共愤。汉王虽败彭城，而大风解围，白光引路，此乃天意也。"

随何果然是个人才，把刘邦狼狈逃跑也说成是天意。

燕王臧荼明白，单纯楚汉争霸，刘邦和项羽都奈何不了他，然而韩信却灭了西魏、代、赵，汉军就在易水对岸，无论如何也不能吃这个眼前亏。

韩信说降，臧荼要降，二者目标一致，但具体细节上免不了讨价还价。

韩信请燕王臧荼率军南下，燕王臧荼却不想出一兵一卒，更别提御驾亲征，最后双方达成一个都能接受的格局。

臧荼吸取了燕王韩广的教训，只派相国昭涉掉尾、将军温疥率兵 3000 入赵，协助汉军攻击西楚军。几年前臧荼掌握燕国兵权，率大军南下，无论是巨鹿之战还是后续围攻章邯军，他都保持实力，跟在项羽后面捡战果。这次臧荼只给了昭涉掉尾和温疥 3000 兵，即使这两人将来实力有所膨胀，也很难威胁自己。

相国昭涉掉尾无论姓氏还是名字都很奇特，"昭涉"是楚国昭氏的分支，人数很少，在燕国没什么根基。"掉尾"是摇尾的意思，相传大禹治水经过大江，江中黄龙跳出来要倾覆大禹之舟，大禹气定神闲说了一句"我受命于天"，黄龙就掉尾（摇尾）而走。成语摇尾乞怜是指狗向主人乞求爱怜，黄龙摇尾也就是把大禹当作主人。昭涉掉尾用掉尾作为名，喻为忠犬，也有点意思。

这年刘邦 52 岁，项羽 28 岁，韩信 24 岁。

燕国投降后，韩信本要立即起兵攻击齐国，然而刘邦在荥阳一线处于下风，多次派人催促韩信攻击项佗控制的河内郡，打通南北两军的联系。

河内郡本是殷国地盘，但由于殷王司马卬死于彭城之战，项佗趁势西进，占据该地。韩信率军南下后，项佗根本不想与韩信正面冲突，几乎节节败退。

刘邦被项羽围在荥阳城数月，甬道被断，粮食将尽。几个月前钟离眜攻破敖仓，周勃退守广武，和樊哙合兵抵御。如果钟离眜拿下广武，沿黄河再下，那么荥阳将被双重围困，刘邦无粮，必然困死。

这日太阳升上中天，普照大地，映得城内外兵器熠熠生辉，更添杀伐的气氛。

汉军又击退一次西楚军的攻势，刘邦和卢绾并肩卓立城头，一丝不漏地察看敌我形势。城外是军容鼎盛、旌旗似海的西楚军。刚才一番激战，城外到处是残破的挡箭车、楼车、投石车，西楚军毫不气馁，来回奔走，收拾战场。日复一日这样打下去，荥阳肯定守不住。

陈平知道在战场上帮不上忙，便出了一个能救刘邦命，却要牺牲一名将军的主意。将军纪信年龄比刘邦稍大，体型与刘邦十分相似，陈平希望纪信假冒刘邦，帮助刘邦上演金蝉脱壳之计。

纪信是丰县土豪，其子纪成在好畤之战阵亡后，他披挂上了战场。纪信知道自己就算老死也活不了几年，但是孙子纪通若要在汉军上百位将尉中立足，没有特殊战功是不行的，便一口应承。

刘邦依计派人向项羽求和，请归关中称汉王，项羽踌躇不定，帐中原本会出来反对的范增已经去世，其他心腹家臣巴不得早日结束战争，一致希望议和。

刘邦投降前夜，荥阳城中东门放出 2000 多妇女，脱掉衣服，只穿甲胄，三三两两从东门出城。楚军将士都来一饱眼福，但见蝉鬓朱颜，鱼贯而出，真乃天下奇观。

楚军上前拦截，妇女们说："汉王明早出降，城中又无粮食，我辈只得各自逃生。"

此举令楚军大为懈怠，2000 多女子出现在楚军营地，将其他三门外的楚军也吸引过来，一夜风花雪月。

公元前 205 年 7 月的一天，正是投降日。一大早，将军纪信头戴冕旒，身穿龙袍，乘坐刘邦御车，排齐仪仗，出东门投降。与此同时，刘邦率卢绾、张良、夏侯婴、陈平及诸将共数十骑，悄悄开了西门逃向成皋。

楚军都来围观汉王投降，东门外人山人海，万头攒动。

只见城门开处，前面的士兵头戴白巾，手无兵器，一簇车马出来，侍卫各执旌旗羽盖，拥定龙车。车中黄罗伞下端坐着一位王者，面目辨不清楚，都道真是汉王来降，人人心中都替霸王欢喜，齐呼"万岁"，拍掌称庆，欢声如雷。

纪信昂然下车，挺立不跪，项羽近前细看，这才发现不是刘邦。

项羽厉声问道："汝是何人？竟敢大胆冒充汉王，前来欺我！"

纪信挺身答道："我乃大汉将军纪信。汉王已出荥阳城。我早晚一死，任汝如何处置，何必多言！"

项羽勃然大怒，将纪信捆绑起来，在空地上架起柴薪，用火烧死。纪信面无惧色，至死大骂不绝。

刘邦称天子后，封将军纪信之孙、纪成之子纪通为襄平侯，食邑2000户，后成为刘邦的女婿。

刘邦与诸将出得荥阳城，往英布所在的成皋方向去了。项羽留部将在荥阳，亲率大军追击。

负责断后的人叫缯贺，此子有万夫不当之勇。一年多前，韩信大破魏王豹，俘虏之，当时缯贺还只是西魏军中的一名执盾之卒，好在刘邦发现了他，放在身边担任连敖。当年韩信投奔刘邦，最初也是连敖，这个官职是战国时楚国特有，在刘邦帐下已不同于原来的职权，是刘邦的侍卫首领之一。

缯贺带了十几个强悍亲兵，边打边退，杀敌上百，一路掩护刘邦安全进入成皋，立下战功。刘邦称天子后，封缯贺为祁侯，食邑1400户。

荥阳城中，刘邦留下西魏王豹、御史大夫周苛、将军孙赤、将军枞公等人率军守城。

此前韩信俘虏西魏王豹，刘邦不杀他只因要笼络军中魏国将士。西魏王豹还常以王者自居，在诸将面前昂首天外，旁若无人。周苛、孙赤、枞公担心西魏王与旧部勾连，反汉投楚，遂令刀斧手一拥上前杀之。

● 刘邦夺韩信之兵，卢绾袭击下邳

刘邦等人从荥阳逃到成皋，此时汉军兵力持续下降，必须尽快增兵，扭转局势。刘邦垂涎的是大将军韩信和常山王张耳之兵，他们二人率军与河内郡的项佗激战，屡战屡胜，机动兵力有八九万（其中张耳1万余人），大帐设在河内郡修武（今获嘉县）。韩信取河内郡后的形势如图3-15所示。

刘邦来到黄河南岸，叮嘱英布一定要死守成皋，自己率太傅张良、太尉卢绾、太仆夏侯婴、护军中尉陈平北上，抵达修武汉军大营。

从成皋去往修武的路上，刘邦一直在盘算如何抽调韩信和张耳之兵。如今二人麾下楚人已经很少了，大多是赵、西魏、代、秦的降卒，稍不谨慎就可能引发兵变，这着实让刘邦伤脑筋。

还好刘邦有太傅张良，驭将正是他这个相国专业户的特长。彭城之战刘邦兵败后，张良在下邑献上3个计策：重用韩信、离间英布与项羽、出兵挟持彭越骚扰项羽。前两计都已实现，最后一计苦于没有兵力。这次张良旧事重提，刘邦不必直接抽调韩信之兵去荥阳，而是用一名将军抽走部分韩信之兵去大野泽会合彭越，削弱韩信军势力的效果是一样的，但吃相要好看得多。至于抽调多少韩信军，这就要临机应变了，太少起不到作用，太多韩信不会答应。

修武汉军大营，刘邦、韩信、张耳举行了三方会谈，各方讨价还价，重新划分了各自兵力和势力范围。

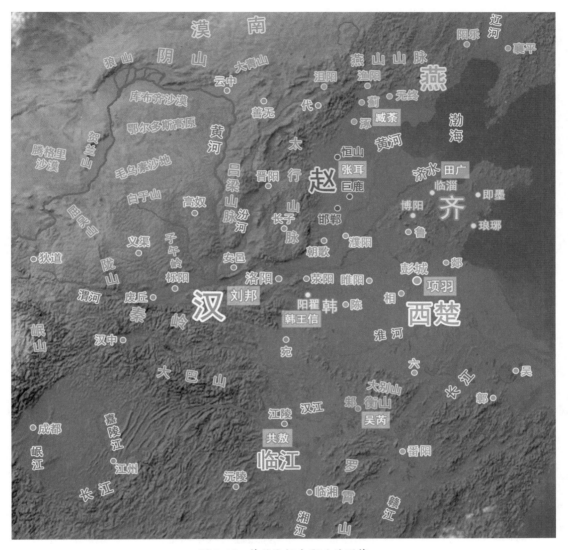

图 3-15　韩信取河内郡后的形势

　　大家坐定位置，刘邦余光看到韩信与李左车不经意的交流，这才认真打量这位大将。此前韩信介绍过，这人是李牧之孙李左车。刘邦本未把李左车放在眼里，现在忽感愕然，便问李左车："君上有何见解？"

　　李左车作揖，毕恭毕敬道："臣闻败军之将，不可言勇，恕小臣愚昧，不敢妄自提议。"

　　这番话李左车对韩信说过，韩信礼遇之，李左车便献策说服燕王臧荼投诚，不费一兵一卒解除了北方威胁。

　　刘邦坦然道："但说无妨。"

　　李左车再不推辞，直言道："若增兵几万南下东郡、砀郡与霸王开战，如羊入群狼。"

刘邦追问道："愿闻其详。"

李左车回道："霸王以西楚、九江、临江三国之地十四郡，如战国楚、魏、韩、鲁、宋合并，兵多粮足。大王若增兵 20 万，可与霸王争荥阳。若增兵 12 万，或可退守洛阳。若增兵 6 万，于事无补，终将形成汉、楚、齐三国并立，再加燕、赵、韩、魏，此为战国七雄态势。汉占有秦地，诸侯必合纵攻汉，届时大王只好退守函谷关。"

李左车的话句句扎心，却反映了基本事实。刘邦听罢站起来，作揖恭敬道："愿君上指教。"

李左车又道："梁相（彭越）屡次骚扰西楚，都是雷声大雨点小。大王可派一得力干将，统兵 2 万前往大野泽，并梁相之兵，攻西楚后方，则霸王必回兵彭城，荥阳之围不救自解。"

刘邦、张良、卢绾、夏侯婴、陈平等惊得目瞪口呆，他们一路上商议的机密被李左车一言道破。李左车不仅看穿了刘邦等人的心思，而且抛出一个 2 万人的数字，委婉地给出了韩信的底线，告诉刘邦再多恐怕就难办了。

刘邦强作镇定，大呼："善，大善。"暗忖："若寡人身边有这么一号人，何至于在项羽面前狼狈不堪。"2 万人与刘邦的心理期望有不小差距，免不了还要讨价还价，但气氛还算平和。

经过一番唇枪舌剑，刘邦仍以韩信为大将军，留下大部分兵力，给其吃下一颗定心丸，但韩信要拨出数百骑兵和 2 万步兵给太尉卢绾，去大野泽会合彭越，骚扰项羽后方。此外刘邦还把燕相昭涉掉尾与将军温疥的 3000 燕兵要了去，减少燕王臧荼与韩信的勾连。刘邦仍用将军曹参和灌婴辅佐韩信，曹参拜为左丞相，基本恢复到攻打西魏国时的格局，名为辅佐，实则制衡。原本大将军韩信兼任左丞相，对他来说也是画蛇添足，让给曹参是可以接受的。

韩信的底线是不能让刘邦把大部分军队带走，如今刘邦只削夺约 1/4 的兵力，韩信长舒一口气，其他条件都好说。

至于常山王张耳，改立为赵王，1 万多军队归大将军韩信调遣。张耳的监军常山太守张苍拜为赵相，继续监督制衡张耳。赵王张耳本来兵力就不多，根本没有其他选择，只能听从刘邦安排，好歹名正言顺占据赵地做了赵王。

韩信向李左车挤出一个微不可察的笑容，李左车颔首，可见这个结果在二人预料之中。

刘邦与韩信也有一个分歧。刘邦希望韩信稳固赵地后攻击东郡、砀郡，从侧翼袭击项羽，但是韩信用李左车之谋，认为应该先拿下齐国，从背后夹击项羽。刘邦以为汉军在西楚军面前本来就处于劣势，若再分兵树立一个强敌，很可能招来覆灭之祸。

刘邦绝不肯让韩信犯险攻击齐国。项羽这么久都没有拿下齐国，韩信哪来的自信？

关键时刻还是张良出来解围："齐国地方千里，拥兵三十余万，一时不易攻破。不如请郦生奉诏往说齐王，使之降汉。若齐不投降，再做计议。"

其实韩信和李左车早已谋划下一步兼并齐国，再用齐兵攻击项羽。因为用赵兵攻项羽没有斗志，而齐军人人痛恨项羽，根本不用动员。

齐国表面上与西楚握手言和，实际上齐国大将田闲屯兵 20 万在历城，随时可能南下攻击西楚国的薛郡。项羽杀了齐王田荣，在齐国屠城无数，现在齐人恨之入骨，同仇敌忾。齐王田广和齐相田横被西楚军压迫得快要亡国，恰好彭城之战爆发，才有了喘息之机，签订城下之盟，并非真心结盟。

刘邦、张良当然也想吃下齐国这块肥肉，但自信心不足，害怕偷鸡不成蚀把米，再树一个强敌。韩信、李左车却把齐国看成待宰羔羊，双方的分歧主要体现在自信心上。

大家都认同张良的方案，对齐国先礼后兵。

公元前 205 年 8 月，太尉卢绾、将军刘贾从韩信军中抽调马兵数百、步卒 2 万，由白马津渡河，去大野泽与彭越会合，打算攻西楚侧翼。刘邦则率燕相昭涉掉尾与将军温疥的 3000 燕兵返回成皋，打算继续与项羽对峙。卢绾前往大野泽的路线如图 3-16 所示。

图 3-16　卢绾前往大野泽

卢绾是刘邦发小，汉国太尉，刘邦集团二号人物。刘邦在沛县起兵前曾经落草芒砀山，卢绾率家将前来投奔。平日行军作战，即便帐内刘邦与戚夫人同在，卢绾也毫不避讳，直入大帐，坐到榻上与刘邦议事。从小到大，在卢绾面前，刘邦毫无秘密可言。

刘贾的祖父与刘邦的祖父是兄弟，刘贾虽然是个裨将，却也是刘氏族人当中唯一拜将军的。

此行目的主要是胁迫梁相彭越的军队共同骚扰项羽后方，以解荥阳之围。刘邦派出大汉国二号人物卢绾以及刘氏最高将领刘贾，足以代表刘邦本人。

刘邦率 3000 燕军刚离开韩信军修武大营就得到成皋失守的消息，立即回关中募兵。

成皋是座小城，原本只有英布率1万人镇守，再加上刘邦陆续调来的援军，也只有1万多人，根本守不住。英布便放弃成皋，逆洛水再撤到巩县。

国舅吕泽与丞相萧何在栎阳辅佐太子刘盈，为关东战事转漕输粟、督运粮草等繁杂事务交给治粟内史兼上郡太守襄，二人地位稳如泰山，生活上更是没得说。

萧何门客鲍生谏道："汉王栉风沐雨，亲临战阵，而君上安坐关中，劳逸迥殊，大王必然猜忌。如今正是用兵之际，不如将兄弟、子侄能持兵交战者，悉数遣往军前效力。"

这番话说得非常委婉，吕泽不仅是太子的大舅，而且在下邑交出近2万精兵，他陪太子待在关中无人有异议。但萧何有什么？不但没兵，汉国的相国角色实质由太傅张良担任，督运粮草有九卿之一治粟内史襄足以。刘邦称天子后，第一批分封的诸侯中，按食邑数量排序，帐下前几位分别是韩信、卢绾、吕泽、曹参、张良（自降两万户）、周勃、萧何，萧何仅排第七，却遭到军方将尉群嘲。

萧何八面玲珑，左右逢源。刘邦第一次去吕府，萧何正在帮吕氏收受贺仪（礼金），可见其与吕氏关系密切。萧何游走于官场与地方豪族之间，是刘邦与吕泽之间的纽带，也是两方面都能信任的人，这是他最大的价值。

萧何闻言清醒过来，叹道："先生救了我的命。"于是把亲属、门客、私兵都派到刘邦军中，其他留守关中的大臣也都纷纷效仿，刘邦迅速组建起一支数千人的新军。

此时项羽却忽然从三川郡退兵，留终公领兵守成皋。原来卢绾、刘贾与彭越在东边搞出了大动静。

彭越起兵反项羽，主要原因是项羽没有分封他，还把他当作山贼看待。而且彭越盘踞的大野泽就在西楚国北部，彭越想以此获取地位。当时齐王田荣给彭越送钱送粮，希望彭越能吸引部分项羽兵力。项羽派萧公去讨伐彭越，结果全军覆没，萧公阵亡。彭越与项羽的梁子越结越深，不过项羽连田横都可以议和，与彭越的回旋余地当然更大。彭越只想迫使项羽分封他为诸侯。彭越麾下有个将领叫奚意，本是魏王豹近身侍郎，在魏王豹改立为西魏王后，奚意不愿跟随去河东，便投奔了彭越，得委以重任。谁料彭城之战前刘邦摧枯拉朽，奚意又转投汉军，被授为都尉，此事令彭越对刘邦极为不满。故而不到万不得已，彭越绝不肯挥兵猛攻项羽。

卢绾、刘贾率2万多兵马前来，直接兼并彭越军是不可能的，无非起到一个带头作用，即由汉军作先锋，彭越军跟随收割战果，一前一后骚扰西楚国。

卢绾率军作战的本领比不上韩信，与刘邦是一个等级的，大汉国再难找到这样一号人物。卢绾很清楚，要迫使项羽撤兵，解荥阳之围，攻打大野泽附近一些小城是不行的，要打就打西楚国都城彭城。然而彭城之战后，项羽一直在彭城及周边布置重兵把守，令尹项缠亲自坐镇。灭掉九江国后，项羽令项声镇守东海郡，以防齐国发难。

汉梁联军攻击彭城最近的路线，是走深沟、沿泗水而下，然而这条路线上的道道关卡，项羽早就布置了千军万马。卢绾设计的路线是从济北郡南部绕过薛郡进入琅琊郡，再南下从背后攻击彭城。

实战中，卢绾、彭越联军沿泰山南麓，从田横控制的琅琊郡边缘南下，攻击东海郡的下邳。卢绾奔袭下邳的路线如图 3-17 所示。

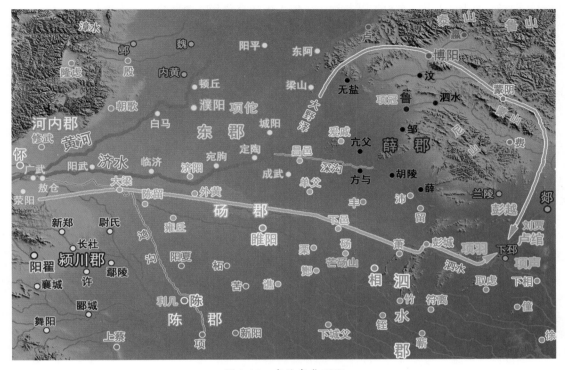

图 3-17　卢绾奔袭下邳

下邳在彭城以东，两城都在泗水上，下邳这种战略要地不容有失，项羽立刻派项声前往迎敌。

项声与龙且灭了九江国，其实事无巨细都是龙且指挥，项声倒是乐意放权，他花了几个月也没数清麾下有多少个将军都尉。麾下数十个将领，项声看着面熟，叫不出几个名字。

击败英布可能是项声的巅峰时刻，他志得意满。作为会稽郡长，他的实力也进一步增长，在项氏内部的威望攀升到仅次于项羽。

此战龙且在荥阳一线，项声便派薛公为先锋，率军 2 万，针锋相对北上阻击卢绾军。项声以为卢绾和他一样，也是任人唯亲的结果，实际上卢绾的能力足可碾压项声，实战中也印证了这一点。

卢绾闻西楚军迎战，长笑道："此战定可解围荥阳，刘将军，我们按计划分兵。"刘贾领命而去。

2 万西楚军排成方阵，铠甲鲜明，军容鼎盛。薛公高坐在马背上，远望汉军散乱的军阵，气定神闲。他这个阵演练许久，汉军这种水平也来打仗，卢绾不是送死吗？

没想汉军号角声起，散乱的队形潮水般向两侧驰去，摆明是要错开西楚军，绕到其方阵后边，等彭越的军队就位，便前后夹击，战术灵活高明。

薛公的大方阵内有 40 个小方阵，每个小阵以战车、重骑兵、重盾、长戈、强弩兵组成，若缓缓推进，对面 2 万汉军根本不是对手。但卢绾随意变阵，令薛公进退失据，方寸大乱。

卢绾却并非真的要从后面合围西楚军，2 万汉军与 3 万梁军尚不足以围困 2 万西楚军，何况彭越必然出工不出力。卢绾在侧翼绕道的时候故意大造声势，给西楚军一种汉军要绕道背后的感觉，其实汉军精锐都在左右两翼，根本不等梁军，便从左右杀入西楚军大方阵。

两军混战在一起，西楚军的强弩兵不敢乱射，战车也不敢随便冲击，害怕误伤自己人。

卢绾的军队是刚从赵地接收的韩信军，大多是赵国降卒，也有部分代国、西魏国降卒，楚人很少。卢绾率这支杂牌军打得西楚军落花流水，并且击杀其主帅薛公。项羽仿照战国楚制封了许多公，相当于一方诸侯，都有一座或数座城，而且能传给下一代。薛公必然也是项氏亲信，多亏了这帮人，给刘邦建立汉朝奠定了坚实的基础。

项声闻薛公惨败，连下邳都不守了，率军逃回彭城。项声本瞧不起卢绾，以为卢绾是凭借刘邦发小的身份才身居高位的，但实战的结果告诉他，他才是那个小丑。

卢绾这次远征规划周详，千里奔袭，专挑项氏薄弱环节下手，可算一战成名。彭越率军跟在后面，不费一兵一卒，捡了不少战利品。汉国太尉与梁相之间的军事合作分工明确，进入遥相呼应、齐头并进、配合默契的阶段。

项羽闻后方连番打败仗，便留亲信终公守成皋，亲率大军从荥阳一线急速撤兵回援，避免彭城再次沦陷。然而下邳比彭城还远，刘邦赢得了喘息之机，荥阳也还在刘邦手里，终公能为项羽守住成皋吗？

项羽回师彭城，过都城而不入，直接开往东海郡。

卢绾、彭越无论是装备、兵力、兵员素质都远远不如项羽，只能见好就收，北走大野泽一带。

项羽闷闷不乐，虽然赶跑了卢绾和彭越，却未能对其造成重创，未来肯定还要找机会再战。彭越的战术一向灵动，但战略保守，一般离开大野泽不远。卢绾为先锋后，彭越的本事也突飞猛进，居然跨越薛郡攻击东海郡。

此前卢绾一直在刘邦身边，给人的感觉是攀龙附凤、趋时附势。此番独自领军，一战便给刘邦解了荥阳之围，真是海水不可斗量。身为汉国太尉，刘邦的许多战略战术本就是卢绾制定的。

刘邦得知项羽撤兵，立即整军打算出兵成皋，但刘邦的新军加上燕军也不足 1 万，这点兵力谈何重夺成皋。如果能把南阳郡王陵的军队并进来，机动兵力可达到 5 万左右，那形势就完全不一样了。

王陵是沛县豪族，不跟刘邦入关灭秦，在南阳拥兵自立。彭城之战前，刘邦、吕泽、王陵都派人去丰县、沛县迎接家小。刘邦的父亲和夫人，吕泽、王陵的母亲，都落入项羽之手，王陵之母也被项羽逼得自杀。

刘邦、项羽在荥阳一线对峙，多次请王陵出兵相助，但王陵有苦衷。

南阳郡的南面是临江国，封地有南郡、黔中郡、长沙郡，整体实力比王陵的南阳郡要强。临江王共敖早年就在楚军中，深受项燕影响，是仅存对项羽忠心的诸侯王。

共敖几次率军北上牵制王陵军，如果王陵去荥阳参加刘邦项羽的决战，后方南阳郡可能就守不住了，那就得不偿失。

刘邦率军没有出函谷关，而是走汉中，出武关，来到南阳郡的首府宛城。此时王陵也没有早前的豪情壮志，他一心要杀项羽报杀母之仇，便交出了兵权。临江王共敖在上月驾崩，国丧期间临江国几乎不会北进，这给刘邦整合王陵之兵提供了机会。

刘邦重整旗鼓，以韩王信和九江王英布为先锋，马不停蹄北上攻击成皋。刘邦破终公夺成皋的路线如图 3-18 所示。

图 3-18　刘邦破终公夺成皋

为项羽留守成皋的终公，在成皋西南洛水旁布置了一道防线，还让骑哨深入数十里抵达巩县，探听汉军动向。从终公的角度看，汉军从洛阳发兵，途经巩县，这是最有可能的一种情况。如果汉军要偷袭，也是从黄河方向来，因此这里也广布骑哨，西楚军并不担心。东边的荥阳方向，虽然由刘邦的御史大夫周苛镇守，但绝对没有多余的兵力骚扰，更别提攻城了。

韩王信和九江王英布绕到荥阳附近，偷袭成皋，一战得手。项羽也没想到，自己信任的终公连一个月都守不住，于是立即率军折回。

● 项羽攻克荥阳，卢绾袭击砀郡

公元前 205 年 9 月，项羽兵临荥阳城下，总兵力十几万，亲兵有 3 万骑。项羽的中军大帐每日都变换位置，激励各营将士，攻破荥阳不灭的神话。几年前张楚国的二号人物假王吴广率军攻打荥阳，秦朝三川太守李由守得滴水不漏，荥阳在当时是一座坚不可摧的大城。

项羽下令全力攻打荥阳四门，限 5 天内攻破。霸王打东门，季布打南门，龙且打西门，钟离眜打北门，四门金鼓齐鸣，火箭云梯投石车并力攻打，战鼓号角齐鸣，马蹄车轮声响彻天地。

城内的情况很不乐观，将士们都在饿着肚子守城。自西魏王豹死后，麾下几个跟随其投降刘邦的将领就消极怠工，出工不出力。

荥阳城头，人人脸色凝重，像是预见到末日的来临。城墙外的原野尸骸遍地，似在细诉这几日来惨烈的攻城战。

这日钟离眜的先登卒翻上北城墙，龙且军紧随其后也攻上西城墙，汉军抵挡不住，荥阳城告破，御史大夫周苛、将军枞公、将军孙赤被生擒。

周苛和枞公被五花大绑带到，项羽龙骧虎步般走过去，先问枞公："将军若弃暗投明，即授为三川太守，仍守荥阳，汝意下如何？"

枞公是襄城人，几年前项羽屠襄城，枞公的家小全部被杀。

枞公恨恨道："吾志在讨逆贼，颈可断，此志不可移也！"

项羽怒斩枞公于荥阳城下，枭首以示三军。枞公临死之时神色不变，西楚军士卒莫不叹惜。西楚军虽然战胜，但如此对待另一个楚人，于心不忍。

项羽给周苛松了绑，说道："足下位居汉国三公，若肯弃暗投明，封汝为 3 万户侯，如何？" 3 万户是什么概念呢？刘邦称天子后，帐下张良、曹参都只有万户左右，只有卢绾一人达到 3 万户以上。项羽这么大手笔确实诚意十足，周苛高居御史大夫（三公之一）之位，作为沛县人，如果他投降项羽，对刘邦来说是釜底抽薪。

周苛叹息道："为臣死忠，为子死孝，今城破兵败，我有何面目立于天地间。"

项羽劝道："荥阳城破，此乃天意，非足下人力所能抗拒。寡人东征西讨，所向无敌，早晚生擒汉王。我不杀汝，让汝看我如何步步击退汉王。"

周苛冷笑道："霸王若不杀我，他日我必归汉。我唯知有汉，不知有楚。我心如铁石，延颈不避刀锋，霸王动手吧。"

项羽听罢大怒，令左右推周苛入汤釜烹杀之。

也不是所有人都如周苛、枞公这样义薄云天，将军孙赤就投降了。孙赤是沛县人，是第一批追随刘邦的，当时位居四大中涓之一，在刘邦阵中排进前十是没问题的。后来孙赤战功也不少，这次却做了缩头乌龟，投降项羽。

刘邦称天子后，因御史大夫周苛死守孤城，烹杀死，封其堂弟周昌为汾阴侯，食邑 2800 户。孙赤后来又重投刘邦，不过待遇远不如前，最终封为堂阳侯，食邑 800 户。

至于枞公，因没有后人，算是白死了。

总的算一下，荥阳之战，刘邦损失一个西魏王豹，一个御史大夫（三公之一）周苛，3 位将军纪信、枞公、孙赤（后来重投刘邦）。

项羽欲屠荥阳城，季布劝道："大王，如今广武、成皋都在汉军手里，可趁其不备攻之，日后再议荥阳之事。"

季布一句话救了荥阳百姓，他后来投奔刘邦，在汉朝地位不低。

汉军方面，樊哙、周勃守广武，韩王信和英布守成皋。在项羽看来，打下成皋，广武就孤立了。如果打广武，汉军还能退守成皋。

项羽以钟离眜、龙且为先锋齐头并进，自己统率中军向成皋进发。

韩王信与英布这一战惨败。韩王信向韩国（颍川郡）逃跑，项羽亲率 3 万骑兵，漫山遍野地追来，不给韩王信任何喘息的机会。

韩王信走位诡异，走的是"之"字形，利用对地势的熟悉企图躲过追击。西楚军点起烽烟，互相知会位置，张开天罗地网，务要把韩军一网打尽。

数千韩军人人挂彩，很多人在途中把沉重的盔甲弃掉，有人因失血和奔波以致脸色苍白，颇有穷途末路的景象。

英布和上次一样，逆洛水再撤到巩县，在这里阻击项羽的偏师。没几天项羽便生擒韩王信，率骑兵掉头来找英布，吓得英布率败兵向南一头扎进嵩山。

项羽率军来到巩县，西望伊洛河原沃野千里，南望嵩山层峦叠嶂，他知道英布逃跑的本事大，否则也不可能率众从骊山逃回九江郡。

项羽没有继续西进攻击洛阳，而是绕着嵩山走，在嵩山与熊耳山、外方山之间穿过，目标直指南阳郡的刘邦。

英布心情沉重，坐在嵩山一座山峰上，俯察四周形势，只见山势迷漫，峰岩互立，群山起伏绵延，茫茫林海依山形覆盖远近，偶见溪流穿奔其中。英布无心观赏，也不敢袭击西楚军，一股莫名其妙的无力感涌上心头，只能习惯性地逃跑。

此时的荥阳战区，广武已经成了一座孤城，若项羽有心攻打，樊哙、周勃凶多吉少。项羽也可以西进，先拿下巩县，再围困洛阳。

不过刘邦不在洛阳，所以项羽以钟离眜守荥阳，曹咎守成皋，然后亲率大军南下南阳郡。

途中项羽派骑哨南下，到临江国通知新任临江王共尉，亲率大军北上与霸王会合。

项羽 20 万大军将 3 万余刘邦军围在南阳宛城，如果这个局面形成，恐怕历史真的要改写。即使北方军队要救刘邦，必然要经过钟离眜、曹咎的防区，军队可以突破，但后队粮草肯定会被切断。

然而此时项羽却忽然撤军，因为后院的卢绾、彭越又闹起来了。卢绾攻袭砀郡的路线如图 3-19 所示。

这次卢绾、彭越率军进入砀郡，攻下睢阳、外黄等 17 座城。卢绾、彭越本来只是劫取项羽军粮，驱散民夫。带不走的物资全部烧掉，一时砀郡各地烈焰腾空，民夫四窜逃走。卢绾、彭越又派人四处散布谣言说霸王兵败被俘，造成各城守军人心惶惶、军心大乱，一口气连下睢阳、外黄等 17 座城。

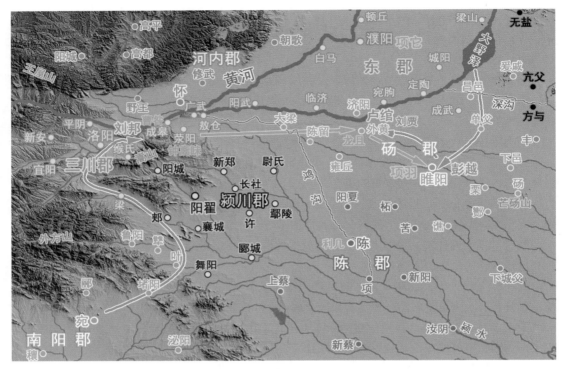

图 3-19　卢绾攻袭砀郡

项羽迫不得已从南阳郡撤兵，率 10 余万人马回援砀郡，并亲率 3 万骑兵为先锋来到外黄城下。

汉梁联军仍然是汉军主攻，梁军在后，因此卢绾屯兵外黄，彭越屯兵睢阳。

卢绾军队扩充到 2.2 万多人，绝大多数在外黄，只有数百人不知去向。外黄更靠近荥阳，彭越率 3 万余人，以睢阳为中心向周边扩张。汉梁联军攻下的 17 座城中，有 16 座城在彭越军手里。

几日前，卢绾令刘贾率主力守在外黄，自己领全部 2000 骑兵穿林越野，在外黄以西十几里多次伏击西楚军斥候，甚至围歼一支上百人的骑兵先锋队。在项羽大队人马压迫之下，卢绾且战且退，损失了几十个骑兵，退回外黄城。卢绾此举也是明示项羽，汉国太尉就在外黄，别错过了。

外黄城头，卢绾带着刘贾等人遥望里许外项羽的骑兵，马蹄声从四面八方笼罩外黄城。

卢绾从容道："想象一下霸王无计可施的神态，咱能把他气出病来。"

刘贾却被项羽骑兵震慑，自言自语道："听说项羽的骑兵在彭城刀枪不入，真是这样吗？"

卢绾似乎想起了那些阵亡的丰县兄弟，肃容道："霸王用骑兵，丢掉穿甲披铠的重装备，用的是轻骑兵，远程奔袭，攻其不备。彭城之战，霸王事先埋伏在萧县，等我们大军过去之后才突袭，谁也没料到他从后边钻出来。"

刘贾沉吟道："看项羽这个架势，我们即使能守一两个月，但是一旦箭尽粮绝，很难突围。"

卢绾容色稍缓道："你不用担心，项羽拿我们没办法，他会立即率军东进，梁相才是他的口中肥肉，我已派人知会彭越，希望他吉人自有天相吧。"

刘贾露出期待的神色，问道："项羽的骑兵有什么破绽吗？"

卢绾沉吟片晌，神色凝重道："霸王的亲兵是3万骑兵，却配置了6万战骑。所以霸王的骑兵神出鬼没，在战斗中持续力很强，但战马的损耗远高于骑士，每次大战后都要休整重组骑兵。收集战马并训练骑阵并非短期内可完成，是以每次大战后霸王的骑兵都要用几个月时间才能恢复战力，巨鹿之战、彭城之战都是如此。要击败霸王的3万铁骑，只能连番缠斗，不断消耗他的战马，让他没有喘息之机，直到最后一骑倒下。"

正如卢绾所言，项羽留龙且围攻外黄，自己亲率骑兵奔袭睢阳而去。

外黄城下，龙且一天就造好30多辆投石车、20辆云梯车，小规模尝试攻城。

龙且是这样布局的：4万人屯在外黄城下，用1万人攻城，3万人待命，另有2万精锐藏在外黄以西20几里处以逸待劳，只等汉军突围去荥阳战区与刘邦会合，便狠狠伏击之。

卢绾这边，数日前便接到郦食其的密信，说他已说服齐王结盟，齐王同意韩信借道齐国，南下攻击西楚国。

卢绾果然打开北门，2万多人突围，不向西与刘邦会合，却北走济水。卢绾一眼就看破龙且的小伎俩。若一心攻克外黄，就得要几百辆投石车、上百云梯车同时发动，目前这样真是浪费木头，显然是想引诱自己往西进入伏击圈。

即使卢绾没有接到郦食其的密信，也不会突围西去，何况现在齐王与汉王结盟。卢绾前几日派了数百人，将外黄西楚降军百夫长以上的数百家属押送到彭越处看管。

卢绾很清楚彭越的实力，在项羽面前，此人毫无战斗力可言，即使逃出去，大概率也会损失惨重。一旦外黄的西楚降军将领得知家属获救，外黄怎么还守得住？

卢绾吩咐这数百汉军押送完成后便北上，在济阳南岸秘密收集船只。卢绾要率军渡过济水，如果此时韩信还在赵国，便去赵国胁迫韩信南下攻击西楚薛郡乃至彭城；若韩信已经出兵，便在东郡慢慢吃掉项佗军。

项佗作为砀郡长兼管东郡，然而对砀郡的军队掌控力不足，第一次是彭城之战前投降刘邦，第二次就是眼下大规模投降汉梁联军。这次项羽收复砀郡，势必接收砀郡的军队，项羽的实力肯定增长不少，但东郡的项佗就只剩一郡之兵，机动兵力可能只有5万上下，卢绾2万多人与之周旋是可以的。

卢绾亲率2000骑兵断后，即便龙且再厉害，没有骑兵根本无法有效追击，况且外黄并没有投降。卢绾警告外黄西楚降军，一定要守3天才可投降，否则将家属全部杀掉。

济水河畔，刘贾望着数十条小舟疑惑道："太尉大人何时派人准备这些小船，怎么连我都不知道？"

卢绾气定神闲，傲然道："我派人押送降卒家属去睢阳，令这队人马押送完成后便北上准备渡船。楚汉相争，双方都有故人甚至内奸。汉王受封前，左司马曹无伤便卖主求荣，把我们的机密抖给了霸王。韩王信是汉王所立，一场败仗便降了霸王。孙赤在沛县和汉王称兄道弟，上个月荥阳城破便降了霸王。我并非不信任你，只是你麾下鱼龙混杂，难免走漏风声。"

刘贾质疑道："太尉大人，这些准备小船的人，你不怕他们泄露消息吗？"

卢绾哑然失笑："消息肯定泄露啦，不过我令他们收集船只，只说准备接应济阳城的一支西楚叛军。我猜现在济阳城风声鹤唳，人人自危，正在抓内奸呢！"

此时梁相彭越正在睢阳宋国旧宫设宴款待诸将。短短几年，彭越从一个渔夫攀上霸业巅峰，裂土封王指日可待，享不尽的荣华富贵。觥筹交错间，几杯酒下肚，彭越似乎看到自己头戴王冠，与赵王齐王汉王西楚王平起平坐，好一个五国相王。

以前彭越不敢占据大城，也不敢远离大野泽。这次卢绾为先锋，砀郡很多城邑望风而降，彭越在后面捡漏捡到兵力捉襟见肘，地盘迅速扩大，守城的兵力却严重不足。

当初项佗部下很多将领开城投降刘邦，彭城之战后也全都换回原来的旗帜。这次项羽亲征，砀郡军民夹道欢迎，彭越只能跑路。但两条腿怎么跑得过四条腿，彭越军损失惨重，所幸兵力较为分散，方才避免被全歼。彭越逃到大野泽，收拾残兵败将，3.5万多人只剩不到2万。此后彭越说什么也不愿再配合卢绾作战，他真的输不起，再被项羽打一次恐怕就要全军覆没了。

卢绾撤兵两天后项羽从睢阳回师，外黄举城投降。项羽见抵抗者全都是西楚旧军，龙颜大怒，下令城中男子年在15岁以上者悉数前往城东地方，想将他们全部坑杀。

外黄城中有一小儿，现年13岁，乃是县令门客之子，虽然免死，但亲族朋友不少人要赴黄泉，于是前往楚营，求见霸王。楚军许多将士也不想屠城，正好有人来游说项羽，便将其领到霸王跟前。

外黄小儿悲泣道："前日汉军挟持外黄百姓，若不归降便屠杀一空。外黄人民无力抵拒，只好假降，大家日夜盼望大王到来。汉军又以家人威胁，声言若不守3日，便杀害家人。如今大王重回外黄，人马夹道欢迎，大王若坑杀外黄百姓，由此东去梁地十数城自皆不敢尽心效力，大王岂不枉费兵力？"

项羽清醒过来，正好有了外黄小儿这个台阶可下，便下令放弃屠城，一律赦免。

这次袭击砀郡是卢绾第二次为刘邦解围，相比第一次解围袭击下邳，他越打越顺，尽显统帅风范。

项羽回援砀郡前，从南阳返回路过成皋，对大司马曹咎说："谨守成皋，若汉兵前来搦（nuò）战，切勿好胜出城迎战。我15日必定梁地，再回此处。"

曹咎是秦朝泗水郡蕲县的狱掾，买通在栎阳做狱掾的司马欣，将项梁释放。项羽分封诸侯时，封司马欣为翟王，曹咎为海春侯，官拜大司马，相当于上柱国（上将军）。

彭城之战，翟王司马欣被迫跟随汉王刘邦讨伐项羽，其间司马欣与项羽暗通款曲，再次投降项羽。如今曹咎做了大司马，司马欣在其麾下担任长史，负责大司马府大小事务。司马欣曾担任蒙恬和章邯的长史，这些事情他轻车熟路。

曹咎或许可以在西楚国后方做个县公，临阵杀敌却心有余力不足。项羽不放心龙且、季布这些人，硬把曹咎推到这个关键位置，勉强让其守城。反观刘邦用韩信，拜大将军，任其单独指挥几万人，这才叫用人不疑。

刘邦闻项羽退兵，立即从南阳郡北上，与之前开溜的英布会合，围住成皋。

然后刘邦派人叫阵，辱骂曹咎是缩头乌龟。刘邦幕僚显然非常了解曹咎，骂且只骂曹咎，但效果不好。

次日，汉军增加了骂战人数，骂累了就解衣坐着，取出怀中干粮饱食一顿，然后接着再骂。

曹咎的亲信大将焦躁不安，争向曹咎请战。曹咎本来性情刚暴，犹豫着要不要出战，长史司马欣谏阻道："霸王临行嘱托足下但守勿战，今汉兵前来挑动，显是一条诱敌之计，请足下万勿气忿，静候霸王归来，再与他战，不怕不胜。"

汉军骂了5天，曹咎知道这是对方的激将法，只令兵士静守，不准出战。

第六日，汉军换了一名骂将陈署，他是一名谒者（官职八品），专门为刘邦传达诏令或出使他国。陈署给刘邦传达诏令时，若遇到不服军规的行为，常含沙射影、指桑骂槐，甚至灌夫骂座，把比自己官职高的将尉骂得狗血喷头，对方再怎么面红耳赤也不敢还嘴。

只见200名汉兵搬出10个写着曹咎姓名的稻草人，先断其手足，再用兵械乱戳，高喊"杀曹咎"，接着轮番对稻草人撒尿。曹咎登城俯望，不由怒气填胸。

汉军用50人表演，150人在后面观看助威。50人分为10组，每组5人，其中1人身穿写着曹咎姓名的披风，其余4人手牵手站立，身上披着牛羊等兽皮。中间的人站立，其余4人便蹲下，中间的人蹲下，其余4人便站立，上上下下模仿牛羊交配。表演12个回合后，中间那人忽然扬天喷出一口白浆，表演得惟妙惟肖。

这还没完，后面150人不知道何时赶出10头羊。方才10个站在中间的表演者，这回真的表演与羊交配。汉军齐声喧呼，就连西楚军也哑然失笑。

曹咎动了真气，忍无可忍，不顾司马欣劝阻，召集兵马，一声号令，杀出城来。

刘邦称天子后，封陈署为龙侯，食邑1000户。

汉军按计划诈败，将西楚军引到附近的汜水，樊哙与靳歙率军伏击，打了一个半渡而击。西楚军大败亏输，曹咎、司马欣想收聚人马返回成皋，却无从脱身，因为刘邦带领众将亲来接应。

曹咎对司马欣颓然道："大王，你突围去吧，我来阻击汉军。"

曹咎说得颇为悲壮，西楚军早被汉军分割包围，曹咎萌生自杀念头，却不愿司马欣看着自己死。

司马欣听出话中含义，神色凝重道："经此一败，我再没有勇气面对霸王。"司马欣第一次投奔项羽是在殷，那时章邯和司马欣有20万秦军。第二次是彭城之战，塞王司马欣与翟王董翳也有数万大军。事不过三，这次即使突围兵力也所剩无几，以项羽的脾气，恐怕性命都难保，所以司马欣不愿再突围。

曹咎垂下目光道："我因项氏而富贵，我这条命是霸王的。"说完再不理会司马欣，令亲卫围成几圈朝外背对自己，用佩刀自刎。

司马欣自言自语哽咽道："我风光一生，再不想受辱人前。"说完也令亲兵围成几圈朝外背对自己，拔出佩刀自刎。

成皋已无守将，汉军兵不血刃进驻。刘邦趁机沿黄河东进，连夺广武、敖仓，再以樊哙守广武、周勃守敖仓。

公元前205年10月，项羽杀回荥阳，一举击败城外的郦商军，与城中的钟离眜会合，然后转攻敖仓，周勃退到广武。

项羽追到广武，不仅樊哙和周勃在广武，刘邦率主力也赶来。

广武山在黄河南岸，此山中间断裂，成一深涧，名为广武涧。汉兵在涧西筑城驻扎。西楚兵在涧东筑城驻扎。两军各据险阻，相持不下。广武涧分峙两峰，汉王刘邦在西边筑垒，依涧自固，称汉王城。霸王在东边筑垒，与汉相拒，称霸王城。广武涧示意图如图3-20所示。

图3-20　广武涧

一日，双方各派善骑射者对射，汉军中有一人最善骑射，名曰楼烦，箭无虚发，屡次正中对方要害。楼烦一连射死数人，西楚兵见楼烦箭无虚发，人人心惊，不敢再出挑战。

楼烦甚是得意，远望见楚军中又有一骑如飞而至，马上坐着一人，全身披挂，手持画戟。

楼烦不知是谁，暗忖："又一个前来送死的。"正要拈弓搭箭，猛听得对方大喝一声，有如晴空打个霹雳。楼烦未及提防，竟吓得目不敢视，弓箭散落地上。他的坐骑更是惊慌失措，不听使唤飞奔回营。

汉军中有人认得，来人正是西楚霸王项羽，遂议论纷纷："霸王果然无敌。"

刘邦担心士气受打击，忙传令将士："紧闭营门，不可轻与对射。"

过了数日，项羽又派人到汉营，向刘邦传话："现在天下纷乱数年，人民不得休息，不过因吾二人而已。今吾愿与汉王单挑，决一雌雄，谁胜谁败立时可定，何苦连累天下百姓无辜受苦。"

刘邦笑对使者道："汝为我辞谢霸王，吾愿与霸王斗智，不与霸王斗力。"

● 历下之战，韩信大破齐军

刘邦与项羽在广武涧对峙处于劣势，卢绾率 2 万多人在东郡开始与项佗争夺城邑，韩信、张耳重新整合后，仍有一支 6 万人左右的机动力量。御史大夫周苛阵亡后，刘邦下诏拜中大夫令（卫尉，九卿之一）灌婴为御史大夫（官职一品，三公之一）。这样一来，大将军韩信身边便有左丞相曹参和御史大夫灌婴两位三公，名为辅佐，实则制衡。

此前在河内郡的修武，刘邦与韩信达成一致意见，刘邦派郦食其去齐国做说客，目标是稳定齐国，至少让齐国做一个中立者。以郦食其的辩才，说服齐王和齐相，率军攻击西楚国，那是最理想的结果。而韩信这支军队则要南下攻击东郡和砀郡，在项羽侧翼杀出一条血路，缓解刘邦在广武涧的压力。

郦食其来到齐国临淄与齐王田广谈和，不辱使命。霸王项羽不但杀了田广的父亲故齐王田荣，且不知屠城多少，齐国上下本来就痛恨项羽，只是打不过才签订城下之盟。如今看刘邦为首的各路诸侯与项羽打了个难解难分，刘邦总体还占据一定的优势，齐王田广与齐相田横都愿与刘邦结盟，换取日后和平相处。齐国至少愿意借道给韩信军，给其南下攻击西楚国做适当支持。

齐王田广与齐相田横的如意算盘是等韩信军南下，再根据战况决定是否攻击西楚。如果汉军大胜西楚军，齐军当然要南下西楚国腹地，夺取大片土地，为日后与汉国等诸侯国分天下做准备。如果汉军与西楚军仍然是难解难分，齐军也就按兵不动，坐收渔翁之利。

大将军韩信与李左车闻郦食其与齐王结盟，立即率左丞相曹参、御史大夫灌婴等诸将，统领 6 万大军渡过平原津，前往历城与齐军会合。

途中，蒯彻入大帐谏阻道："大将军历时大半年才得赵国五十多城，郦生（郦食其）不过一儒生，仗着三寸之舌说降齐国 70 余城。将来论功行赏，大将军竟然屈居一个竖儒之下，岂不被人耻笑？"

　　韩信只顾与李左车下棋，两人都不搭理蒯彻。这个蒯彻，几年前替赵王武臣劝降范阳令，后来在赵王歇军中任职，如今归降韩信。

　　蒯彻还要再劝，李左车阻止道："不要打扰大将军，若大将军输了棋，要砍你头的。"

　　蒯彻只得垂头丧气告退，岂不知正是这李左车救了他一命，他无意中看破了韩信的战略，若再说下去，韩信为保守秘密真有可能会杀人灭口。

　　公元前204年10月，当卢绾率军进入东郡时，韩信率汉军从赵国南下，渡过济水，逼近历城齐军大营。历下之战的路线如图3-21所示。

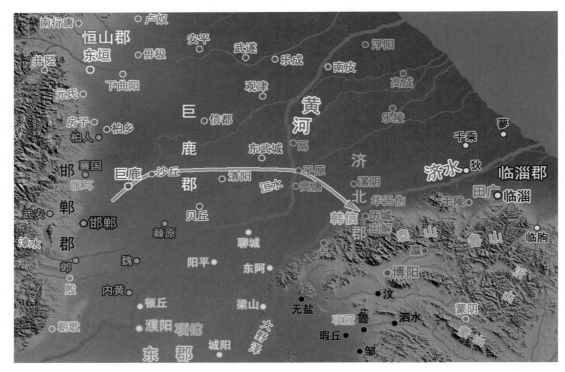

图3-21　历下之战

　　齐军在济北郡有十几万大军，泰山以南的首府博阳却是一座空城，12万兵力部署在泰山以北的历城大营。博阳紧邻西楚国的薛郡，在泗水上的鲁城等地，西楚国驻守不少人马，项羽还曾在楚王芈心帐下受封鲁公。

　　齐国虽然与西楚国议和，却时刻提防西楚军。如果西楚军从薛郡北上，博阳根本无险可守。因此齐军就在博阳摆出空城计，就算西楚军拿下博阳，仍受阻于泰山。齐军则可以在泰山北侧的历城，或堵住泰山隘口，或从泰山西侧出兵反攻。

　　韩信的使者先行一步，在齐军大营中劝说主将田解和车骑将军华无伤，希望二位与汉军一并南下，攻击西楚国的薛郡，直捣彭城。

　　田解和华无伤的态度与齐王田广、齐相田横一致，对项羽恨之入骨，都想在西楚国后面捅一刀子，但又惧怕项羽报复，于是摆出一副坐山观虎斗的姿态。齐国可以给汉军借道，可以暗中支持汉军，但不会直接出兵西楚国。

历城齐军有 12 万，号称 20 万。齐军大营设在城外，称为历下大营，有 10 万大军，历城内还有 2 万，由将军卢卿统率。历城齐军不敢贸然攻击西楚的薛郡，田解和华无伤也绝不认为韩信这 6 万汉军能给西楚国造成巨大伤害。但齐人乐意看到汉军捅西楚一刀，甚至可以支援汉军部分粮草。若韩信兵败，还可以借道让汉军逃回赵国。

田解和华无伤万万想不到，韩信 6 万人会打自己 12 万人。这 12 万大概只是齐军总兵力的 1/3，项羽每次率军 20 多万北上都不能灭掉齐国，韩信这 6 万人打齐国，那不是以卵击石吗？何况刘邦项羽在广武涧对峙，汉军又多一个强敌齐国，那不是自取灭亡吗？

刘邦派郦食其和齐国谈判，只要齐国答应保持中立，韩信军就能南下攻击东郡和砀郡，与卢绾一起先灭掉项佗的军队，迫使广武前线的项羽撤兵。

韩信若攻击齐军，就是违背刘邦的意愿了。如果韩信不能迅速击败齐国 30 余万大军，并且控制齐国全境，汉军便要两线开战。一个项羽已经压得刘邦喘不过气，再来一个同等量级的对手，可以想象刘邦的脸色会有多难看。

韩信每日都要设宴款待齐国使臣，包括从临淄和历城来的齐使，他每日也会派出几路使臣前往齐国，其中的大部分是派往历城大营的，因此对齐军大营的布局了如指掌。

汉军距离齐军历城大营仅 20 里，韩信甚至派人告知齐军两位统帅，他只带 10 个亲卫前往齐军大营商议军情，以示友好。

汉军中军大帐，数十个都尉及以上将官齐聚，韩信忽然点兵，要一举攻破 12 万齐军大营。

韩信分两路进军，以曹参统率步兵，灌婴统率骑兵，但却将二人留在中军大帐。意思很明确，这一仗必须打，打赢了功劳可以让给两位刘邦亲信，但为了避免将士拒战和怯战，就不麻烦两人亲临战场指挥了。

韩信以蒲将军为步兵主将，率孔聚、陈贺、陈豨、冷耳、夜五大将军；以车骑都尉蔡寅为骑兵主将，骑都尉丁复为骑兵先锋，骑都尉吕马童、吕胜、杨武、杨喜各领一军。

韩信这个阵容不但架空了左丞相曹参和御史大夫灌婴，甚至连一个刘邦心腹都没有安排。

步兵以蒲将军为主将，将士心悦诚服，愿效犬马之劳。当年巨鹿之战，项羽、英布、蒲将军是公认的三大英雄，蒲将军本来也可以立为诸侯王，可惜在义帝的问题上与项羽政见不同，被迫去给项羽的心腹韩王郑昌守疆土，因此怒而投奔刘邦。蒲将军与英布不同，英布全家被项缠所杀，与西楚势同水火，绝无回旋余地；蒲将军与项羽却远没到这一步，刘邦既不敢重用，又怕冷落了他再遭背叛，便令蒲将军率本部人马跟随韩信。

骑兵主将不但不用御史大夫灌婴，还将靳歙、傅宽也按在冷板凳上，铁了心不用刘邦的心腹。韩信还弃用了骑兵校尉李必，此人是秦人，一直中规中矩，未尽全力。骑兵主将蔡寅本是西魏国的太仆（九卿之一，掌管车马），能力不俗，投降后在灌婴麾下屡遭排挤。而丁复所率骑兵是汉军精锐所在，韩信寄予厚望。

号角声响起，蹄声几乎同时轰天而起。汉军骑兵分为 7 队，每队约 1000 骑，包括主将蔡寅在内所有人都编入其中，不留一个多余的人。7 支骑兵方阵，前部排出箭头形状，丁复率军当箭头。

7 条怒龙像锥子一样向齐军奔腾，箭头扎进齐军大营，仍然保持完整的队形，位于中间的担任弓弩手，靠边的则以盾牌挡箭，以刀枪制敌。

韩信派出的数批使者早已经把齐军大营布局摸排清楚，擒贼先擒王，韩信唯一可能获胜的方式就是直接攻击两位统帅的大帐，否则以少打多，凶多吉少，对方连项羽都不惧，绝不会怕韩信。

直到汉军骑兵冲进齐军大营那一刻，田解和华无伤才知战争发生了，除了一边骂韩信不讲武德，一边诅咒刘邦不讲诚信，也就只能率众先跑。

齐军事前还在杀猪宰羊，撤了拒马摆酒宴，临战措手不及，各级将领率众四散而走。

汉军这个骑兵阵叫作"龙钻"之阵，是战国鄗（hào）代之战时廉颇发明的，当时 8 万赵军大破 25 万燕军，斩首燕军主将栗腹。

丁复军这个箭头击杀齐军大将田解，与当年廉颇那一战极其相似。齐军车骑将军华无伤算是命大，因蔡寅见大局已定，令骑兵勿再杀齐军大将而捡回一条命。刘邦称天子后，车骑都尉蔡寅因功封肥如侯，食邑 1000 户。

此战双方伤亡都不大，12 万齐军伤亡只有 1000 多人，投降的也只有数百。其他人在中级将尉率领下，四散撤退到齐国大小城邑。早在齐王田荣时期，齐军就演练了一种战败后撤逃的战术，是以在军队被打散后，各级指挥官仍能临危不乱，把军队带到各地城邑，县令城守都会开城提供方便。

这种战术吸取了齐王田儋在临济战死后，章邯追着田荣屁股打的教训。若是军队分散成若干支，对方绝对无法全面追击。后来为了对付项羽，齐王田荣反复演练这个战术，齐国各地城邑也都参与进来，可以说游刃有余，能够有效保存战力，不至于溃败。

后来项羽击败齐军，杀了齐王田荣，齐国却没有亡。齐军潮起潮落，霸王再强悍也灭不了齐国。当然凡事有利有弊，齐军这个战术最大的弊端就是容易形成败局。战场上只要有部分齐军溃败或逃走，很容易波及全局，形成一哄而散的局面。

历城守将卢卿没料到齐军败得如此迅速，只好收容 1 万逃兵，3 万齐军据守历城。其余齐军，小部分向西南方向撤退到卢城，大部分居然渡过济水，北上撤退到著城、漯阴、平原、鬲城等济北郡大城。

此战之后，天下形势大变。战前刘邦与项羽在广武涧对峙，刘邦处于劣势。若韩信灭赵的这支军队南下，汉国与西楚实力基本持平。此战过后，刘邦在广武涧的劣势没有变化，但汉国又树立了一个强大的敌人齐国。齐国兵力 30 余万，与汉国、西楚国是同一级别的，项羽几年也未能灭掉齐国，韩信莫名其妙与齐军开战，几乎所有人都认为这是矫尾厉角、逞强称能的血气之勇。

历下之战，拉开了韩信灭齐国的序幕，随后汉军以迅雷不及掩耳之势出兵齐国都城临淄。

齐王田广、齐相田横惊慌失措，以郦食其为人质，令其写信请韩信退兵。郦食其借着酒意，强装镇定，谈笑如常。

汉军营地中军大帐，韩信拆开密封，看了竹简，顺手投入火炉中，汉营再没第二个人知道信上写了什么。

齐相田横闻汉军毫无停止进军的意图，喝令左右将郦食其提起，烹杀之。

齐国杀了郦食其，对韩信个人命运影响至关重要。郦食其与郦商，一个做说客，一个做将军，在刘邦灭秦与破项羽的过程中建有不赏之功。

郦食其为刘邦劝降陈留秦将，占据这个四通八达之地，取得大量强弩、箭镞、戈矛、木盾、盔甲，还有攻城锤、投石机、云梯等重型武器。刘邦正是从此刻开始，才真正进入灭秦模式。刘邦入武关时，也是郦食其作为说客，说服武关守将打开关门，放刘邦入关的。

郦食其的亲弟郦商，率 4000 人在高阳投奔刘邦。刘邦入关中时，兵分两路，刘邦走武关入关中，郦商破峋关入汉中。项羽分封诸侯时，由于郦商已经占据汉中，才迫不得已封刘邦为汉王，辖汉中、蜀郡、巴郡三郡，否则刘邦就是蜀王，汉王将另有其人。

刘邦进攻关中灭三秦时，郦商是主要将领之一。刘邦率诸侯军攻击西楚都城彭城，郦商还留在关中平定三秦残余势力。在汉军中，郦商与曹参、周勃、樊哙一起，并称四大将军。

韩信一个冒险举措害死了郦商的亲兄郦食其，可就与汉军顶梁柱之一郦商有了不解之仇，韩信最后未能善终与此有一定关系。

齐王既烹郦食其，斥候报汉兵先锋已到。韩信过历城不攻，率军直扑临淄。左丞相曹参和御史大夫灌婴重掌兵权，蒲将军和蔡寅黯然交出兵符，刘邦亲信与韩信所属将领已然对立，只是战时大家还要一起面对强敌。

齐军仍然执行分兵战术，五路撤兵，齐王田广去胶东郡高密（今山东高密），齐相田横去济北郡博阳（今山东泰安），守相田光走济北郡城阳（即莒城，今山东莒县），将军田既去胶东郡即墨（今山东平度），将军田吸去临淄郡济水以北的千乘。

这五人都是田氏宗族，他们跑了，留将军卢罢师率 2 万多人阻击韩信军。齐国卢氏是姜姓吕尚（姜子牙）之后，公子高封在卢地，后代改称卢氏。齐国经历过田氏代齐的过程，妫姓田氏取代了姜姓吕氏，齐国的卢氏（吕氏分支）与田氏某种意义上算是死敌。卢氏在齐国势力不小，卢罢师与卢卿两位将军就是当中的佼佼者，他们与田氏的历史矛盾根本就是无解的。

卢罢师果然人如其名，罢师了。如果齐王田广或齐相田横率军阻击，然后指挥诸将撤兵，肯定可以服众。但这些田氏宗族只顾自己保留实力，忽略了帐下这些大将同样需要保存实力。临淄之战的形势如图 3-22 所示。

卢罢师向韩信提出的条件是，投降可以，但要独立成军。他承诺日后可以帮汉军打西楚军，但绝不攻击齐军。他的要求韩信全盘接受，韩信只有 6 万人，也不可能管得了 2 万多降卒，让对方独立成军是最省力的方式。当初章邯投降，项羽就解除秦军武装，并派军队严加看管。事实证明这个方式极其消耗人力，项羽拖了 5 个月才入关中，如果不坑杀 20 万降卒，就要拖到第二年才能入关中了。

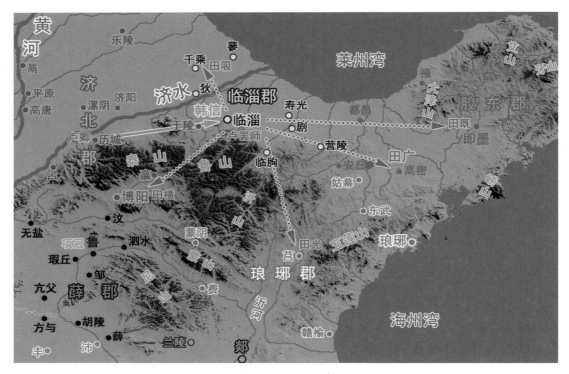

图 3-22　临淄之战

韩信招降卢罢师，却没有进入临淄城。他得知齐王在高密，遂自领大军追之。

韩信军陷入齐国的战争泥潭，他面对的形势比以前项羽面对的更恶劣。项羽每次北上齐国兵力都在 20 多万，整体上与齐国不相上下，但局部优势巨大。韩信军只有 6 万，兵力远不如项羽。韩信是楚人，麾下却多是赵、西魏、代、秦的降卒，凝聚力也不行。而且刘邦亲信与各国降将之间，为争夺兵权，矛盾也逐渐公开化。

韩信不能分兵，果断放弃临淄，东进高密城下。韩信如此兵行险着，一旦进攻不利，临淄的卢罢师随时会反水，与齐军夹击汉军。

● **潍水之战，韩信破龙且**

公元前 204 年 11 月，韩信军渡过高密以西的潍水，项羽所派的军队也抵达高密以南。

韩信袭击历城齐军大营，汉军被迫与齐楚两面开战。项羽看到了渔翁得利的机会，立即以项佗为主将，龙且为副将，率兵 12 万（号称 20 万）开往齐国。

这支楚军分为两部分，项佗率领 8 万人马从东郡南下砀郡，与龙且的 4 万人马会合，东走泗水、沂水北上。

项羽和齐军打了几年，多次击败对手，屠城无数，还杀了齐王田荣。然而齐人的韧劲很强，明明打散了，很快又卷土重来。韩信的兵力远不如项羽，兵员质量和战备物资更无法与项羽相提并论，在项羽看来，韩信危若朝露。

如果齐军灭掉远道而来的韩信军，从大局来说对刘邦是一个重创，韩信军中也有不少刘邦心腹，比如曹参、灌婴等。项羽如此兴师动众，有一个最低战略目标和终极目标。

西楚的最低战略目标是夺回琅琊郡。战国时齐国有五都，其中东南部称为莒都，秦朝设琅琊郡。

战国时燕、赵、魏、秦、楚五国伐齐，楚国早期目标是夺取齐国与宋国占据的淮北地，边境向北推进数百里。实战中齐国丢失了五都中的三都，齐湣王带上嫔妃宫女宦官3000多人，撤到五都之一的莒城。楚军顺势北上，明面上与齐国结盟，实则利用盟约取得莒都数十座城邑，最后击杀齐湣王，顺理成章接管齐国的莒都所在的1/5领土。后来齐国田单复国，五都收复了三都，主要是将燕军赶出齐国，被楚、赵、魏等占据的领土几乎都没有收回。秦灭六国时，莒都就成了琅琊郡，齐国旧地置了三个郡，对应齐国三都。

琅琊郡这个地方，齐人认为是故土，楚人也统治了约80年。秦末诸侯起兵，琅琊郡在楚国控制下，项羽分封诸侯时，也把琅琊郡封给自己的西楚国。不过在彭城之战前后，田横乘项羽全力对抗刘邦，伺机拿下琅琊郡大部分地方。项羽为了对抗刘邦，也只好咬牙切齿签订城下之盟。

这次西楚军东进，第一目标就是夺回琅琊郡，不然西楚霸王连自己封地都保不住，那可是颜面扫地。

如果西楚军顺利夺回琅琊郡，那时齐国战区将会有三方对峙的局面。韩信在历城附近，兵少将寡，一个楚军统帅带领一帮赵魏代秦的降卒在齐国作战，可想而知处境会有多么艰难。齐军西北有汉军，东南有西楚军，两面作战，同样不利。西楚军则背靠琅琊郡、东海郡、薛郡，进可攻退可守，足可一步步蚕食齐国领土，最终吃掉齐国。到时西楚坐拥齐国渔盐之利，以齐楚魏韩之疆土，天下谁与争锋？

项佗与龙且军开拔到彭城，取得粮草辎重，得知韩信正进攻临淄，立即率军北上。项佗与龙且担心韩信遭到齐军围剿，西楚军原本想趁火打劫，等赶到火却灭了。

项佗与龙且率军马不停蹄赶到莒都，齐国守相田光则刚率军进城一天。田广派使臣与西楚军交涉，却不肯出城会盟。当年楚国将军淖（zhuō）齿来到莒都，齐湣王拜为齐相，并出城到楚军营中犒劳军士，反而被淖齿击杀。历史犹在眼前，田光自然不信任西楚军，闭门不纳。

此时西楚军统帅项佗与龙且产生分歧。项佗还是想执行最初的战略，趁机夺回琅琊郡。龙且却认为战场形势已天翻地覆，和此前预估的相差万里，如果损兵折将围攻莒城，极有可能迫使部分齐军投到韩信麾下，到时候西楚军就要面临被汉军与齐军夹击的局面了。

一年多前，项佗与龙且合作进入西魏国，准备挟持西魏军一起攻击关中。当韩信率军出现在河西时，项佗却将龙且视为项羽派来掣肘自己的眼中钉，没让龙且进入西魏国河东。那一战韩信灭了西魏国，项佗率军全身而退。

这次项佗与龙且再次合作，即使打莒城，也是龙且主攻，项佗军在后面捡拾战利品。既然龙且不想打，项佗也只好跟在后面，北进齐王田广所在的高密。

西楚军来到高密，得知韩信居然在不远处的潍水西岸安营。龙且立即意识到低估了韩信，此前趁乱取齐国的战略要彻底放弃，改成联合齐国攻击韩信，否则齐楚都会被汉国灭掉。

项佗派人和齐王田广进行谈判，谈判进展出奇的顺利。齐王田广许诺，只要西楚军灭掉这支汉军，齐国就把琅琊郡割给西楚。

为了取信项佗，齐王田广打开南城门，撤走守军，允许西楚军派兵5000入城，镇守高密南城墙。若西楚军灭了汉军，日后齐王不兑现承诺，项佗的10余万大军可以开进高密城，名正言顺地处置齐王。

项佗率军7.5万驻扎在高密城南，5000守高密南门。项佗把与齐王结盟的消息告知龙且，令其率本部4万人马与高密城西的汉军决战，务必一战歼灭汉军。

龙且见项佗终于听从自己的安排改变战略，心情阴晴不定。晴是因为项佗肯听他的建议与齐国结盟，阴则是自己这4万人马，只有一举击败韩信，项佗才有可能派兵来增援。

龙且燕颔虎颈，猿臂狼腰，身材挺拔，只是表情凝重，一副心事重重的样子，潍水真不是他的福地。

为了鼓舞士气，龙且对麾下将领夸口道："吾深知韩信为人，少时贫困无以为生，寄食于漂母，受人胯下之辱，何足畏惧？齐国一半之地，已是我等囊中之物。"

龙且没得选择，只能找韩信军决战。西楚军与汉军在潍水以东列阵。韩信和龙且是旧相识，双方来到阵前。韩信骑马越众而出，与龙且答话。潍水之战的形势如图3-23所示。

龙且朗声喊道："汝原是楚臣，背楚降汉，作威作福，竟敢抗拒西楚天兵，快下马投降，免汝一死！"

韩信冷哼一声，朗声道："汝来送死，尚且不知，怎敢摇唇鼓舌？"

双方根本无好话可谈，龙且挥兵进战，韩信率众抵敌，两下交锋片刻，韩信诈作大败，拨马而走。

龙且挥师掩杀，遥望韩信退到对岸，便匹马当先，引着楚军，扛着拒马、断木等涉水而过。

亚将周兰拍马赶到龙且马前，疑惑道："潍水乃长流大河，今却无水，此怪事也！"

龙且强装笑道："河水随旱涝而为多寡，当此隆冬之时，河水干涸。齐王已将汉军部署告知，韩信要打半渡而击，我们陪他玩玩。"

潍水最深处也只到小腿，大部分河床干涸，于是西楚军紧跟汉军渡河。

龙且过河后立即组织人手，一面杀敌，一面抢滩构筑木石工事。西楚将士都知道，渡河最怕半渡而击，尤其怕对方用骑兵冲击。所以龙且登岸之后，并不急于前进，而是加紧筑防御工事。

忽然汉军后面升起三柱狼烟，十几里外清晰可见。韩信早令曹参、灌婴各引步骑精锐在河岸芦苇中伏定，此时一左一右杀了出来，韩信军也反身杀了过来。

龙且却气定神闲，心想韩信也不过就这点本事，打个半渡而击。西楚军已经渡河近1万人，前方有对方布设的数十个拒马，几千根断木障碍，汉军骑兵果然冲不进来。双方一阵雷声大雨点小的互射，伤亡都不大。西楚军渡河数已过万，只等全数过河，便要再度发起冲击。

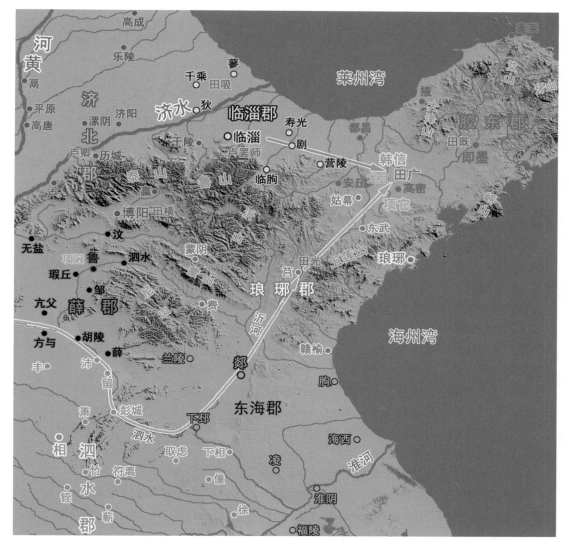

图 3-23　潍水之战

　　谁知韩信令将军傅宽率军 5000 人，在潍水上游十几里处河面狭窄处，用装满沙土的布囊万余个将水堵住。傅宽见狼烟升起，急令兵士将砂囊尽数拔起，但见河水汹涌，争流而下，波浪疾如箭发，霎时就到。

　　傅宽在上游远望西楚军渡河。此时正陆续渡河的西楚兵忽闻上游水响，蓦然一望，河水陡高数尺，河中兵士不及提防，猛被一冲，立脚不住，已有数千人在恐惧中随波逐流。

　　其实齐军的骑哨早就探知汉军在潍水上游十几里堵住河道，肯定是要在西楚军渡河时泄洪。齐王把汉军的布置都告知了西楚军，就连对岸伏击的汉军都介绍得一清二楚，这和楚军骑哨掌握的情报完全一致。当然齐王唯独漏了上游堵河道这个细节，西楚军初来乍到，对地形不熟，骑哨还没撤到十几里外的上游。

潍水西岸，龙且率 1 万多人已成孤军，却未坐以待毙，而是修垒城抵抗，做鱼死网破状。5 万多汉军将 1 万余西楚军围住，却围而不攻。

正是冬季，到了夜晚，河边风大，又下起了小雪，西楚军筋疲力尽，饥寒交迫，仅一个晚上就冻死数百人。

亚将周兰劝谏龙且道："将军，韩信也是楚人，不如派人去谈判，或可全身而退。"

龙且脸现不屑之色道："我随上柱国（项梁）渡江北上，后又追随霸王，大小数十战，杀人太多，汉军很多将领都欲置我于死地。九江王（英布）全家被戮也与我有关系，与其日后受辱，不如慷慨一战，生死有命。"

西楚军都知道韩信曾在项羽麾下效力，面临绝境自然寄希望于韩信这个楚人。龙且没有为难其余西楚军，他令周兰率军守在壁垒后，自己率 1000 余亲兵突围。

韩信亲临战场，不敢小觑西楚军忽然爆发的这股战力，令汉军各都尉所率 1000 人轮番投入战斗，持续消耗龙且军。可怜龙且一心寻死，却被拖得筋疲力尽。韩信仍想招降龙且，却被龙且当众骂回。

韩信遂令都尉丁礼率 1000 步兵，骑都尉丁复率 1000 骑兵，进入战场围杀龙且的孤军。

丁礼在砀县投奔刘邦时只是个中涓（统兵 100），入汉中时已经升为骑将（统骑兵 200），灭三秦后升为都尉（统兵 1000）。

龙且战到力竭，数十死士全部阵亡。身既死兮神以灵，魂魄毅兮为鬼雄。

刘邦称天子后，封丁礼为乐成侯，食邑 1000 户。至于丁复，其总体战功尤在曹参、周勃等刘邦心腹之上，最后受封高达 7800 户。

周兰率 1 万余人投降，韩信将其全部编入汉军，这支军队中楚人的分量越来越重。后来周兰没有封侯，他投降后便隐退，没有为汉军效力。

韩信传令将龙且首级挑在竿上，给隔河的西楚军看。

项佗从骑哨处得知龙且兵败，第一想法是撤兵，第二想法是兼并近两万未来得及过河的龙军再撤兵，但这只是他的美好愿望。

高密城，齐王田广披甲戴盔，身旁围了十几个将尉。齐军打算从两侧相连的城墙和墙下阶梯三处强攻西楚守军。

齐王田广咬牙道："众卿放手去做，不论战法，只求杀敌。"

众将尉肃然回应："愿为大王效死命。"

齐军三路人马同时发动，城墙上用铁骑带头冲击，后面战士各带长枪短刀，手持木盾，奋不顾身抢出，如铁桶般向西楚守军压迫过去。同一时间城内高处就位的齐军弓弩手，将箭矢如飞蝗般射向西楚守军。

西楚军其实也有所防范，只是低估了齐人的仇恨，虽结阵把守，但还是不断丢失防线，逐步退守到南门附近的一段城墙上。

西楚守将与麾下军官面面相觑，龙且惨败，项佗只怕又要跑，守将下令道："打开城门，依次撤离。"

南城门打开，壕沟上的吊桥也放了下来，西楚军开始撤离。此刻马蹄声轰天而起，原来齐王早就安排一支精锐骑兵从其他城门溜出，就等西楚军出城便截杀，断绝其后路。

而西楚军方面，已经阵亡数百人，剩余 4000 多人只有极少数还在城头，大部分已经在城下或城门洞里。齐军占据城墙和城内高点，肆意对西楚军施射。侥幸从狭窄的吊桥冲出去的西楚军，也逃不过齐军骑兵截杀。

城下的西楚军人人面如土色，有人甚至抛掉兵器跪下投降。齐军毫不理会，箭手们的目的只有一个：射光所有的箭。

一个多时辰后，齐军将 5000 西楚军赶尽杀绝，片甲不留。

因为项羽在齐国大肆屠城、杀降卒、夷城郭，齐国上下一心要找西楚军复仇，当然战略判断也就出了问题。

在齐王和齐国将士眼中，项羽的威胁远大于韩信。历城那一战，齐军败在韩信撕毁盟约，非战之罪，而且齐军损失并不大，目前齐军仍控制齐国各大城邑要塞。只要西楚军撤兵，齐国上下有信心把韩信的汉军歼灭在齐国土地上。

西楚军就不同了。西楚国始封 9 个郡，目前实际控制超过 10 个郡，兵力雄厚，项羽又能征善战。无论项羽和刘邦大决战的结局如何，齐国上下都认为应该攻击西楚军。若项羽战胜，将来还是会反过来收拾齐国，此战正好削弱对手。若刘邦获胜，齐国与刘邦一起灭项羽，也算是友军，齐王还是可以裂土封王的，而且封地更大。

项佗毫不恋战，立即撤兵，完全不顾城内还有 5000 西楚军，更来不及兼并近 2 万龙且残兵。项佗很有自知之明，不敢奢望琅琊郡的土地，也没有去彭城与项缠等人争夺控制权，而是率 7.5 万人马迅速南下再西撤，穿过薛郡，北上回到东郡。砀郡在卢绾偷袭后已经在刘邦的控制下，只有保住东郡基本盘，项佗才有可能立足乱世。

韩信令傅宽再次堵住潍水上游，随后亲自率军渡河。龙且军残部竟然没有四散逃跑，因为他们已经深入齐国，逃散后极有可能被齐国军民围杀。

韩信军兼并龙且军之后，经过历下、临淄、潍水三场战争，汉军人数从 6 万人大幅增加至 8.6 万余人。韩信最大限度利用齐楚矛盾，每战看起来都是兵行险着，却战必胜，攻必克，无愧于"兵仙"称号。

齐王田广自知不是韩信对手，只是派兵象征性掩护抵抗了一下，便亲率 3 万多大军撤往莒城。莒之战的形势如图 3-24 所示。

汉军中军大帐，韩信和李左车又在下棋，两人边下边谈。齐国的这个战术令汉军陷入死局。现在汉军中已经有不少齐军降卒，几乎可以肯定，有的是齐军派来的奸细。后续汉军一举一动完全是把牌翻开来打，稍有不慎就会吃败仗。一旦作战不利，临淄卢罢师的 2 万多齐军可能就会反水，历城也有大量齐军，完全可能断绝汉军回赵地之路。

忽然斥候来报，项佗军疑似遭到齐军伏击。原来莒城的齐国守相田光早接到齐王田广的密令，令他务必伏击西楚军。田光显然非常了解项佗，亲率 3 万多人埋伏在沂水西岸，正好遇到项佗的先锋军，齐军奋勇杀敌，斩首 2000 多，俘虏 5000 多。

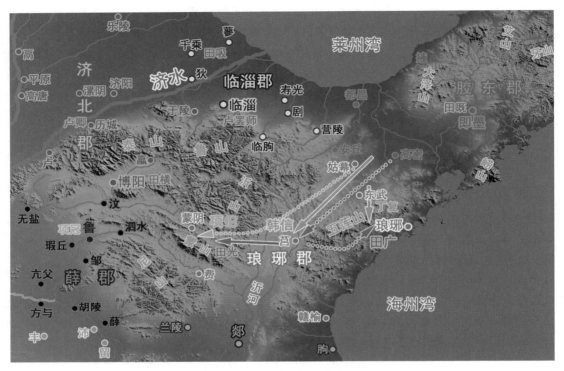

图 3-24 莒之战形势图

项佗却毫不理会，率军穿越沂山与蒙山之间，打算从薛郡北上回东郡。田光仍不依不饶，率军衔尾追杀。莒城已经是一座空城，齐军的战术非常灵动，不以守城为目的。

听完斥候的战报，韩信与李左车双目同时一亮，李左车恭维道："大将军一定有了妙计。"

此前韩信从齐军降将口中得知，齐国在琅琊郡的琅琊海边有不少战船，在琅琊以东海面上还有一个岛屿，屯了不少粮草。

如今齐王从临淄撤到高密，又从高密撤往莒城，既然莒城的田光在追击项佗，若汉军继续南下莒城，齐王大概率又要撤走，目的地可能就是琅琊城。如果汉军追到琅琊，他可能还会去往海岛。到时候把所有战船带走，汉军只能望洋兴叹。

韩信当机立断，叫丁复入帐，叮嘱其不带任何齐国降兵，率精锐骑兵悄然去莒城与琅琊之间的必经之路上设伏。

而韩信则统率 8.5 万大军，南下追击齐王到莒城。

齐王田广丝毫没有固守莒城再令田光回援的意思，对齐人来说，有痛打西楚军的机会，是绝不会放过的。项羽在齐国一次次屠城、杀降卒、夷城郭，齐人被仇恨冲昏了头脑，一次次作出错误的判断。在齐国君臣眼中，韩信虽然打了几次胜仗，但齐军仍有 30 余万，主场作战，足可耗死韩信这支汉军。

齐王田广果然往琅琊城方向撤兵，韩信也毫不含糊，以曹参统领步兵、灌婴率骑兵，步骑结合全力追击。齐军断后的军队相当不错，没有给汉军多少可乘之机。不过齐军也被拉成了几段，后面阻击的部队跟不上前面的骑兵。

田广率数百骑冲在最前面，眼看琅琊城在望，却遭遇丁复骑兵伏击。丁复取了田广首级，挂在枪头，一路耀武扬威地南下与韩信军会合。齐军立刻支离破碎，作鸟兽散。

刘邦称天子后，封丁复为阳都侯，食邑 7800 户。要知道刘邦的心腹，骑兵统帅灌婴，也不过食邑 5000 户。

● 韩信定齐地

齐国守相田光衔尾追着项佗进入薛郡，遭遇薛郡长项冠率军策应。田光只得作罢，也不能再回莒城，只好北上济北郡的博阳与齐相田横合兵一处。齐相田横闻齐王田广阵亡，便在博阳称齐王，以田光为相。

由于齐王田广忽然阵亡，不少齐军将领率众投降。齐军有不少人原本是齐王田都、济北王田安麾下的人，与齐王田荣田广父子不是一路，并无投降的心理包袱。汉军兵力超过 10 万。

此时齐国比较强劲的势力，有五路人马。一是齐王田横，控制济北郡泰山以南，总兵力近 10 万。二是历城的卢卿，城中兵力 3 万，控制济北郡泰山以北，总兵力近 10 万。三是临淄的卢罢师，有兵力 2 万余，再加附近小城，总兵力约 3 万。四是胶东郡的田既，即墨城约有 2 万，总兵力近 3 万。五是临淄郡济水以北的田吸，屯兵千乘，吸收各地逃卒后兵力达到 2 万多。其他各种自保的小城，兵力多则一两千，少则数百，不足为患。

齐国卢氏是姜姓吕尚（姜子牙）之后，公子高封在卢地，后代改称卢氏。卢城、历城、临淄正好都在济水南岸不远，如果卢卿与卢罢师联合，兵力近 13 万，完全可以组建一个卢国。齐国经历过田氏代齐的过程，卢氏与田氏是天然对立的，如今卢氏的实力反超田氏，自然不肯再甘居人下。

韩信权衡利弊，决定暂不与这两大势力开战，而是先找势力较弱的田既下手。

公元前 204 年 12 月，韩信率 10 万余汉军回师高密，留 2 万人守城，再亲率大军向东北方向的即墨进兵。汉军兵临即墨城下，对方约有 2 万人守城，这是韩信入齐以来敌我兵力对比最宽松的一战。但若以攻城而论，8 万多人攻打 2 万人的坚城也非常困难。

当年燕国攻下齐国 70 余城，齐国五都只剩莒都和即墨，莒都落入楚人之手后，就只剩即墨一都。即墨城北连着一座石山，这座山有半个即墨城大，高度是即墨的两倍以上，四周全是悬崖峭壁，虽是冬季仍可看出山上林木茂盛。

当时各地忠齐的志士闻即墨未降，纷至沓来，即墨一时豪杰云集，成了反燕抗燕的大本营。田单身操长戈木盾与士卒同训练，其宗族妻妾皆编于行伍之间。如今齐军却没有这个士气，田既也没有田单这个气魄。

由于田广意外战死，田横自立为齐王，齐军中许多人不知为谁而战，士气低落。这几年齐军习惯打游击战、伏击战，田既仍想先跑再说。

不料韩信早就在通往夜邑和蓬莱的要道上埋伏骑兵，田既死于伏击战中。

此前项羽杀齐王田荣、齐王田假，在齐国屠城无数。齐人无人肯降西楚，因为军中传闻项羽常烹杀俘虏，枭首示众。如今越来越多的齐人愿投身韩信麾下，在这里除了保命，还能混口饭吃，心理上也没有投项羽那般恐惧和仇恨。

韩信进入即墨城，重整汉军，兵力约 12 万，主力是齐军。

韩信攻击即墨时，派出多路使臣，同时招降卢罢师、卢卿、田横、田光、田吸等人。等到拿下即墨城，一个好消息传来，原来临淄的卢罢师与历城的卢卿并不是铁板一块，卢罢师见韩信兵威赫赫，第二次投降汉军，而且这次他愿意开城投降，接受汉军整编。刘邦称天子后，封卢罢师为共侯，食邑 1200 户。

韩信进入临淄城，总兵力达到 14 万余。韩信是楚人，但麾下将士按人数多寡，分别是来自齐、赵、西魏、西楚、代、秦的降卒。虽然西楚兵也是楚人，但刘邦帐下的楚人占比已经很小了。韩信定齐地的形势如图 3-25 所示。

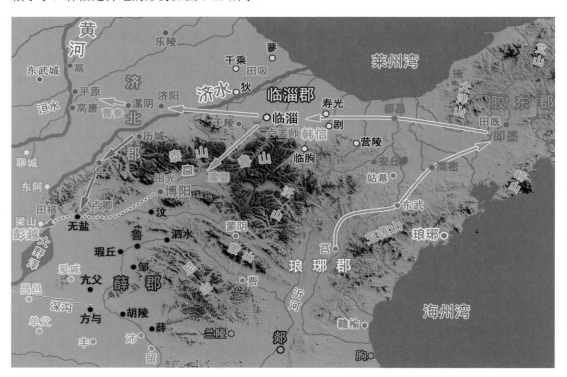

图 3-25　韩信定齐地

临淄郡、胶东郡、琅琊郡的大部分城邑，也都宣布改弦易辙。齐国现在最大的两股势力，都在济北郡，以泰山为界，南北各有近 10 万兵力。

韩信仍想招降齐王田横和齐将卢卿，不过田横没有任何投降的意思，卢卿倒是派人带来一个耐人寻味的消息，他愿意和汉军共击田横。

此时汉军中已有相当数量的齐国降将，韩信已经掌握卢卿的实际控制兵力。原来济水以北的城邑几乎都不听卢卿号令，以自保为主。卢卿能够调动的军队只有历城、卢城等地约4万人马，就是这4万人也并非人人死心塌地，大多只是想混口饭吃。

卢卿素来与田横不睦，愿与韩信共击田横，他有自己的如意算盘。韩信从东面攻击田横，损失必然巨大。卢卿率军绕到泰山西侧抄后路，只要适当牵制田横偏师即可。一旦灭了田横，卢卿以济北郡北部投降，日后封邑必然远胜卢罢师。

韩信窥破此计，派左丞相曹参率军3万北渡济水，攻击著城、漯阴、平原、鬲城等，韩信知道卢卿不可能去增援，只能眼睁睁看着汉军拿下一座座济水以北的城邑。当卢卿的筹码一个个丢失，也就只剩与韩信共击田横一条路了。

曹参出兵次日，韩信以御史大夫灌婴为主将，统领骑兵9000、步兵4万，从泰山与鲁山之间穿过，西攻齐王田横。

田横闻听汉军如此进兵，立即亲率主力东进赢城，再往东北抵达泰山与鲁山之间孔道。田横哪来的自信，可以打败韩信？

春秋时期齐鲁之间的长勺之战就发生在泰山与鲁山之间，战场叫长勺（今山东莱芜东北），是一个比较大的峡谷，在山区中地势算平坦，一排同时可以摆十余辆战车。当时齐军驱兵长进，穿越泰山与鲁山之间的孔道，一路毫无阻拦，直抵长勺。鲁军利用地形，一鼓作气，重创齐军。

长勺之战是齐鲁战争中鲁国最引以为傲的一战，后来的几百年，齐国的疆域不断扩张，却从来没有突破鲁国人在泰山—鲁山一线的防御。

现在的形势，汉军相当于当年的齐军，齐军相当于当年的鲁军，田横怎会错失一战定乾坤击败汉军的机会。

田横也没有大意，他广散骑哨，重点侦查沂山与蒙山、蒙山与尼山之间的通道，以防汉军从侧翼偷袭。

战场上，汉军果如齐军所料，开始布阵。田横看着双方阵势成形，长舒一口气。长勺这片区域，南部比北部稍高，双方布阵冲击，必然是齐军占优。

齐军的猎犬忽然集体向四周狂吠，驯犬的军侯见士兵拉不住猎犬，震惊道："似有大批敌军由四周冲来，速度极快。"要知道齐军在周围十几里都布置了许多骑哨和猎犬，军队要瞒天过海，绝无可能！

田横神色凝重，下令侧翼和后方齐军加强防御，全力阻敌。

汉骑忽然从各处密林中以雷霆万钧之势杀出，如嗜血猛兽看见猎物一般。齐军的箭如飞蝗般向汉军骑兵射去，对方倒下数十骑，却已杀入齐阵中来，挥刀砍削。一时鲜血四溅，血肉横飞，断肢残体在空中乱舞。

灌婴见久等的时机已到，立即从正面挥师攻击，嘹亮的号角声充斥长勺的原野。

战场杀声连天，惨烈之极。齐军将领不断指挥收缩阻击，但齐军士气低迷，难以承受这种血腥的厮杀了。汉军无论兵力、士气、经验都胜过齐军，占据了压倒性的上风。

原来韩信钦点骑都尉丁复从其他骑都尉军中挑选骑兵，将骑兵队伍扩充到2000骑，再从沂山与蒙山的孔道穿过，悄然杀到长勺战场。韩信此举有拉拢丁复之意。楚汉交锋之际，恐怕除了项羽，无人敢说统率骑兵的本事比丁复强。灌婴也在拉拢丁复，给其大开绿灯，丁复得以增兵到 3000 骑。

田横嘶声喝令将士投入战斗，但齐军败势已成，他只能率亲兵队一路撤到赢县。汉军如影随形追到赢县，田横索性令城中将士弃城，与他一道再撤到博阳。

此时田横军依然有 6 万多人，人数超过汉军，足可一拼。可西边传来消息，卢卿率军逆济水而来，屯在无盐，与汉军东西夹击田横。无盐本来属西楚国的薛郡，齐楚战争中齐国占据无盐，项羽和田横议和，齐国没有归还无盐。

田横军边打边撤，在博阳和无盐连败两场，军队被分割成无数股，以至将令不出大帐。田横率亲兵突围，到梁相彭越处，只剩 2000 多人马。当初齐王田荣和亲弟田横为彭越提供粮草军械，扶持其对抗项羽，双方关系密切。齐相田光被俘，退出历史舞台。

泰山以北的战场，曹参连破著、漯阴、平原、鬲城等，齐人纷纷开城投降。他接着南渡济水，进驻毫无防备的历城。卢卿最后时刻立功，在田横屁股后面阻击，也算是有福之人。

刘邦称天子后，封卢卿为昌侯，食邑 1000 户。卢卿年轻有为，38 年后仍拜将军，为汉文帝抵御匈奴。

齐王田横在梁相彭越处也不敢久留，最后率死忠躲入海岛，只剩了 500 多人，人人抱着慷慨赴死的心态。

刘邦称天子后，派人去海岛上招降田横，尽赦其罪，召之去洛阳。

田横直言怕郦商杀他，不敢前往。原来郦商之兄郦食其曾说服齐王田广和齐相田横结盟，韩信却南下攻齐，导致田横下令烹杀郦食其。

彭城之战前，郦商在汉军中，与曹参、周勃、樊哙一起，并称四大将军。彭城之战后，郦商先是在关中定雍国和陇西，后又到荥阳一线增援刘邦，战功赫赫，高居右丞相之位。

郦商一心想给郦食其报仇，他的两个仇人是齐王田横和韩信。

刘邦听了使者回报，召见右丞相（三公之一，官职一品）郦商，加授卫尉（九卿之一，官职二品），掌管宫廷防务，条件是不准报仇。

刘邦下诏："齐王田横不日奉召将到，所有一行人马及从者，敢有人动其毫发，诛三族。"

刘邦先给糖果，再说丑话，郦商要是敢报仇，就诛三族。刘邦阵容中有许多降将都封侯了，包括项羽的亲叔叔项缠，田横自不奢望立为诸侯王，但料想千户侯肯定是到手了，于是率众来投。

田横一路向洛阳进发，多次遇到刺杀。郦商表面上不敢杀田横，但他当初是率军 4000 投奔刘邦的，在汉中时麾下有 8000 多人，是刘邦己军当中实力最雄厚的将领。如今汉军中的将尉，不少人是郦商旧部，田横终于明白自己想得太简单了。

一日，田横行至距离洛阳仅 30 里的尸乡驿，虎目含泪，拔剑自刎，临死前叮嘱两名亲信，取自己首级去洛阳，换 500 多人平安。

刘邦见到田横首级，仍英气勃勃，面目如生，摇头叹息道："田氏兄弟三人，相继称王，可惜寡人不能生见其面。"

刘邦授这两名田横亲信为都尉，以诸侯之礼葬田横。两名都尉等到葬事完成，便在墓旁挖成二穴，拔剑自刎。余众500余人在田横墓上大哭一场，尽皆自杀，史称"田横五百士"。

第三节 三足鼎立

● 刘邦项羽对峙，韩信立为齐王

韩信第一次进入临淄宫殿时，麾下士兵执戟排列宫门两旁，一见韩信车到，尽皆行礼。韩信下车进入宫门，只见屋宇高大，帷帐华丽。经过数重大门，方到大殿，文武穿戴齐整，跪拜相迎。宫城后部有一座大园林，数十位宫女、宦官跪迎，里面楼台亭阁、花木禽兽让人眼花缭乱。

当初秦始皇毁了战国时的临淄城，后来项羽两次毁掉齐王田儋和田市重修之临淄。现在的临淄城是齐王田广重修的，不过两年光景，便有如此规模和气派，韩信颇感讶异。

韩信重整汉军，主要分为两部。曹参和灌婴控制了济北郡，他们当然是刘邦的死忠，韩信占据临淄、胶东、琅琊三郡，麾下孔聚、陈贺、陈豨、彊瞻、程黑、赵将夜、卢罢师、卢卿、蔡寅、杜得臣、高邑等将都不是刘邦的人。

按照时局的发展，韩信若继续攻击西楚，项羽的西楚国大概率会亡国，到时候韩信、曹参、灌婴肯定会被封侯赐爵，但其他将领大多连刘邦都没见过，恐怕很难获得自己满意的封赏，甚至有无封赏都是问题。

自陈胜起兵以来，自立为王或割地称霸者不胜枚举，如今仅存六王：西楚霸王项羽、汉王刘邦、燕王臧荼、常山王张耳、韩王信、临江王共尉，若再加上齐王韩信，岂不正好对应战国七雄，难道这是天意？在麾下将领不断劝说下，韩信产生了自立门户的想法，论战功他确实顺理成章。

项羽和刘邦在广武涧对峙，得知韩信在齐国不断取胜，心情大不同。

自龙且兵败后，项羽急令项声南下会稽郡募兵，以应对齐国战局的变化。

项羽请叔父项缠将刘邦的父亲和夫人送到广武涧，打算送还给汉王，卖个人情，日后好和谈。项缠倒好，亲自押送刘邦的父亲和夫人前往，连彭城都不守了。

不过项羽还想给刘邦施加压力，令人把刘太公押到广武涧前，制成一个高俎（zǔ）（祭祀时盛肉的器物），将太公捆绑，放在俎上，推到阵前。

项羽遣人向刘邦传话："汝若不速出降，即将汝父烹煮食之。"

刘邦对来人道："吾与霸王同事义帝，义帝命吾二人约为兄弟，我父即是霸王父，霸王今必欲烹食其父，尚望分我一杯肉羹，不必虚言吓我。"

项羽听了默然不语，叔父项缠劝阻道："现在天下事尚未可知，今虽杀其父，于事无益，徒添他人怨恨而已。"

项羽本也不想杀刘太公，便顺着台阶下来，没有再为难刘太公。历史上的文人墨客，有说刘邦临危不乱的，也有说刘邦为子不孝的。

过了几日，项羽闻韩信攻灭齐王田广，立即派人与刘邦谈和。同时项羽派人催促会稽长项声立即募兵北上彭城，保证后方不乱。不过项缠却不敢回彭城，他害怕韩信。只有待在广武涧，在侄子项羽身边，他才感到安全，即便项羽败了，刘邦也不会杀他。

又过几日传来消息，韩信进驻临淄，卢罢师率众投降。

汉军情绪高涨，刘邦派一队嗓门高的汉兵，在广武涧西朗诵霸王十宗罪。

罪一：背义帝之约，不立秦王反立汉王。

罪二：矫诏杀死上将军宋义。

罪三：坑杀秦降卒 20 万于新安。

罪四：烧秦咸阳宫、阿房宫，掘始皇陵墓，盗取财宝。

罪五：杀秦降王子婴。

罪六：弑义帝于江南。

罪七：杀韩王成，以无功之人郑昌为韩王。

罪八：杀齐王田荣、齐王田假，屠齐城无数。

罪九：废九江王英布，杀其全家。

罪十：都彭城，侵占魏国土地，以砀郡、东郡并入西楚。

广武涧东，项羽混在一队士兵中，先是假装在听汉军责备，然后忽然弯弓搭箭，向刘邦射去。一般射手臂力根本无法射这么远，可霸王是百年不遇的奇才，这一箭正中刘邦胸前，汉王翻身落马。

这一箭射穿了刘邦的盔甲，击碎了刘邦胸前的大玉佩，卡在肋骨里面。郎中诚惶诚恐取出箭镞。刘邦遭此重创，卧床数日不能动弹。

军中传言刘邦受了重伤，为稳定军心，刘邦忍痛巡行各营。

公元前 203 年 1 月，刘邦先到成皋，后去关中栎阳，再回成皋。他迫不得已到处跑，做给将士看，其实伤痛令他苦不堪言。

此时大将军韩信的书信送到成皋："齐人多诈反复，其国南境近楚，非立王无以镇抚。今臣权轻，恐不能负此重任，请自立为假王。"

韩信经不住麾下将领游说，打算试探刘邦，若刘邦愿意立一个假齐王（代理齐王），便仍尊刘邦为主。

刘邦阅书大怒，对着使者骂韩信道："吾正困守此间，日夜望汝来助，汝竟扬扬得意，便欲自立为王！"

身旁的文武都露出不快之色，心想韩信是立功多，但我们也在拼死追随汉王，没有功劳也有苦劳。

只有太傅张良提醒道："此刻霸王恐正派人离间大将军，大王不如趁势立之为齐王，不然顷刻生变。"

刘邦闻言大悟，遂对使者转换语气道："大丈夫既建大功，平定一国，便为真王，何必称假！"

言罢，刘邦下诏铸成齐王印，遣太傅张良率使团前往齐国，立韩信为齐王，催促其发兵攻楚。韩信立为齐王后的形势如图 3-26 所示。

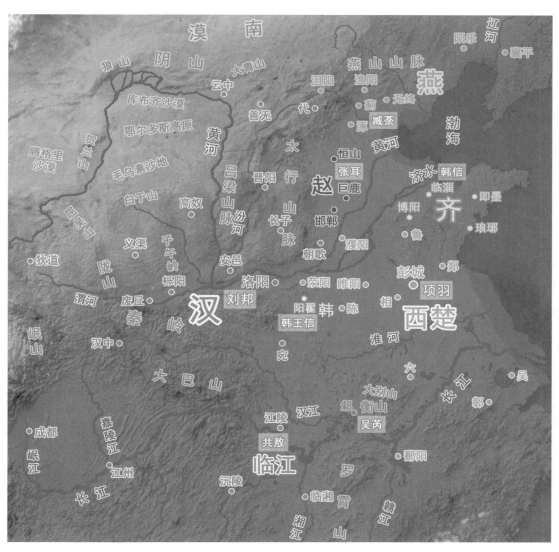

图 3-26　韩信立为齐王后形势

3月，汉国太傅张良为韩信主持册封大典。大典期间临淄城行人如鲫，车马争道，齐国各路豪杰都来祝贺。

旌旗蔽空，韩信在一众将领簇拥下登上临时搭建在临淄城南的高台，张良代表刘邦颁授齐王大印和兵符。

台下孔聚、陈贺各率1万精兵表演攻防进退，2万人动作整齐划一，最后戈矛齐指日出方向，足见战力强劲。

接着丁复率3000骑兵奔驰入场，在步兵前勒马收缰，3000战马人立而起，仰天嘶鸣。

刘邦立韩信为齐王，封地为临淄、济北、胶东、琅琊四郡，比战国末的齐国还要多一个琅琊郡。同时拜傅宽为齐相，丁复为大司马（相当于太尉），以节制韩信。此时齐国有两套班子，汉国三公级别的左丞相曹参、御史大夫灌婴占据济北郡。韩信贵为齐王，麾下两个三公，齐相傅宽在曹参军中，齐大司马丁复在灌婴军中。

这就是张良的驭将之术。张氏三代辅佐六位韩王，不知驾驭过多少将领。表面看傅宽与丁复都不在韩信军中，丁复也并非刘邦亲信，对韩信没有牵制作用。刘邦给韩信吃了一个大西瓜，韩信似乎只失去一点芝麻。但是后来韩信南下参加垓下之战，曹参与傅宽却没有参战，而是迅速东进，兵临临淄城下。齐国各城邑守军本来就少，再加上傅宽齐相的身份，纷纷开城迎接。

韩信在战场上无人能及，但玩权谋张良才是宗师。

几天后项羽的谋士武涉来到临淄游说韩信，不过似乎晚了一步，刘邦派太傅张良带着齐王大印来主持册封大典，武涉却只带了一张嘴来，后者当然非常被动。

武涉的核心思想是："霸王尚在，齐王安然无恙。霸王若亡，齐王亦不能保，此唇亡齿寒也。何不三分天下，鼎足而立。"

韩信麾下大多数将领也劝其三分天下，蒯彻提出一套理论："大王带震主之威，挟不赏之功。若归楚，霸王不信。若归汉，汉王恐惧。今三分天下，鼎足而立，大王带甲30万，足可长享一国。臣闻天与不取，反受其咎。"

韩信问："汉王待我甚厚，岂可见利忘义，为此悖德之事？"

蒯彻道："当日张耳、陈馀为刎颈之交，后张耳杀陈馀泜水上，为天下所笑！今大王与汉王情谊，必不能胜过张耳、陈馀之交。"

韩信也知道，理性来说，三分天下最好，但他永远不会忘记项羽那轻蔑的眼神，不屑一顾的神态，恨得咬牙切齿。若按兵不动，岂不是顺了项羽？韩信不甘心，因此一直犹豫不决。

而蒯彻担心曹参、灌婴等刘邦心腹杀他，便不告而别，临走写下一封书信给韩信："人之贵贱在于父祖；忧喜在于容色；成败在于决断。凡事当断不断，反受其乱。"

刘邦称天子后，抓到了蒯彻，却没有杀他。后来刘肥立为齐王，曹参拜为齐相，蒯彻就在曹参门下做门客。蒯彻混得风生水起，到了东汉末年，他的两个后人蒯良和蒯越都是荆州牧刘表的谋士。

客观来说，韩信灭三秦、西魏、代国、赵国、齐国，迫降燕国，刘邦、项羽奉他为天子也不为过，三分天下再正常不过。勇略震主者必危其身，功盖天下者无可为赏。韩信无论倒向刘邦还是项羽，最后必然是以悲剧收场。

● 卢绾取东郡，远征九江

刘邦、项羽、韩信三足鼎立，汉国太尉卢绾与西楚国砀郡长项佗在东郡鏖战，这场局部战争，刘邦和项羽都输不起。

卢绾进入东郡时，恰好项羽将项佗调到齐国作战，卢绾趁机取了临济等几座城邑，站住了脚跟。项佗率军 8 万从东郡去齐国，连续在田广和田光面前损兵折将，士气低迷，不少人开溜。等回到东郡，还有 5 万余人。

项佗是走深沟，从昌邑以西的定陶渡过济水的。没想到卢绾率军阻击，项佗再输一阵，机动兵力大概只剩 4 万。从此留守濮阳，不敢再出城迎战。卢绾本邀彭越一同阻击项佗，可惜彭越自上次在砀郡被项羽击败，元气大伤，数月后兵力仍只有约 2 万。关键是被项羽的骑兵吓破了胆，再不愿和西楚开战。若彭越与卢绾合兵，项佗可能提前几个月就投降了。

随后几个月，卢绾软硬兼施，攻破一些防御薄弱的小城，也有西楚守将开城投降。

4 月，卢绾已经控制东郡大部分地方，率军 5 万兵临濮阳城下。

项佗的兵力约 5 万，城内 2 万，城外 3 万，扎 3 个大营，呈三角形将濮阳保护起来。

项佗如坐针毡，每日都派人去广武涧，催促项羽亲自发兵来援救。项佗对项羽兼并其砀郡之兵耿耿于怀，他还给项羽一个期限，若 6 月之前项羽还不来救，胜败就不能怪他了，一副"你敢不来救，我就敢输给你看"的模样。

项羽确实也有闪击卢绾的打算，可他自知一旦离开广武涧，帐下亲信恐怕 10 天都守不住，郯公、薛公、终公、大司马曹咎等都是前车之鉴。关键是卢绾深知项羽善用骑兵，他到濮阳战场第一天就下令深挖壕沟，放置倒刺，布置拒马阵，仿佛首要目的是防项羽的骑兵突袭，次要目的才是攻击濮阳。

项羽焦思苦虑，又不能对项佗明说不会救，只能好言宽慰，令其固守，称自己随时可能来援。

5 月，卢绾一面攻击濮阳城外的西楚军，一面派使臣入城，强调大将军韩信已经控制齐国，不日将和汉王东西夹击霸王。想不到项佗不为所动，反而说韩信已经不是汉国大将军，而是齐王，汉王与齐王已经反目。

卢绾与项佗互相攻击粮道，卢绾虽然表面上占据东郡大部分城邑，实则各城并没有多少兵力和粮草支持，只能派人到附近村落借粮。

战争持续胶着，汉军每日仍攻击城外西楚大营，但汉军损失更甚于西楚军。

6 月，卢绾想出一个奇策：既然自己可以派人游说彭越，想必项羽和项佗也曾派人去劝降彭越，于是卢绾派出一支 1000 人的骑兵队，分成 10 组，在大野泽往濮阳的途中设伏，专门抓捕西楚斥候或疑似的使臣。

项佗果然陆续派人去劝说彭越，不求彭越攻击卢绾，只求其保持中立。项羽也派人给彭越画饼，声称若其肯发兵攻击卢绾，即赐爵大野泽 3 万户。

卢绾抓到了几波西楚斥候，便令将军卫满率 1 万人分数次悄然南下，迂回到大野泽附近，然后打着彭越的旗号大张旗鼓北上。卫满与彭越有几分神似，而当时诸侯军没有统一的军服，全看旗帜。

项佗面容憔悴地站在城头，看见"彭越"出现在不远处，急赤白脸，他知道又到了撤兵时刻。

这次项佗南下，作为砀郡长没有屯驻砀郡，因为先前项羽已经接管砀郡。项佗直接去了泗水郡彭城，此时项缠已经护送刘太公等人前往广武涧，项佗这个柱国兼砀郡长便是西楚国都城彭城权力最大的人物。

卢绾的军队连番鏖战，无力追击，不过好歹取得东郡，刘邦项羽对峙局面终于迎来转机。卢绾取东郡的形势如图 3-27 所示。

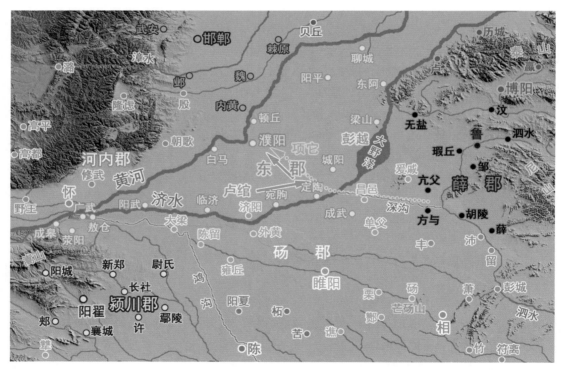

图 3-27　卢绾取东郡

卢绾迅速控制东郡后，并没有急于南下攻击砀郡，从侧翼袭击项羽。刘邦项羽在广武涧对峙，刘邦虽然兵力处于劣势，但修了汉王城，依托广武、成皋等城邑，攻击不足，防御算是勉强够了。

砀郡大小城邑的守将，有的人本身能力不俗，只是不满项佗屡次逃跑，现在项羽接管砀郡，防御力大增，成为荥阳一线与彭城后方之间坚固的桥梁。卢绾若辗转攻击砀郡各城，难免兵困城下，被项羽骑兵突袭。卢绾在砀郡和东郡作战 9 个月，麾下不少将士是项佗的旧部，等于在项羽面前打明牌，极有可能遭袭。

刘邦此刻行若无事，没有心急火燎令卢绾增援，兄弟二人英雄所见略同，进行了一次战略大布局。

刘邦改立项羽所立的九江王英布为淮南王，把九江国与衡山国并为淮南国。英布的岳父衡山王吴芮迁为长沙王，遥封长沙郡、黔中郡。刘邦把项羽所立的临江国拆分了，南郡归自己，其他两郡为长沙国。

经过这次分封，九江王英布遥封为淮南王，所辖郡由两个变三个；衡山王吴芮遥封为长沙王，所辖郡由一个变两个；项羽所立的临江国则从地图上抹去。

7 月，汉军兵分两路，卢绾、刘贾率 3 万余大军从东郡南下，进入砀郡后向东南方向进发，对麾下将士声称要攻击泗水郡的彭城，也就是西楚国的都城。

此举惊出项羽一身冷汗，更不用说逃到彭城的项佗了。西楚砀郡、薛郡、泗水郡的守军如临大敌，所有城邑都坚壁清野，丝毫不敢大意。

卢绾到了刘邦的福地芒砀山后，与刘贾坐镇芒砀山，令将军偃、将军弱、将军施各率一军，齐头并起攻击萧县，震慑此处都城彭城。卢绾又令将军卫满为上将，将军抵为次将，将军陉为末将，准备增援前三路人马。

卢绾虽然与刘邦情同手足，但卢绾麾下这些将军在刘邦军团中并非主流，卫满祖上是战国卫国人，其他几位都是卢绾从丰县带出来的亲信。西楚国的腹心彭城一带，军民对项氏相当拥戴，几年前彭城之战，项羽 3 万骑兵隐藏在萧县联军必经之路上，竟没有一个百姓向刘邦通风报信。

即使刘邦亲征，萧县军民也多站在项羽一边，卢绾的三路先锋果然在萧县遭到顽强阻击。萧县守将在城外伏兵，抓了几个汉军骑哨，当着三位将军的面在城头上斩首示众。三位将军怒形于色，试探性攻城，却损失上百人，只好等待后援。

然而汉军并没有后援，卢绾忽然令将军卫满、将军抵、将军陉改变战略，南下淮河北岸的下蔡，却不攻城，而是夺取渡口船只。

等到萧县的汉军也撤走，西楚军才恍然大悟——好一个声东击西，此时卢绾军已经来到淮河北岸，并且控制了大小上百条船，正要渡淮河攻击九江郡的寿春。

另一路汉军，英布率本部 1 万余人马从荥阳战场抽离，南下穿过颍川郡和陈郡，渡过淮河，兵锋直指王都六城。

为项羽镇守九江郡的是周殷，此人本是项氏家臣，项羽以其为九江相，名为辅佐，实则制衡英布。项羽灭九江国期间，周殷率军迎接项声的大军，他是灭九江国的功臣，同时也是英布的仇人。灭九江国后，项羽令周殷驻守此地。西楚大司马曹咎兵败自刭（jǐng），项羽以周殷为大司马，相当器重。

周殷算是项羽亲信中能力不错的一个，经营九江郡近两年，囤积了不少粮草，防御布置合理，总兵力也不比汉军少。周殷屯兵寿春，原本打算派部分兵力北上增援项羽，谁料卢绾先打过来。卢绾定九江郡的形势如图 3-28 所示。

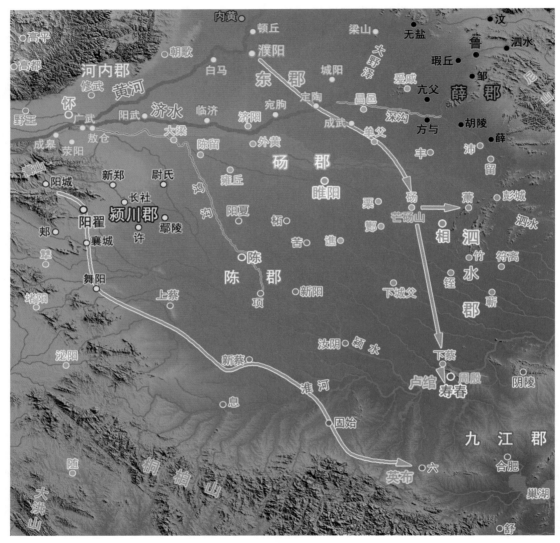

图 3-28　卢绾定九江郡

卢绾是在 4 个月后才拿下九江郡的，当时灌婴的骑兵南下薛郡、泗水郡，一直打到长江边，连彭城的项佗都投降了，刘邦项羽已经签订鸿沟之盟。项羽退兵，刘邦追击，项羽败势已成。接着项羽继续东撤，留守陈城的利几投降刘邦。

卢绾这几个月也做了不少事。汉军把寿春这段淮河数十里的船只都拖到了南岸，项羽绝无可能从寿春渡河南下。卢绾还取得了寿春以南 10 余个小城，兵力增至约 4 万。

周殷在寿春不过 1 万余人，困兽犹斗，他明白项羽自身难保，该考虑退路了。周殷虽然高居楚国大司马之位，但项缠离开六城时，安排自己的亲信守城，等周殷在寿春集结兵力打算北上时，六城守将断然拒绝，九江郡内部实际形成了新的割据势力。

周殷与卢绾也是熟人，双方秘密谈判，达成一致。周殷派人与汉使到舒城，命令守城的亲信投降汉军，并开赴六城假装增援，骗开六城的城门。英布军随后杀入六城，屠城复仇泄愤。

随后卢绾、英布率军北上，参与垓下之战，周殷留守九江郡。

周殷后来做了淮南王英布的大司马，跟着英布起兵反刘邦，真是身不由己，兵败被杀。

● 灌婴攻薛郡，刘邦项羽以鸿沟为界

英布率军南下后，刘邦立即命陆贾前往楚营讲和。郦食其死后，陆贾便是大汉国第一辩士。

陆贾与郦食其的风格一脉相承，谈判都是泰山压顶的气势，不可一世。陆贾狮子大开口，对项羽提出五大条件。

第一，将刘邦父亲、正妻吕雉等家眷放回。第二，将韩王信放回，西楚军从颍川郡撤出，韩王信仍为韩王统治颍川。第三，西楚军从九江郡撤出，刘邦所立淮南王英布（项羽所立九江王）进驻。第四，项羽军从荥阳一线撤退到鸿沟以东，刘邦、项羽以鸿沟为界。第五，卢绾、彭越所占的东郡、砀郡部分城邑，项羽不得攻击。

5 个条件，只有第一个条件对项羽而言没什么损失，其他几个都是要项羽割地，项羽无法接受。

刘邦和项羽同时向韩信施压，刘邦期待齐王韩信率军从背后攻击西楚国，项羽希望韩信按兵不动三分天下。这年从年初到七月卢绾南下九江郡，韩信都没有发兵，而是忙着整合齐军。如此形势下，项羽还有扭转局势的可能，当然不会同意刘邦这几个条件。

刘邦又派人催促韩信麾下的曹参、灌婴，从侧翼袭击西楚国。

此时齐国四个郡，韩信控制临淄、胶东、琅琊三郡，忙着整编齐军，坐稳齐王之位。济北郡以泰山为界一分为二，北边是曹参，屯历城，南边是灌婴，屯博阳。

曹参、灌婴收降齐军后，总兵力约 10 万。此前二人惧怕韩信，担心南下薛郡一旦受阻，韩信轻取济北郡，那时候连退路都没有。卢绾北取东郡，南攻九江郡，汉军总体战略空间完全打开，曹参、灌婴下决心脱离齐王韩信，南下攻击薛郡。

在曹参、灌婴看来，最坏的结果便是攻击薛郡不利，退路也被韩信切断，即使这样也可以退往东郡，或南下与卢绾会师九江郡。

公元前 203 年 8 月，曹参留 3 万多人守济北郡北部，将主要兵力集中在历城，以防韩信突袭。灌婴得到曹参增援，步骑达到 6.8 万，遂南下攻击薛郡，兵临首府鲁城之下。灌婴袭薛郡，丁复南下的路线如图 3-29 所示。

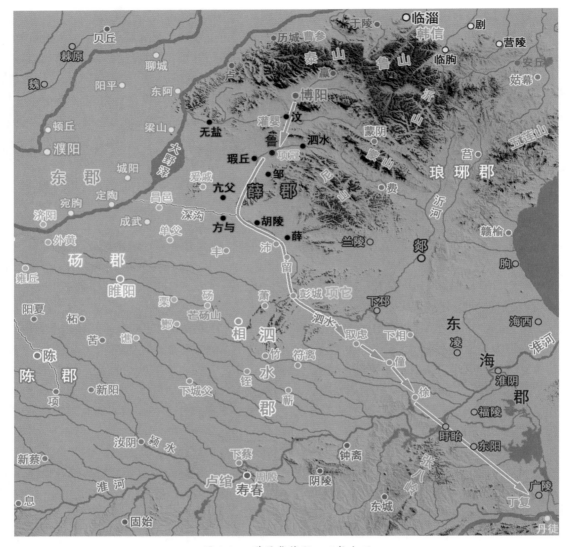

图 3-29　灌婴袭薛郡，丁复南下

　　鲁城就是曲阜，春秋战国时鲁国的都城。齐鲁的恩怨贯穿双方 800 年历史，从鲁强齐弱，到鲁、齐、纪三足鼎立，再到齐国统一山东半岛，齐鲁之间时而联姻，时而兵戈相向，恩怨情仇说不清理还乱。但是有一个事实，齐国 800 年都灭不了鲁国，正是拜地利所赐。

　　鲁国四周的泰山、鲁山、沂（yí）山、蒙山、尼山，将鲁国围得像一个铁桶，只有山间孔道可以穿行。公元前 256 年，长平之战和邯郸之战后，楚国春申君趁赵国衰落，魏国信陵君失去兵权，齐国兵不出国，从南边分几路北上，一年内攻克鲁国全境。

　　30 多年后秦灭楚，鲁国成为秦朝的薛郡。秦末项梁率军北上，薛郡成为项家军核心地盘之一，楚王芈心封项羽为鲁公，封地就是曲阜及其周边城邑。

薛郡不像东郡、砀郡那样一马平川，四周除了山脉就是泗水天堑，因此在楚汉相争时期，极少遭到汉军或齐军攻击。卢绾、彭越袭击东海郡时，虽穿越薛郡，却并未觅到什么好的机会。

巨鹿之战后，项羽和章邯对峙期间，派宗室项冠、项悍率军1万，南下薛郡，以曲阜为中心，不断蚕食薛郡被其他秦军控制的城邑。

项冠作为薛郡长，是封疆大吏，西楚国内部的一方诸侯。项悍地位稍低，统率薛郡的骑兵。

鲁城以北，烟尘滚滚之下，汉军6万余人隆隆杀来，气势骇人。西楚军也达到4万余人，旌旗蔽野，剑戟横空。薛郡长项冠、骑将项悍、将军公杲，横枪立马，率军严阵以待。

项冠和项悍为何不坚壁清野，拒敌于城外呢？

项氏内部这些战将，风格完全不同。项梁颇有领袖气质，作战水平一流。项羽剽疾轻悍、斩将刈旗，天生的骑兵统帅，缺点是不善用人。项佗守强攻弱，是个捡漏好手。项声能力要弱一些，但很有自知之明，用龙且统兵灭九江国。项冠和项悍是熊虎之将，战场上撞阵冲军，绝不会退缩。

现在的形势，若项冠和项悍坚守不出，鲁城或许能守住，但薛郡其他城邑可没有多少守军，势必会被汉军一座座拿下，到时候只剩鲁城一座孤城，只能坐等败亡。

项冠和项悍听说不但韩信没来，就连曹参都没来，只有灌婴率步骑来攻，毫不犹豫出城迎敌。此前灌婴统率骑兵，兵力从来没过万，算是一名骑兵将军，绝对称不上统帅。

项冠和项悍自跟随项梁出兵以来，在彭城击败楚王景驹，后跟随项羽在巨鹿击溃王离军，追降章邯军，随后占据整个薛郡，6年来大小数十战，无一败绩。汉军除了韩信，在项冠和项悍看来，其他任何人来了等于送死。

然而在韩信的率领下，汉军将领也在飞速成长，灌婴的能力并不比项冠和项悍弱。齐国大司马丁复，更是一位可比肩项羽的骑兵将领。

鲁城之下的这场大战被称为鲁下之战，灌婴以丁复为奇兵，潜到战场侧翼，打了西楚军一个措手不及。丁复的骑兵以雷霆万钧的无敌气势，如水银泻地一般杀进西楚军的大阵。

自韩信在灭代之战中重用丁复，丁复就一发不可收拾，几乎每战都率骑兵突袭，次次都立下头功。灌婴起初有些嫉妒，直到与齐王田横决战前，为了拉拢丁复任其挑选骑兵精锐。而丁复在攻灭田横后，也选择站在汉王刘邦这边，留在灌婴军中。

有丁复的骑兵在，战斗就简单了很多。汉军击杀薛郡长项冠，俘虏楚将公杲。

项悍率骑兵残部脱离战场，灌婴令骑都尉靳歙率一组骑兵追击。项悍军绕过泰山，跑到济北郡北部，沿着济水跑了一段，再渡过济水，在历城西北方的济阳被靳歙追上，丢了性命。

丁复率骑兵主力沿泗水南下，遇城不攻，突袭数百里，攻下取虑、僮、徐等几座毫无防范的城邑，并且渡过淮河，杀至长江北岸的广陵。这一波攻击深入西楚后方，天下震动。灌婴与丁复此举的目的就是营造声势，给广武涧的刘邦赢得谈判筹码。

随后的几个月，灌婴军团所占城邑越来越多，各路降卒也越来越多，其中包括王翳。

王翳是王离的堂弟，是一名郎中骑将，与另一名郎中骑将吕马童相熟。巨鹿之战后，章邯、司马欣投降项羽，王翳与吕马童都在章邯麾下。好畤之战，吕马童投降汉军，王翳却向东逃入司马欣阵中。不久彭城之战，司马欣反水投降项羽，王翳率100多亲信在西楚国腹地辗转，最后在下邳建立自己的大本营。经过两年多的发展，王翳已经有骑兵200多，步兵上千人。在吕马童引荐下，王翳放下高傲的姿态，投降灌婴。

此后灌婴军攻城略地，逐渐孤立彭城，为刘邦营造有利形势。

得知灌婴在鲁城之下取得大胜，刘邦再命侯公前往楚营讲和。刘邦的信中用词比陆贾谦逊了许多，写道："吾二王相争数年，经70余战，白骨暴野，积尸如山，有父母之心者，独能忍乎？不如以鸿沟为界，各定疆宇，罢兵息战，不失兄弟之情，尚存怀王之约，使百姓安于枕席，将士以安妻子，勿徒为苍生苦也。"

文字还是这些文字，但形势和一个月前相比发生了巨大改变。灌婴不理韩信军令，出兵南下。丁复则一通狂飙突进，杀得各地西楚军措手不及。项羽自知项佗、项声这些项氏封疆大吏都是不成器的，一个闪失可能就会把彭城弄丢，只有自己回到彭城才可稳定局势。

项羽还真是吃软不吃硬，打算顺势罢兵，为表诚意，命部下将刘太公、吕后送回汉王城。

公元前203年9月，鲁下之战一个月后，项羽、刘邦定下和约，楚、汉两国以鸿沟一水为界。鸿沟之东属楚，鸿沟之西属汉。

刘邦、项羽以鸿沟为界，项羽在三川郡、砀郡、颍川郡、陈郡都要割让土地，可以说处处让步。刘邦、项羽以鸿沟为界的形势如图3-30所示。

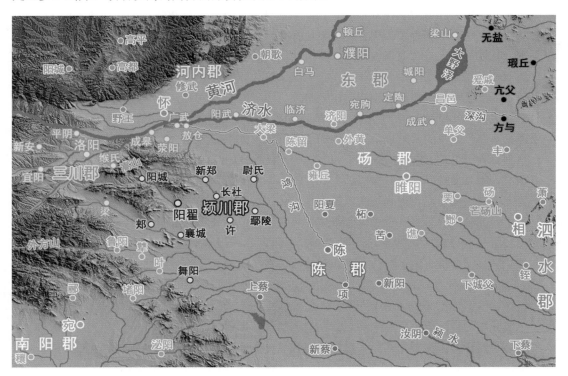

图3-30　刘邦、项羽以鸿沟为界

　三川郡，项羽本来占据东部荥阳、敖仓等地，这里是用时两年，以十几万大军生命为代价才打下来的，让出去当然可惜。

砀郡，西部大梁等少量地盘属于鸿沟以西，被迫让出。

颍川郡，项羽全部让出，释放韩王信，颍川仍为韩国，紧邻鸿沟。

陈郡，项羽让出鸿沟以西约 2/3 地盘，只留鸿沟以东部分，包含鸿沟上的陈城。

盟约签订后，项羽领兵撤离广武，起程东归，却并没有从砀郡回泗水郡，而是沿鸿沟去东南方向的陈城，那里由心腹陈公利几镇守。项羽定下一个迂回战略：先从颍水进入淮河，灭掉九江郡的卢绾部和英布部，然后沿淮河到泗水郡南部，从南往北打，灭掉灌婴部。

然而刘邦不但没有撤兵，还亲自率军尾随西楚军，伺机给项羽致命一击。此时九江郡的卢绾军、薛郡和泗水郡的灌婴军都占据上风，刘邦的战略意图很明显，就是拖住项羽，拖一天汉军的优势就大一分。

项羽频频派人去汉营指责刘邦背约，刘邦则说并无背约之意，紧随其后不过是想接手陈郡东部地盘。

项羽当然不相信刘邦，他一面令各军准备回师彭城，一面却准备在鸿沟以东亲自伏击刘邦。项羽明白，只要刘邦倒了，刘邦帐下的卢绾、曹参、灌婴等立刻就会分崩离析，各自为战，没人能挑战霸王。但是项羽不能直接下令伏击，因为楚汉两方营中都有大量对方的间谍，楚汉相争也可以说是楚国人的内战。

公元前 203 年 10 月，项羽退兵陈城，取得大量补给。刘邦则率军越过鸿沟，屯兵阳夏，在城外连夜修筑壁垒，以防项羽反击。

项羽虽早预料刘邦会渡过鸿沟，但事情真的发生，还是忍不住大骂："刘季反复小人，与寡人签订鸿沟之约，一时得志，却负盟背约，欲与我决战。不杀此匹夫，誓不班师！"

项羽阻击汉军的地点，设在陈城以北的固陵，他令钟离眜率一支步兵精锐隐藏在城内。刘邦麾下将士几年来一直处于防御态势，如今追击西楚军，士气高昂，将尉气充志骄，士卒得意忘形。

固陵城下，汉军先锋将士看到城头上仅有寥寥数人，人人斗志昂扬。

汉军将领下令稍作休整，打算一鼓而下。然而先锋将领的战马忽然不安起来，连连仰首长嘶，其他的战马也是一样，或蹬腿欲跑，或升颈长鸣。原来大批骑兵在十几里外奔腾而来，引起地面轻微震动，战马对地面的感知比人类敏感很多。这位将领忽然想起彭城之战项羽来无影去无踪，立即大喝道："拒马阵，快布拒马阵！"

可惜为时晚矣，汉军先锋阵形单薄，立即就被冲破，后队奋不顾身去补防，一时间人仰马翻，血肉横飞。项羽因恨刘邦无信，怒不可遏，乌骓马风驰电掣，霸王戟破空而出，杀得汉军人仰马翻。

刘邦闻项羽就在前方，立即调兵遣将，以优势兵力逐渐逼近固陵，大战一触即发。

汉军对项羽的骑兵早有准备，每个百人队都配备数个拒马，还有十几个长钩，专门针对马腿下手，这导致项羽的战骑损失很大。当战争进入胶着状态时，钟离眜从城内率步兵精锐杀入战团。不久后季布等将率军从陈城赶到，西楚军开始占据主动。

汉军抵抗不住，全面后撤。刘邦逃回阳夏，进入壁垒，挖深堑坚守不出，心情就像掉进了冰窟窿。

项羽的骑兵也遭受重创，3万亲兵的3万余战马只剩不到一半，骑兵没有战马就是步兵，攻击力不可相提并论。

项羽骑乌骓马亲临阳夏，对麾下将尉训话道："寡人自会稽起兵，身经三百余战，所向无敌，天下诸侯莫不俯首归寡人。今刘季匹夫，不过洗颈待宰耳。"

次日清晨，一支骑兵突然出现在东边地平线上，正是灌婴麾下首席骑兵大将丁复统率的精锐。项羽深知己方刚刚经历大战，人困马乏，则对方以逸待劳，若此时交战必然吃亏。

项羽传令回师陈城，一个多时辰，西楚军人马如风卷云退，队形严整，徐徐退去。刘邦率诸将在壁垒中远远瞧见西楚军撤兵，长舒一口气。

11月，项羽退守陈城，他耽误了一个多月，坏消息不断传来。

东线方向，灌婴见彭城难下，便东进下邳，与项声的一支新军遭遇。汉军击溃西楚军，项声再次南逃会稽郡，汉军斩首郯公、薛公，取下邳。

南线方向，镇守九江郡的西楚大司马周殷打算投降卢绾，其麾下有人快马报给了项羽。

此时留给项羽的时间不多了，他放弃沿颍水、淮河攻击九江郡的战略，打算立刻东进，攻击灌婴军，为彭城解围。

项羽认清现实后，反倒放下包袱，立刻东走。陈公利几是项氏家臣，在项羽面前拍着胸脯保证，将与陈城共存亡，城在人在，城破人亡。

项羽率军刚刚离开，刘邦便在丁复骑兵的掩护下逼近陈城。

利几象征性守城一天，次日便开城投降，但仍保留军队，镇守陈城。项羽最大的弱点就是任人唯亲，韩王郑昌、塞王司马欣、大司马曹咎、陈公利几等，没有一个能打的，更不用说令尹项缠、砀郡长项佗、会稽郡长项声、薛郡长项冠这些项氏封疆大吏。

如果陈公利几能拖住汉军几天，项羽可能就率军逃回江东，也不会有垓下之围、乌江自刎，日后就能东山再起。利几直接开城投降，汉军不但减少了伤亡，还获得陈城不少物资，最重要的是没有耽误追击时间。刘邦封利几为颍川侯，几个月后又借故杀了这位侯爷。

项羽没有直接回彭城，而是率军东走城父，进入泗水郡，打算去东海郡南部，收东阳甯君陈婴之兵。再不济还可退回江东，经略会稽郡、鄣郡，以图东山再起。

陈婴在秦末到楚汉之际简直是一股清流。他在陈胜起兵时，便以东阳为中心，统兵2万多，先后投在楚王景驹、上将军项梁、楚王芈心、霸王项羽麾下。项羽为对付义帝芈心，拜陈婴为上柱国，陈婴仍占据东阳附近十几个城邑，兵力三四万。

项羽一直忙于和齐国、汉国作战，陈婴虽不愿派兵增援，但也兢兢业业为西楚输送了不少粮草，是以项羽一直未能兼并陈婴军。流水的帝王，雷打不动的陈婴，此刻陈婴当然不会救援项羽。垓下之战后，陈婴率部投降刘邦，封堂邑侯，食邑1800户。

项羽从陈城东撤的几天内，战场形势变化疾如旋踵。垓下之战的各路诸侯如图3-31所示。

东线方向，灌婴军分兵出击，连下薛郡和泗水郡的留、薛、沛、鄼、萧、相、苦、谯等城邑，彭城一天天孤立。彭城守军中的一些人与汉军有千丝万缕的联系，故而士气低迷，人心思和。

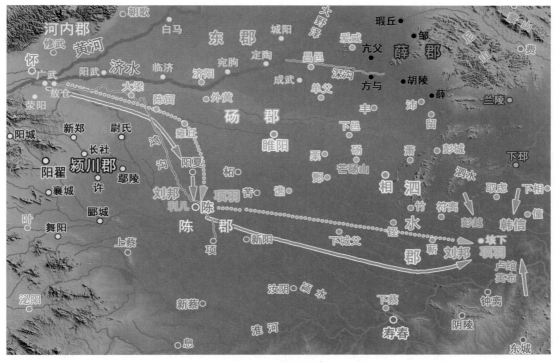

图 3-31　垓下之战

项佗在绝望中率数万人开城投降，刘邦称天子后，封项佗为平皋侯，食邑 580 户。按理说项佗以西楚国都城率数万人投降，封个 2000 户也不为过，但此时项羽已经败了，如果在卢绾取东郡时便投降，那封邑肯定远大于 580 户。

南线方向，西楚大司马周殷投降汉太尉卢绾，九江郡并入汉国。英布率军杀入六城，屠城复仇泄愤。项羽所立的九江王英布，正式成为刘邦所立的淮南王，辖九江郡、庐江郡、衡山郡。

刘邦军人数比项羽军稍多，仍亦步亦趋紧随，不断消耗西楚军后队的骑兵，项羽东走如鹅行鸭步，速度很慢。

过了几天，项羽得知齐王韩信和梁相彭越率军南下，索性放慢脚步休整，打算与诸侯军决一死战。

为了对付项羽，刘邦不断派人催促梁相彭越和齐王韩信出兵。彭越主要是惧怕项羽报复，现在看项羽兵败态势已成，蠢蠢欲动起来。韩信占领齐国大小城邑，招兵买马，经过一年左右布局，完全掌控了齐国除济北郡外的三郡，兵力达到 30 万。

刘邦给梁相彭越开出条件：立为梁王，封地是睢阳以北至谷城，几乎是战国末期魏国旧地。至于韩信，更是加封陈城以东至大海之地，等于在齐国的基础上增加薛郡、东海郡、泗水郡、陈郡的部分地盘，所控区域的人口与汉王刘邦不相上下。

随后彭越开始攻击西楚砀郡的城邑，韩信则统率 30 万齐军南下。

● 垓下之战，韩信十面埋伏，项羽乌江自刎

公元前 203 年 12 月，霜华一白，北风甚紧。这年刘邦 53 岁，项羽 29 岁，韩信 25 岁。

项羽率军 10 万，来到垓下（今安徽省蚌埠市固镇县濠城镇），在沱河南岸扎营。此处高岗峻岭，前有掩伏，后有遮蔽，中间沱河穿过。西楚军战马只剩数千匹，行军途中队伍拉得比较长，再加上项羽目空一切，未把联军放在眼里，便在垓下休整，准备一举击溃联军。

汉王刘邦、齐王韩信、梁相彭越、汉太尉卢绾和淮南王英布也陆续率军赶来，形成包围圈，联军足足 60 万。垓下周边数十里，双方营垒 300 多个，昼则旌旗蔽日，夜则火光烛天。垓下之战的形势如图 3-32 所示。

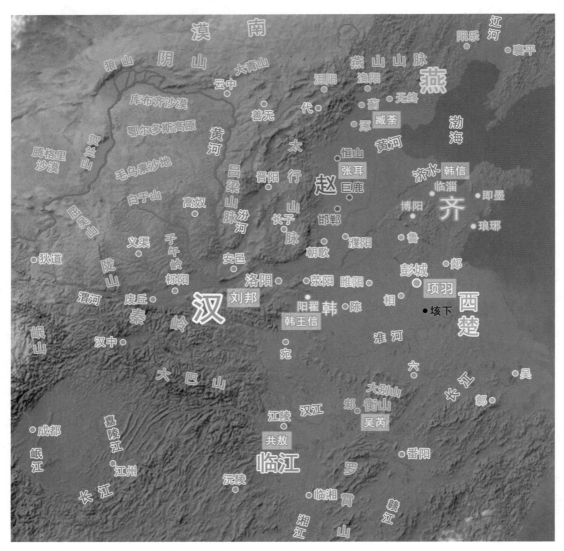

图 3-32　垓下之战时形势

汉王刘邦命太傅张良到齐王韩信大营，赏赐羊酒犒劳。张良奉上汉王大印，请韩信为统帅，韩信拜领。

刘邦与韩信两方人马在一座丘原上相遇，勒马停下。

韩信只有 25 岁，麾下如孔聚、陈贺、陈豨、彊瞻、程黑、赵将夜、卢罢师、卢卿、蔡寅、杜得臣、高邑等将领，顶盔掼甲数十人，都是青壮年，朝气蓬勃，雄姿英发，足见兵强马壮，气吞山河。刘邦与太尉卢绾都是 53 岁，帮刘邦执掌兵事的郦商年龄更大，猛将樊哙也接近不惑之年，对比之下，颇有英雄迟暮的感觉。

刘邦握着韩信双手道："好！齐王没有辜负寡人的期望。"

韩信点头致敬道："臣日夜感怀大王知遇之恩。"韩信自称"臣"，确实是发自肺腑地感谢刘邦的知遇之恩。

刘邦、韩信没有过多寒暄，两人率众登上高台。齐王韩信环视诸侯联军，只见阵容鼎盛、旗帜飘扬，目光闪烁生辉，心情难以言表。此前灭三秦、西魏、代、赵、齐，迫降燕国，垓下一战如能击溃西楚霸王项羽，他的战绩肯定会超过白起、王翦。

太尉卢绾试探道："齐王有把握将霸王困死此间吗？"这一问自然是代表刘邦，有些话刘邦不能直接讲，否则显得自己小气，卢绾与刘邦是"桃花潭水深千尺"的兄弟感情，刘邦想什么卢绾心知肚明。

韩信指着眼前的开阔地说道："垓下一带，北川河，南山陵，中间良田万亩，正是天生一战场也。"

在 10 多位将领众星捧月下，韩信对诸侯联军作出了部署，有刘邦压阵，诸将依计而行。垓下之战的兵力部署如图 3-33 所示。

首先是 30 万齐军，兵分三路围攻霸王。韩信居中，将军孔熙为左翼，将军陈贺为右翼。诸侯军方面，韩信令彭越的 6 万人马屯兵沱河以北，阻击试图渡河的西楚军。刘邦、卢绾、郦商、英布统兵 10 万在韩信军身后，作为中军树立大旗。刘邦军中分出 8 万，由周勃统率，为左后军，随时接应齐军。柴武统率西楚降卒大军约 5 万人，为右后军。最后是灌婴的骑兵，在战场外围穿插，既可增援齐军，又可击杀逃跑的西楚兵。

孔熙与陈贺二人此前也拜过将军，谁也没料到，在韩信眼中，二人与曹参、钟离眜是一个级别的，因此正面强攻项羽的大任由韩信与此二将分担。韩信这是拿齐军血拼西楚军，诸侯军绝不会有异议，人人首肯心折，甘心听命。

汉军当中，按照官职来说，汉王刘邦、太尉卢绾、右丞相郦商，各自指挥一支步兵，是比较合乎情理的。但在韩信眼中，他们三人也就是三个臭皮匠，算上一蹶不振的淮南王英布，都只配策应自己的主力大军。

周勃此前在三秦之战中大杀四方，灌婴则在灭西魏、代、赵、齐的战争中立功无数。但在韩信眼中，自己挥剑成河，周勃、灌婴顶多算那把剑，这种兵器麾下还有一大把（曹参留在齐国，正率军进入临淄城，抄韩信后路）。

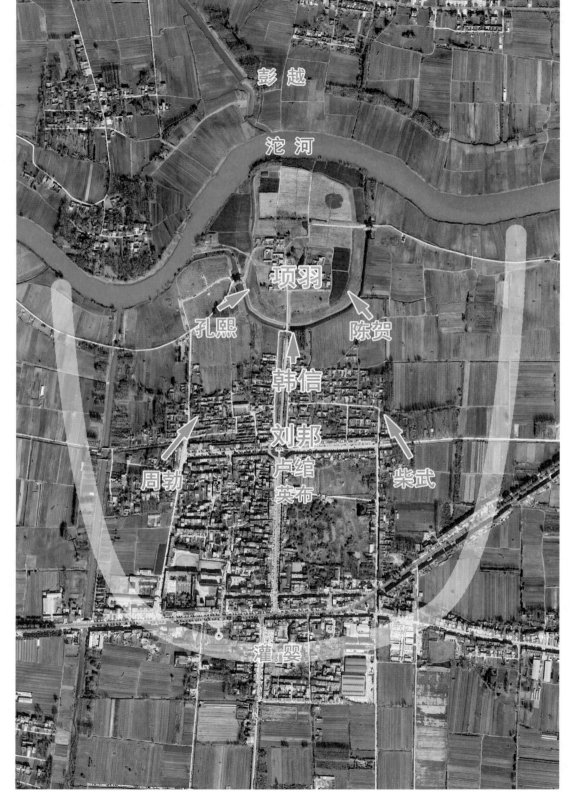

彭越

沱　河

项羽

孔熙　　　　陈贺

韩信

刘邦
卢绾
英布

周勃　　　　柴武

灌婴

图 3-33　垓下之战

至于蒲将军柴武，作为巨鹿之战楚军第三号人物，能力不俗。但在韩信眼中，刘邦心怀芥蒂，只用他做招牌去控制西楚军降卒，当然也指望不上。

垓下一带多良田，灌渠纵横交错，但沟不深，冬天也没有水，只能稍微拖延一下对方行进的速度。韩信令大军迅速将灌渠挖宽挖深成为壕沟，共有大壕沟十纵十横，中间还有无数密布的小壕沟，称为十面埋伏之阵。韩信将30万齐军隐藏在壕沟里，外围地面上的营垒才是刘邦、周勃和蒲将军统领的军队。

项羽并未在意韩信挖壕沟，自诩居高临下并不吃亏。西楚军休整几日，项羽便亲自率步骑向外突击，双方短兵相接。

项羽抖擞精神，大喝一声，乌骓马风驰电掣，霸王戟破空而出，挡者无不立毙，西楚军随后如潮水般涌进。

初时项羽势如破竹，但杀开一重，又复一重，杀到第七八重时，西楚军跟随的步兵后劲不足，只有项羽亲卫骑兵仍生龙活虎。项羽深吸一口空中血腥气味，反身杀开一条血路，驰回垓下大营。一场战争下来，项羽试探出韩信这个阵并非牢不可破，若骑兵突围是没问题的，不过步兵就很难突出去了。而且项羽有些不解，为何此前齐军见到自己便狼狈逃窜，如今在韩信麾下却一副视死若生的样子，齐人的仇恨项羽恐怕永远无法理解。

接连两天激战，汉军和西楚军伤亡都过万，西楚军还有约9万人，但可用的战马只有800多匹了。

此时西楚国二号人物，项羽的叔父项缠却悄悄派人联络韩信和刘邦，率千余亲信溜进韩信十面埋伏大阵。刘邦还怕有什么闪失，令卢绾、张良率一支人马将项缠接应出来。

项羽闻项缠跑了，虎躯一震，说不出话来，心中翻起滔天巨浪。

苍茫的夜色笼罩着冰冷的垓下战场，韩信下令集中各营楚人会吹奏弹唱者，轮番唱起楚歌，以乱项羽军心。楚军忽听四面楚歌，歌声如风号雨泣、哀鸿遍野。真是归心似箭忆江东，却望南方是故乡。

项缠投敌的消息很快传遍西楚军大营，军队士气低落至谷底。如果突围不成，西楚军很快就面临断粮的局面。项羽收拾心情，作出分兵的规划，打算挑出800精锐骑兵，亲自统率突围南下，去会稽郡与项声会合，以图东山再起。即便突围不成，力战而亡，也算死得轰轰烈烈！垓下战场则由钟离眛统揽全局，其他亲兵共同统率剩余近9万西楚军。若汉军大幅度追击项羽，西楚大军应该也能突围而出，即使一部分西楚军投降，将来项羽东山再起，这些人必然也是身在汉营心在楚的。

项羽魂牵梦系的美人名为虞姬，心爱的坐骑名为乌骓，这一人一马是项羽最难割舍的。若带着虞姬突围，肯定是个累赘，若留虞姬在楚营，又担心被俘后遭遇羞辱。

项羽犹豫不决，吩咐左右取出酒肴，和虞姬对饮数觥。平日此时何等惬意，今日却越饮越愁。

项羽饮酒间满腔怨愤，心绪如潮，想起自己起兵8年，身经大小70余战，未曾一次败北，所当必破，所击必服，东征西讨，所向无敌，遂至称霸天下。谁知到了今日，身陷重围，连最爱的人都保护不了，真是英雄气短，儿女情长。

项羽心中有许多言语，口中却说不出，吟诗道："力拔山兮气盖世，时不利兮骓不逝。骓不逝兮可奈何，虞兮虞兮奈若何！"

虞姬一寸芳心如小鹿乱撞，得知项羽之意，亦吟诗道："汉兵已略地。四方楚歌声。大王意气尽。贱妾何聊生！"

项羽闻虞姬吟诗，声情凄咽，虎目流下两行眼泪。虞姬早已低头悲啼，泪痕满袖。左右亲兵见此情形，尽皆痛哭失声，气氛悲壮。

过了片刻，虞姬对项羽说道："大王自己保重，贱妾不能相随，早寻一死，免被汉兵凌辱！"说罢拔起佩剑自刎，顿时血溅珠喉，香消玉殒。

项羽痛哭一场，酒气渐去，收拾心情开始调兵遣将。一番安排后，又叮嘱钟离眜，若实在抵抗不住，可投降韩信。

部署完毕，项羽披挂上乌骓马，率精锐 800 骑相随，向南突围。突围军如嗜血的猛兽，任手上的兵器肆虐，挡者无不命丧当场。

韩信目送项羽突围，却下令不追，因为外围还有 30 万汉军。

项羽朝柴武这个方向突破，这边楚人很多，并未全力阻击。项羽突破到外围，仍有 300 余骑，此刻面对的是绝不会心慈手软的灌婴军。这支军队组建之初是以秦朝骑兵为核心的，对项羽恨之入骨。

刘邦早遍告诸军，击杀或生擒项羽者无问官职，赐千斤金，封万户侯。灌婴军怎肯放过封侯的机会，人人力战不退。

于是项羽 300 多骑向南奔逃，灌婴 9000 骑兵在后面追，垓下之战还没打完。

韩信麾下齐兵多，此刻齐军将士斗志昂扬，绝不肯放弃千载难逢的复仇时机，发誓绝不留活口。

经过几日的鏖战，垓下 10 万西楚军阵亡 8 万。钟离眜没有辜负项羽重托，他给韩信军造成同等数量的杀伤，导致除了灌婴在追项羽，其他汉军悉数留在垓下。最后时刻钟离眜还是率领数千精锐，投降韩信。另有 1 万多西楚军装死躲藏在混乱的战场中，才捡回一命。

英布闻项缠在张良军中，立即率军前来，要杀项缠报仇。项缠杀了英布全家，仇人就在眼前，此仇不报，愧为人夫，愧为人父。

刘邦及时出现，阻止了一场火并。后来刘邦令项缠改姓刘，封射阳侯，以报鸿门宴之恩。鸿门宴上，如果项缠不与项庄一起舞剑，项庄可能就一剑击杀刘邦了。这件事对英布刺激很大，后来英布决定起兵反刘，这是原因之一。

刘邦对项氏枝属，皆不诛，甚至还封了 4 个侯。项缠改名刘缠，封射阳侯，食邑不详。项襄改名刘襄，封桃侯，食邑 1000 户。项佗改名刘佗，封平皋侯，食邑 580 户。另有不知名的项某，改姓刘，封玄武侯。

项缠真是苍天眷顾，洪福齐天，命中有贵人。作为楚国上柱国项燕之子，秦始皇杀不了他，作为西楚霸王项羽的叔父，刘邦不杀他。秦始皇杀不了项缠，是因为张良所救。刘邦不杀项缠，也是因张良从中斡旋。张良就是项缠的命中贵人。项缠受封的射阳侯，食邑不详，但肯定超过 1000 户。后来刘邦灭淮南国，淮南王英布未能报项缠杀全家之仇，反而先被刘邦所杀，你说项缠的命好不好。

项羽率 800 骑脱出垓下重围，还剩 300 余骑。追击项羽的汉军骑兵军团共约 9000 骑，分为三股势力。

汉国御史大夫灌婴作为骑兵统帅，主要率领以秦朝降卒为主的骑兵，这也是两年多前组建骑兵军团时的主力，再加少量诸侯降卒，数量约有 5000 人。

齐国大司马丁复，经过济北之战、鲁下之战、固陵之战等战役，3000 骑兵损失近半。垓下之战前，张良给刘邦献策，令齐国大司马丁复独自统本部骑兵，不再受灌婴节制。韩信因骑兵少、战力不能抗衡项羽，打算挖壕沟布下十面埋伏之阵，便用仅存的骑兵补足丁复 3000 骑兵。刘邦、韩信都在拉拢丁复，刘邦不费吹灰之力便削弱了韩信。

第三股势力来自刘邦嫡系，由将军周定统率 1000 骑兵，名为增援灌婴，实则监督灌婴和丁复，起到监军作用。灌婴也是刘邦心腹，但跟随韩信作战已经两年多，张良建议刘邦留一手。周定在刘邦沛县起兵时就担任舍人，在刘邦军团中资历可排进前二十，刘邦立为汉王时，他就是周信侯了。周定在三秦之战中立功，军职提升到郎中骑将。不过此后跟随刘邦作战，寸功未立，非常憋屈。此番刘邦拜其为将军，统率 1000 骑兵跟随灌婴追击项羽，一来让其立功，二来监督灌婴和丁复。

项羽至淮水河边，由于南渡船只数量有限，仅百余人渡过淮河。余者凿沉渡船，反身与灌婴骑兵军团的先锋丁复军血战。

丁复为了减少战损，采用疲敌之策，布阵连番骚扰，花了两天才击溃这 200 骑兵。丁复也因此错过围攻项羽的巅峰时刻，但他战功赫赫，除韩信和卢绾，谁敢说战功超过丁复？

项羽渡过淮河后，前行半日，到了阴陵。此地浓雾弥漫，项羽在沼泽地迷失了方向，遇到一个大湖，不得已折回，耽误大半天时间，正遇上周定统率的 1000 骑兵。

周定跟在人困马乏的项羽军后面，不断蚕食落伍的敌骑。项羽的乌骓马日行千里，众骑在沼泽地跟不上，等走出沼泽地到东城，项羽身边仅余 28 骑。

刘邦称天子后，封周定为魏其侯，食邑 100 户。

周定近 1000 骑，将项羽 29 骑包围，北边还有灌婴的骑兵大队正在赶来。项羽从垓下到乌江的路线如图 3-34 所示。

项羽脸现不屑之色，对 28 人干笑道："寡人起兵八年，身经大小七十余战，所挡必破，所击必服，未曾有一次败北，遂至称霸天下。然今卒困于此，此天之亡我，非战之罪也。今晚诸君随我突围，必斩将刈旗，全身而回，可知乃天亡我，非战之罪也！"

项羽率 28 骑来到一小山，分为四队，布成圆阵。项羽猛喝一声，如晴空霹雳，乌骓马风驰电掣，霸王戟破空而出，28 骑也纵马飞驰下山，挡者披靡，斩一都尉，杀上百人。

此时灌婴的骑兵大队赶到，先锋郎中骑将杨喜率骑兵杀到，击杀两名西楚骑兵，策马追赶。项羽回过头来，厉声大喝，杨喜的坐骑受惊，往回跑了上百步才停下来。

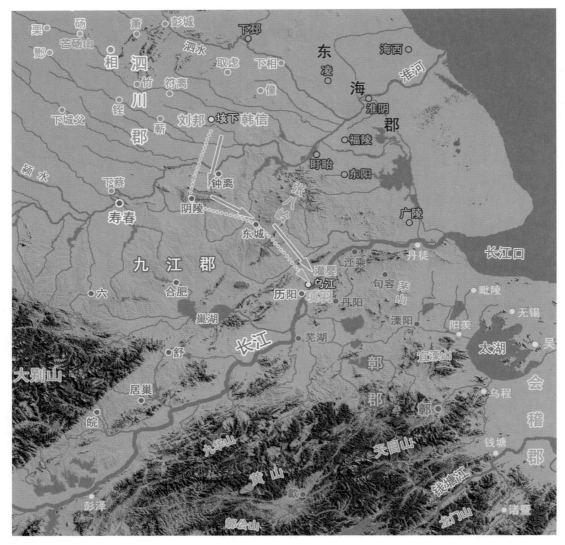

图 3-34　项羽乌江自刎

杨喜是秦将杨熊的亲弟，此时灌婴麾下有 6 个秦军降将担任郎中骑将以上军职，他们跟随韩信和灌婴作战，中规中矩。但此刻有击杀项羽的机会，他们个个血脉愤张，攘袂扼腕，誓要车裂之。

项羽麾下 28 骑到山之东边相聚，竟然只损失两骑。

项羽率 26 骑到了长江北岸的乌江（安徽省马鞍山市和县乌江镇），恰遇乌江亭长和一从人撑船接应，泊在岸边。

亭长见项羽到来，便迎上去拜倒："江东虽小，地方千里，人口数十万，亦足立国称王，望大王速即渡江。此处唯小臣有一船，汉兵即使追来，亦无船可渡，大王尽管放心。"

项羽虎目环视 26 骑，见众人都有必死之心，怎好意思独自逃亡。乌江不是无船渡，耻向东吴再起兵。他含笑对亭长道："寡人率领江东子弟 8000 人渡江西行，如今竟只存 26 人。即使江东父老奉我为王，我又有何面目与之相见！纵使江东父老并不责问，我心独不惭愧？今日乃天亡我，非用兵之罪！"

项羽说罢长叹一声跳下乌骓马，见亭长叹惜不已，不愿离去，便牵马过去道："寡人骑此乌骓马五年，曾一日行千里，临阵所向无敌，我不忍让它陪葬。今日赐你，带回江东吧，日后见此马即如见我。"

亭长知霸王心意已决，便牵马上船。谁知乌骓马咆哮跳跃，回顾霸王，恋恋不舍。亲卫将乌骓马强行拉上船头，亭长与从人便撑船渡江。船行到江心，乌骓马长嘶数声，往大江波涛中一跃，不知所往。

亭长含泪离开后，项羽不忍 26 战骑陪葬，令 26 骑亲兵都下马，放马归山。

项羽拔出越王剑，令部下各持短兵，背对背结阵接战。项羽率军奋勇厮杀，越王剑所及之处，血如泉涌，无半合之将。项羽等击杀汉兵数百人，最终寡不敌众，身边 26 人全部战死。项羽亦受伤 10 余处，自知力竭，便欲自尽。

此刻项羽忽然见到一位故人，乃汉军骑司马吕马童，此人本是王离所属郎中骑将，派去增援章邯，随章邯一并投降项羽。吕马童曾在校场上表演骑射本领，项羽大加赞赏，若非他是秦人，项羽肯定会提拔为钟离眜这种级别的将军。后来吕马童因项羽坑杀秦军俘虏，不满雍王章邯，投降汉王刘邦。

项羽马鞭指着吕马童问道："若非吾故人乎？"

吕马童则转头向郎中骑将王翳介绍道："此为霸王也。"

吕马童一方面是回应项羽，另一方面是向军职低一级的王翳说明情况。王翳是王离的堂弟，虽然投降汉军仅 3 个月，在汉军中的军职不高，但秦系将领都唯马首是瞻。在汉军中的秦人有自己的圈子，并不完全以军职论高低。

项羽虎目含泪道："吾闻汉王（刘邦）悬赏我头者，赐金千斤，邑万户。汝是吾之故友，今日便卖个人情给汝。"说罢拔剑自刎而死，年仅 29 岁。虞姬之别，乌江之刎，苍凉悲咽，大家阅书至此，虽铁石心肠，亦当泪如雨下。

生当作人杰，死亦为鬼雄。至今思项羽，不肯过江东。项羽乌江自刎处如图 3-35 所示。

后世很多文人墨客都为项羽惋惜，毕竟他只有 29 岁，刘邦已经 53 岁。如果项羽知道刘邦只能再活六年半，恐怕会选择过江等待时机。因为这六年半当中，燕王臧荼、韩王信、淮南王英布、梁王彭越都会反叛刘邦，而兵法第一大家楚王韩信也未必和刘邦一条心。即使没有白登之围，冒顿单于控弦 40 万，也是刘邦难以承受之重。乌江夜若渡，两汉不姓刘。项羽如果过江，一切很难说，但历史没有如果，这就是李清照惋惜之处。

项羽既死，5 位秦军将领聚在一起商议如何认领战功。王翳加入汉军仅 3 个月，没什么战功，但他是名将之后，身份特殊。于是王翳取项羽人头，杨喜、吕马童、吕胜、杨武各取一段肢体。

驷马山引江水道

乌江镇
霸王祠

长江

图 3-35　乌江镇霸王祠（项羽乌江自刎处附近）

战后刘邦果然不食言，将 7300 户之地分为 5 处，封杨喜为赤泉侯，食邑 1900 户；王翳为杜衍侯，食邑 1700 户；吕马童为中水侯，食邑 1500 户；吕胜为涅阳侯，食邑 1500 户；杨武为吴防侯，食邑 700 户。

从封赏的结果来看，总数 7300 户，还没有丁复一个人的 7800 户多，可见汉军的战功还是以团队战斗胜利为主。

赤泉侯杨喜的后人在汉朝一直身居高位，曾孙杨敞封安平侯，是司马迁的女婿。八世孙杨震、九世孙杨秉、十世孙杨赐、十一世孙杨彪都官至东汉太尉，与袁绍袁术的袁氏旗鼓相当。正因为出身高贵，杨彪之子杨修虽在曹操帐下效力，却不怎么看得起曹操。

杨喜的十八世孙杨坚，便是隋朝开国皇帝隋文帝。项羽之死，受益最大的是刘邦和杨喜两个人。

第四章 巩固天下

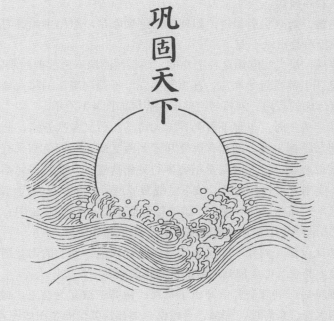

第一节 灭异姓王

● 定陶分封诸侯，齐王韩信改立楚王，刘肥立为齐王

从大泽乡起兵到楚汉相争，8 年战争，壮者死于锋镝战火，老弱死于颠沛流离。大小城邑十室九空，商贾巨富自筑堡垒，以避寇盗。强壮者落草为寇，老弱者饿死道旁，真是满目疮痍。

公元前 202 年 1 月，刘邦在定陶即皇帝位，大宴功臣，分封诸侯。

刘邦先对功臣道："诸君随我攻秦灭楚，劳苦数年，助成帝业。今日宴会，君臣同乐，各皆尽量一醉。"

将士奉命，欢呼痛饮。

刘邦饮至半酣，对众将尉说道：即使黄河细如衣带，泰山平如磨刀石，诸位的封国山河永固，子孙后代沧海桑田永不变。"

刘邦分封诸侯，最大的麻烦是齐王韩信。如果按照垓下之战前的承诺，"陈以东至海"都封给韩信，半壁江山都要封给韩信。凡事预则立，不预则废。刘邦在垓下之战前后，进行了未寒积薪、深谋远虑的布局。刘邦封给韩信的齐国如图 4-1 所示。

刘邦立韩信为齐王时，也拜丁复为齐国大司马，后又多次笼络，此刻丁复率麾下骑兵脱离韩信，若刘邦与韩信火并，刘邦有灌婴和丁复两支骑兵，韩信则只有步兵。韩信率齐军南下后，刘邦的两位心腹——汉国左丞相曹参与齐相傅宽，立即从济北郡东进临淄，名义上帮韩信镇守齐国，实则占了韩信老巢。垓下之战激战过后，齐军损失八九万，原地休整了数天。在这短暂的空当，刘邦令周勃率领一军迅速接管泗水郡、东海郡 22 县；灌婴则率骑兵长驱直入，从九江郡的历阳渡长江，斩会稽郡长项声，共取得 52 县。

由于项羽乌江自刎，刘邦军团迅速接管西楚国地盘。项羽的西楚国有 9 个郡，现在除了砀郡在彭越手上，其余八郡大部分地盘都在刘邦的控制下。

做了这些铺垫后，刘邦向韩信开出了条件：由齐王改立为楚王，封地从 4 个郡增至 5 个郡——薛郡、泗水郡、东海郡、郯郡、会稽郡。刘邦封韩信的楚国如图 4-2 所示。

楚国面积比齐国大，城邑比齐国多。最重要一点，韩信是东海郡淮阴人，土生土长的楚国人，抛开别的因素，他确实更乐于做楚王。

楚汉时期的战将，韩信说自己第二，恐怕无人敢称第一。但论玩权谋，钩心斗角，尔虞我诈，韩信几乎一窍不通，跳不出刘邦的手掌心。

齐王韩信改封楚王过程中没有发生任何变故，这与刘邦未雨绸缪、先发制人、提前布局是分不开的。

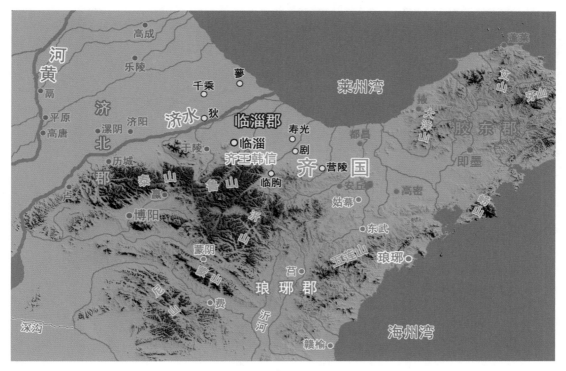

图 4-1　韩信的齐国

　　当时天下一分为十，除刘邦外还有 9 个异姓诸侯王，即楚王韩信（定都下邳）、韩王信（定都阳翟）、淮南王英布（定都六）、梁王彭越（定都陶）、长沙王吴芮（定都临湘）、赵王张敖（定都襄国，即信都）、燕王臧荼（定都蓟）、闽越王驺无诸（定都东冶，今福建福州）、东瓯王驺摇（又称东海王，定都东海，即今浙江温州）。此外岭南的赵陀也称霸一方，且不受刘邦节制。此时的情形，好比几十年前战国七雄再加宋国、越国、中山国。

　　刘邦名义上是天下共主，而那些诸侯王多是原来就画地为王了，刘邦只是顺势而为立他们为王，好齐心协力对付项羽。

　　项羽分封时重用亲信和跟随自己入关的将领，无视各地以及占据土地的诸侯，结果制造了许多矛盾，导致天下大乱，齐、燕、赵三国比汉国还要先起兵。刘邦吸取教训，封王基本以军事实力和所占地盘为标准，大部分诸侯王原本就已经盘踞各地，刘邦所做的不过是顺水推舟。

　　除了诸侯王，针对有战功的将领还要分封一大批功臣侯，由于地盘有限，僧多粥少。

　　刘邦集团论战功，韩信所属的将尉军功最多，这些人心中忐忑，人心躁动，怕刘邦只封亲信，差点引发兵变。

　　刘邦几个心腹都束手无策，若严格论功行赏，刘邦麾下将尉大多在荥阳一带受阻，怎比得了韩信灭三秦、西魏、代、赵、齐，迫降燕国，以及作为垓下之战的总指挥。沛县帮等刘邦心腹都不想放弃多封的机会，刘邦自己也害怕韩信麾下这些将军势力过大。

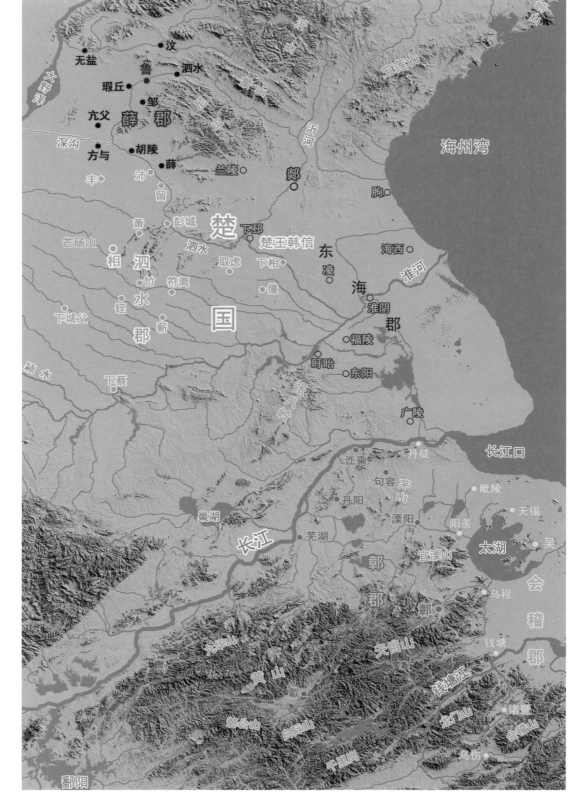

图 4-2　韩信的楚国

刘邦最理想的分封方式，是给所有功臣都削封，减少封邑，但这样两边不讨好，后果难测。

此时太傅张良挺身而出。他身为帝师，行相国事，刘邦准备给他3万户，居列侯之首。张良相忍为国，请刘邦给他削封成1万户。

按照张良的标准，刘邦其他心腹如果不降低封邑，怎么说得过去。

张良试探着问刘邦："陛下最恨的人是谁？"

刘邦咬牙切齿回答："雍齿。"雍齿也是沛县人，他据丰邑叛刘邦，害得刘邦4次攻击丰邑，找项梁借兵才攻下。后来雍齿跟随常山王张耳来投，刘邦迫于形势没有杀他，其实早已恨之入骨。

张良胸有成竹道："陛下若封雍齿为侯，多给食邑，楚王（韩信）麾下将士必安心。"

刘邦咬牙切齿封最恨的人雍齿为什方侯，食邑2500户，在度量上，刘邦比项羽强太多。果然韩信所属将尉再无人怀疑刘邦藏有私心，军心安定下来。

雍齿这一生，正应了那句古语：人道我贵，非我之能也，此乃时也、运也、命也。

张良祖孙三人担任六任韩王的相国，所谓六世相王，这才是一个相国应该有的格局。而刘邦名义的相国萧何与之相比，水平可就有云泥之别了。

刘邦前后分封的功臣侯有143位，其中食邑5000户以上的至少有：长安侯卢绾，食邑约3万户；周吕侯吕泽，食邑约2万户；平阳侯曹参，食邑10600户；留侯张良，食邑10000户；绛侯周勃，食邑8100户；鄼侯萧何，食邑8000户；阳都侯丁复，7800户；汝阴侯夏侯婴，6900户；信武侯靳歙，5300户；舞阳侯樊哙，5000户；颖阴侯灌婴，5000户；曲逆侯陈平，5000户。

齐王韩信改立为楚王，空出来的齐王之位，刘邦早有打算，封给了长子刘肥，拜左丞相曹参为齐相，辅佐之。

刘邦有8个儿子，分别是长子刘肥、次子刘盈、三子刘如意、四子刘恒、五子刘恢、六子刘友、七子刘长、八子刘建。

刘邦灭异姓王的过程，也是将7个儿子（除太子刘盈）裂土封王的过程。

此时刘邦长子刘肥三十几岁，次子刘盈（太子）8岁，三子刘如意只有3岁，其他儿子就更小或未出生。若要稳固地盘，立一位至亲为齐王，刘肥是最好的人选。

刘邦年轻时不务正业，是个游侠，和卢绾到处游山玩水。刘邦与外妇曹氏结下露水姻缘，生下长子刘肥。秦汉婚姻讲究门当户对，女子地位不对等不能做正妻，只能做妾，如果条件很差只能做没有名分的通房丫头。曹氏是外妇，地位比通房丫头还低，可能与父亲家族失散，成了无根之木、无源之水，是个苦命的女人。

后来刘邦以沛县泗水亭长的身份迎娶富商之女吕雉，算是门户对上了，不过那时庶出长子刘肥已经十几岁，比后母吕雉小不了多少。

刘肥的齐国有4个郡，近百个城，定都在临淄。此时的齐国疆域，与战国时田单复齐后的齐国，或王贲灭齐时的齐国相比，多一个琅琊郡。刘邦封刘肥的齐国如图4-3所示。

齐国自田单复齐到秦灭齐50年，没有派出一支军队走出国门。齐人坐拥渔盐之利，国泰民安，歌舞升平。

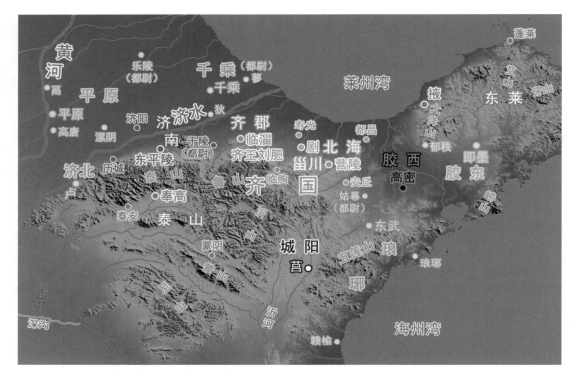

图 4-3　刘肥的齐国

从秦末到楚汉相争，齐国几乎远离中原主战场。韩信挥师进入齐国，击溃项羽的大将龙且之兵，双方的主力也都不是齐人。

齐国是汉初人口最多的封国，车水马龙，一片繁荣景象。后来齐国经过多次拆分，最多为 13 个郡（国）——泰山郡、平原郡、济南郡、济北国、齐郡、千乘郡、菑川国、高密国、北海郡、胶东国、东莱郡、琅琊郡、城阳国，要知道汉朝鼎盛时一共只有一百零几个郡（国）。齐王刘肥都临淄，有 142 万户，约 620 万人。

齐国西北有赵王张耳，西南有梁王彭越，南边有楚王韩信，万一打起来，刘肥哪招架得住。

刘邦早有布局，左丞相曹参没有参加垓下之战，留在齐地安抚军民。战后刘邦再拜曹参为齐国相国，辅佐齐王刘肥。曹参身份特殊，在朝廷是左丞相，在齐国是相国，封平阳侯，食邑 10600 户，位居所有 143 位侯爵第三位，次于长安侯卢绾（约 3 万户）和周吕侯吕泽（约 2 万户）。

太尉卢绾后来立为燕王，食邑约 52 万户，但卢绾没有保住燕王之位，最后连命都搭进去了。吕泽是外戚，但吕氏一族在汉文帝即位前全部被铲除。因此曹参才是善终的功臣当中食邑最多的。

刘肥洪福齐天，前后生了 13 个儿子。

公元前 192 年，齐王刘肥来朝，此时刘邦已经驾崩 3 年。吕后欲毒杀刘肥，汉惠帝刘盈仁厚，刻意保护兄长。刘肥主动将城阳郡献给鲁元公主（吕雉之女）作为汤沐邑，才得以全身而退。

3 年后齐王刘肥去世，齐国经吕后、文帝、景帝、武帝轮番削弱，最终拆分为 13 个郡国。刘邦 8 个儿子，除了惠帝，另外 6 个儿子的封地郡国数再没有超过刘肥的，可见刘邦父爱如山，也是对长子刘肥不能即天子位的补偿。

● 卢绾灭临江国，楚王韩信削为淮阴侯，楚国一分为二

刘邦分封诸侯完毕，听闻一桩怪事，西楚旧地多望风归附，但薛郡的鲁城一直拼死抵抗，不肯投降。

原来当初义帝立项羽为鲁公，封地就是以鲁城（曲阜）为中心的。刘邦大怒，亲率大军兵临城下，欲待城破，屠其军民，毁其城郭。

刘邦令人用杆子挑着项羽首级，告知鲁城军民项羽已亡。鲁城吏民痛哭流涕，开城门迎项羽人头归来。

刘邦也找到台阶下，他命收拾项羽尸身，用鲁公礼葬于谷城，并亲自发丧，而且祭文写得很漂亮，说刘邦项羽本是兄弟，承蒙兄弟项羽照顾父亲和夫人 3 年，可见兄弟感情深厚。刘邦一边读着祭文，一边泪下沾襟，鲁城军民为之动容，投降。

等到刘邦立长子刘肥为齐王，立即令刘肥毁了曲阜城，后来重修曲阜，面积和规模约为原来的 1/3。

以前臣服于西楚的诸侯国，此时只有临江国未降。临江国三郡，南郡在长江北岸，黔中郡和长沙郡在长江南岸，都临长江，因此称临江国。项羽封共敖的临江国如图 4-4 所示。

临江王共敖于一年前驾崩，其子共尉即位。共氏有多个渊源，包括姜姓的共工氏、子姓、姬姓、芈姓，战国时楚武王芈通封王子于共邑，共尉来自这支芈姓共氏，也是楚国宗亲。

垓下之战后，共尉派人出使汉国，希望得到赵王张敖或燕王臧荼这样的地位，名义上尊刘邦为天下共主，但可以保留本国全部封地。然而今时不同往日，项羽一死，临江王失去了谈判的筹码。

公元前 202 年 2 月，刘邦以太尉卢绾为主将，将军刘贾为副将，南下九江郡集结，准备出征临江国。

卢绾大军是从定陶出发的，拥立刘邦为天子，并立韩信为楚王后，卢绾的护驾任务顺利完成。卢绾与刘贾的军队，是当初在赵国从韩信手上取得的两万赵兵，经过多次大战，如今增至 4 万余人，这是卢绾的嫡系人马。

卢绾此行，除了要消灭临江国，还有几个目的。垓下之战前，卢绾和英布匆匆北上围堵项羽，九江郡由新降的周殷镇守，这次卢绾要帮助英布站稳脚跟，削夺周殷的兵权。

在楚汉战争中，英布的岳父衡山王吴芮一直没有动兵，现在刘邦遥封吴芮为长沙王，希望吴芮率军赶到九江郡，协助英布掌控局面，然后跟随卢绾一道出兵临江国。

总体来说，卢绾南下九江郡再西进临江国，目的是打压周殷，控制淮南王英布和长沙王吴芮，最后再灭临江国。

衡山王吴芮年老多病，其子吴臣率军赶到九江郡六城，与卢绾和英布会合。周殷最大的

汉江

武当山

荆山

唐河

襄阳

邓

大洪山

巫山

巫

秭归

夷陵

当阳

云梦

南 郡

汉江

江陵

竟陵

夷道

临江王共敖

云 梦 泽

临 江 国

长江

葛蒲山

澧水

巴丘

零阳

临沅

洞庭

迁陵

黔

沅水

资江

益阳

沅陵

中

临湘

郡

义陵

昭陵

长

沙

郡

湘

江

鄀

八十里大南山

江湘

泉陵

萧水

阳明山

灵渠

郴

骑田岭

图 4-4 共敖的临江国

靠山项羽倒了，明知对方削夺自己兵权，也只能步步退却，最后收缩到舒城，让出了大部分地盘。卢绾也没有把周殷逼上死路，拜周殷为淮南国大司马，辅佐淮南王英布，此举当然也可以让英布和周殷互相节制。

5月，汉国太尉卢绾、将军刘贾、淮南王英布、长沙国世子吴臣，率7万多将士，从九江郡西征临江国。

临江国将军黄极忠本为南方盗贼首领，共敖奉义帝之命西进南郡，黄极忠便率群盗来投，后成为临江王共敖麾下实力干将。

这次汉军来攻，黄极忠自然不肯为共尉效命，临阵率部投降，并引汉军攻击江陵。黄极忠后来被封为邔（qǐ）侯，食邑1000户。

7月，卢绾攻破江陵城，俘虏临江王共尉。卢绾将共尉押送到洛阳，刘邦下令枭首示众。

临江国三郡，南郡归汉帝刘邦，长沙郡和黔中郡属长沙王吴芮。楚汉战争中，汉国太尉卢绾的战功仅次于楚王韩信，刘贾也可比肩曹参、周勃。卢绾灭临江国后的形势如图4-5所示。

楚王韩信定都下邳之后，立即赶往故乡淮阴，衣锦还乡。当年韩信在河边钓鱼，一位冲洗丝锦的老妇经常分饭菜给韩信吃，韩信称之为"漂母"，此番回来赏赐"漂母"千金。韩信又派人将那个令自己蒙受胯下之辱的恶少年请来，不但不杀，还要授中尉（汉初位比三公，后位比九卿）之职。恶少年只顾"咚咚"磕头请罪，绝不肯担任官职。

楚国人民闻之，都称赞楚王韩信不计前嫌，是一位贤王。

同一件事传到刘邦耳中，令他如芒刺背，坐卧不安。护军中尉陈平献出一条连环计，谋划将楚王韩信抓捕到洛阳来。

陈平之计的第一步是派随何出使楚国，希望韩信杀掉钟离眜，献上人头，解除刘邦的猜疑。随何曾出使九江国，硬是把九江王英布说得与项羽反目，在他巧舌如簧的表演下，韩信杀了钟离眜。

当初韩信与钟离眜都是西楚霸王项羽麾下的执戟郎中（亲兵队长之一），两人是无话不谈的挚友，但都不得志。后来韩信投奔刘邦，钟离眜先是到丰县和沛县抓走了刘邦的父亲和夫人，后又率军攻克荥阳，杀汉军无数。垓下之战，项羽突围后，钟离眜率军拼死抵抗，最后时刻投降韩信。

公元前202年12月，陈平之计第二步展开。刘邦假装出游云梦泽，会盟济水以南的诸侯梁王彭越、楚王韩信、淮南王英布、长沙王吴芮于陈城，巡狩山野。之所以不在洛阳会盟狩猎，是担心诸侯王不来。陈城此时还由项羽所封的陈公利几把守，对刘邦来说也不是主场，诸侯王果然心安神泰，全部赶来会盟。

韩信带了钟离眜的首级来到陈城，真是自投罗网。刘邦废其楚王，贬为淮阴侯（韩信的故乡在淮阴，今江苏淮阴市西南甘罗城），并随刘邦返回洛阳。淮阴侯食邑不详，其实也不重要了，刘邦就没想要放韩信活着回封地。

韩信自汉中拜大将军，明修栈道暗度陈仓，灭三秦；瓦罂渡黄河灭西魏、代国；越太行山灭赵国；隔空迫降燕国；过济水灭齐国；垓下之战十面埋伏破项羽，无敌于秦末汉初。

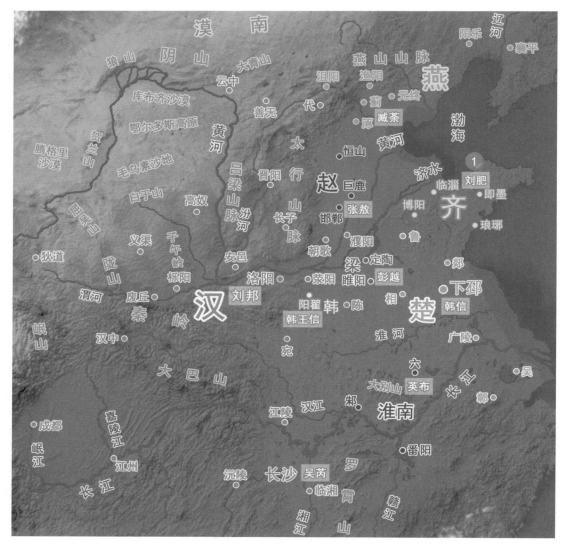

图 4-5　卢绾灭临江国后的形势

　　韩信之于刘邦，好比王翦、王贲之于秦始皇，功高震主。王翦、王贲父子告老还乡，换取王氏家族的安全。韩信却裂土立为楚王，其结局早已注定。

　　飞鸟尽，良弓藏。天下已定，韩信当擒。

　　刘邦将楚国一分为二，大致以淮河为界，北边仍称楚国，定都彭城；南边称荆国（吴国），定都广陵。

　　刘邦以亲弟刘交为楚王，定都彭城，有 3 个郡，后分为 5 个郡（国），计 36 个县；以宗室中最大的功臣刘贾为荆王，定都长江以北的广陵，也有 3 个郡，后分为 5 个郡（国），计 52 个县。

　　刘邦兄弟四个，前三个是同父同母，后一个刘交是异母弟。长兄早逝，二兄刘喜好酒色，不过刘太公认为刘喜最有出息。刘邦和四弟刘交年轻时都是游侠，与狐朋狗友游山玩水，学孔子周游列国。

刘邦好武，后来做了亭长，押送囚徒。刘交好文，拜荀子的弟子浮丘伯为师，也就是荀子的徒孙，曾为《诗经》作传注，号为《元王诗》。

按道理刘邦若立兄弟为王，理应先立二兄刘喜，但他认为刘喜贪财好色，胸无大志，是个没见过世面的土鳖。封王可以，等以后灭了其他异姓王再说。刘邦封给刘交的楚国如图 4-6 所示。

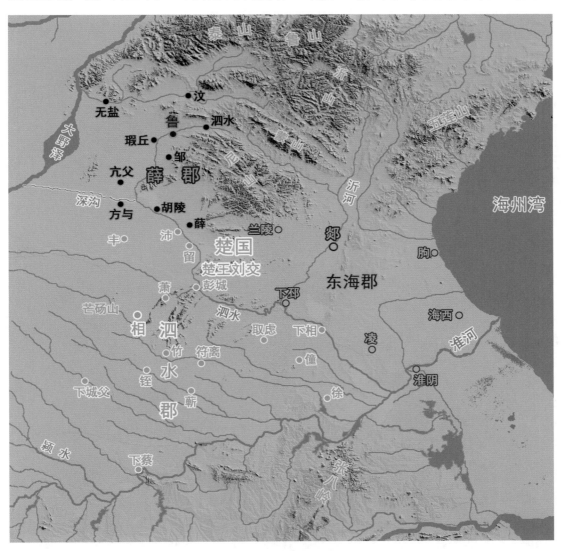

图 4-6　刘交的楚国

荆王（吴王）刘贾是刘邦堂弟，虽然一直跟着刘邦，却在灭秦过程中没什么战功。汉国北上灭三秦之战时，刘贾跟着大将军韩信，首次拜将军，算是捡到了战功。

太尉卢绾从赵国领兵2万多去大野泽，与彭越联合作战，将军刘贾担任副将。卢绾与彭越连兵后，第一次南下攻击下邳，击败项声、郯公，杀薛公，迫使项羽从荥阳战场退兵。第二次南下砀郡，攻下睢阳、外黄等17座城，再次迫使项羽从荥阳退兵。

埃下之战前，太尉卢绾、淮南王英布南下九江郡，迫使西楚大司马周殷率军投降，刘贾也跟着卢绾收割战功。刘邦在定陶分封诸侯后，长安侯太尉卢绾率军攻灭项羽所立的临江国，刘贾继续跟着卢绾捡战功。

"战功赫赫"的刘贾，其祖父与刘邦的祖父是兄弟，因此得立为荆王，也无人敢有异议。刘邦封给刘贾的荆国（吴国）如图4-7所示。

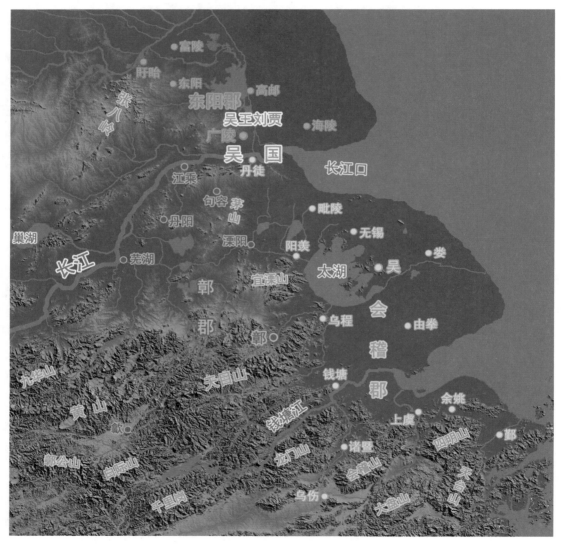

图 4-7　刘贾的吴国

● 灭燕王臧荼，卢绾立为燕王，逼反韩王信

卢绾灭临江国后，刘邦所立诸侯王大多曾与其并肩作战，只有燕王臧荼几年前是项羽麾下的战将，与刘邦毫无瓜葛，下一个要灭的诸侯就是燕王臧荼。

楚汉时期的燕国与战国时期的燕国疆域相当，定都蓟（今北京市），有 7 个郡——广阳郡、涿郡、上谷郡、渔阳郡、右北平郡、辽西郡、辽东郡，只比西汉的幽州少一个渤海郡。

后来项羽起兵，王离围困赵国都城巨鹿。燕赵领土相连，赵亡则燕国危，燕王韩广当然明白唇亡齿寒的道理，于是派部将臧荼率军追随项羽。

等到项羽灭秦，分封诸侯，将燕国一分为二，立臧荼为燕王，辖广阳郡、涿郡、上谷郡、渔阳郡四郡，原燕王韩广改立为辽东王，辖右北平郡、辽西郡、辽东郡三郡。

辽东王韩广自知打不过臧荼，又不愿去辽东，便在无终（今天津蓟县）自称燕王。结果两个燕王火并，臧荼实力更胜一筹，杀了韩广。

臧氏源自春秋时鲁孝公之子彄（kōu），以封地臧邑为氏，属姬姓。韩广源自战国七雄的韩国，也是姬姓。而春秋战国的燕国，源自周武王姬发的亲弟姬奭。臧荼、韩广与战国燕国宗室同样是姬姓，都是周文王的后代，这也是燕国百姓能认同臧荼、韩广的原因之一。

燕王臧荼投降韩信后，曾派燕相昭涉掉尾、燕将温疥、都尉翟盱率兵 3000 南下驰援刘邦，这支军队在刘邦项羽在荥阳地区对峙时赶到，可以说雪中送炭。

垓下之战后，相国昭涉掉尾率部并入刘邦大军，背叛了臧荼。将军温疥回到燕国后，成了新的燕相。

其实将军温疥也早就投靠了刘邦，他回到燕国拜相只为制衡臧荼。刘邦下这一步棋就是为了日后灭掉燕王臧荼。

臧荼做了 5 年燕王，他吸取燕王韩广的教训，和东胡的乌桓关系密切，并且联系上了匈奴冒顿单于。面对刘邦的威胁，臧荼不会束手就擒，必然有一番鱼死网破的挣扎。

此时匈奴的单于是冒顿大单于，匈奴历史上最伟大的人物，相当于中原王朝的秦始皇。北方边防压力很大，刘邦便征调韩国的兵力北上太原郡。

刘邦帐下有两个韩信，其中一个是兵法大师韩信，先立齐王后改立楚王再贬为淮阴侯。另一个韩信，是战国七雄之一韩国的宗室，是韩襄王之孙，按辈分是韩王安（战国最后一个韩王）的叔叔，史称韩王信。

灭掉项羽所立的韩王郑昌后，刘邦立韩王信在韩国旧地颍川郡，定都阳翟（战国时韩国定都新郑前，曾定都阳翟）。

韩国乃人口稠密之地，虽只有颍川一个郡，但有 43 万户，约 221 万人，比整个燕国人口还多。刘邦调韩国兵北上，除了防匈奴，另一个目的当然是削弱韩国。

韩王信眼看楚王韩信被贬为淮阴侯，燕王臧荼则直接被灭国，便以进为退，主动请缨，将都城北移到代国雁门郡马邑（今山西朔州），进入大同盆地，意思是替代王挡匈奴的箭，帮天子守国门抵御匈奴。

天子守国门，君王死社稷。既然天子不能定都北方边郡，那王臣代办，刘邦没有理由拒绝。

公元前 201 年春天，刘邦把韩王信的封地迁至太原郡，包括上党郡部分区域，定都晋阳。韩王信虽带走数万军队和十几万人口，但总人口仍大幅缩水，毕竟大部分百姓还是不想背井离乡，离开水土肥美之地。韩王信北迁的路线如图 4-8 所示。

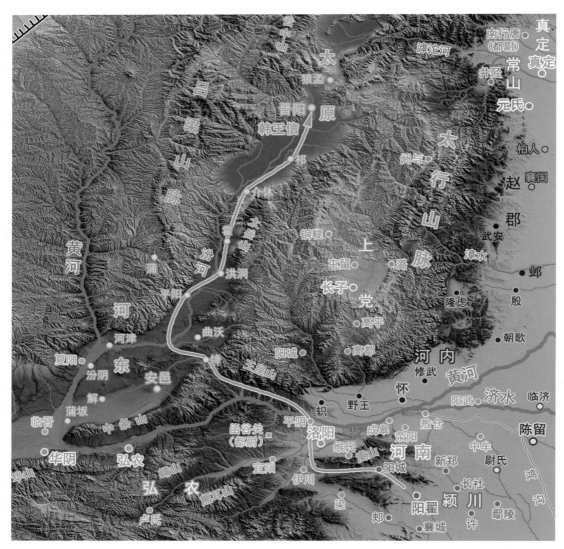

图 4-8　韩王信北迁

太原郡是赵国旧地，晋阳也是赵国的旧都，韩王信在这里没有群众基础，他的根基在中原的阳翟、新郑一带，这为他的败亡埋下了伏笔。

刘邦又立二哥宜信侯刘喜为代王，领云中、雁门、代郡的 53 个县。

此时北方出现了 3 个王：韩王信，代王刘喜，燕王臧荼。

代王刘喜夹在韩王信与燕王臧荼之间，不但隔断了二王的联系，也能在刘邦灭二王时起到作用。韩王信此时还偏向刘邦，燕王臧荼却先下手为强，亲自领兵进入代郡，与匈奴联手，企图打通与韩王信之间的通道，迫使韩王信反刘邦。

代国 3 个郡，云中、雁门都落入匈奴之手，代郡则由匈奴与燕国瓜分，代王刘喜还未就国已经失国，这也给了刘邦起兵灭燕国的理由。

公元前 201 年 7 月，刘邦御驾亲征，太尉卢绾总揽大局。卢绾以梁相郦商为先锋，统率数万人马过易水，北上攻击涿县，郦商又以燕相昭涉掉尾和燕都尉翟盯为开路先锋；同时令将军樊哙为偏师，攻击代郡。

留守蓟城的燕相温疥果然率兵反戈一击，令臧荼腹背受敌。最终臧荼死于乱军之中，其子臧衍逃亡到匈奴，将军栾布被擒。

臧荼的孙女臧儿先嫁王仲为妻，生女儿王娡、王儿姁和儿子王信，后又改嫁田氏，生二子田蚡、田胜。王娡与王儿姁一起嫁给汉景帝刘启，王娡生汉武帝。臧儿因而被封为平原君。

这场战争仅持续了两个月。匈奴一般是秋季南下，刘邦要赶在夏季结束前拿下燕国，所以卢绾督军猛进。

当时左丞相曹参已经出任齐相，刘邦迁右丞相萧何为左丞相，拜郦商为右丞相，食邑增加到 5000 户；郦商麾下给汉军引路的前燕相昭涉掉尾封平州侯，食邑 1000 户；前燕都尉翟盯封衍侯，食邑 900 户；前燕相温疥封栒侯，食邑 1900 户。

燕国 52 万户，约 218 万人，放在中原也比不上人口最多的郡。但燕国有 7 个郡，地方广大，要直面匈奴和乌桓的侵扰，人口捉襟见肘。燕国只能作为一个整体统一调度资源才可能抵抗匈奴，否则各郡各自为战，那是必败无疑。

谁来帮刘邦镇守半个北疆，抵抗匈奴呢？刘邦心中早有人选，他改立长安侯卢绾为燕王。燕地七郡的位置如图 4-9 所示。

卢绾与刘邦都是丰县中阳里人，而且同年同月同日生。卢绾之父与刘邦之父称兄道弟，都是士大夫家庭出身。卢绾与刘邦从小一起读书，年少时一起游山玩水，是两个游侠，曾跑到魏国祭拜信陵君。刘邦从丰县到沛县出任亭长，常押送壮丁去关中，卢绾必然如影随形。刘邦在咸阳看到秦始皇，说出那句经典的话——"大丈夫当如此"时，卢绾就在旁边，还点头应和。刘邦因押送犯人失败躲入芒砀山里，卢绾立即回丰县带着家丁追随。

在反秦过程中，卢绾拜太尉，掌军事，刘邦则乐于做甩手掌柜。卢绾经常替代刘邦发号施令，军中将领见卢绾如见刘邦，不分彼此。卢绾进出刘邦大帐从不避讳，直接坐到榻上与刘邦议事。楚汉战争中，卢绾从韩信处分兵 2 万，一袭下邳、二袭砀县，两次迫使项羽撤兵，为刘邦解荥阳之围。随后卢绾取东郡，定九江国，灭临江国，建不赏之功。刘邦与卢绾的缘分以及相互信任的特质，贯穿生命始终，曹参、周勃、樊哙等与刘邦的关系都不及卢绾。卢绾先封长安侯，再立为燕王，实至名归。刘邦所封异姓诸侯王除了燕王卢绾，其他都是本已占地为王的。

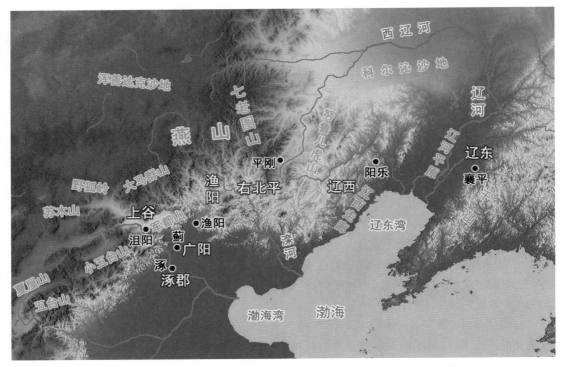

图 4-9　燕地七郡

为了适当制衡卢绾，刘邦迁蜀郡太守林挚为燕国相国，封为平棘侯，食邑 1000 户。林挚是亢父人，不是卢绾所在丰县帮。自项羽立刘邦为汉王起，刘邦就让林挚做了蜀郡太守，整个楚汉战争期间，林挚都稳守后方，与前方功臣瓜葛不大，和卢绾肯定不是一路人。

卢绾立为燕王时，匈奴已经占据云中、雁门、代郡不少地盘，刘邦便立二哥宜信侯刘喜为代王，领云中、雁门、代郡的 53 个县。

很快匈奴南下，包围太原郡的马邑。韩王信一面派人去洛阳求救兵，一面遣使到冒顿军中求和。

冒顿单于给韩王信开的条件很实际：只要韩王信名义上投降，仍然可统率本部军队，匈奴不打韩王信，也不抢韩王信的地盘，只打朝廷的军队，只在朝廷的地盘上抢掠。

韩王信与匈奴结盟，或许是为了保命。韩信先立齐王后改立楚王再贬为淮阴侯，燕王臧荼被杀，刘邦要铲除异姓诸侯王，这不是秘密，诸侯王人人自危。

公元前 200 年，刘邦亲征韩王信，周勃、樊哙、夏侯婴、灌婴、靳歙等悉数随驾，骑兵、车兵、步兵共 32 万人，一路浩浩荡荡，向北而进。

此战汉军收复大半个太原郡，引发匈奴 40 万骑兵将刘邦围困在白登山，战争过程请阅读本作第三册《大漠西域》。

白登之围后，刘邦南返洛阳，拜绛侯周勃为太尉，总领北方诸将，继续征讨韩王信和匈奴。

刘邦前脚来到洛阳，代王刘喜后脚就到。刘喜满面风尘，身着平民服饰，甚是狼狈。嘴上说是匈奴移兵寇代，抵敌不住，只好奔回。

代国领云中、雁门、代郡的 53 个县，虽然实际控制的远没这么多，不过太尉周勃仍在统兵收复城邑，赵相陈豨也领赵代地方兵在抵抗匈奴和叛军。

刘邦怒其不争，骂道："汝只配株守田园，怪不得见敌就逃，连封土都不管了。"

不过刘邦念亲兄手足之情，不忍重惩，只降为合阳侯。

刘邦改立第三子刘如意（戚夫人之子）为代王，将韩王信的太原郡并入代国，又在云中郡东部汉朝控制的部分置定襄郡。此时的代国有 5 个郡，约 38 万户，159 万人，与汉朝的并州相比，仅少一个上党郡。不过云中郡还是遥封的，雁门与代郡也有部分地区不在代国控制下。

戚夫人是刘邦最宠爱的夫人，戚夫人的父亲戚鳃是定陶人，自刘邦起兵第二年就一直追随，并把女儿嫁给刘邦为妾。

戚夫人貌赛西施，能歌善舞，出口成曲。此后刘邦与戚夫人坐则叠股，立则并肩，饮则交杯，食则同器。

公元前 207 年，刘邦趁项羽在北方作战出兵南阳。刘邦从南阳攻武关打算入关中，岳父戚鳃却对刘邦没有信心，他留在南阳，投奔了王陵。刘邦最爱戚夫人，却一直瞧不起戚鳃。刘邦麾下拜将军的有数十人，戚鳃仅是个都尉，曾镇守蕲城。凭借戚夫人这层关系，刘邦称天子后，封戚鳃为临辕侯，食邑仅 500 户。

公元前 206 年，刘邦立为汉王，刘盈 4 岁。直到此时刘邦也没有去接项羽地盘上的吕雉刘盈母子，这和戚夫人有直接关系。

公元前 205 年，彭城之战，刘邦率 56 万大军包围项羽西楚都城彭城。此时戚夫人在洛阳待产，等着刘邦凯旋。谁也没想到，项羽在彭城之战中创造了奇迹，以 3 万骑兵击溃 56 万诸侯军，斩首掳获超 20 余万。项羽还分兵两路去抓吕雉和刘太公，一路抓到吕雉和审食其这对露水鸳鸯，刘盈姐弟为汉军所救；另一路抓住刘太公，刘邦长子刘肥仓皇逃走。

刘邦逃回砀郡，和吕雉长兄吕泽达成协议：吕泽交出近 2 万兵力，条件是立刘盈为太子。此时戚夫人在洛阳，生下了刘邦第三个儿子刘如意。虽然吕雉被项羽掳获，吕泽仍保着刘盈入关中，与丞相萧何一起，扶立太子刘盈，并为刘邦输送粮草。刘邦吃了败仗，军心不稳，吕氏所在的沛县帮全都挺刘盈，刘邦再宠刘如意也只能从长计议。

从刘如意出生这一刻起，刘邦就有了废长立幼的想法，这导致大汉国一直有两个朝廷：刘邦率众将在荥阳一线作战，以洛阳为都；太子刘盈、太傅吕泽、丞相萧何则在关中，以栎阳为都。戚夫人和刘如意在洛阳，此后刘邦很少去栎阳，由于战争需要，常驻洛阳也还说得过去。

公元前 203 年，刘盈 7 岁，刘如意 2 岁。楚汉签订鸿沟和约，止纷争，罢干戈，约定以鸿沟为界中分天下，故而鸿沟被称为"楚河汉界"。项羽放归刘邦家人，吕雉去了栎阳，刘邦却仍留在洛阳。

刘邦与吕雉反目，和审食其有一定关系。审食其是吕氏门客，沛县人，刘邦起兵第一年，他以家臣的身份保护吕雉母子。

审食其面目清秀，口齿伶俐，夤缘迎合。吕雉如何说，审食其便如何做，唯唯诺诺，唯命是从。吕雉与刘邦分别7年，前5年在沛县，后两年被项羽囚禁。前5年吕雉与审食其朝夕相处，如同亲人。后两年刘邦救走一对子女，两人逐渐眉来眼去，相亲相爱，双宿双飞，俨然一对患难夫妻，昼夜不舍，还自以为瞒着同样被囚禁的刘太公。然而纸包不住火，刘邦终有所察觉。

公元前202年，太子刘盈8岁，刘如意3岁。垓下之战，韩信十面埋伏，项羽乌江自刎。

公元前201年，太子刘盈9岁，刘如意4岁。刘邦在定陶即皇帝位，大宴功臣，分封诸侯，其中封审食其为辟阳侯。

虽然萧何、吕泽等人将关中经营得有声有色，但刘邦帐下还是关东人居多，甚至沛县丰县嫡系也是原楚国人，大多数人希望定都洛阳，距家乡近。刘邦一来不想落入吕氏控制下，二来与戚夫人浓情蜜意，三来顺应将士心意，准备定都洛阳。

公元前200年，太子刘盈10岁，刘如意5岁，立为代王。

● 刘如意立为赵王，刘恒立为代王，陈豨反，韩信死

公元前199年，太子刘盈11岁，代王刘如意6岁。吕后的长兄吕泽去世，吕氏风雨飘摇。戚夫人日夜挑拨，刘邦开始考虑改立太子。

公元前198年，太子刘盈12岁，代王刘如意7岁。刘邦来到赵国邯郸，召见女婿赵王张敖。

赵王张耳比项羽早死几个月，其子张敖即位，正值楚汉决战之际。刘邦为了笼络赵王张敖，把吕后独生女鲁元公主嫁给张敖。当时张敖已经39岁，子女不少（非鲁元公主所生），自己都做祖父了。

几个月后项羽乌江自刎，张敖之于刘邦，从重要盟友变成了巨大的威胁。刘邦便以抵御匈奴为名拜陈豨为代相，统领赵代两国之兵。赵国有自己的相国贯高，此人是张耳的死忠，一心护主，刘邦没有直接将他撤换，以免产生难以猜度的后果。

陈豨是楚王韩信麾下大将，善用兵，常仰慕信陵君魏无忌。陈豨在军中威信极高，他在任这几年频繁调动赵国兵马，赵军只认陈豨，不识张敖。

刘邦降赵王张敖为宣平侯，并迫使赵相贯高在狱中自杀，理由当然是参与谋反。张敖作为第二代赵王，军队归代相陈豨统领，他只有束手就擒的份儿。

鲁元公主嫁给赵王改变了张敖的命运，死罪可免，由王降为侯已经是刘邦对他最大的恩赐了。

从赵国11个郡国到一个县侯，落差可想而知，不过张敖的命不错。刘邦死后吕后要杀刘邦长子齐王刘肥，刘肥便送了一个城阳郡给鲁元公主。

张敖此前所生的子女全部贬为庶民，他和鲁元公主生了女儿张嫣和儿子张偃。后来吕后将张嫣嫁给汉惠帝（外甥女嫁舅舅），立为皇后；将张偃立为鲁王，在城阳郡的基础上增加薛

郡，鲁国有两个郡。

张敖和鲁元公主死后，都陪葬在汉惠帝安陵旁，鲁元公主之墓封土气势恢宏，史学家一度认为是赵王刘如意之墓，张敖的墓封土要小得多，但也配得上侯爵待遇。

张敖的赵国亡了，刘邦改立三子代王刘如意（7 岁）为赵王，立四子刘恒（4 岁）为代王。刘邦封给刘如意的赵国如图 4-10 所示。

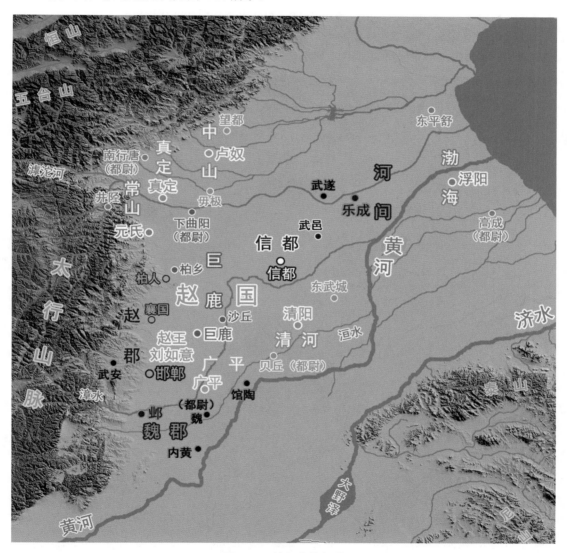

图 4-10 刘如意的赵国

战国时期的赵国，横跨太行山东西两侧，赵武灵王把赵国一分为二，太行山以东留给赵惠文王，仍称赵国，太行山以西封给长子赵章，称为代国。如今刘邦还是将赵国一分为二，太行山以东的赵国改封给刘如意，太行山以西的代国封给四子刘恒。

后来经过多次拆分，赵国有 11 个郡（国）——中山、真定、常山、河间、渤海、信都、巨鹿、清河、广平、赵郡、魏郡，约 139 万户，608 万人。与战国时期的赵国相比，还增加了一个从魏国划出的魏郡。西门豹治邺的邺城就在魏郡，三国时袁绍、曹操先后定都邺，可见此处之繁华。赵国有了魏郡也是蓬荜生辉。

当时代相陈豨兼领赵、代两国之兵，对抗北边的匈奴、韩王信等势力。戚夫人舍不得儿子远走，便留在身边。而代王刘恒，则在其母薄姬要求下立即前往代国。

此时的代国有 5 个郡，约 38 万户，159 万人。刘邦封刘恒的代国如图 4-11 所示。刘邦立赵王刘如意和代王刘恒后形势如图 4-12 所示。

图 4-11　刘恒的代国

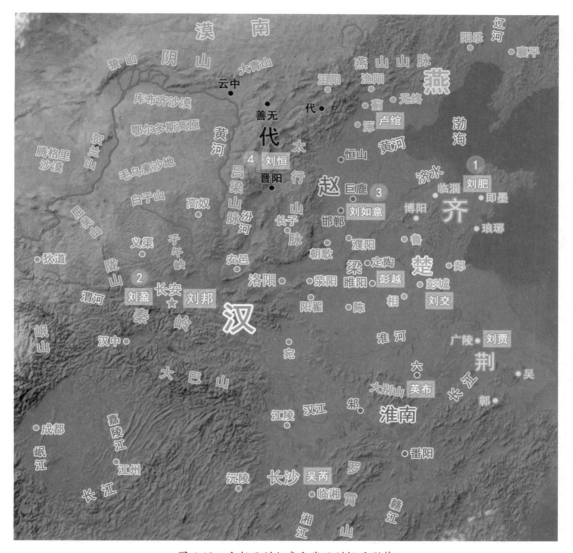

图 4-12 立赵王刘如意和代王刘恒后形势

代国五郡当中，只有太原郡完全在汉朝掌控中，其他四郡（云中、定襄、雁门、代郡）或多或少都有些地方在匈奴或汉朝叛将的控制下。刘邦的二哥代王刘喜正是因为害怕才从代国逃了回来，因此国除。汉朝叛将韩王信和陈豨锋芒逼人，匈奴人更是潜师袭远，常来霸占草场。

刘恒的代国与大哥刘肥的齐国、三哥刘如意的赵国相比，那真是有云泥之别。

薄姬是见精识精之人，完全可以等到刘恒年长后再让他就国，但她反其道行之，催促刘恒去代国，自己也要跟着去。正常来说年幼的王子受封，父王健在，母妃是不会跟随的。

表面看薄姬把自己与儿子都置之死地，其对手吕后偷着笑都来不及，怎么会阻止呢？此后吕雉要对付的，主要就是赵王刘如意。

薄姬之母魏媪本为魏王宗室女。秦灭魏，魏媪流落他乡，与会稽郡吴县（今江苏苏州）人薄公私通，生下薄姬。楚汉之争时，魏王豹在位，魏媪将其女薄姬送入魏宫为嫔妃。

女巫许负看到薄姬袅袅婷婷、齐齐整整，惊愕道："将来必生龙种，当为天子。"

魏王豹惊喜道："大师再给我看看。"

许负口灿莲花："大王大富大贵，疆土必会大增。"

后来项羽改立魏王豹为西魏王豹，从东郡迁到河东，地方确实大了不少。

许负精通相术，曾为许多王公贵族相面，预言非常灵验，后被刘邦封为鸣雌侯。许负老了后还给周亚夫看过相，说他3年以后会被封为列侯，再8年出将入相，再9年饿死，竟然全部应验。

汉国大将军韩信攻灭西魏国，俘虏西魏王豹。西魏王后宫佳丽都充当奴婢，送到织室。后来刘邦去织室，把一众佳丽都纳入汉王后宫，雨露均沾。

在魏王豹的后宫佳丽中，刘邦最宠管夫人、赵子儿二人。薄姬八面玲珑、福慧双修，与这二人交好，也得以入侍汉王。

一夜临幸，薄姬感觉苍龙据腹，后来便为刘邦生下第四个龙子刘恒。

赵国这边，在废赵王张敖之前，刘邦令代相陈豨统率赵代两国之兵抵御匈奴，讨伐韩王信。废赵王张敖之后，拜御史大夫周昌为赵相，统领赵国之兵，分代相陈豨之兵。

陈豨礼贤下士，远近之人争相附骥攀鳞。陈豨为将守边，遂多招门客，收养死士，无论其人贫富贵贱，一律平等看待。

韩信麾下战将中，陈豨排到前五位是没问题的，而且两人关系密切。陈豨出任代相前，曾去辞别韩信。韩信屏退左右，执陈豨之手，意味深长地说："足下所守代地，乃精兵所聚，兵家必争之地。今陛下委以重任，非宠信足下，形势所迫耳。若有人来言足下谋反，初次陛下未必相信，二次陛下必然生疑，三次陛下定然发怒，必亲自领兵征讨。"

陈豨当即道："谨受尊教。"

韩信这番预测可以说料事如神，可惜他被降为淮阴侯且困在都城才有这番感悟，若他早几年领悟，恐怕汉朝就不存在了。

其实不止韩信的部将仍念旧情，就连樊哙也对韩信俯首帖耳。樊哙请韩信到府上，仍自称臣，称韩信为大王。樊哙只有在三秦之战时受韩信点拨，后来韩信灭西魏、代、赵、齐等国，樊哙都没有参与。樊哙对韩信，更多的是崇拜，他由衷佩服韩信用兵之神。

周昌到了赵国后马上告状，说陈豨横行赵代，占尽邯郸府邸豪宅，门客家将不计其数，出行车马千余辆。

不久赵相周昌再次写密信告状，说陈豨与韩王信有密切往来，韩王信的将领王黄、曼丘臣更是出现陈豨军中，陈豨与匈奴的关系也很暧昧。

公元前197年7月，刘邦的父亲刘煓崩于栎阳宫，王侯将相都来会葬，刘邦借着丧事遣使往召陈豨。

陈豨知道自己是韩信的部将，朝中无人，便托言病重，不肯来长安。

9月，在刘邦多次催促逼迫下，陈豨举兵叛变，自称代王。此时刘邦的爱子代王刘如意并未就国，不然陈豨就挟代王以令刘邦了。

刘邦闻信如临大敌，立即率军星夜东进，屯兵邯郸，同时召集天下兵马多路合围。

邯郸本地军队老弱病残居多，精锐全被陈豨带走。刘邦拉拢本地豪族，拜4位族长为将，各封1000户。赵代有许多商贾支持陈豨，甚至有巨富还做了部将，刘邦遣人多用金钱收买商贾，断陈豨的财路，又下诏尽赦陈豨麾下将领和百姓，以离间其党羽。

刘邦在邯郸忙碌，吕后在长安也做了一件大事：她在长乐宫中将韩信斩首。从军事上说，韩信是汉朝建立的头号功臣，刘邦早想杀韩信、彭越，但不能亲自下手，害怕寒了将士的心。刘邦一共封了143位功侯，其中约一半侯爷是跟着韩信立下战功的，韩信之于汉朝好比王翦王贲父子之于秦朝。

此时吕氏宗主吕泽死了两年，吕泽的旧部丁复、郭蒙、蛊逢等人都淡出军中，吕雉必须拉拢军中将领来稳固太子刘盈的地位。

刘邦帐下手握兵权的大将之中，樊哙自然支持太子，曹参、周勃都是沛县人，也会支持太子，不过燕王卢绾只听刘邦的，应该是已经站队到赵王刘如意那边了。

萧何给吕后出了一个卑鄙龌龊的主意：用酷刑杀韩信并诛三族，以拉拢右丞相郦商。原来郦商之兄郦食其曾说服齐王与汉王结盟，韩信却从赵国突袭齐国，导致齐相田横烹杀郦食其，此后郦商立誓要杀韩信和田横。

萧何登门拜访韩信，说吕后久慕大名，希望能在宫中宴请为大汉朝立下赫赫战功的齐王韩信、楚王韩信。

韩信与吕后几乎没有交集，项羽释放吕雉时，韩信已经攻下齐国，受封齐王。樊哙与韩信关系密切，樊哙之妻还是吕雉的妹妹。韩信怎会料到吕雉要加害他。

韩信随萧何踏入长乐宫门，顿感杀气凝霜。

吕后早已埋伏了武士等候，见韩信进来，便长戈木盾一拥而上，韩信手无寸铁，只好束手就擒。韩信正要质问萧何这是何故，萧何早从武士腿边爬走，消失得无影无踪。

当初在汉中，萧何月下追韩信，现在却设计害韩信，真是成也萧何败也萧何。

长乐宫一间钟室，吕后凤目射出寒光，冷哼道："立即斩首。"

韩信临刑前叹道："吾悔不听蒯彻之言，致为女子所欺，岂非天命。"说罢引颈受戮。

在死前的最后一刻，韩信脑海中回想起最后一次见到李左车的画面。在韩信受封齐王的大宴上，李左车给韩信敬酒后，韩信见他神光内蕴、不可测度，一副欲言又止的样子，但当时敬酒的人太多，韩信没有时间问缘故，此后李左车便不告而别。

吕后把淮阴侯韩信处以五刑（文面，割鼻，砍断左右趾，用荆条抽打致死，枭首示众，将尸体剁成肉酱），并诛三族。

狡兔死，走狗烹。敌国破，良将亡。这年刘邦59岁，韩信31岁。韩信被诛三族，据传亲兵带着他的一个儿子逃到广西，改姓韦。

异姓王当中，只有韩信令刘邦畏惧。刘邦用计抓了韩信，将其贬为淮阴侯，囚禁起来。

即使韩信只是个笼中之鸟，刘邦仍然十分忌惮。

吕雉与韩信几乎没有交集，正常来说可以将韩信砍头，并礼葬之。吕雉杀得如此残忍，主要是为了拉拢右丞相郦商。在太子刘盈和赵王刘如意之争中，刘邦的态度倾向赵王刘如意，吕雉必须拉拢盟友。

公元前198年11月，刘邦的各路大军全部开拔，兵分四路。南路刘邦坐镇邯郸，令郦商、樊哙、夏侯婴、灌婴从赵国南部往北攻，东路齐相曹参从齐国攻击聊城，西路太尉周勃由太原郡北上雁门郡，北路燕王卢绾攻击代郡。平韩王信、陈豨之东线和南线如图4-13所示。平韩王信、陈豨之西线和北线如图4-14所示。

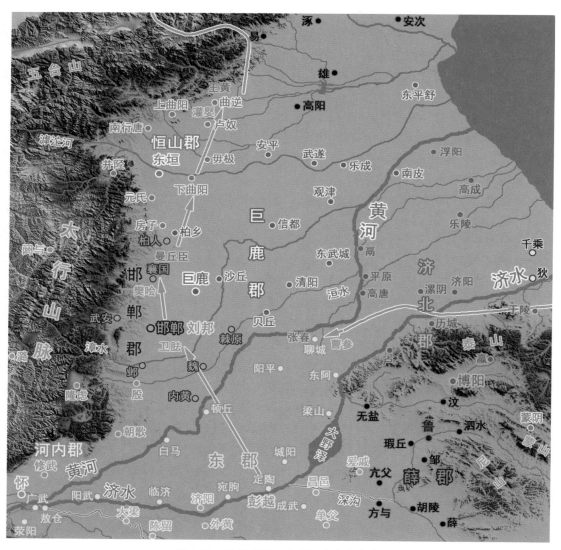

图 4-13　平韩王信、陈豨之东线和南线

图 4-14　平韩王信、陈豨之西线和北线

如果回到战国时期，等于秦齐燕魏韩五国攻打赵国，这次大战双方调动的兵力比白登之围还多。

陈豨绝没有困守的想法，他看似冒险的一招主动出击便破掉汉军的战略部署。陈豨令部将张春领 3 万步卒渡过济水，拿下聊城，阻击齐国的兵力。

齐相曹参虽有 12 个郡国 10 余万兵力，却只能围住聊城，久攻不下。

聊城是一座中型城邑，几乎是一座水中岛屿。战国时期田单复齐，从燕国手中夺回绝大部分城邑，唯独攻不下聊城。当时聊城守军只有 500，陆续收容残兵后增至 3000 兵力，属于仓促组建的一支杂牌军。田单抵达聊城时有 2 万齐军，后陆续增兵到 6 万。一座齐国境内的孤城，20 倍的兵力，打了一年没有攻克。第二年稷下学宫的鲁仲连跑到聊城，劝降了粮草用尽的燕国守将。当年燕国孤军只有 3000，现在张春有 3 万兵，只要囤积足够的粮草，聊城固若金汤。

由于东路军 10 余万人马受困聊城之下，原计划南路主力与东路军在赵国会师，20 万大军横扫陈豨军，但这个部署失败了，因为刘邦的南路军也只有 10 万。

南路刘邦坐镇邯郸，以樊哙为先锋，率 3 万人北上，攻打邯郸郡的襄国（信都）。镇守襄国的是曼丘臣，兵虽不多但阻击樊哙却绰绰有余。刘邦又令周昌率领 2 万支援，仍然无法攻克襄国城。

刘邦坐镇邯郸，帐下也只剩 5 万人，他不敢倾巢出兵，因为更南面的梁国态度不明。

梁王彭越称病按兵不动，并非要起兵反刘邦，而是拥兵自保。刘邦暴跳如雷却毫无办法，只能期待北路和西路先打开局面。

北路燕王卢绾本来可以在背后猛击陈豨，可是此时乌桓大举进犯，卢绾只好率步骑 2 万余人北上阻击，再无兵力牵制陈豨。

西路太尉周勃军，从东郡北上太原郡，兵力 6 万。当年秦国灭赵国，李信便是从太原北上，作为偏师攻克赵国北方诸郡。周勃与李信都是偏师，但李信面对的是空虚的赵北五郡，周勃与对手的兵力都大幅度提升，战争规模不可同日而语。

周勃北上后，在句注山下击败赵利军，接着越过句注山追到雁门郡马邑城下，大败赵利军。赵利是战国时赵国后裔，王黄拥立赵利，占据马邑，称赵王。

此战王黄在中山国一带驻军，赵利根本没有抵抗之力。周勃杀了赵利，在马邑屠城。周勃再北上，在大同盆地击败陈豨军，斩其部将乘马绨（姓乘马，名绨）。

周勃这一顿乱棍打得陈豨被迫改变战略，留王黄率领一支骑兵守恒山郡，自己亲率一军来到平城阻击周勃，韩王信则东移参合休整。

由于形势对汉军有利，梁王彭越审时度势，派心腹卫胠（qū）率军 3 万北上增援。刘邦将 3 万梁国援军全部派到前线，供樊哙调遣。樊哙下令让梁人饱食一顿，再为先登之士登上城墙，若回头将会被射杀，总之有进无退。

樊哙拿下襄国城，俘虏曼丘臣。灌婴率骑兵北上恒山郡，与王黄军激战，连克下曲阳、卢奴、曲逆，杀韩王信的部将王黄。

柴武则统率步兵，走飞狐陉、蒲阴陉登上太行山，与周勃东西夹击叛军。

此时周勃在西攻击陈豨，柴武在东进攻韩王信，叛军已兵败势穷。

最终柴武在参合大破敌军，杀韩王信。周勃则在平城东南方的当城破敌军，杀陈豨。

文帝时期，韩王信之子韩颓当被封为弓高侯，食邑 2000 户；韩王信太孙韩婴被封为襄城侯，食邑 2000 户。武帝时期，韩王信曾孙韩说先被封为龙额侯，食邑 1300 户，削爵后又封。可见韩氏在西汉一直都是高门大族。

陈豨的后代境遇就完全不同了，由于他和楚王韩信关系密切，汉朝史书力图清除其痕迹，陈豨的后人也未载入史册。韩信麾下的部将几乎都失势，就算能够善终的，也不会出将入相，能躲在封地上养老已经是最好的归宿。

东线张春在聊城闻两位主子兵败被诛，立刻开城突围，遭曹参伏击，大败，被杀。

攻灭韩王信和陈豨后，刘邦回到洛阳，立刻将刘如意赶到赵国就任，周昌仍为赵相辅佐。周昌以御史大夫监察百官，为人强势刚烈，直言骨鲠，就连萧何、曹参都怕他，其他人更不用说。

戚夫人闻刘如意要离开洛阳，向刘邦跪下，神色仓皇，未语先泣，见刘邦未置可否，索性号哭失声，婉转娇啼，不胜悲楚。刘邦确实动了心要废长立幼，只是怕将士反对，便婉语宽慰道："我本思立代王为太子，只是废长立幼终非名正言顺，还需从长计议。"

● 灭梁王彭越，刘恢立为梁王，刘友立为淮阳王

刘邦所立异姓王，楚王韩信、燕王臧荼、赵王张耳（其子张敖即位）、韩王信都已经灭国，接下来距长安和洛阳最近的是梁国。

定陶分封时，刘邦立彭越为梁王，定都定陶（今山东菏泽定陶区），封地是秦朝的砀郡及东郡南部地区，后拆分为 4 个郡国。战国时期魏国的都城是大梁，因此魏国又称梁国，魏王也称梁王。彭越的梁国与战国末魏国相比，少了东郡北部地区，算是一个缩水版的魏国。不过梁国位于中原富甲一方的地带，人口众多，商业繁荣。刘邦封彭越的梁国如图 4-15 所示。

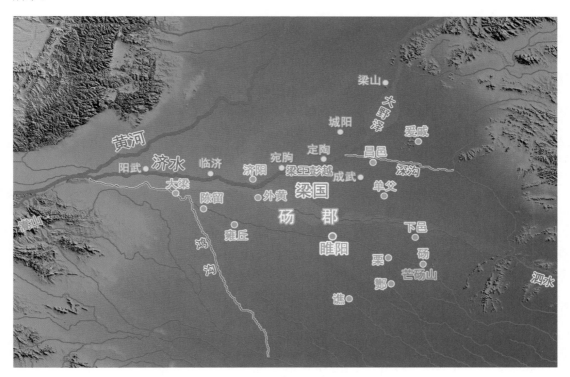

图 4-15　彭越的梁国

彭越是魏国昌邑人，他本是一个渔夫，后聚集了 100 余人，活跃在大野泽，主业打渔，副业打家劫舍。彭越起兵时只有 100 余人，约定日出之时练兵，结果 10 余人迟到，最晚的日中时分才到，按约定 10 余人当全部斩首。彭越心知非立威无以服众，但人多不可尽诛，两难之下，斩了到得最晚的那人。彭越并非杀伐果断之人，遇事犹豫不决，不敢打硬仗。

陈胜起兵时，彭越麾下的人劝其出兵响应，彭越说了 7 个字拒绝："两龙相斗，且待之。"项梁起兵北上时，彭越依然觉得时机未到。等到项梁兵败，彭越却邀请刘邦一起攻击昌邑，可见彭越是一个能隐忍且有远见的强盗头子。

项羽分封天下，没有赐彭越侯爵，齐相田荣派人赐彭越将军印绶，又供应粮草兵器，希望彭越一道起兵反项羽。霸王北征齐国，派萧公角率偏师攻击彭越，结果彭越大败萧公角。

彭城之战前，刘邦为了拉拢彭越出兵项羽，封其为梁相。彭城之战中，彭越一直作壁上观，没有直接参战。刘邦惨败后，彭越更不肯主动攻击项羽。刘邦采用张良之策，派太尉卢绾领 2 万多兵，裹挟彭越一道出兵项羽后方。结果卢绾在前面冲锋陷阵，彭越在后面捡拾战果，两次为刘邦解荥阳之围。

第二次解荥阳之围时，卢绾率汉军全师而退，彭越却被项羽打得落花流水，从此不敢再主动攻击西楚。垓下之战，彭越见韩信出兵，刘邦一方占据绝对优势，这才率军南下但也没有直接参战。

纵观彭越这几年用兵，在攻击战中一般都作为偏师躲在后面捡战果，很像项氏的砀郡长项佗。彭越在防御战中大败项羽的心腹萧公角，这场战斗彭越占据天时地利人和，再加上对方的统帅确实碌碌无为、不胜其任。

刘邦与彭越并无兄弟感情，纯粹是互相利用的关系。梁王席卷千里，南面称孤，早已成为刘邦眼中之钉，欲拔后快。刘邦处理彭越只是时间问题。

刘邦立彭越为梁王时，拜老将郦商为梁相，这让彭越如鲠在喉。梁国都城正是定陶，当时天下数十万兵马屯驻定陶附近，彭越敢怒不敢言。不过郦商这个梁相并不到梁国就任，彭越也就勉强接受了。

刘邦第一次抽调彭越兵马是北上灭燕王臧荼时。当时刘邦以梁相郦商为先锋，而郦商又派人到梁国，希望梁王派兵增援。

彭越虽然心中有一百个不愿意，但还是派奚意率军 5000 北上。

奚意本是魏王豹麾下的郎骑，魏王豹西迁到西魏国时，奚意没有追随，而是留在了砀郡。彭城之战期间，奚意见诸侯军声势浩大，便率数十人投奔了大野泽附近的彭越。

奚意手上这 5000 兵是他在历次战争中积沙成塔培养起来的，彭越一直比较忌惮。通过这次调兵，彭越正好去掉一个心腹大患。

奚意军北上后，在灭燕王臧荼的过程中也有战功，从此没有再回梁国。刘邦授奚意为太原都尉，封成阳侯，食邑 600 户。

刘邦第二次抽调彭越兵马是北上灭代相陈豨时。当时曹参统率的齐国兵马被陈豨部将张春阻挡在聊城，刘邦的兵力捉襟见肘，因此请梁王彭越亲自领兵增援。

彭越进退失据。若带兵去，后方被汉军鸠占鹊巢怎么办？若不带兵去，刘邦秋后算账怎么办？

彭越多次托病拒绝出兵，刘邦却不厌其烦派人讨要援军。彭越是个投机大师，却没有雄才大略，从不打硬仗。

由于汉军占据优势，彭越迫不得已，将梁国近 6 万机动兵力一分为二，自己称病不往邯郸，率兵近 3 万镇守梁国，由心腹卫胠率军 3 万北上增援刘邦。

彭越和卫胠，好比刘邦和卢绾、张耳和陈馀，有过命的交情。彭越娶了卫胠的妹妹，卫肱的父母家小都在定陶，他是最不可能背叛彭越的人。

卫肱北上后，在征讨韩王信、陈豨的战争中立有战功，受封武原侯，食邑 2800 户。此后卫肱也不再回梁国，而是交出兵权，回封地养老。彭越没有拿卫肱家族开刀，这要连坐至少得杀数百人，不知道会捅出多大娄子。彭越起兵时，杀一个训练迟到的人都犹豫半天，更不用说在内部大动干戈了。

经过两次抽调，梁王彭越的兵力还不如当初在大野泽的鼎盛期，机动兵力不足 3 万，很难守住梁国这么大的地方。

公元前 196 年初，刘邦邀彭越会猎于河洛，梁国将军扈辄劝谏彭越不可往。梁国太仆跑到洛阳，告发梁王彭越与扈辄意图谋反。

刘邦知道机不可失，立即起兵东进，梁国太仆的内应打开定陶城门，梁军猝不及防。刘邦杀扈辄，然后将彭越擒到洛阳，再下诏废为庶人，流放到蜀郡青衣县。

彭越率数十名死忠，装载了 10 余辆车财货，从关中前往巴蜀，没想到在关中郑地遇到皇后吕雉。郑城是西周时郑国的初封地，当年商鞅逃跑便是在这里被守军阻挡捉拿。

彭越与吕后并无交集，不过见了皇后，他还是率众在路旁三叩九拜。

吕后假意慰问，彭越泪流满面，自称无罪，希望能够得到吕后同情，为自己向刘邦求情，放他回昌邑故里。

吕后好言安慰，许诺一定还彭越一个清白。于是彭越千恩万谢，跟随吕后回到洛阳。

然而吕后见了刘邦，直言不讳说彭越这种人不可靠，如果把他放入巴蜀，早晚割据称王。而蜀道艰难，放彭越如放虎归山，养虎为患，不如诛杀之。

刘邦不能亲自杀彭越，如今有人代劳，自然一口应允，交给吕后全权办理。

3 月后，吕后将彭越枭首，悬其首级于洛阳，尸身处以醢刑（剁成肉酱）分赐其他王侯，并诛三族。

吕后与彭越无冤无仇，为何要上这等残酷手段呢？

吕后杀韩信，原因是要拉拢郦商，但用如此残酷的手段杀彭越又是为何呢？

这一年，太子刘盈 14 岁，赵王刘如意 9 岁。太子刘盈与赵王刘如意之争进入决胜阶段。戚夫人专宠后宫，日夜在刘邦面前颦眉泪眼，求改立刘如意为太子。当时吕氏顶梁柱吕泽死了 3 年，刘邦手握兵权，确实有一定把握废长立幼。

刘邦将一直跟随在自己身边的御史大夫周昌拜为赵相，辅佐赵王刘如意，又派人通知燕王卢绾，准备改立太子。

不过吕后杀韩信和彭越的手段，起到了震慑作用。赵相周昌从邯郸来到长安，被吕后立即请到寝宫。

周昌硬着头皮进入皇后寝宫，想不到吕后行跪拜之礼。皇后跪拜大臣，真是天下奇事。什么叫能屈能伸，吕雉真是教了大臣如何做人。

朝堂上，刘邦提出废立太子，群臣惊骇，黑压压跪了一地，一个个微言大义，无非说是立嫡以长，古今通例，且东宫册立多年，并无过失，不可无端废立，请陛下三思云云。

刘邦不肯听从，令人草拟诏书，御史大夫兼赵相周昌大喝道："不可！"

刘邦像个小孩，冲下去骑在周昌脖子上，俯首问道："汝是赵相，反不帮赵王说话，汝看朕是何等君主呢？"

周昌扭头怒视刘邦，假装骂道："陛下好似夏桀、商纣嘞！"

刘邦听了不觉大笑，站起身来，不再坚持写废立太子的诏书。

当年在沛县，刘邦与这帮兄弟就嬉笑怒骂，一次把夏侯婴弄伤还差点吃官司。周昌虽不是沛县人，但从担任中尉起，一直跟随刘邦左右，相处也有十几年了，对刘邦这些嬉皮笑脸、玩世不恭的行为非常了解。

刘邦废立太子之事只好延后，除了太子刘盈，长子刘肥已立为齐王，三子刘如意已立为赵王，四子刘恒已立为代王。并梁国地后，刘邦打算立五子刘恢和六子刘友为王。刘邦封刘恢的梁国如图 4-16 所示。刘邦封刘友的淮阳国如图 4-17 所示。

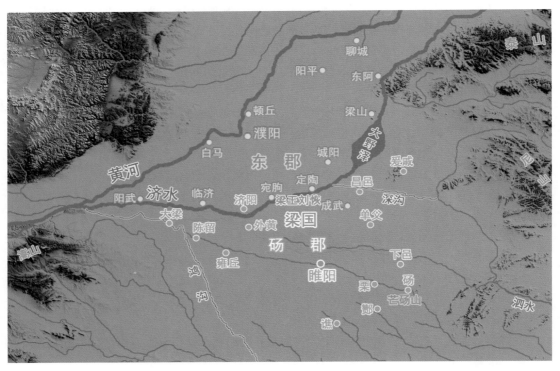

图 4-16　刘恢的梁国

随后刘邦将东郡北部并入梁国，立五子刘恢为梁王，都定陶。此时的梁国相当于秦朝的东郡和砀郡，近似战国末魏国的版图，后拆分为 6 个郡国——梁国、东郡、山阳、定陶、陈留、东平，有 133 万户，607 万人。

与此同时，刘邦立六子刘友为淮阳王，都陈城，封地是秦朝的颍川郡和陈郡，后拆分为 3 个郡国——颍川郡、淮阳郡、汝南郡，有 103 万户，579 万人。

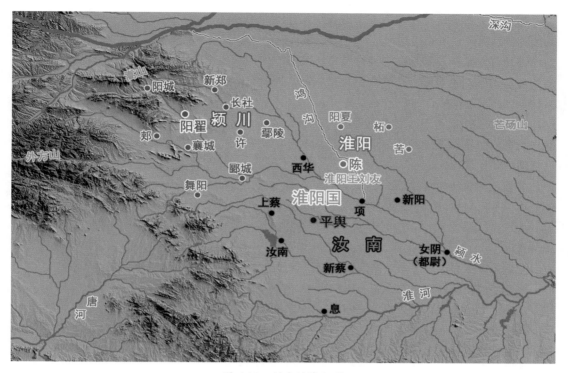

图 4-17　刘友的淮阳国

● 灭淮南王英布，立刘长为淮南王

　　吕雉在定陶将梁王彭越制成肉酱，快马传赐给其他诸侯。一日肉酱送到淮南国，传与淮南王。英布在望江楼临江宴请麾下将尉，正酒酣耳热，见汉帝所赐肉酱，忍不住探身于江边，呕吐不已。

　　英布经历多少风雨，看到楚王韩信、燕王臧荼、韩王信、梁王彭越结局，知道总有一天会轮到自己，近来只做两件事：一是生孩子，二是练兵。

　　早前项缠杀了英布妻小，英布要不生个儿子出来，淮南国再大，也无人继承。

　　淮南国中大夫贲赫与英布的一位王妃私通，还生了王子。这位王妃嘴不严实，一次在英布面前说贲赫忠义两全，英布勃然大怒。王妃追悔无及，哭得梨花带雨，宁死不认。英布发兵围住贲赫府邸，入内搜捕。贲赫自知必死，便走后门逃奔长安，向天子报称淮南王英布谋反，速请征讨。

　　英布得知贲赫跑到长安去了，便将贲赫全家尽行屠戮。

　　楚汉之际，英布自认为除项羽和韩信再无人能匹敌。输给龙且那次灭国之战，一是自己大意，二是当时九江国有不少项羽的人里应外合。如今项羽和韩信都已死，英布似乎又成了当年那个人人闻之丧胆的黥王。

刘邦北上平韩王信时，令英布派兵增援，英布对汉使虚与委蛇，未发一兵一卒。刘邦屯兵邯郸平陈豨时，英布拒绝出兵，他比彭越可是硬气多了。

公元前196年，刘邦决定征讨淮南王英布，但因为箭伤复发，不便出征，便想让太子刘盈亲征。太子刘盈柔弱，在外人看来是仁慈，在刘邦看来是蹉跎自误、萎靡不振，眼里总有一种难以言说的抑郁。

吕雉就这一个儿子，当然不肯让太子冒险亲征，此时吕雉的大哥吕泽已死3年，二哥吕释之为家族宗主。若刘邦改立赵王如意为太子，文武大臣或许能仰其鼻息，改换门庭，吕氏一族恐怕要抄家灭族。

吕释之神色凝重道："太子统兵，有功不能加封，无功却得受罪。况英布为天下猛将，素善用兵，不可轻敌。太子长期在外，赵王必取代之。"

次日吕雉来见刘邦，连哭带说："英布乃是天下猛将，善于用兵，非同小可。如今朝中诸将皆是陛下之人，岂肯听命太子？太子纵有本领，无从施展。若使英布闻知，愈加放胆，长驱西来，天下危矣。陛下虽然抱病，勉强统兵前进，诸将见陛下亲征，何人敢不尽力？"

刘邦断然拒绝，他只相信戚夫人的眼泪。

吕后回到寝宫，凤目生寒，立即叫二哥建成侯吕释之去求助张良。

此时张良正托辞多病，不肯在朝中任职，闭门不出已有一段时日。他看透了朝中的明争暗斗，尤其是这夺嫡之争，搞不好就要陪葬。

寒暄已毕，吕释之屏退左右说道："侯爷身为太傅，皇上言听计从，今日皇上欲易太子，此事侯爷怎可坐视不理？"

张良悠然答道："从前汉王屡遭危困，故肯听吾之计；如今天下安定，天子万事自有主意。且此事非口舌可争，非我等力所能及。"

吕释之道："侯爷既不能谏阻，请为我设计。"

张良再三推辞，吕释之威逼利诱，张良不敢触吕后之怒，便出一妙计。

原来秦朝有4名高士，年皆八十有余，因不满秦之暴政，岩栖谷隐。四人皓首庞眉，号为"商山四皓"（隐居终南山），分别是东园公、夏黄公、绮里季、角里先生。刘邦定都长安后，曾派人请4人出山，遭拒。

此番吕释之带着张良的书信，以周文王迎吕尚（姜子牙）之礼，把商山四皓请到长安，住在吕释之府上。太子拜商山四皓为师，待之甚是恭敬。

随后商山四皓跟随太子入宫见天子，刘邦见四人须眉皓齿，衣冠甚伟，便责问为何自己请不出来，太子却能请四人出来。

商山四皓答道："臣等闻太子为人仁孝，礼贤下士，天下莫不延颈欲为太子死者，故臣等来耳。"

刘邦知商山四皓是反秦的一面旗帜，轻易不想与之翻脸，便不再逼迫太子出征。

刘邦这边还没确定统帅人选，英布却率先发难。

英布的战略是12个字：东取荆楚，北占齐鲁，传檄燕赵。意思是东进攻占荆王刘贾、楚王刘交的地盘，再北上攻取齐王刘肥的领土。对燕王卢绾和赵王刘如意，以结盟为主，南方人不适合北上渡过黄河作战，如此便可占据齐楚故地，足以对抗汉廷。

英布对麾下将尉说道："昔日刘季用兵，以韩信定西魏、代、赵、齐、西楚，以卢绾骚扰霸王后方，如今韩信已死，卢绾远走燕国，余者不足虑，我等取天下不难。"

英布从六城起兵，走长江北岸东进，在荆国（吴国）都城广陵遭遇荆王刘贾的军队。一场大战，刘贾兵败北逃。英布亲自领兵追杀，在富陵追到刘贾，一刀斩首。

这一战说明，刘氏除了刘邦确实没有将才。刘贾跟着卢绾立了不少战功，自诩为刘氏第一战将，结果在英布面前一战便灭国。英布灭荆国（吴国）及攻楚国的路线如图 4-18 所示。

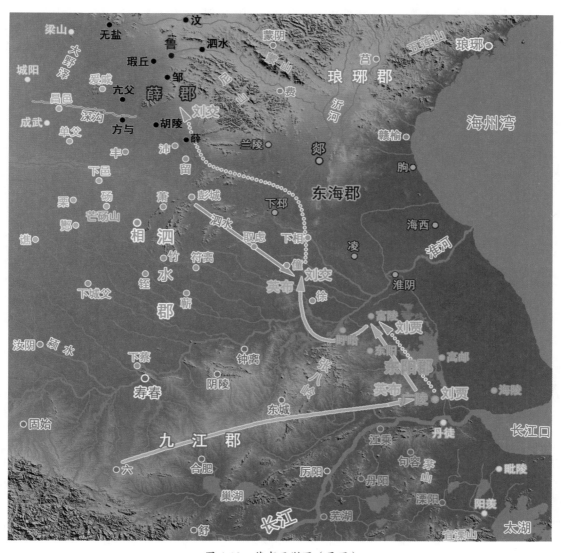

图 4-18　英布灭荆国（吴国）

英布兼并刘贾的军队，兵威赫赫，荆国长江以北不少城邑都开城投降。

英布又率军渡过淮河北上，攻击楚国。楚王刘交分兵三路拒敌，有楚将献策道："英布善用兵，我军若集中兵力拒敌，或可持久对峙，等陛下大军来援。若兵分三路，恐为英布各个击破。"

楚王刘交不为所动，他认为兵分三路才稳妥，就是一路输了还可保存两路兵力。实战中，楚军一路遭遇英布军，不出意外战败。其余两支军队得知消息，不敢接近淮南军。楚王刘交也放弃了彭城，北上到薛郡躲避英布锋芒。

此时刘邦若再不亲征，眼看英布就要把刘氏封国一个个灭了。

刘邦养病几日不上朝，也不见任何公卿大臣，舞阳侯樊哙率众入宫，禁卫军不敢阻拦。

只见刘邦躺在床上，脑袋枕在一个小太监腿上，似睡非睡。

樊哙怒骂道："英布灭荆国，破楚国，陛下却卧病在床，独与阉人同处，难道不闻赵高之事吗？"

樊哙经常与刘邦嬉笑怒骂。刘邦进入咸阳后，想留宿秦王宫，霸占秦二世三千佳丽，樊哙骂道："汝是欲得天下，还是欲为张楚王？"意思是张楚王陈胜进驻陈城就贪图富贵，不思进取，以至几个月就败亡了。

刘邦一直很享受兄弟之间的这种逆耳忠言。兄弟越是当面怒骂，刘邦越感亲切。

刘邦闻言，一笑而起，当即便答应御驾亲征。不过樊哙早已与吕氏结为利益同盟，入宫骂刘邦不过是替太子解围。此时以沛县帮为核心的太子集团已经根深蒂固，许多功臣都盼着刘邦早点死，好稳固地位甚至得到益封。

太史择定吉日，刘邦率诸将亲征。太子刘盈监国，留守关中。

出征之日，张良送至灞上。刘邦皮笑肉不笑道："子房（张良）虽病，卧床而傅太子。"刘邦心如明镜，张良无病却称病，作为太傅应陪在刘邦左右，却暗中转投吕氏，围绕在太子刘盈身旁，好似太子太傅。

张良后背发凉，强装镇定关心道："陛下亲征，小臣宜从，然病甚重。楚人剽疾，愿陛下保重龙体，勿亲冒矢石，与楚人争锋。"

英布闻刘邦东征，立刻调转枪头，转而向西，准备正面与汉军主力决一死战。

公元前196年10月，刘邦率大军在泗水郡蕲县以西遭遇英布军。

第一场遭遇战，英布没有给刘邦试探的时间，全线发动攻击。刘邦这次低估英布了，此刻的英布不是那个痛失妻小萎靡不振的英布，而是巨鹿之战时期那个先登陷阵的黥王。况且英布还兼并了不少荆楚军，兵力已达到10余万，这都是刘邦没有预料到的。

刘邦登上望车窥敌，见英布军旌旗齐整，人马雄壮，阵法酷似项羽。英布顶盔掼甲，豹眼鹰眉，风神峻烈，率一队人马攻杀不止。

刘邦被敌人激起斗志，坐上战车，亲冒矢石，挥鞭令诸将依次攻杀。英布远远望见黄龙车盖，令两队死士突入汉军大阵。一队刀盾兵冲出五十步就被汉军杀得所剩无几，但二队强弩兵群镞齐飞，英布隐藏其中，用尽生平气力射出一箭。好一支穿云箭，竟穿透铁甲，射中刘邦腹部，箭镞入肉数分。刘邦痛楚难忍，翻身落地。

周勃、曹参、灌婴、樊哙、纪通等诸将见刘邦中箭，无心恋战，各稳住阵脚，扶刘邦入中军，用医敷药调治。

汉军 20 万，英布也有十几万，相差并不悬殊。但刘邦中箭，汉军似乎处在不利局面。

淮南国前中大夫贲赫现在是汉朝的将军，他对英布的部署极为了解。贲赫给刘邦提供了一系列重要信息。自项缠杀了英布妻儿后，英布岳父长沙王吴芮对英布极为不满，认为其没有保护好女儿和外甥。吴芮去世后，其子长沙王吴臣与英布貌合神离，二人早年在番阳县城就争夺过兵权，而且英布现在的子女和吴臣没有半点血缘关系。英布的淮南国可调动兵力大约有 3 万，也就是说英布现在的十几万军队中，只有 3 万多是英布训练出来的，其他兵力是荆国和楚国的降卒。

刘邦虽然中箭，脑袋却非常清醒，立即对症下药，调兵遣将。刘邦与樊哙领 8 万大军扎营；令周勃率兵 3 万把住附近各处渡口；令曹参领兵 3 万，绕过战场断绝英布粮道；令灌婴领兵 2 万，前往六城，捉拿英布妻儿；令纪通领精兵 2 万，在英布侧翼扎营，若英布回援其他战场，便伺机攻击。

以上几位大将，除了纪通，都是身经百战的宿将。只有纪通是年轻人，他是将军纪信之孙、纪成之子。灭三秦时，纪成在好畤之战中阵亡，刘邦便封其子纪通为襄平侯，食邑 2000户，并将一个女儿嫁给纪通。

英布的军队成分复杂，很难打持久战，他麾下一大半人马是刚从荆国和楚国并入的，人心不附。若分兵去战刘邦几路人马，极有可能中途就开溜了。

英布骑虎难下，没有退路，率军来汉营来挑战。樊哙当仁不让，哪管什么故人不故人，一言不发就开打。两员猛将都派出最精锐的先登死士，杀得难解难分。

襄平侯纪通一直顶着父亲的光环，此战终于有机会证明自己，率军攻入英布大营。英布军中的荆楚军多半弃械投降，余者作鸟兽散。

贲赫凭借对英布的了解指点江山，为刘邦排兵布阵提供最有力的参考。战后刘邦封贲赫为期思侯，食邑 2000 户。不过贲赫全家都被英布所杀，虽然又活了 30 年，却一直没生出儿子，最后侯爵无人继承，也算是因果报应吧。

樊哙捣破英布大阵，英布不敢久战，往南方撤兵，汉军大队人马追赶，英布领残兵渡过淮河。英布淮南国 3 万兵力还在，但粮道被断、都城被围等坏消息接连传来，大军气势已衰。

英布军中闻六城被汉军所围，一路狂奔回去，谁都怕家眷落入汉军之手，落得满门抄斩的结局。但英布考虑的是如何获胜，他想往东把刘邦军诱到广陵，让其粮草辎重脱节，然后渡江到江东会稽郡寻找战机。江东是项氏龙兴之地，这里的人对刘邦没有好感，英布完全有可能绝处逢生，再创项羽彭城之战的奇迹。

英布是天生的战将，但政治水平不如项羽高，他没有说服帐下将尉跟随自己东进，队伍人数与日俱减。英布南逃的路线如图 4-19 所示。

刘邦在贲赫建议下，令各路大军都往六城进发，你跑你的，我打我的。

图 4-19　刘邦破英布

　　英布没有办法，只好率军往六城走，还有 100 多里时，军队已不足 1 万。此时英布收到一封竹简，是小舅子长沙王吴臣派人送来的，大意是大家唇亡齿寒，你英布若亡我吴臣离死也不远了，不如暂时避刘邦锋芒，到长江以南来躲一躲，日后我们再一起出兵灭掉刘邦，共分天下。

　　英布不敢回六城，见吴臣的竹简后重拾信心，南下渡过长江，进入庐江郡番阳县，步骑只剩 1000 余人。番阳县是故地，吴臣和英布都曾在此发展，如今也是淮南王英布的地盘。不过英布重点发展长江以北地区，从南方抽调了不少人力，番阳县已经没有以前兴旺了。

　　长沙王吴臣也赶到番阳县，在城外迎接英布，并在吴府设宴款待。番阳毕竟是吴氏发家之地，根基深厚，如今虽是英布封地，吴氏仍是地头蛇。

英布前一刻还感到势穷力尽，后一刻便慷慨激昂，与吴臣过往的恩怨烟消云散，率100多骑去吴府赴宴。

席间吴臣与谋臣百般殷勤劝酒，英布酩酊大醉，由侍女伺候入卧房，鼾声如雷。这夜二鼓之后，数十名武士摸黑进入英布卧房，各执利刃，将英布捅得不成人形。如果姐姐不在了，小舅子与姐夫这层关系就是纸糊的。

原来贲赫给刘邦出主意，派人告诉长沙王，把英布忽悠到南方杀之。这吴臣还当真不明白唇亡齿寒的道理，也算他运气好，刘邦再次负伤后，已经走到生命最后一年。后面就是吕氏、刘氏、功臣、匈奴等，乱斗十几年，朝廷无暇顾及南方这个长沙国。

吴臣带英布首级，过长江、淮河来见天子。而刘邦在英布南逃后就北上来到出生地丰县、担任亭长之地沛县，昭告永久免除两地租税劳役，正如项羽所说"衣锦还乡"。

刘邦迫不及待观看英布的首级，只见英布怪眼圆睁，须发直竖，似魂魄未散，一阵恶气袭来，冲犯龙体。

刘邦遍召亲戚故旧，大排筵宴压惊，饮到酒酣，心中十分畅快，亲自击筑作《大风歌》："大风起兮云飞扬，威加海内兮归故乡，安得猛士兮守四方！"

随后沛县选拔出来的120名儿童一同演唱《大风歌》，其他文武将士跟随大唱："大风起兮云飞扬，威加海内兮归故乡，安得猛士兮守四方！"

席上气氛炙热，长沙王吴臣也夹在群臣中高歌，他难道没有一点唇亡齿寒的感觉吗？吴臣有自己的处事方式。刘邦撤兵后，他立即将世子吴回送到长安为质子。一年后刘邦去世，刘盈即位，汉朝进入吕后临朝的时期。吴臣很快去世，其子长沙王吴回将世子吴右送到长安，过几年长沙王吴右也将世子吴著送到长安。文帝即位时，第五代长沙王吴著是个小孩，死时无子，文帝顺其自然除国。

英布也算帮了刘邦一个忙，他攻杀荆王刘贾，这样荆王的位置就空缺了。刘邦没有立刘贾之子为荆王，而是把荆国改成吴国，立二哥刘喜之子沛侯刘濞为吴王。到刘邦之孙景帝时，发生七国之乱，吴王刘濞正是叛乱的七国之首。

至于英布空出来的淮南国，刘邦立七子刘长为淮南王，都寿春。淮南国封地有3个郡——九江郡、衡山郡、庐江郡，后拆分为4个郡（国）——九江郡、庐江郡、衡山郡、豫章郡，有44万户，199万人。刘邦封刘长的淮南国如图4-20所示。

关于淮南王刘长的身世，有一段奇妙的故事。公元前199年，刘邦来到赵国，女婿赵王张敖献上后宫赵美人，57岁的刘邦老当益壮，离开赵国后赵美人的肚子日渐变大。张敖吓得不敢再亲近赵美人，为其另筑一宫养胎，第二年便生下刘长。

刘长出生当年，赵国灭，赵美人连坐下狱。赵王张敖是刘邦女婿，贬为宣平侯，后来很多人也都赦免了。不过吕雉不肯放过赵美人这个情敌，赵美人之弟赵兼认识吕后的面首辟阳侯审食其，便花重金托审食其向吕后求情。然而审食其收了礼，事情却没有办妥，吕后执意要杀赵美人。

赵美人也是聪明人，在狱中自刎，以保刘长性命。母死子贵，吕后将刘长养在身边，视为己出，此时还未去淮南就国。

图 4-20 刘长的淮南国

第二节　八　龙　夺　嫡

● 燕王卢绾没入匈奴，刘建立为燕王

早年刘邦离开丰县到沛县任职多年，但刘太公（刘邦父亲）和整个家族长期留在丰县，刘氏在丰县仍是地方豪族。卢绾在丰县网罗人才，其中有后来封侯的薛欧、王吸等。

刘邦暗度陈仓进入关中后，曾拜王吸与薛欧两位将军，率兵出武关，去丰县和沛县迎接刘太公、吕雉和一双儿女。两位将军带回了刘邦的一对子女，但刘太公和吕雉则被项羽所俘。

薛欧一直跟随刘邦左右，战功不大，在楚汉战争末期的垓下之战中，薛欧的军队遭遇项羽大将钟离眛军。此战是项羽最后一战，汉军大胜，薛欧也跟着立了战功，封广平侯，食邑4500户，在汉初18个功侯中排第十五。

王吸也是在垓下之战才立有战功，封清阳侯，食邑3100户。

丰县是刘太公所在地，刘氏宗亲立王封侯者不少：刘邦长兄（已故）之子刘信封羹颉侯；刘邦二哥刘喜立为代王（后失国），其长子刘濞立为吴王，次子刘广封德侯；刘邦四弟刘交立为楚王，7个儿子除了一个夭折，其他6个全部封侯；刘邦远房堂兄刘贾立为荆王；刘邦远房堂弟刘泽立为琅琊王。

丰县帮当中，除了刘氏宗亲，外姓就是以卢绾为首，薛欧与王吸为辅，千户侯十几个，几百户的关内侯比比皆是。

刘邦灭了燕王臧荼后，立卢绾为燕王，南面称孤。此前刘邦所立燕王臧荼、韩王信、赵王张敖、梁王彭越、淮南王英布、楚王韩信等，都是垓下之战前手握重兵的，刘邦顺水推舟封王，唯有卢绾在项羽死后裂土封王。

在平定代相陈豨的战争中，长城以北出现了一支乌桓军，前燕王臧荼之子臧衍就在此军中，对燕国构成极大威胁。卢绾率骑兵数千、步兵2万，北上抵御乌桓。

卢绾派使臣张胜去对方阵中谈判，臧衍却反劝张胜：如果保持目前的格局，大家都没事；如果陈豨和韩王信都死了，燕王卢绾也不可能独善其身。此时匈奴冒顿单于正好在南单于庭，张胜便求见冒顿，并希望冒顿节制乌桓人，令其不要越过汉长城。

早在几年前的白登之围，匈奴与汉朝就和亲了。张胜求见冒顿并无不妥。不过此事传到长安，吕后一党便大做文章，说燕王卢绾通敌，希望借机除掉赵王刘如意最大的支柱。

卢绾从刘邦沛县起兵就拜太尉，掌兵事。刘邦的许多军令是卢绾直接下达的，他有先斩后奏的权力。现在卢绾不在其位，他知道吕雉及手下这帮人的意图，便将一个死囚枭首，对外宣称杀了张胜。

天下谁都可能反刘邦，唯独卢绾不会，刘邦心如明镜。但吕雉怎会放过这个机会，樊哙在朝堂上大骂卢绾叛国，并提议派辟阳侯审食其去燕国明察暗访。

此时刘邦已经得知审食其与吕后的奸情，闻言脸上闪过一丝杀气，随即便转圜过来，心中窃喜，除掉情敌的机会来了，假装不情愿道："我派人跟辟阳侯同去。"

刘邦派身边颇为信任的江邑侯赵尧与审食其一道去燕国。赵尧是御史大夫周昌的下属，食邑600户，担任符玺御史，代替天子执掌兵符、使节，官小权大。刘邦口授赵尧，密令燕王杀掉审食其。事关重大，刘邦拜赵尧为御史大夫，至于周昌便只拜赵相了。

赵尧心领神会，刘邦恨不得手撕审食其，此番便借刀杀人，在燕国解决问题。不但能杀情敌，还去掉吕雉一条臂膀，方便日后改立赵王刘如意。

赵尧，年少多智，出主意没问题，但办事却力有未逮、不胜其任。

在一个驿馆，审食其支走侍卫，笑嘻嘻问赵尧："赵御史，可知赵相（周昌）与太子的关系？"

赵尧故作镇定道："不知也，请侯爷赐教。"

审食其悠然道："明为赵相，实为太子少傅也。"

赵尧闻言胆战心惊，要是周昌投靠了太子，赵王刘如意自然毫无机会。刘邦受伤后身体每况愈下，赵尧清楚太子继位恐怕是不久后的事情。

审食其脸色一沉道："赵御史可知，楚王（韩信）和梁王（彭越）是怎么死的？"

韩信处以五刑（文面，割鼻，砍断左右趾，用荆条抽打致死，枭首示众，将尸体剁成肉酱），并诛三族；彭越枭首，尸身处以醢刑（剁成肉酱），分赐其他王侯，并诛三族。

赵尧心胆俱裂，跪拜道："请侯爷指教。"

审食其不愧是老狐狸，在吕后身边待久了，一身心狠手辣的手段，收服赵尧都不用拿出真本事，几句话就行。

审食其和赵尧到了燕国，燕王卢绾却是软硬不吃，他早就收到刘邦密信，令其保赵王刘如意为太子。卢绾卷入了汉室继承权之争，他本来就对审食其嗤之以鼻，这下与吕后彻底决裂。

随后审食其大摇大摆回到长安，此时赵尧早已经成了双面间谍。赵尧先密见刘邦，说卢绾不想卷入夺嫡之争，只想封妻荫子。

刘邦明白燕王的难处，也越发害怕日后吕后杀赵王刘如意，便将戚夫人之父戚鳃从都尉提升到中尉。戚鳃这个临辕侯是外戚侯，非功臣侯。都尉是中级军官，中尉可是手握兵权的大将，掌管长安城防和治安、三辅地区防御、北军五校，帐下都尉、校尉就有十几个，光是北军就有数万。

不过汉初有几个中尉并存，军职最高的是护军中尉陈平（食邑5000户），普通中尉有阳羡侯灵常（食邑2000户）、汾阳侯靳彊（食邑1800户）、高苑侯丙倩（食邑1600户）、斥丘侯唐厉（食邑1000户）、柏至侯许温（食邑1000户）、临辕侯戚鳃（食邑500户）。从食邑户数可以看出来，前6个中尉因战功封列侯，只有戚鳃靠外戚身份封了个关内侯，即使勉强做个中尉，也没有多少兵权。

中尉兵权太大，多人担任还可分权，若一人执掌则对皇权威胁太大，后来并不常设，拆分为数个官职。

朝堂之上，审食其说燕王通敌，樊哙也在一旁鼓噪，要率兵兴师问罪。

可能樊哙也没料到，刘邦居然拿出虎符，亲手交给樊哙，并叮嘱道："20万大军，粮草要先行，不可轻进。"

樊哙领命，昂首阔步而去，刘邦远远看着，眼神中露出说不尽的忧伤，似乎雄狮看着将死的同类。刘邦定陶称天子后，樊哙明显倒向吕雉一方，刘邦与他的关系也急转直下。

刘邦讨伐英布时中了一箭，近期箭疮进裂，好不容易用药搽敷，将血止住，但疮痕未愈，疼痛难忍，辗转榻中，仍没忘记招来周勃和陈平。

刘邦令太尉周勃前去取代樊哙为将，再令护军中尉陈平将樊哙斩首。周勃和吕后、樊哙本来就是沛县帮的，陈平虽然不是沛县人，却也早就投靠吕后。

长乐宫中，刘邦疼痛难忍，便作楚歌低声唱道："鸿鹄高飞，一举千里。羽翼已就，横绝四海。横绝四海，当可奈何！虽有缯缴，尚安所施！"

戚姬飘扬翠袖，跳起楚舞。歌罢复歌，音调凄怆。

戚夫人因想念赵如意，悲从中来，不能成舞，索性掩面痛哭，泪下如雨。

燕王卢绾闻樊哙率军前来，却完全不设防，令帐下将领一切如常，不必集结军队。

燕国大殿之上，丞相、太尉、御史大夫掩饰不住慌乱，跪地询问对策。

卢绾意味深长地说："我没猜错的话，樊哙还能蹦跶最后几天，面对要死的人，有什么好怕的。"

此时周勃与陈平到了军营，周勃接替兵权，陈平却不敢杀樊哙，反而三人坐在一起商量对策。如果赵王刘如意即位，周勃恐怕难保太尉之位，至于陈平，毫无军功支撑，却是5000户的侯爵，退出权力中心是肯定的，而且下场难测。

刘邦还是高估了周勃和陈平的忠诚度，周勃在沛县是以织帘子和演奏丧乐为生的，与吕氏豪族及沛县官场都没瓜葛。刘邦得天下后，周勃作为沛县人，与吕雉的利益捆绑到了一起。

三人商议后，决定周勃留下整顿军备，做好撤兵准备。陈平带着樊哙回去，先入宫禀报吕后，再请商山四皓去给刘邦说情，走一步看一步。

事情的发展如卢绾所料，然而人算不如天算。公元前195年四月，刘邦箭疮进裂，忽然驾崩。

吕雉秘不发丧，召入宫的第一个人是辟阳侯审食其，其次才召其兄吕释之。

几个人一致认为，燕王卢绾乃赵王刘如意最大支柱，必须趁周勃兵权在手，一举解除燕国的威胁。

当周勃看到吕泽的密信，知道刘邦已经驾崩，立即整军北上，兵临蓟都城下。

卢绾本打算等刘邦病愈便入朝谢罪说明情况，即使降为侯也是富贵人生，完全可以接受。

卢绾的亲兵将领也多是丰县人，都是刘邦的老乡，真没人想反刘邦。

卢绾经营燕国几年，也进行了一些布局，不过主要是针对匈奴。

卢绾重组了三公，分别是丞相偃、相国林挚、太尉弱以及御史大夫施；任命上将军卫满、将军抵、郡守陉等重要人物。这些人除了相国林挚为刘邦所拜，其他人都是跟随卢绾出生入死的丰县人，战功赫赫，都是千户侯以上。平日卢绾坐镇蓟都，心腹爱将卫满镇守渔阳，共同抵御乌桓。燕相林挚本是蜀郡太守，没有参与楚汉战争，刘邦为了制衡卢绾，拜为燕相。

此时卢绾却不知刘邦已死。就算全天下都不听刘邦的，他卢绾也不可能背叛刘邦，为了兄弟情谊甘愿两肋插刀，在所不辞。卢绾不想与汉军开战，便率数千骑兵和家眷躲避锋芒，屯兵居庸关。同时卢绾留下三公班子和将军抵、郡守陉等率步兵守蓟都，准备等风头过后再回长安向刘邦请罪。

卢绾得知刘邦驾崩，如晴天霹雳，所有的希望化作乌有。此前吕雉将已经投降的楚王韩信和梁王彭越诛族，卢绾当然明白此时投降吕雉没有意义。卢绾只好率数千骑兵出居庸关，从上谷郡出长城，投奔匈奴。卢绾没入匈奴的路线如图 4-21 所示。

图 4-21　卢绾没入匈奴

卢绾望着巍峨的长城，回想起当年在魏国外黄，两个少年祭拜信陵君，一个尧眉舜目，一个玉树临风。如今时过境迁，两个少年都已年过六十，一个称帝，一个封王，卢绾落下无悔、忧伤、孤独、不甘的泪。

卢绾被迫没入匈奴，冒顿单于封其为东胡卢王。

镇守渔阳的卫满率千余骑兵远走辽东，进入朝鲜半岛。早在西周时，商朝后裔箕子建立箕子朝鲜，西周时被封为朝鲜国君。卫满杀朝鲜王箕准，建都王险城，收容燕齐亡命之徒，攻略四周小邑，降服诸夷，实力渐强。

汉惠帝和吕后之时，天下初定，卫满强盛，其南方的真番、临屯等大部落都来归附，地方数千里。汉朝辽东太守与卫满立约，使为外臣，禁约塞外蛮夷，勿得侵犯汉朝边境。蛮夷君长欲入见天子者，不得阻止。

卢绾退到长城以北，第二年郁郁而终。公元前145年，整整50年后，卢绾的孙子东胡王卢他之归降，汉景帝封为亚谷侯。

卢绾的燕国灭亡，为稳定局势，吕雉立刘邦最小的儿子——八子刘建为燕王。不过刘建并未就国，一直待在长乐宫，被吕后牢牢掌控。

● **刘邦驾崩，吕后杀刘邦诸子**

公元前195年4月，汉高祖刘邦在长乐宫驾崩，葬于长陵。

刘邦生于泗水郡丰县，成年后去邻县沛县担任亭长（官职十四品），前半生波澜不惊。刘邦47岁在沛县起兵，49岁入关中灭秦，50岁被立为汉王，54岁称汉帝，61岁去世，做了4年汉王，7年天子。刘邦的后半生叱咤风云，气吞山河，东征西讨，不是在战场上，就是在奔赴战场的路上。刘邦身受兵刃所伤12处，矢石所伤12处，项羽一箭损其元气，英布一箭致其命丧。

刘邦在渭水北岸秦都咸阳城废墟前规划了汉朝皇帝的陵墓，从东往西一字排开，西汉十一帝有9个葬在这里。

按照周朝礼制中的昭穆制度，始祖居中，左昭右穆。二世为昭，三世为穆，四世为昭，五世为穆……依此类推。也就是说，高祖刘邦的长陵居中，西侧（左）修惠帝的安陵，东侧（右）修文帝的霸陵。不过文帝似乎不愿屈居惠帝之后，将霸陵修到了渭水以南，后面的皇帝也没有完全遵循昭穆制度。

长陵与秦朝咸阳皇宫废墟并不重叠，汉朝以一种胜利者的姿态，居高临下俯视被项羽烧毁的前朝皇宫。刘邦的长陵如图4-22所示。

长陵的建筑群分布在东西5千米、南北4.5千米的范围内，主体建筑是陵园和陵邑，陵园在南，陵邑在北。

陵园呈正方形，城墙四边各长780米，周长3120米，面积约60.84万平方米。陵园北部是宫殿群，南部的陵墓区，高祖陵在西北，吕后陵在东南，所谓"同茔（yíng）异穴"，相距约280米。高祖陵封土呈覆斗形，高32米，底部东西宽153米，南北长135米，面积2.07万平方米。刘邦驾崩15年后吕后才去世，吕后陵不断扩建，其封土与刘邦帝陵封土规模接近。两座封土如峰挺立，巍峨雄壮。

陵园的北边紧挨着的是长陵邑，城墙呈长方形，南北长2200米，东西宽1245米，面积为274万平方米。长陵邑居民多为齐、楚等地的豪门贵族，鼎盛时有5万户、18万人。

图 4-22 高祖刘邦的长陵

　　长陵除陵园和陵邑，还有许多陪葬墓和陪葬坑，包括张良、曹参、周勃、周亚夫、萧何、王陵、张耳、纪信等都陪葬在长陵范围内。为刘邦打下 2/3 天下的韩信不在陪葬之列。吕后杀韩信，将其首级送到刘邦军中，当时刘邦在征讨陈豨的归途中，随手就把韩信的首级葬在了山西灵石。

　　刘邦一朝，同时营建长安城和长陵，长陵修好了，长安城却未完工，不过城内皇帝的居所未央宫倒是修起来了。未央宫面积约 500 万平方米，是明清紫禁城的 7 倍，前殿台基南北长 400 米，东西宽 200 米，最高处 15 米。

公元前 194 年，16 岁的刘盈正式即位，是为汉惠帝。

刘邦八子中，长子刘肥年近 40 岁，汉惠帝刘盈 16 岁，赵王刘如意 11 岁，代王刘恒 9 岁，梁王刘恢 8 岁，淮阳王刘友 7 岁，淮南王刘长 4 岁，燕王刘建 3 岁。刘邦八子封国的形势如图 4-23 所示。

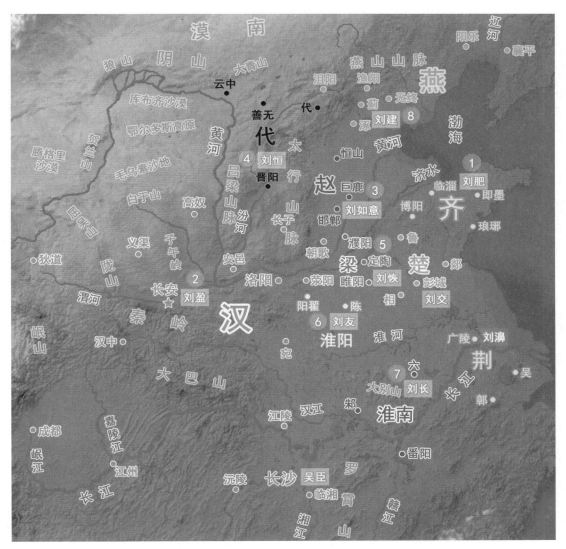

图 4-23　刘邦八子封国形势

除了 8 个儿子，刘邦还立亲弟刘交为楚王，立侄子刘濞为吴王。也就是说除太子刘盈外，还有 9 个刘姓诸侯王，只有长沙王吴臣是异姓王，我们来看看刘邦八子的封地。

长子刘肥的齐国，约 142 万户，620 万人。

次子刘盈的汉朝，约 309 万户，1415 万人。

三子刘如意的赵国，约 139 万户，608 万人。

四子刘恒的代国，约 38 万户，159 万人。

五子刘恢的梁国，约 133 万户，607 万人。

六子刘友的淮阳国，约 103 万户，579 万人。

七子刘长的淮南国，约 44 万户，199 万人。

八子刘建的燕国，约 52 万户，218 万人。

如果刘邦还在，下一个目标肯定是长沙王吴臣，但吴臣福大命大，因为吕后的首要目标是赵王刘如意，次要目标是齐王刘肥、梁王刘恢、淮阳王刘友。接下来的十几年，吕后手眼通天，刘邦八子死了 6 个，吕氏也在这个过程中几乎与刘氏分庭抗礼。

从惠帝的角度看，自己的家庭并不幸福，父亲曾为了逃命将他们姐弟踢下马车，母亲又与审食其长期通奸，他眼中总有一股难以言说的抑郁。

吕后将赵王刘如意召入长安，企图杀之，惠帝却想保护这个同父异母的弟弟。吕后趁刘盈出外打猎，刘如意单独在寝宫时，将年仅 11 岁的刘如意毒死。

吕后把刘如意之母戚夫人囚于永巷，剃头发，戴枷锁，穿赭红囚衣，罚其舂米、服劳役。戚夫人能谱曲写歌，尤其会唱，这种情况下仍作《永巷歌》："子为王，母为虏！终日舂薄暮，常与死相伍！相离三千里！谁当使告汝！"

吕后闻之大怒，使人挖去戚夫人的双眼，熏聋其两耳，灌药致其哑，断其手足，然后做成"人彘"，投入粪坑。

不但如此，吕后唯恐戚夫人死得太快，还命太监速引惠帝去看人彘。16 岁的惠帝吓得晕倒，醒来后满腔悲戚，茶饭不思，又哭又笑，大病一场。惠帝对吕后派来的太监道："此事非人所为，儿为太后之子，终不能治天下！"此后惠帝日夜饮酒作乐，不听政事，因而致疾，在位 7 年便驾崩。

在汉朝以前，妲己、褒姒以妖媚闻于世。今吕雉杀人手段之残忍旷古未闻，狠毒逾蛇蝎也。

戚夫人和刘如意死后，吕后囚禁了戚夫人之父中尉戚鳃。几年后戚鳃去世，其子戚触龙继承爵位。戚触龙广求美色，与宾客日夜宴饮为乐，一副人畜无害的样子。吕后不杀戚触龙并非她仁慈。一个只有 500 户的侯，又无战功，在吕后的敌人中，按优先级，戚触龙连前 100 位都排不进去，此刻吕后要集中精力对付刘邦其他儿子。

赵王刘如意遇害后，吕后首先要对付的就是刘邦早年与外妇生下的私生子齐王刘肥。惠帝极力保护大哥，刘肥赠送城阳郡给吕后唯一的女儿鲁元公主，才得以从长安逃回齐国。

此后几年，齐王刘肥再不敢去长安。吕后不断削减齐国的郡国，从 13 个削减到 7 个。如果吕后不死，齐国可能还会继续缩小。

公元前 192 年，惠帝 18 岁。吕后命惠帝娶姐姐鲁元公主 10 岁的女儿张嫣，也就是让儿子娶外孙女，立张嫣为皇后，好让此后的皇帝都有吕氏血脉。

张嫣是鲁元公主与宣平侯张敖（前赵王）的女儿，是惠帝的亲外甥女。惠帝对此极为抵触，发誓一生绝不临幸张嫣。

公元前 189 年，40 岁出头的齐王刘肥去世，此时刘邦八子还剩 6 个。刘肥有 13 个儿子，长子刘襄继任齐王。

公元前 188 年，惠帝年仅 22 岁就因惊忧成疾而驾崩。吕后就这一个儿子，但惠帝有 7 个儿子，而且刘邦也还有 5 个儿子在世，一切都要重新洗牌。

刘邦的陵墓叫长陵，惠帝的陵墓叫安陵，合在一起就是长安。

按照周朝礼制中的昭穆制度，高祖刘邦的长陵居中，坐北朝南看，西边就是惠帝的安陵。刘盈的安陵如图 4-24 所示。

图 4-24　惠帝刘盈的安陵

安陵的建筑群分布在东西 3.5 千米、南北 1.6 千米的范围内，主体建筑是陵园和陵邑，陵园在南，陵邑在北。

陵园呈长方形，城墙东西长 940 米，南北长 840 米，面积约 78.96 万平方米，是西汉十一帝陵中陵园最大的。陵园北部是宫殿群，南部是陵墓区，惠帝陵在东南，皇后陵在西北，所谓"同茔异穴"，相距约 270 米。

惠帝陵封土呈覆斗形，高 25 米，底部东西长 170 米，南北宽 140 米，面积 2.38 万平方米。张皇后陵封土高 12 米，底部东西长 60 米，南北宽 50 米，面积 3000 平方米，顶部边长约 20 米，大体就是列侯的水平，可见惠帝对这个外甥女有多么抵触。

张皇后名叫张嫣，是惠帝姐姐鲁元公主的女儿，嫁给舅舅惠帝后守了 4 年活寡，没有子女，14 岁成为皇后，死时 39 岁，已经是文帝时期了。

鲁元公主陪葬在安陵东侧，封土高 19 米，底部东西长 140 米，南北宽 120 米，面积 1.68 万平方米，是安陵陪葬墓中面积最大的，几乎达到帝王水平。鲁元公主比惠帝晚死一年，吕雉白发人送黑发人，两年内送走一对子女。吕后将鲁元公主之子张偃立为鲁王，封地还是城阳郡。

站在吕雉的角度看，自己的墓与高祖刘邦墓规模相当，女儿的墓与儿子的规模稍小，外孙女张嫣死时吕后已经不在世，墓穴规模是汉文帝说了算，因为文帝一朝希望尽力消除吕氏的影响，所以张皇后的墓穴才那么小。

陵园的北边紧挨着的是安陵邑，面积约 69 万平方米。

安陵除陵园和陵邑，还有许多陪葬墓和陪葬坑，除鲁元公主、张敖之外，还有陈平、张仓、爰盎、扬雄等都陪葬在安陵范围内。

惠帝在位时间虽然不长，但同时修筑了刘邦没有修完的长安城和自己的安陵，可能用的是同一批劳役和工具，安陵才有如此规模。

汉长安城高 12 米，基宽 12~16 米，面积约 3600 万平方米，是同时期罗马城的 4 倍，比明清时期的北京城稍大。长安城外有 8 米宽、3 米深的护城河，城门处用吊桥连接城内外。

长安城四面各有 3 门，共计 12 门；每门皆有大道 3 条，谓之"三涂"；横直相连，三三得九，故谓之"九逵（kuí）"。

城内道路平正通达，并用铁锥筑得坚实，左右栽种树木两行，中间可并列马车 12 辆，两旁为行人往来之径。人不得顾，车不得旋，红尘四合，烟云相连。

长安大街上，有王侯府邸 100 余处，民居闾里 160 个，屋宇整齐，门巷平直，真是皇都之地，首善之区，说不尽的繁华富丽。

西汉的长安城鼎盛时有 8.08 万户，24 万人。

惠帝有 7 个皇子，吕太皇太后立皇长孙刘恭为帝，即前少帝。刘恭的母亲是宫女，吕太皇太后和张太后联手杀了其母，立其为太子。少帝即位后便扬言要报仇，吕太皇太后大怒，废其帝号并杀之。

由于惠帝次子刘彊与三子刘不疑已经夭折，便立四子刘山为帝，改名刘弘，即后少帝。

吕雉也没忘继续削弱刘邦的几个皇子，也就是少帝的叔叔们。公元前187年，分赵国之常山郡置恒山国，包括常山郡、中山国、真定国，此后赵国还剩8个郡（国）。惠帝第二子刘彊（已夭折）与后少帝先后做过恒山王。后又立惠帝第五子刘朝为恒山王。也就是说赵王刘友的封地，被霸道的吕氏王后和侄子分走两个郡。

吕雉又立侄子吕台（吕泽长子）为吕王，分掉齐国4个郡，一年后吕台早逝，其子吕嘉继位。吕嘉为人骄纵，连太皇太后的话都不听，于是吕后废其王位，立侄子吕产（吕泽次子）为吕王。

除了削藩，吕太皇太后连嫁3个侄女分别给代王刘恒、梁王刘恢、赵王刘友，立这3个侄女为王后，并规定只有王后生的王子才能继承封国。

3个王后好不好看、年龄匹不匹配另当别论，但个个刁蛮任性，三王都生于深宫之中，长于妇人之手，哪能受得了这个气。

公元前181年正月，赵王后不满于自己遭到冷落，用毒酒赐死刘友两个儿子的母亲。刘友的这个宠妃为他生了两位王子，可怜自己却保不住性命。就这样赵王后还不放过刘友，到太皇太后面前又告了他一状。

吕雉闻言气得双眉倒竖，即召赵王刘友入京，饿杀之，并以平民之礼下葬，此后刘邦8子还剩4个。到汉文帝时，重新立刘友之子刘遂为赵王。汉景帝时，七国之乱的七王中就有赵王刘遂，兵败，国除。

吕后又改立代王刘恒为赵王。此前赵王刘如意被吕后毒死，赵王刘友被吕后饿杀，代王刘恒哪敢去赵国。

刘恒避重就轻，在使臣面前装作诚惶诚恐，表示无功不敢受禄，情愿长守代国边地，为汉家抵御匈奴。接着又大宴一众使臣，人人皆有赏赐。

使臣拿了好处，回去替刘恒说好话。刘恒是个极能隐忍的人，与吕雉的侄女生了4个王子，太皇太后这才开恩。

吕雉改立梁王刘恢为赵王。刘恢其实是个比较懦弱的人，一直不敢临幸其他宫女，只是王后得此专宠却不能怀孕。梁王变赵王后，王后更加骄横跋扈。这年六月，赵王刘恢饮恨自杀，此后刘邦八子还剩3个。

吕雉立侄子吕禄（吕释之第三子）为赵王，赵国规模远胜吕国，吕氏分封向前踏出一大步。

刘如意被吕后毒死，刘友被吕后饿杀，刘恢被吕后逼杀，只有代王刘恒巧妙逃过一劫。

刘邦8个儿子中，刘恒最有心机，目达耳通，深得其父遗传。

刘恒还有两个弟弟，即淮南王刘长和燕王刘建。吕氏将刘长从小养在身边，视为己出，舍不得对其下手。燕王刘建运气就没这么好了，吕后不但杀了刘建，还把刘建独子给杀了，燕国绝嗣。

吕雉立吕泽的长孙东平侯吕通为燕王，吕通之弟袭爵东平侯。至此从北到南，吕氏有了燕国、赵国、吕国。

● 齐王刘襄起兵，周勃左袒灭诸吕

公元前 181 年，吕后对齐国下手了。

刘肥在 8 年前就去世了，吕后嫁了一个侄女给即位的刘肥长子刘襄，又令刘肥第二子刘章入长安，准备再嫁一个侄女给刘章，并封为朱虚侯。刘肥第三子刘兴居也入宫做了人质，不过他年龄小，没有娶吕氏。

转眼齐王刘襄正式即位也有 7 年了，王后吕氏的肚子却一直没动静，只有一个宫女生了一个儿子刘则。为了保护唯一的儿子，齐王提拔刘则的舅舅驷钧执掌兵权。

然而这样一来，下一任齐王就没有吕氏血脉了。吕后凤颜大怒，再次从齐国分出吕国和琅琊国。

吕国有 4 个郡国——泰山郡、平原郡、济南郡、济北国，陆续分给吕台、吕嘉、吕产，后又将吕产改立为梁王，吕国改名济川国，封给惠帝最小的儿子——七子刘太。琅琊国只有琅琊一个郡，封给营陵侯刘泽。吕后将小妹吕嫝与樊哙之女樊氏嫁给刘邦远房堂弟营陵侯刘泽，再立其为琅琊王分齐国土地，一箭双雕。

齐王刘肥的 13 个郡国，在刘襄即位 7 年时还剩 7 个，其中城阳郡给了吕雉的女儿鲁元公主，吕国（济川国）4 个郡（国）给了惠帝第七子刘太，琅琊国给了吕雉的侄女婿刘泽。刘肥之子刘襄的齐国如图 4-25 所示。

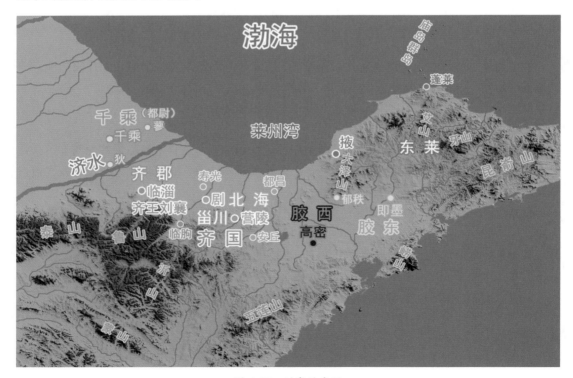

图 4-25 刘襄的齐国

公元前 180 年 7 月，吕太皇太后崩于未央宫，与高祖刘邦合葬于长陵。

此时刘邦八子，只剩四子刘恒和七子刘长。

吕媭遗诏以侄子梁王吕产（吕泽次子）为相国，左丞相审食其为后少帝太傅，立侄子赵王吕禄（吕释之第三子）之女为皇后。此前吕后命棘蒲侯柴武为大将军，赵王吕禄为上将军，领北军五校，梁王吕产领南军。吕氏人物关系如表 4-1 所示。

表 4-1　吕氏人物关系

吕太公	吕长姁	吕平（扶柳侯）	
	吕泽（周吕侯）	吕台（吕王）	吕通（燕王）
			吕庄（东平侯）
		吕产（梁王）	
	吕释之（建成侯）	吕则（建成侯）	
		吕种（不其侯）	
		吕禄（赵王）	
	吕媭（刘邦妻）	刘盈（汉惠帝）	
		鲁元公主	张偃（鲁王）
	吕嬃（樊哙妻）	樊伉（舞阳侯）	

注：绿色为在世的人物。

吕后让吕禄、吕产两个侄子掌管北军和南军，保护后少帝与吕氏安全，这在情理之中。但是以棘蒲侯柴武为大将军这个操作，似乎是担忧吕禄、吕产二人掌控不了局势。柴武这个人与刘氏宗族和周勃等人都没什么瓜葛。有柴武在，各方不敢轻举妄动。

如今吕氏掌握汉帝国军政大权，占有赵国与梁国两大要地，刘氏与功臣集团都不满。在周勃等人看来，灭吕氏不难，难的是如何处理皇帝。若继续奉儿童刘弘为天子，难免秋后算账，后世子孙要遭殃。如果改立新帝，又要立谁呢？新帝的人选确定不了，决不能轻举妄动。直到齐王刘襄起兵，周勃等人才暗下决心。

齐王刘肥是刘邦的长子，此时刘肥已经去世，但他有 13 个儿子，其长子刘襄即位齐王，次子刘章封朱虚侯，三子刘兴居封东牟侯，其他儿子年少还未封侯。

齐王刘襄在齐国，两个弟弟却在长安，并且与功臣集团关系密切，刘章还娶了吕禄的女儿，对吕氏一族颇为了解。刘章和刘兴居便秘密遣心腹之人往齐国请齐王起兵，理由是吕后违背高祖誓约，强立诸吕为王，以致众心不服。三兄弟打算里应外合，拥立其兄齐王刘襄为帝。

齐王刘襄得信，便与其舅驷钧、郎中令祝午、中尉魏勃三人秘密议定，克日兴兵。

齐王刘襄先率军与齐相召平血战一场，召平眼见大势已去，伏剑自杀。召平是吕后的一个门客，处事果敢，吕后任命他为齐相，任务就是监视齐王。召平其实也是有所准备的，几天前吕产派汉郎中令贾寿来到齐国，提醒召平加强防范，此时贾寿趁乱逃回长安了。

齐王刘襄要清君侧，那就要先平定齐国，否则后方不稳。刘襄没把济川王刘太（惠帝第七子）放在眼里，但琅琊王刘泽（刘邦的远房堂弟）另当别论。

18年前，刘泽拜将，在灭陈豨的战争中获得军功，被封为营陵侯，食邑11000户。刘泽只有一个琅琊郡，但他背后不仅有吕氏，还有樊氏，其大舅哥是樊哙之子，第二任舞阳侯樊伉。

齐王派郎中令祝午往琅琊国见刘泽，进言道："诸吕作乱，朝廷危急，齐王襄即欲起兵西向，讨除乱贼，但恐年少望轻，未习兵事，为此遣臣前来，恭迎大王！大王素经战阵，又系人望，齐王情愿举国以听，幸乞大王速莅临淄，主持军务！即日联合两国兵马，西入关中，讨平内乱，他时龙飞九五，舍大王将谁属呢？"

在刘氏宗族中，刘泽确实算是能力突出的，他当即率一军去齐国。刘泽到了临淄，齐王刘襄阳表欢迎，阴加囚禁。刘襄再遣祝午至琅琊，矫传刘泽之命，尽收琅琊兵马。

8月，齐王刘襄派人遍告各郡国，陈诸吕罪状，希望天下诸侯将尉共诛之。

琅琊王刘泽一入临淄便发现城头和街头各种异样，立刻明白了齐王的意思，他假装不知，一味恭维齐王，并以年老为由主动交出兵符。

刘泽向刘襄语重心长道："故齐王为高帝长子，大王系高帝长孙，应承大统。现闻诸大臣聚议长安，推立新帝，老臣愿用臣皆大半截已入土之身，入关联络诸大臣，诛杀诸吕，立大王为新帝！"

若论老谋深算，刘襄怎能和第一代刘氏相比。论演戏的功夫，刘泽比不上刘邦，但骗一下孙子辈的刘襄是一点问题没有。

刘泽作为刘邦同辈人，与吕氏和樊氏都有亲属关系，无论吕氏还是功臣都要巴结他，长安自然可高枕无忧，并没有他渲染的危险存在。

齐王刘襄打算率兵西征，首当其冲的是济川国的济南郡。而琅琊王刘泽出了临淄，徐徐西进，一路静观其变，一点都不着急，无论事态如何发展，他都可应对自如。若刘襄与两个弟弟真的里应外合，一举攻破长安称帝，自己肯定是功臣，封地会扩大。若刘襄兵败，吕氏获胜，自己远离齐王，也算与齐王划清了界线。若吕氏和齐王都被功臣剿灭，自己凭借与樊氏的关系，亦足以保住王位。

长安这边，梁王吕产、赵王吕禄得知齐王起兵，问计群臣，陈平、周勃献策，请大将军柴武带兵进击齐王。柴武得知吕氏要讨伐齐王，不肯卷入刘氏与吕氏之争，当年他战功赫赫，与九江王英布齐名，却因同情义帝，没有从项羽那里得到任何封地。后来柴武转投刘邦，行事就要谨慎得多，虽战功也不少，却从不争功。

请柴武出兵是周勃、陈平之计，由于柴武拒绝出兵，经过一番考量，吕产、吕禄改拜颍阴侯灌婴为大将军，领兵数万，出击齐兵。

吕后拜柴武为大将军的本意，主要是考虑柴武既不属于沛县帮，也不属于刘氏，是当年从项羽处转投而来的，他根基浅，相比周勃等人更容易驾驭。可惜吕产、吕禄是真不行，眼看柴武拒绝出兵，便改拜灌婴为大将军。此时沛县帮内有太尉周勃，外有大将军灌婴，这是吕氏灭亡的伏笔。

灌婴本是睢阳的贩夫走卒，爱骑马，迅疾如风，楚汉战争期间统率汉国骑兵。灌婴与周勃、樊哙相熟，算是沛县帮吸收进来的一支重要力量。吕后也很看重灌婴，拜为车骑将军，常让他参与朝政。

灌婴率军来到荥阳，却逗留不进，内结太尉周勃，外抚齐王刘襄，静候内外消息，再定行止。

长安城外，绛侯太尉周勃、襄平侯纪通、典客刘揭、曲周侯郦寄一同到来北军大营。

曲周侯郦寄是郦商之子，吕后杀韩信给郦商复仇，可见郦氏与吕氏关系密切。凭借郦寄引路，赵王吕禄军中将领都认识郦寄，因此一路绿灯，轻车熟路来到吕禄跟前。

郦寄与吕禄关系非同一般，开口劝道："高帝与吕后共定天下，刘氏立九王，即吴、楚、齐、代、淮南、琅琊、恒山、淮阳、济川。吕氏立三王，即梁、赵、燕。今足下既佩赵王印，不闻就国守藩，却统兵留京，怎能不为他人所疑。今齐已起事，各国响应，足下祸在眼前。赵王何不交还将印，将兵事交与太尉，再请梁王缴出相印，与大臣立盟，自明心迹，即日就国，齐兵必然罢归。足下据地千里，南面称王，方可高枕无忧！"

有个成语叫"郦寄卖友"，说的就是这件事。郦寄变脸之快，令人咋舌。

吕禄本是碌碌庸流，5个北军校尉全都是他的门客，且多是酒囊饭袋，闻长安不安全，个个六神无主，恨不能立即跟着赵王回国，继续花天酒地。

吕禄见帐下无人反对，即取出将印，交与周勃，率数百亲信匆匆出营。

周勃手拿将军印，召集北军中级军官，立即下令："为吕氏右袒，为刘氏左袒！"

北军都袒露左臂，表示助刘。

北军五校除吕禄带走数百人，还有4000余精锐，另有5万预备兵。周勃为了将影响降到最低，只派刘章一人为将，挑1000精锐藏在马车中，进入长安城。刘章是皇帝宗室，齐王刘襄之弟，手持太尉兵符，守城官兵不敢严查。

刘章率众来到未央宫门口，守门的南军反应不及，千人奋起杀入宫内，高呼"杀死吕产"。

梁王吕产大惊失色，回头便往未央宫跑，率南军将士抵御。此时平阳侯曹窋（zhú）率众驰入未央宫，他是曹参之子，袭爵万户侯，做过御史大夫，位高权重。曹窋向卫尉张买交代了几句，张买便率虎贲退守少帝殿前，不准吕产进入大殿。

张买的父亲张戊是一名越军将领，高祖刘邦在位时未获封侯，吕后却封张买为南宫侯，并在卫尉营陵侯刘泽立为琅琊王后，又擢升其为卫尉。张戊、张买与中原这些文武大臣没什么瓜葛，只认吕后一人，是吕后的心腹，没想到说叛就叛，可见吕氏根本不得人心。

吕产率南军在殿外死守，曹窋和张买不敢轻举妄动，立即派人请太尉周勃增援。

周勃便派刘章前往，阳都侯丁宁率千余骑兵随行。丁宁是丁复之子，善骑射，颇有其父遗风。

刘章率军入未央宫，他代表刘氏对吕产身边的南军将士喊话，声言只杀吕产，其他人一律赦免。话音刚落，丁甯催动骑兵绕南军飞驰，一时风声大作，吹得南军毛发皆竖，抵抗意志迅速瓦解。

随着骑兵包围圈缩小，曹窋和张买也不甘人后，立即指挥军队挺刃杀去，大呼杀贼。

吕产平日没有什么恩德，南军哪个肯为他效死，一哄四散奔逃。吕产不能出宫，在几个亲卫的掩护下逃入茅厕，蜷伏成一团。

丁甯军将吕产一把抓出，上了锁链，牵出来。刘章不与多言，一剑砍头。

刘章率众转战长乐宫，这里是太后所在的宫殿，吕氏宗族多居住在此。

长乐宫卫尉赘其侯吕更始早就严阵以待了。双方交兵，吕氏兵败如山倒，吕更始血溅宫门。原来吕氏用了很多门客替换守军，这些人哪肯为吕氏卖命。吕更始平日在长安城耀武扬威、横行霸道，没人敢惹他，他却自以为手下战力无坚不摧。

刘章率军入宫，抓到赵王吕禄，一剑劈落头颅。只要是吕氏，一个不留。唯独不敢杀吕后的妹妹吕媭（xū），抓起来请太尉周勃发落。

吕媭有两重身份，她既是吕雉的妹妹，又是舞阳侯樊哙的夫人。此时樊哙已经去世，他与吕媭的儿子樊伉袭爵。周勃知道自己已经犯下诛族死罪，绝不能让吕氏有任何反转的可能，便命军士揪倒吕媭，乱笞几十大杖，一副老骨头全打碎了。周勃又抓了舞阳侯樊伉，杀之。樊哙还有几个儿子，都是其他女人所生，周勃还是给樊哙留了香火。

随后周勃指挥汉军进行大搜捕，凡吕氏男丁一概杀掉，不留后患，其中包括吕泽的孙子燕王吕通、东平侯吕庄。

吕雉的外孙鲁王张偃降为南宫侯，免死罪，也算是给张耳、张敖保留了血脉。

● 代王刘恒称帝

琅琊王刘泽前往长安途中，他的斥候每日都要多次向他禀报军情，故而他知道齐王刘襄兵困济川国，根本打不动。而长安的局势，完全在周勃、灌婴等人的控制下，刘襄的两个弟弟朱虚侯刘章和东牟侯刘兴居实际也没有多少兵权。

刘泽来到长安，打定主意投向以周勃为首的功臣集团。周勃试探地问刘泽是否可以立齐王刘襄为天子，刘泽假装怀恨刘襄，说道："齐王母舅驷钧为人凶恶暴戾，如虎戴冠。此次吕氏外戚危害天下，若立齐王，则又出一吕氏矣。"

周勃等闻言，虽不辨刘泽所言真伪，却也不敢再立齐王刘襄为帝。但现在的皇帝刘弘毕竟是吕雉的孙子，周勃当然知道斩草除根的道理，要想保住性命和爵位，必须另立新帝。

刘邦诸子现存者，只有23岁的代王刘恒和18岁的淮南王刘长。

刘长从小跟着吕后长大，也可以看作诸吕之一。若刘长即位，周勃这群诛灭诸吕的功臣恐怕都要被抄家灭族。如果要在刘邦仅剩的两个儿子中选一个，那只能是代王刘恒。

周勃等人不选刘长绝对是有先见之明，后来刘恒即位，刘长北上长安，带着满腔仇恨而来，用一把大铁锤，一锤一锤把辟阳侯审食其砸成一堆肉泥。当初刘长的舅舅赵兼花重金请吕后的面首审食其向吕后求情，请求她放过刘长生母赵美人。可是审食其没办成事，导致赵美人在狱中自刎。吕后将刘长抚养大，如果刘长即位，后果不堪设想。

太尉周勃与其他朝臣商议后，便派人到代国，试探代王刘恒，请其南下长安即位。

代王刘恒在晋阳接见朝使，问明来意，内心欣喜若狂，但是不敢形于色，安顿使臣后立即召集幕僚，商讨对策。

郎中令张武建议刘恒称疾勿往，静观其变，因为长安城现在有一个天子，周勃要是心诚，为何不杀了少帝再请代王即位？而且齐王已经起兵，齐王的两个弟弟朱虚侯刘章和东牟侯刘兴居都在长安，二人在诛杀吕氏的过程中立下大功，齐王才是即天子位的不二人选。搞不好周勃与齐王串通，先杀了代王再杀少帝，由齐王即天子位。

众臣你一言我一语，都是给代王泼冷水，劝其不要冒险入京。

只有中尉宋昌拱手说道："大王，这种机会只有一次，决不可错过。"

宋昌这个人大有来头，他是宋国宗室之后。

代国的中尉宋昌，就是战国末楚国令尹、秦末楚国上将军宋义之孙。宋昌能够坐到代国一人之下万人之上的中尉位置，与其出身密切相关，他是楚国贵族之后，从小政治把戏听得多了。

代王刘恒不是不想做天子，只是不自信。他一向谨慎，听了众臣之言后，入后宫找母亲薄氏商议。

薄太后是个非常果敢的女人，之前干脆利落地叫儿子离开长安是非之地，这次她当机立断叫弟弟薄昭前去长安跑一趟。如果周勃等人不是真心拥立代王，薄昭可虚与委蛇一番；若周勃等真心拥戴，代王也不会错过这次机会。

薄昭来到长安，面见周勃，达成一揽子交易。

代王刘恒要做的事情：将女儿嫁给周勃的儿子周胜之；灭诸吕的功臣全部论功行赏，官职不得降低或罢免；代王登基前，用代国人马杀掉汉少帝和 3 个弟弟；杀掉代王与吕氏所生的 4 个儿子。

周勃等大臣要做的事情：奉代王刘恒为天子；诸吕空缺出来的南军北军和禁卫军首领，交由代王安排自己人担任。

这一揽子事情，只有一件不容易达成，那就是周勃等人要代王杀掉与吕氏所生的 4 个儿子。代王曾迎娶吕后的侄女并立为王后，生了 4 个王子。代王后虽然死了，但这 4 个王子按法理是要继任天子位的。刘恒在 11~14 岁之间有了这 4 个儿子，父子年龄差距不大，这 4 人有可能都走在代王前面，但王子死了有王孙，将来只要吕氏后人做了天子，极可能为母家报仇，将周勃等的后人满门抄斩。

薄昭回到晋阳，怕代王不去就任天子，便压下这件事，改说不能立这 4 个王子为太子。

后九月，深秋，4 辆车，一队骑兵，从太原郡南下关中。第一辆车是代王的座驾，由中尉宋昌驾车，其余 6 位大臣在后面 3 辆车中。

到了高陵，距长安不过数十里，代王还是不放心，派宋昌另乘一车入长安打探情况。代王刘恒入京路线如图 4-26 所示。

图 4-26　代王刘恒入京路线

宋昌驰抵渭桥北岸，但见三公九卿率诸大臣都已在此守候，便下车相见。

历史上渭桥有 3 座，都是南北走向，且都在长安城以北。秦孝公修咸阳城时，在渭河上架桥，秦始皇时期重修，桥宽约 15.4 米，长约 880 米，称为中渭桥。汉景帝时期在东侧修了东渭桥，桥宽约 11.1 米，长约 548.8 米。汉武帝在西侧修了西渭桥，桥宽约 16 米，长约 500 米。

古代地理书籍《三辅黄图》记载："渭水贯都，以象天汉；横桥南渡，以法牵牛。"

渭桥在秦汉时期有特殊的意义，是关中南北的交通节点，许多宫殿分布在渭水南北。秦朝阿房宫在渭水之南，咸阳宫在渭水之北，秦始皇重修中渭桥，是为了方便两宫之间的沟通。

右丞相陈平、左丞相审食其、太尉周勃、御史大夫张苍，四人站在最前面。

早有骑哨报代王特使到来，右丞相陈平上前道："我等已恭候多时了。"

宋昌忙上前行礼，余光扫过众臣，右丞相陈平面色恭维，向宋昌一一介绍。左丞相审食其身体瘦削，面色憔悴，作为吕后的面首，他知道很多人想杀他，但也有一丝侥幸心理。太尉周勃身材高挺，发须浓黑，一派渊渟岳峙的气度，隐如崇山峻岳，确有令将士心折的气魄。御史大夫张苍一脸的刚毅严肃之色，眼神略带忧郁。

朱虚侯刘章、东牟侯刘兴居是刘肥的次子和三子，也是代王的侄子，年龄却和代王不相上下。他们的长兄齐王刘襄还在进军长安的途中，二人脸色不善。

宋昌见过群臣，便回驰至高陵，请代王安心前进。刘恒的座驾至渭桥旁，众大臣已皆跪伏，人人都自称臣。

代王也下车答拜，太尉周勃抢前一步，对刘恒道："大王，请借一步说话。"

此话一出，刘恒脸上闪过一丝怒意，周勃称他为"大王"而非"陛下"，说明此时还把他当代王，而长安城尚有一位少帝，也就是说代王未正式登基，周勃等随时可能变卦，代王随时有性命之忧。

周勃想对刘恒说的话，最重要的一点，是希望他当众下令杀少帝。周勃一直不杀少帝是怕秋后算账，殃及子孙，再怎么少帝也是刘邦的孙子，惠帝的儿子，代王的侄子。代王要即位，便要自己下令，周勃等人绝不想背这个黑锅。

中尉宋昌在旁正色道："太尉若有公事，但说无妨；若是私事，天子无私事，也请说！"

宋昌不愧是宋义之孙，年少便撞府冲州，见过大世面，官场权谋这套谙熟于心。周勃出身手工艺制作之家，编织、吹奏伴随他的童年，虽封8100户侯，拜太尉，也改变不了他的前半生。宋昌短短几句话让周勃无可辩驳，只好仓促跪地，取出和氏璧传国玉玺，献给代王。

刘恒谦谢道："既由宗室将相诸侯王，决意推立寡人，寡人也不敢违众，勉承大统便了！"

周勃请代王登车，自为前导，直至长安。

队伍浩浩荡荡来到长安城下。除了薄昭来过一次，其他人都是首次见到新修的帝都长安城，无不瞻望咨嗟，心旷神怡。

代王车驾到未央宫前，10名虎贲郎持戟拦住，一人说道："天子在内，足下何为擅入？"

原来宫城禁卫军中有一虎贲营，虎贲郎世代为郎，只认天子一人。天子若御驾亲征，虎贲郎也寸步不离，和羽林郎一起保护皇帝。虎贲郎见有人入宫门不下马车，便出来阻拦。若非对方阵仗庞大，早就上前乱戟捅死。

太尉周勃慢悠悠从后面走来，与主事的虎贲郎说了几句客套话，对方竟然让路了。

于是三公九卿奉汉文帝入宫，其他二品以下全部在宫外等候消息。人少了，周勃、陈平终于有机会与汉文帝单独说话。

原来汉惠帝有7个儿子：长子刘恭即位，是第一位少帝，被吕后杀死；次子刘彊做了4年淮阳王夭折；三子刘不疑做了一年恒山王夭折；四子刘山立为恒山王改名刘义，即帝位后改名刘弘，是第二位少帝；五子刘朝立为恒山王；六子刘武立为淮阳王；七子刘太立为济川王。

汉惠帝还活着的 4 个儿子，是汉少帝刘弘与 3 个弟弟，年龄都很小，且 3 个王也都住在宫中，没有就国。

汉少帝就在宫中，周勃需要代王下个口谕，杀掉少帝和 3 个弟弟，斩草除根，否则后患无穷。若刘恒不下口谕杀掉这 4 个侄子，那么只好掉头回去做代王，但也难免少帝日后追究。

代王刘恒虽然不好杀，但在关键问题上绝对杀伐果断。他早有心理准备，下必杀令前先对几个大臣说明，汉惠帝 7 个儿子都不是亲生的，吩咐事后令太史载入史册。

汉惠帝 7 个儿子，吕后杀一个，夭折两个，文帝杀 4 个，绝嗣。刘氏皇族世系如表 4-2 所示。

代王刘恒正式即位，是为汉文帝。齐王刘襄那边，始终兵困于济川国，连个历城都打不下来，闻刘恒即位，只好退兵齐国。第二年不知何故，刘襄年纪轻轻便去世，其幼子刘则即齐王位。文帝在位期间将齐国削藩削得七零八落，能力上刘襄与他的叔叔刘恒比可是判若云泥。

表 4-2　刘氏皇族世系

1 刘邦（高祖）	刘肥（齐王）	
	2 刘盈（惠帝）	3 刘恭（前少帝）
		刘彊（淮阳王，夭折）
		刘不疑（恒山王，夭折）
		4 刘弘（后少帝）
		刘朝（恒山王）
		刘武（淮阳王）
		刘太（济川王）
	刘如意（赵王）	
	5 刘恒（代王）	
	刘恢（梁王）	
	刘友（淮阳王）	
	刘长（淮南王）	
	刘建（燕王）	

注：绿色为皇帝，数字为即位顺序。

文帝封赏从晋阳随驾来的诸臣。舅父薄昭被封为轵侯，食邑 10000 户。拜宋昌为卫将军，掌长安城内南军与城外北军，封为壮武侯，食邑 1400 户。授张武为郎中令，巡行宫殿，另五人也位列九卿。这么做看似任人唯亲，但实际只有两人封为列侯，我们来看看文帝是如何封赏朝中那帮老臣的。

朱虚侯刘章益封 2000 户，后来封为城阳王，食邑增至 56642 户。

此前酂侯萧何去世，长子萧禄袭爵，不久萧禄去世，无后，吕后便将萧何夫人同氏封为酂侯，食邑仍是 8000 户。另封萧何次子萧延为筑阳侯，食邑数大减。萧何是沛县帮当中与吕氏关系最为密切之人，按照这个节奏等其夫人去世，子孙后代食邑数将大幅削除，这引发功臣们不满。文帝即位后，立刻改封萧延为酂侯，益封至 26000 户，以安定功臣之心。不久萧延去世，无后，文帝又以其弟萧则为酂侯。

平阳侯曹窋益封 12400 户，总食邑 23000 户。曹窋是曹参之子，早在惠帝时期他就是天子的亲信，曾奉惠帝之命去责备其父。惠帝死后，曹窋左右逢源，与吕氏关系不错，而诛杀吕氏时期，他又充当周勃的左右手，负责联络各方人马。

绛侯周勃益封 10000 户，总食邑 18100 户，赐金 5000 斤。周勃跟着刘邦打天下十几年才封 8100 户，平定诸吕短短几天就加封 1 万户，真是不可同日而语。

曲周侯郦寄益封 13000 户，总食邑 18000 户。

阳都侯丁宁益封 9200 户，总食邑 17000 户。

南宫侯张买，原食邑不详，总食邑益封至 16600 户。

右丞相陈平益封 5600 户，总食邑 10600 户。

东武侯郭它益封 8100 户，总食邑 10100 户。

颍阴侯灌婴益封 3400 户，总食邑 8400 户。

襄平侯纪通益封 2000 户，总食邑 4000 户。纪通真是个幸运儿，其父纪信假冒刘邦投降，被项羽用火刑烧死，纪通得封襄平侯。因为长相俊朗，成为刘邦的乘龙快婿。作为刘氏家人，卷入诸吕之乱，给周勃传了几次话，跑了几次腿，便加封 2000 户。

典客刘揭封为阳信侯，食邑 2000 户。

除了这些朝臣，文帝又封淮南王刘长的舅舅赵兼为周阳侯，食邑不详；封齐王刘襄的舅舅驷钧为靖郭侯，食邑不详；封常山相蔡兼为樊侯，食邑 1200 户。

以上是列侯。

文帝还封了许多关内侯，10 人封（或益封）食邑 600 户侯，10 人封（或益封）食邑 500 户侯，10 人封（或益封）食邑 400 户侯，68 人封（或益封）300 户侯，一口气封了 98 个关内侯。

总的来说，文帝即位便给吕后的旧臣立了一个王，封（或益封）16 个列侯、98 个关内侯。

文帝对自己人显得有些寒酸。舅父薄昭封为轵侯，食邑 10000 户。宋昌封为壮武侯，食邑仅 1400 户。其他从代国跟随而来的亲近之人再无封列侯者。总的来说厚彼薄此，但文帝还是迅速取得满朝文武人心。

文帝确实是刘邦八子中最像刘邦的，别看即位时封了这么多侯爵，后来其实削爵不少。文、景、武三朝，这些前朝功臣的后代大部分都被削爵。比如说酂侯萧则，文帝坐稳皇位后，借机将其削爵为民，26000 户一户都没留给萧氏。刘邦立王封侯比项羽大方多了，功成后铲除异姓王也是干脆利落，文帝现学现用，为刘家打天下的功臣及后代大多殊途同归，被削爵为民。

公元前 179 年春，文帝登基大典刚举行完，周勃就率群臣逼宫，逼文帝立窦氏为皇后，其子刘启为太子。周勃希望文帝兑现承诺，杀掉 4 个儿子，以免夜长梦多，但他不敢问文帝，只好找薄昭商议。

正好文帝想把薄太后接到长安来享福，薄昭便毛遂自荐去迎接唯一的姐姐。

文帝收了大将军灌婴虎符兵权，拜薄昭为车骑将军，率步骑各 2 万，总兵力 4 万，往代国旧地迎接薄太后。

薄昭迎接的也不仅是薄太后，还有后宫佳丽数百（包括宫女），以及文帝的两个女儿和 8 个儿子。薄昭也怕遭秋后算账，没打算接走吕氏所生的前 4 个儿子，而是派人将他们安顿在晋阳，严密监控起来。

这一年，文帝和吕氏所生的 4 个儿子陆续因病夭折，成为文帝时期一桩奇案。文帝先后几次派人明察暗访，所有嫌疑都指向国舅薄昭。文帝刚杀 4 个侄子，别人就杀他 4 个儿子，因果轮回真的很快，身为帝王也绝非事事顺心。

文帝一心复仇，后来从封地上将周勃抓到长安，虽然薄太后力保使周勃得以回到封地，但不久就离奇去世。文帝还不解恨，又杀了女婿周胜之，从此绛侯国除。文帝还逼舅舅薄昭自杀，以换取其子薄戎奴袭爵轵侯。

外戚朝臣一旦卷入皇室夺嫡之争，一步没走好就是万丈深渊。

附　录

● 友军和己军

项羽和刘邦的军队中，存在友军和己军的区别。友军是独立成军的，兵力调度不受项羽、刘邦节制，但遇敌大家会一起商议。实战当中，己军负责冲锋陷阵，友军主要是守城、运粮、围攻、清扫战场。

项羽军中，英布、蒲将军属友军，项氏子弟及龙且、钟离眜等属己军。

刘邦军中，卢绾、曹参、周勃、夏侯婴、樊哙属己军，王陵、雍齿、任敖、吕泽、陈豨、冷耳、张苍、丁复等是友军，诸侯军中的齐王韩信、赵王张耳、燕王臧荼、梁相彭越等都是友军。

随着战争推进，友军有可能转化为己军，但反过来不行，因为一旦交出兵权，就不可能再拿回。

刘邦沛县起兵时才3000兵力，其中己军有五六百，在戚县意外杀掉泗水郡太守后，正好路过的张良来见刘邦，促成主吏萧何、卒史周苛、狱吏任敖这3个官吏交出兵权，从友军转变成己军。

● 灭秦期间刘邦军的爵位

秦朝军功爵位制有20个等级，刘邦简化为13个等级。秦朝第1级到第4级是士级别的，分别是公士、上造、簪袅、不更，刘邦全部保留。秦朝第5级到第9级是大夫级别，分别是大夫、官大夫、公大夫（七大夫）、公乘（上间）、五大夫，刘邦也全部保留。秦朝第10级到第18级是卿级别，分别是左庶长、右庶长、左更、中更、右更、少上造、大上造（大良造）、驷车庶长、左庶长，刘邦统称为卿，不分等级。秦朝第19级是关内侯，刘邦一分为二，改成楚国的执帛和执珪，号封君，有封地。刘邦称帝后汉承秦制，又把执帛和执珪改回关内侯。秦朝第20级是列侯，刘邦延续这个爵位，一般封地在1000户以上。

综上，灭秦期间，刘邦的封爵制度从秦朝的20级简化为13级：公士—上造—簪袅—不更—大夫—官大夫—公大夫（七大夫）—公乘（上间）—五大夫—卿—执帛（关内侯）—执珪（关内侯）—列侯。

之所以要简化，主要还是为了提高将士的积极性。秦军立功后要连升5级才能成为大夫级别，刘邦军往往直接把有功者升到第5级以上的大夫。秦军第10级以上的卿等级细分成9个档次，刘邦军简化成一个卿的爵位，让将士更容易封侯。秦军第19级才是关内侯，才有封地，刘邦军第 11 级就是关内侯，把关内侯拆成执帛和执珪，这是楚国的爵位，作为楚人顺理成章。

总的来说刘邦简化秦朝爵位制度，降低赐爵的难度，提升爵位等级，激发了将士拿爵位的斗志。

我们来看一个秦军白起的案例。白起在军中 10 余年，爵位还是大夫级别。公元前 298 年，秦相国魏冉亲自统兵从武关入楚，攻克包括淅城在内的 15 座城邑，斩首楚军 5 万，白起因功赐爵为第 10 级的左庶长（卿级别）。公元前 294 年，秦国从韩国重夺武遂，白起因功赐爵为第 12 级的左更（卿级别）。公元前 293 年，伊阙之战，秦军斩首魏韩联军 24 万，白起因功赐爵为第 16 级的大良造（卿级别）。公元前 292 年，秦军攻入魏国河东郡之后，几个月之内豪取大小城邑 61 座，平均两到三天就能攻克一座城，随后兵锋一转，南下攻取韩国南阳的宛城，白起因功赐爵为第 19 级的关内侯。白起在士和大夫级别混迹十多年才提升到卿级别，6 年内攻克几十座城邑，斩首数十万，才从卿升级到关内侯。

再来看刘邦麾下的曹参，赐爵速度比白起快得多。公元前 209 年 9 月，曹参跟随刘邦起兵，没有爵位。10 月，刘邦率军攻灭泗水郡太守壮，虽然太守壮是曹无伤所杀，曹参还是因功赐爵七大夫。公元前 208 年 7 月，项梁率军北上东阿救援齐军，途中攻克亢父，曹参是先登，赐爵五大夫。同月，项羽、刘邦联手在雍丘击败李由军，杀李由，曹参虏秦侯一人，赐爵执帛，号建成君，尊称戚公。曹参从无爵位到大夫级别只用了 1 个月，跳过卿级别赐爵执帛（关内侯）又用了 9 个月。这样一对比，白起用将近 20 年时间才到关内侯，曹参只用了 10 个月。

自刘邦起兵反秦，帐下将士很多人甘愿送命也要拿到爵位，封妻荫子。我们来看看汉朝爵位的继承制度对子孙后代究竟有什么好处。（刘邦称天子后，将执帛和执珪合并回关内侯）

列侯（第 13 级 /13 级），一般封地食邑在 1000 户以上（少数人在 1000 户以下），封地内除兵事外，民事等一切事务侯爵说了算。列侯 1 个儿子继承列侯，2 个儿子为不更（第 4 级 /13 级），其他儿子都为簪袅（第 3 级 /13 级）。

执珪（关内侯，第 12 级 /13 级），一般封地食邑 500~1000 户，封地内除了收税其他事情都无权插手。关内侯 1 个儿子继承关内侯，2 个儿子为不更（第 4 级 /13 级），其他儿子都为簪袅（第 3 级 /13 级）。

执帛（关内侯，第 11 级 /13 级），一般封地食邑 100~500 户，封地内除了收税其他事情都无权插手。关内侯 1 个儿子继承关内侯，2 个儿子为不更（第 4 级 /13 级），其他儿子都为簪袅（第 3 级 /13 级）。

卿（第 10 级 /13 级），1 个儿子降两级继承为公乘（第 8 级 /13 级），2 个儿子为不更（第 4 级 /13 级），其他儿子都为上造（第 2 级 /13 级）。

五大夫（第 9 级 /13 级），1 个儿子降两级继承为公大夫（第 7 级 /13 级），2 个儿子为簪袅（第 3 级 /13 级），其他儿子都为上造（第 2 级 /13 级）。

公乘（第 8 级 /13 级），1 个儿子降两级继承为官大夫（第 6 级 /13 级），2 个儿子为上造

（第 2 级 /13 级），其他儿子都为公士（第 1 级 /13 级）。

公大夫（第 7 级 /13 级），1 个儿子降两级继承为大夫（第 5 级 /13 级），2 个儿子为上造（第 2 级 /13 级），其他儿子都为公士（第 1 级 /13 级）。

不更（第 4 级 /13 级），1 个儿子降两级继承为上造（第 2 级 /13 级），其他儿子无爵位。

簪袅（第 3 级 /13 级），1 个儿子降两级继承为公士（第 1 级 /13 级），其他儿子无爵位。

各级军功爵位在继承上区别很大，列侯与关内侯世袭罔替，永远是侯爵，卿到第六代就没有爵位了，大夫到 3~5 代后失去爵位，士要么降级传一代要么不传爵位。后来李广等将领为何拼死要拿个侯爵，老了没机会赐爵宁可自杀，就为这 4 个字：世袭罔替。

● **数据说明**

本文所有数据均有出处，主要来自《汉书》和《史记》。

各郡人口数据来自《汉书》，由于《汉书》中统计人口的年份与本书所述的历史时段有差异，数据仅供参考。

封爵食邑数以《汉书》为基础，若《汉书》中缺失，则用《史记》中的数据补充。由于《汉书》与《史记》的数据可能不一致，该数据仅供参考。

参考文献

[1] 司马迁（汉）. 史记 [M]. 北京：中华书局，1999.

[2] 钱穆 . 史记地名考 [M]. 北京：商务印书馆，2001.

[3] 谭其骧 . 中国历史地图集 [M]. 北京：中国地图出版社，1982.

[4] 程光裕 . 中国历史地图 [M]. 中国台北：中国文化大学出版部，1993.

[5] 班固（汉）. 汉书 [M]. 北京：中华书局，2007.

[6] 春秋时晋国和战国时魏国史官 . 竹书纪年 [M]. 北京：中华书局，2013.

[7] 方诗铭，王修龄 . 古本竹书纪年辑证 [M]. 上海：上海古籍出版社，2005.